Einführung

Die zwölf chinesischen Tierzeichen

Der chinesische Mondkalender, die älteste Zeitrechnung der Menschheit, reicht zurück bis zum Jahr 2637 v. Chr., als der Kaiser Huang-ti den ersten Zyklus dieses Tierkreises einführte. Ein voller Zyklus umfaßt sechzig *Mondjahre* und setzt sich aus fünf einfachen Zyklen zu je zwölf Jahren zusammen. (Wir befinden uns heute im 77. Zyklus, der am 5. Februar 1924 begann und am 1. Februar 1984 enden wird.) Jedem der zwölf Jahre eines einfachen Zyklus ist ein Tier zugeordnet. Über die Entstehung dieses *Tierkreises* berichtet die Legende, daß Buddha, als er sich anschickte, die Erde zu verlassen, alle Tiere zu sich rief. Es kamen jedoch nur zwölf, um ihm Lebewohl zu sagen. Zur Belohnung benannte er ein Jahr nach jedem der Getreuen, und zwar in der Reihenfolge ihres Eintreffens. Zuerst kam die Ratte, dann der Büffel, danach Tiger, Hase, Drache, Schlange, Pferd, Schaf, Affe, Hahn, Hund und Eber. Das Tier, das ein bestimmtes Jahr beherrscht, übt auch entscheidenden Einfluß auf das Leben der in diesem Jahr Geborenen aus. Es ist, wie die Chinesen sagen, «das Tier, das sich in deinem Herzen verbirgt».

Im Laufe eines vollen Zyklus von sechzig Mondjahren bildet jedes der zwölf Tierzeichen – die gelegentlich auch die «zwölf Erd-Äste» genannt werden – eine Kombination mit den fünf *Hauptelementen*: Holz, Feuer, Erde, Metall oder Gold, Wasser. Jedes dieser Elemente wird seinerseits von einem *Planeten* beherrscht, nämlich Holz von Jupiter, Feuer von Mars, Erde von Saturn, Metall oder Gold von der

Venus, und Wasser von Merkur. Außerdem zerfällt jedes Element in einen *positiven* und einen *negativen Pol*, bei den Chinesen Yin und Yang genannt.

Der *Tag des Mondkalenders* beginnt nicht wie bei uns um Mitternacht, sondern um 23.00 Uhr, und seine vierundzwanzig Stunden werden in zwölf Abschnitte oder Doppelstunden aufgeteilt. Jeder Abschnitt wird von einem Tierzeichen beherrscht.

Die zwölf Zeichen und ihre Stunden

23.00–01.00 Uhr	–	Ratte
01.00–03.00 Uhr	–	Büffel
03.00–05.00 Uhr	–	Tiger
05.00–07.00 Uhr	–	Hase
07.00–09.00 Uhr	–	Drache
09.00–11.00 Uhr	–	Schlange
11.00–13.00 Uhr	–	Pferd
13.00–15.00 Uhr	–	Schaf
15.00–17.00 Uhr	–	Affe
17.00–19.00 Uhr	–	Hahn
19.00–21.00 Uhr	–	Hund
21.00–23.00 Uhr	–	Eber

Wie in der Astrologie des Westens stellt das die Geburtsstunde regierende Zeichen den *Aszendenten* dar und formt auch die Persönlichkeit. Sein Einfluß kann äußerst stark sein. So mag sich zum Beispiel herausstellen, daß eine aggressive Ratte zwischen drei und fünf Uhr früh zur Welt kam, in der Doppelstunde des Tigers also; während andererseits eine ruhige und friedfertige Ratte zwischen neun und elf Uhr früh das Licht der Welt erblickte, in dem vom kühlen Einfluß der Schlange regierten Abschnitt.

Ebenso wie ihre westlichen Gegenstücke haben die zwölf Tierzeichen einen teils aktiven, teils passiven Charakter. Ratte, Tiger, Drache, Pferd, Affe und Hund gehören zum positiven Stamm. Büffel, Hase, Schlange, Schaf, Hahn und Eber sind negative Zeichen.

Esoterik

Herausgegeben von Gerhard Riemann

In der chinesischen Astrologie ist der Mond unser Schicksalsplanet – nicht die Sonne, die den westlichen Tierkreis beherrscht. Der Mond ist das unserer Erde am nächsten gelegene Gestirn, und generelle Phänomene wie Ebbe und Flut oder verschiedene Biorhythmen zeugen schon lange von seinem Einfluß auf unser Leben. Doch darüber hinaus ist in China der Mondkalender entstanden, der die Einwirkungen des Mondes auch auf unser individuelles Schicksal, unsere Psyche und Veranlagungen verzeichnet. Neben den verschiedenen Mondjahren, die bestimmen, ob wir in unserer Grundanlage Drache oder Hase, Schlange, Tiger oder sonst einen der zwölf astrologischen Grundtypen verkörpern, gibt es vielerlei Faktoren für eine individuelle Differenzierung.

Theodora Lau wurde in Shanghai geboren und lebt heute in Hongkong. Sie ist verheiratet und hat zwei Kinder.

Vollständige Taschenbuchausgabe
Droemersche Verlagsanstalt Th. Knaur Nachf. München
Lizenzausgabe mit freundlicher Genehmigung
des Scherz Verlags, Bern und München
Titel der Originalausgabe »The Handbook of Chinese Horoscopes«

Aus dem Amerikanischen von Hardo Wichmann

Umschlaggestaltung Dieter Bonhorst
Gesamtherstellung Clausen & Bosse, Leck
Printed in Germany 12 11 10
ISBN 3-426-04112-X

Abgesehen vom *Element seines Jahres*, das sich fortlaufend ändert, ist jedem der zwölf Tierzeichen auch ein *festes Element* mit einer *Jahreszeit* zugeordnet, wie in der folgenden Tabelle dargestellt.

Stamm	*Zeichen*	*Winter*	*Frühling*	*Sommer*	*Herbst*
–	Eber	Wasser			
+	Ratte	Wasser			
–	Büffel	Wasser			
+	Tiger		Holz		
–	Hase		Holz		
+	Drache		Holz		
–	Schlange			Feuer	
+	Pferd			Feuer	
–	Schaf			Feuer	
+	Affe				Metall
–	Hahn				Metall
+	Hund				Metall

Es fehlt in dieser Aufstellung das Element Erde, da sich dieses, wie chinesische Weise argumentierten, symbolisch aus den vier anderen Elementen zusammensetzt und somit keinem der zwölf Mondzeichen zugeordnet werden kann.

Einige Jahre werden wegen des mit ihnen verbundenen Elements von allen gefürchtet. Ein solches Jahr ist zum Beispiel das des Feuer-Pferdes. 1966/67, als es zuletzt auftrat, gab es in Asien eine große Zahl freiwilliger Abtreibungen, und die Geburtenziffer sank dramatisch, was beweist, daß der Glaube, im Jahr des Feuer-Pferdes geborene Kinder, besonders Mädchen, brächten ihren Eltern und zukünftigen Gatten nur Verderben, im Fernen Osten noch immer weit verbreitet ist. Viele Frauen in Asien würden sich ebenso hüten, ein Feuer-Pferd zur Welt zu bringen, wie es ein Abendländer vermeidet, den Weg einer schwarzen Katze zu kreuzen oder einen Spiegel zu zerbrechen – auch wenn er gleichzeitig schwört, das Ganze sei nur Aberglaube.

Obwohl der westliche, auf dem Sonnenlauf basierende Kalender konsistenter und übersichtlicher ist, spiegelt der Mondkalender des Ostens akkurater den Wechsel der Jahreszeiten und die Wachstumsphasen allen Lebens auf der Erde wider. Chinesische Bauern benutzten diesen Kalender als Landalmanach, der ihnen die günstigsten Tage zum Säen und Ernten nannte. Und lange bevor die moderne Wissenschaft Methoden zur Wettervorhersage entwickelte, verließen sich die Chinesen ganz aufs Horoskop, wenn es galt, das Einsetzen der Regenfälle zu bestimmen – und sie halten das übrigens noch heute so. Wir werden feststellen, daß ein Jahr, das Wasser zum natürlichen Element hat, entweder Regen im Überfluß oder verheerende Überschwemmungen bringt, je nachdem, ob der Einfluß mit der positiven oder negativen Seite eines Elements gekoppelt ist. Darüber hinaus zog man den Kalender auch zu Rate, um den günstigsten Tag für einen Besuch beim Barbier, den Beginn eines Hausbaus, eine Hochzeit und selbstverständlich auch die zahlreichen chinesischen Feste zu bestimmen. Ein authentischer Mondkalender enthält nicht nur Verhaltensregeln für jeden Tag des Jahres, sondern auch die günstigen und ungünstigen Stunden eines jeden Tages. Dieser vollständige Kalender und Almanach erscheint noch immer jährlich in Hongkong und Taiwan; wer ihn interpretieren will, muß einen besonderen Code kennen, aber es läßt sich kein Wahrsager, der etwas auf sich hält, ohne ihn antreffen.

Das *Mondjahr* hat zwölf Monate zu je 29½ Tagen. Alle zweieinhalb Jahre fügt man zur Fehlerkorrektur einen *Schaltmonat* hinzu und flicht ihn fortlaufend in den Zeitraum zwischen dem zweiten und elften Monat des Mondjahres ein. Durch das Addieren dieses Monats ergibt sich alle drei Jahre ein Mondschaltjahr. Der Beginn eines Lunarmonats läßt sich leicht aus jedem westlichen Kalender ersehen, denn er fällt mit dem Neumond zusammen.

In diesem Buch sollten Sie aufmerksam die folgenden Aspekte studieren: Das Tier Ihres Geburtsjahres, das die Geburtsstunde regierende Mondzeichen (Aszendent) und auch das Mondzeichen, das Ihrem Sonnenzeichen, d. h. Ihrem Geburtsmonat, entspricht (siehe S. 21–23), ferner das Element des Geburtsjahres und das feste

Element Ihres Tierzeichens. Wenn Sie diese Faktoren, ihre Attribute, die Auswirkungen aller positiven und negativen Kräfte sowie alle möglichen Kombinationen und Variationen zu einem Gesamtbild vereinigen, werden Sie entdecken – falls Sie es noch nicht wußten – was sich in Ihrem und den Herzen Ihrer Mitmenschen verbirgt. Sie werden dann nicht nur Ihre eigene Persönlichkeit verstehen, sondern sollten auch im voraus beurteilen können, was von persönlichen und beruflichen Beziehungen zu erwarten ist und was ein beliebiges Jahr bringen wird.

Geschrieben wurde dieses Buch in der Hoffnung, eine uralte, über zahllose Generationen hinweg überlieferte Volksweisheit, die in Vergessenheit zu geraten droht, bewahren zu helfen. Es beruht auf chinesischen Büchern, weitverbreiteten Spruchweisheiten, Sagen und Legenden, Auslegungen moderner chinesischer Astrologen, aber auch auf persönlichen Erfahrungen und Beobachtungen. Es sollte dazu beitragen, Ihnen neue Einsichten über sich selbst und Ihre Mitmenschen zu vermitteln. Es mag es Ihnen leichtermachen, die gelegentlichen Grillen Ihres Hund-Vorgesetzten zu verstehen, das wechsel- und launenhafte Wesen eines Kunden, der Pferd ist, die tyrannische, aber auch aufgeschlossene Art eines Drachen-Freundes oder die heiter-gelassene, wenngleich skeptische Natur eines Schlangengeborenen.

Es mag Sie überraschen, daß ein Allround-Ingenieur, dem aber auch nichts zu schwer ist, tatsächlich im Jahr des geschickten Affen geboren wurde und daß der bedächtige, seriöse und konservative Leiter Ihrer Bank ganz zufällig ins Jahr des verläßlichen Büffels gehört. Ebenso könnten Sie mehr Geduld mit einer lästigen Kollegin haben, die immer als erste jammert und den Teufel an die Wand malt, wenn Sie erfahren, daß sie im Jahr des Schafes zur Welt kam. Und Sie werden lachen, wenn Ihnen aufgeht, daß der Knabe im Büro, der grundsätzlich grauenhafte Krawatten trägt, im Jahr des eitlen Hahns geboren wurde.

Vielleicht wird Ihnen auch klar, weshalb Sie gewisse Leute nicht ausstehen können, mit anderen aber fast augenblicklich harmonieren. Sie werden jene Zeichen finden, mit denen Sie sich wahrscheinlich am besten oder am schlechtesten vertragen. Lassen Sie dabei aber nicht außer acht, daß sich zwangsläufig Ausnahmen ergeben müssen, die von den Zeichen, die Ihre Geburtsstunde und auch Ihren Geburtsmonat regieren, abhängen.

Die Abschnitte, in denen beschrieben wird, wie es jedem Zeichen in verschiedenen Jahren ergeht, ebenso die Ehekombinationen und Verträglichkeitslisten, sollen als allgemeiner Leitfaden dienen und gehen von der Voraussetzung aus, daß wir es mit reinen oder dominierenden Mondzeichen zu tun haben. Eine Schlange, während der Doppelstunde der Schlange geboren, ist ein «reines» Zeichen. Ein Drache, geboren in der Doppelstunde des Hasen, wird höchstwahrscheinlich seinen «dominierenden» Drachen-Charakter beibehalten. Ein Schaf jedoch, das zu den Stunden des Tigers zur Welt kam, mag die «stärkeren» Tigermerkmale seines Aszendenten entfalten und gut mit einem Hund auskommen, was normalerweise nicht der Fall wäre. Wer die Tabelle der Ehekombinationen und die Verträglichkeitslisten zu Rate zieht, sollte daher beachten, daß auch andere Faktoren im Horoskop das Verhältnis zwischen zwei Zeichen beeinflussen können. Zum Beispiel fühlen sich die meisten Menschen stark zu Personen hingezogen, die unter ihrem Aszendenten geboren wurden, selbst wenn deren Zeichen mit ihrem eigenen Geburtszeichen ausgesprochen unverträglich ist. So kann eine Eber-Frau, die in der Doppelstunde der Schlange zur Welt kam, sehr gut mit Schlangengeborenen auskommen, denen Eber normalerweise ein Greuel sind.

Kommt eine Person während der Stunden des ihrem Geburtszeichen diametral entgegengesetzten Zeichens ins Leben, so kann oftmals selbst ein erfahrener Astrologe nur unter größten Schwierigkeiten voraussagen, welche Charaktermerkmale bei ihr am wahrscheinlichsten zum Durchbruch kommen werden. Nehmen wir zum Beispiel einen während der Stunden des Hasen geborenen Hahn. Dieser mag sich zu einem äußerst schüchternen Vogel entwickeln, der insgeheim gewaltige Pläne und hochfliegende Ambitionen hegt, oder aber zu einem geschwätzigen Gockel werden, der ein gerissener Diplomat ist und sich trotz allen Lärms, den er veranstaltet, auf nichts festlegen läßt. Es versteht sich von selbst, daß solche Menschen gemeinhin komplizierte Naturen und ein unberechenbares

Temperament haben. Man kann mit einiger Sicherheit feststellen, welches Zeichen einen solchen Menschen beherrscht, wenn man auf die Mondzeichen der Personen achtet, mit denen er gerne zusammenarbeitet oder zu denen er sich hingezogen fühlt.

Anhand eines *Beispiels* sei dargestellt, auf welche Weise man die drei im Leben eines Menschen wichtigsten Tierzeichen analysiert. Nehmen wir folgende Person:

Geburtsdatum:	*4. Juli 1946, 12.00 Uhr*	*Wichtigkeitsgrad*
Geburtszeichen:	Hund (Jahr – 1946)	I
Aszendent:	Ratte (Zeit – 12.00 Uhr)	II
Geburtsmonat regiert von:	Schaf (bzw. Krebs – 14. Juli)	III

Wir wenden uns zunächst dem Geburtszeichen zu und können sagen, daß dieser Mensch sich am besten mit Tiger, Pferd oder Hase verträgt. Von seinem Aszendenten jedoch, der Ratte, können wir ableiten, daß dieser Hund eine starke Neigung zu Ratten haben wird und auch mit Affen und den ansonsten nicht zu ihm passenden Drachengeborenen auskommt. Sollte sein Aszendent zur Beherrschung seiner Persönlichkeit neigen, könnte dieser Hund sogar das Pferd meiden (dem Hunde ansonsten ein vorzüglicher Partner), weil sein Aszendent, die Ratte, im stärksten Widerspruch zum Pferd steht.

Wer herausfinden will, welche Aspekte die Persönlichkeit eines im Monat des Schafes Geborenen formen, sollte das Kapitel über das Schaf lesen und außerdem im Kapitel «Wenn Sonne und Mond sich begegnen» den Abschnitt «Krebs-Hund», d. h. die Kombination von westlichem Monatszeichen und östlichem Geburtszeichen.

Im Kontext der chinesischen Mondzyklen nimmt sich die schöne westliche Sitte, Kindern den Vornamen des Großelternteils zu geben, bedeutungsvoller und angemessener aus, als man glauben sollte. Sind Großmutter oder Großvater nämlich sechzig Jahre älter als ihr kleiner Namensvetter, dann hat sich ein Zyklus des Mondkalenders geschlossen; beide wurden unter demselben Tierzeichen geboren und stehen unter dem Einfluß desselben Elements.

Vielleicht schenken Sie nach der Lektüre dem System genug Glauben, um auf die weisen Worte der Schlange zu hören, das Mitgefühl des sanften Schafes zu suchen, bei den Ränkespielen des gerissenen Affen mitzumachen, mit dem ewig jungen und sorglosen Pferd Spaß zu haben und sich auf die unfehlbare Diplomatie des Hasen oder die Kraft des unbezwinglichen Drachen zu verlassen. Und vielleicht können Sie auch Ihren Willen durchsetzen, indem Sie den kritischen Hahn bei Laune halten, vernünftig mit dem Hund reden, mit dem optimistischen Tiger in die Schlacht ziehen oder mit der unermüdlichen Ratte feilschen.

Die exakten Mondjahre von 1900 bis 1995

Zeichen	*Mondjahr*	*Element*	
Ratte	31. Januar 1900 – 18. Februar 1901	Metall	(+)
Büffel	19. Februar 1901 – 7. Februar 1902	Metall	(–)
Tiger	8. Februar 1902 – 28. Januar 1903	Wasser	(+)
Hase	29. Januar 1903 – 15. Februar 1904	Wasser	(–)
Drache	16. Februar 1904 – 3. Februar 1905	Holz	(+)
Schlange	4. Februar 1905 – 24. Januar 1906	Holz	(–)
Pferd	25. Januar 1906 – 12. Februar 1907	Feuer	(+)
Schaf	13. Februar 1907 – 1. Februar 1908	Feuer	(–)
Affe	2. Februar 1908 – 21. Januar 1909	Erde	(+)
Hahn	22. Januar 1909 – 9. Februar 1910	Erde	(–)
Hund	10. Februar 1910 – 29. Januar 1911	Metall	(+)
Eber	30. Januar 1911 – 17. Februar 1912	Metall	(–)
Ratte	18. Februar 1912 – 5. Februar 1913	Wasser	(+)
Büffel	6. Februar 1913 – 25. Januar 1914	Wasser	(–)
Tiger	26. Januar 1914 – 13. Februar 1915	Holz	(+)
Hase	14. Februar 1915 – 2. Februar 1916	Holz	(–)
Drache	3. Februar 1916 – 22. Januar 1917	Feuer	(+)
Schlange	23. Januar 1917 – 10. Februar 1918	Feuer	(–)
Pferd	11. Februar 1918 – 31. Januar 1919	Erde	(+)
Schaf	1. Februar 1919 – 19. Februar 1920	Erde	(–)
Affe	20. Februar 1920 – 7. Februar 1921	Metall	(+)
Hahn	8. Februar 1921 – 27. Januar 1922	Metall	(–)
Hund	28. Januar 1922 – 15. Februar 1923	Wasser	(+)
Eber	16. Februar 1923 – 4. Februar 1924	Wasser	(–)
Ratte	5. Februar 1924 – 24. Januar 1925	Holz	(+)
Büffel	25. Januar 1925 – 12. Februar 1926	Holz	(–)
Tiger	13. Februar 1926 – 1. Februar 1927	Feuer	(+)
Hase	2. Februar 1927 – 22. Januar 1928	Feuer	(–)
Drache	23. Januar 1928 – 9. Februar 1929	Erde	(+)
Schlange	10. Februar 1929 – 29. Januar 1930	Erde	(–)
Pferd	30. Januar 1930 – 16. Februar 1931	Metall	(+)

Zeichen	*Mondjahr*	*Element*	
Schaf	17. Februar 1931 – 5. Februar 1932	Metall	(–)
Affe	6. Februar 1932 – 25. Januar 1933	Wasser	(+)
Hahn	26. Januar 1933 – 13. Februar 1934	Wasser	(–)
Hund	14. Februar 1934 – 3. Februar 1935	Holz	(+)
Eber	4. Februar 1935 – 23. Januar 1936	Holz	(–)
Ratte	24. Januar 1936 – 10. Februar 1937	Feuer	(+)
Büffel	11. Februar 1937 – 30. Januar 1938	Feuer	(–)
Tiger	31. Januar 1938 – 18. Februar 1939	Erde	(+)
Hase	19. Februar 1939 – 7. Februar 1940	Erde	(–)
Drache	8. Februar 1940 – 26. Januar 1941	Metall	(+)
Schlange	27. Januar 1941 – 14. Februar 1942	Metall	(–)
Pferd	15. Februar 1942 – 4. Februar 1943	Wasser	(+)
Schaf	5. Februar 1943 – 24. Januar 1944	Wasser	(–)
Affe	25. Januar 1944 – 12. Februar 1945	Holz	(+)
Hahn	13. Februar 1945 – 1. Februar 1946	Holz	(–)
Hund	2. Februar 1946 – 21. Januar 1947	Feuer	(+)
Eber	22. Januar 1947 – 9. Februar 1948	Feuer	(–)
Ratte	10. Februar 1948 – 28. Januar 1949	Erde	(+)
Büffel	29. Januar 1949 – 16. Februar 1950	Erde	(–)
Tiger	17. Februar 1950 – 5. Februar 1951	Metall	(+)
Hase	6. Februar 1951 – 26. Januar 1952	Metall	(–)
Drache	27. Januar 1952 – 13. Februar 1953	Wasser	(+)
Schlange	14. Februar 1953 – 2. Februar 1954	Wasser	(–)
Pferd	3. Februar 1954 – 23. Januar 1955	Holz	(+)
Schaf	24. Januar 1955 – 11. Februar 1956	Holz	(–)
Affe	12. Februar 1956 – 30. Januar 1957	Feuer	(+)
Hahn	31. Januar 1957 – 17. Februar 1958	Feuer	(–)
Hund	18. Februar 1958 – 7. Februar 1959	Erde	(+)
Eber	8. Februar 1959 – 27. Januar 1960	Erde	(–)
Ratte	28. Januar 1960 – 14. Februar 1961	Metall	(+)
Büffel	15. Februar 1961 – 4. Februar 1962	Metall	(–)
Tiger	5. Februar 1962 – 24. Januar 1963	Wasser	(+)
Hase	25. Januar 1963 – 12. Februar 1964	Wasser	(–)

Zeichen	*Mondjahr*	*Element*	
Drache	13. Februar 1964 – 1. Februar 1965	Holz	(+)
Schlange	2. Februar 1965 – 20. Januar 1966	Holz	(–)
Pferd	21. Januar 1966 – 8. Februar 1967	Feuer	(+)
Schaf	9. Februar 1967 – 29. Januar 1968	Feuer	(–)
Affe	30. Januar 1968 – 16. Februar 1969	Erde	(+)
Hahn	17. Februar 1969 – 5. Februar 1970	Erde	(–)
Hund	6. Februar 1970 – 26. Januar 1971	Metall	(+)
Eber	27. Januar 1971 – 15. Januar 1972	Metall	(–)
Ratte	16. Januar 1972 – 2. Februar 1973	Wasser	(+)
Büffel	3. Februar 1973 – 22. Januar 1974	Wasser	(–)
Tiger	23. Januar 1974 – 10. Februar 1975	Holz	(+)
Hase	11. Februar 1975 – 30. Januar 1976	Holz	(–)
Drache	31. Januar 1976 – 17. Februar 1977	Feuer	(+)
Schlange	18. Februar 1977 – 6. Februar 1978	Feuer	(–)
Pferd	7. Februar 1978 – 27. Januar 1979	Erde	(+)
Schaf	28. Januar 1979 – 15. Februar 1980	Erde	(–)
Affe	16. Februar 1980 – 4. Februar 1981	Metall	(+)
Hahn	5. Februar 1981 – 24. Januar 1982	Metall	(–)
Hund	25. Januar 1982 – 12. Februar 1983	Wasser	(+)
Eber	13. Februar 1983 – 1. Februar 1984	Wasser	(–)
Ratte	2. Februar 1984 – 19. Februar 1985	Holz	(+)
Büffel	20. Februar 1985 – 8. Februar 1986	Holz	(–)
Tiger	9. Februar 1986 – 28. Januar 1987	Feuer	(+)
Hase	29. Januar 1987 – 16. Februar 1988	Feuer	(–)
Drache	17. Februar 1988 – 5. Februar 1989	Erde	(+)
Schlange	6. Februar 1989 – 26. Januar 1990	Erde	(–)
Pferd	27. Januar 1990 – 14. Februar 1991	Metall	(+)
Schaf	15. Februar 1991 – 3. Februar 1992	Metall	(–)
Affe	4. Februar 1992 – 22. Januar 1993	Wasser	(+)
Hahn	23. Januar 1993 – 9. Februar 1994	Wasser	(–)
Hund	10. Februar 1994 – 30. Januar 1995	Holz	(+)
Eber	31. Januar 1995 – 18. Februar 1996	Holz	(–)

Die Daten entstammen dem chinesischen Zehntausendjährigen Mondkalender.

Die vierundzwanzig Abschnitte des lunaren Landalmanachs

Haben Sie sich jemals gefragt, weshalb die westlichen Tierkreiszeichen zu unterschiedlichen Daten beginnen und enden und nicht einfach am Ersten oder Letzten eines Monats? Wer in den Mondkalender schaut, wird feststellen, daß dort das Jahr in vierundzwanzig Doppelwochen aufgeteilt ist, die ursprünglich der Landwirtschaft als Orientierungshilfe dienten. Vergleicht man die Daten dieser vierundzwanzig Abschnitte oder Stämme mit dem Gregorianischen Kalender des Westens, so fällt auf, daß sie sich annähernd mit den zwölf Tierkreiszeichen des Abendlandes decken. Da auch den zwölf Tierzeichen im chinesischen Kalender jeweils ein Monat des Mondkalenders zugeordnet ist, können wir ein Zeichen des westlichen Zodiakus seinem östlichen Pendant gegenüberstellen.

So läßt sich zwischen der Ratte, die den Dezember beherrscht, und der heißblütigen Schützen-Persönlichkeit eine Verbindung herstellen. Im Januar hat der Büffel den soliden Steinbock zum anderen Ich, während der vom Glück begünstigte Tiger im Februar viele Charaktermerkmale mit dem Wassermann teilt. Hase und Fische bewohnen im März gemeinsam ein Haus, ebenso wie Drache und Widder im April miteinander verkettet sind. Der Stier trifft sich im Mai mit der Schlange, und die Zwillinge im Juni könnten wohl auch für das Pferd sprechen. Weiterhin erkennen wir, daß Krebs und Schaf sehr viel mehr gemeinsam haben als nur den Monat Juli. Löwe und Affe gebieten über den August, und der Jungfrau könnte im September kein besserer Hausgenosse zugeteilt sein als der Hahn. Die Waage hat im Oktober ein eindeutig ausgewogenes Verhältnis mit ihrem Freund, dem Hund, und den November schließlich bewohnen die einander in tiefer Zuneigung ergebenen Zeichen Skorpion und Eber.

Annähernde Daten im westl. Kalender	Bedeutung d. chin. Bezeichnung	Westliches Sonnenzeichen	Östliches Mondzeichen
21. Januar bis 5. Februar	strenge Kälte	Wassermann 21. 1.–19. 2.	Tiger
5. Februar bis 19. Februar	Frühlingsbeginn		
19. Februar bis 5. März	Regenfälle	Fische 20. 2.–20. 3.	Hase
5. März bis 20. März	Leben erwacht		
20. März bis 5. April	Frühlings-Tagundnacht-gleiche	Widder 21. 3.–19. 4.	Drache
5. April bis 20. April	klar und sonnig		
20. April bis 5. Mai	fruchtbarer Regen	Stier 20. 4.–20. 5.	Schlange
5. Mai bis 20. Mai	Sommerbeginn		

Annähernde Daten im westl. Kalender	Bedeutung d. chin. Bezeichnung	Westliches Sonnenzeichen	Östliches Mondzeichen
20. Mai bis 6. Juni	schwellende Fülle	Zwillinge 21. 5.–21. 6.	Pferd
6. Juni bis 21. Juni	reifende Garben		
21. Juni bis 7. Juli	Sommersonnwende	Krebs 22. 6.–21. 7.	Schaf
7. Juli bis 22. Juli	mäßige Hitze		
22. Juli bis 7. August	große Hitze	Löwe 22. 7.–21. 8.	Affe
7. August bis 22. August	Herbstbeginn		
22. August bis 8. September	Ende der Hitze	Jungfrau 22. 8.–22. 9.	Hahn
8. September bis 23. Sept.	weißer Tau		

Annähernde Daten im westl. Kalender	Bedeutung d. chin. Bezeichnung	Westliches Sonnenzeichen	Östliches Mondzeichen
23. September bis 8. Oktober	Herbst-Tagundnachtgleiche	Waage 23. 9.–22. 10.	Hund
8. Oktober bis 23. Oktober	erster Rauhreif		
23. Oktober bis 7. November	erster Frosthauch	Skorpion 23. 10.–21. 11.	Eber
7. November bis 22. November	Winterbeginn		
22. November bis 7. Dezember	kleiner Schnee	Schütze 22. 11.–21. 12.	Ratte
7. Dezember bis 21. Dezember	großer Schnee		
21. Dezember bis 6. Januar	Wintersonnwende	Steinbock 22. 12.–20. 1.	Büffel
6. Januar bis 21. Januar	kleine Kälte		

Das Yin und das Yang

Schon seit Urzeiten haben die Chinesen die Quelle aller Bewegungen der Materie und der treibenden Kraft des Lebens der konstanten, ausgleichenden Anziehungskraft positiver und negativer Energie zugeschrieben, die sie Yin und Yang nennen.

Yin und Yang sind in dem chinesischen Symbol für das T'ai Chi verkörpert:

Dieser Kreis (manche sehen auch ein Ei) symbolisiert den Ursprung allen Lebens. Yang steht für die Geburt oder den Tag, Yin für den Tod oder die Nacht. Weil die beiden Hälften des T'ai Chi einander genau ergänzen, bezeichnet man das Symbol auch als «Urprinzip allen Seins».

In der Kunst, Medizin und Philosophie des Fernen Ostens werden alle Phänomene unter diesen beiden Stämmen eingeordnet. Zur Wahrung von Harmonie und Ordnung im Universum und im menschlichen Körper müssen Yin und Yang permanent in feinem Gleichgewicht gehalten werden. Chaos und Disharmonie brechen aus, sobald der Kräfteausgleich auf irgendeine Weise gestört wird. Wie ungleichnamige Pole eines Magneten ziehen Yin und Yang einander an, während gleichnamige Pole wie Yin und Yin sich abstoßen.

Im Zusammenhang mit dem Auslegen chinesischer Horoskope sollte man anmerken, daß Yin oder Yang einen vergleichbaren negativen oder positiven Stamm nur dann abstoßen, wenn die Kraftfelder sich direkt gegenüberstehen. Wenn Sie den Kreis der Widersprüche (Seite 40) aufschlagen, so werden Sie sehen, daß alle Zeichen, die miteinander in Konflikt stehen, zum gleichen Stamm gehören. Nur einander direkt gegenüberliegende Tierzeichen stoßen sich gegenseitig ab. Aus den Wahlverwandtschaftsdreiecken (Seite 37) erkennen Sie, daß drei positive oder negative Zeichen wohl miteinander harmonieren können, sofern sie nur um 120 Grad versetzt sind.

Komplizierter kann es schon werden, wenn man das Yin/Yang-Prinzip auf die fünf Elemente im Horoskop anwendet. Zum Beispiel steht für den positiven Stamm des Holzes eine Föhre, für den negativen der biegsame Bambus. Der positive Stamm des Feuers kann einen Waldbrand bedeuten, der negative die Flamme einer Lampe oder Kerze, die ein wohltuendes Licht ausstrahlt. Die positive Seite des Elements Erde: ein Berg; die negative: ein Tal. Aus positivem Metall mag ein Gong oder eine Waffe bestehen, aus negativem ein Kochtopf oder eine Münze. Der positive Stamm des Wassers bildet eine Welle, der negative einen stillen Teich.

«Negativ» sollte hier nicht im wörtlichen Sinne aufgefaßt werden, da es in diesem Zusammenhang nichts Böses oder Unwillkommenes bedeutet. Beide Kräfte, das positive Yang und negative Yin, haben ihre günstigen und ungünstigen Aspekte. Beispielsweise wird ein unter einem positiven Zeichen geborener Mensch erfolgreicher sein, wenn er aktiv vorgeht. «Negativ» im wörtlichen Sinne wäre es, verhielte er sich passiv. Ähnlich ist ein unter einem negativen Zeichen Geborener nur dann in Bestform, wenn er sich passiv und nicht aggressiv verhält. Ersterer ist ein Macher und Erneuerer, letzterer glänzt als Denker und Vermittler. Allgemein sind Yang-Menschen eher spontan, Yin-Menschen aber nachdenklich und intuitiv.

Im chinesischen Horoskop tauchen Yin und Yang abwechselnd mit dem gleichen Element auf und in Kombination mit den zwölf Tierzeichen. So wird das Yang (+) zuerst mit dem Element Feuer gepaart, beispielsweise im Jahr der Ratte (1936). Unmittelbar darauf, im Jahr des Büffels (1937), muß Yin (−) mit demselben Element, Feuer, verbunden werden, damit der Ausgleich mit der Yang-Kraft hergestellt ist. Innerhalb eines normalen Zwölfjahreszyklus können sich die Elemente also nur sechsmal ändern, da jedes Element zweimal erscheinen muß: einmal in seinem positiven, einmal in seinem negativen Zustand.

Die fünf Elemente und ihr Einfluß

Der orientalischen Philosophie fundamental sind die Wechselbeziehungen zwischen den fünf Grundelementen. Diese Wechselbeziehungen zerfallen in ableitende und beherrschende, und zwar wie folgt:

Ableitend

Metall ergibt Wasser: Metall wird gewöhnlich durch das chinesische Schriftzeichen für Gold dargestellt, könnte in diesem Zusammenhang aber auch ein Gefäß bedeuten, das Wasser aufnimmt, so daß wir sagen dürfen: Metall fängt Wasser auf. Einer anderen Auffassung nach ist Metall das einzige der fünf Elemente, das sich bei Erhitzen verflüssigt.

Wasser ergibt Holz: Wasser bedeutet hier Regen oder Tau, läßt Pflanzen wachsen und erzeugt so Holz.

Holz ergibt Feuer: Feuer kann ohne Nahrung nicht existieren; Feuer entsteht, wenn Holz verbrannt wird. Wer zwei Holzstücke aneinander reibt, erzeugt ebenfalls Feuer.

Feuer ergibt Erde: Feuer verwandelt sinnbildlich alles in Asche, die wieder zu Erde wird.

Erde ergibt Metall: Alles Metall wird aus der Erde gewonnen.

Beherrschend

Das gesamte Universum setzt sich aus diesen fünf Elementen zusammen. Sie sind voneinander abhängig; eines wird vom anderen beherrscht.

Feuer beherrscht Metall: Metall läßt sich nur bei großer Hitze schmelzen und schmieden.

Wasser beherrscht Feuer: Nichts löscht ein Feuer so rasch wie Wasser.

Erde beherrscht Wasser: Man gräbt Kanäle in die Erde, um Felder zu bewässern, oder baut Deiche, um das Wasser zurückzuhalten.

Holz beherrscht Erde: Bäume halten mit ihren Wurzeln das Erdreich zusammen und holen sich ihre Nahrung aus dem Boden.

Metall beherrscht Holz: Selbst den gewaltigsten Baum fällt die Metallschneide der Axt.

Nach den Gesetzen dieser Philosophie läßt sich kein Element als stärkstes oder schwächstes beschreiben. Ebenso wie Yin und Yang sind sie auf ewig voneinander abhängig und gleichwertig. Es verbindet sie die Kette des Lebens, der sie ihre Existenz zu verdanken haben, und ein Machtkampf findet nicht statt. Alles hat seinen Platz und seinen Zweck.

Selbst im menschlichen Körper bleibt die Wechselbeziehung dieser fünf Elemente erhalten. In der chinesischen Medizin und Akupunktur beherrschen die fünf Elemente die wichtigsten Körperorgane. Metall bringt man mit der Lunge in Verbindung; das Feuer regiert unser Herz; dem Wasser weist man die Nieren zu; Erde steht für Milz und Pankreas, und das Holz identifiziert man mit der Leber.

Behandelt ein chinesischer Arzt, Kräuterheilkundiger oder Akupunkteur eine Krankheit, so muß er sich diese Beziehungen vergegenwärtigen. Wäre zum Beispiel die Erde (Pankreas) betroffen, müßte auch Metall (Lungen) geschwächt sein. Versagt das Wasser (Nieren), so kann es sein Gegenstück, das Holz, nicht produzieren, was zum Verfall des Holz-Organs, der Leber, führen muß.

Das Element Metall

Wer in einem vom Element Metall beherrschten Jahr geboren ist, wird sich so unbeugsam und resolut darstellen, wie es sein eigenes

Tierzeichen erlaubt. Er läßt sich von starken Überzeugungen leiten und verfolgt seine Ziele energisch, ohne viel Federlesens zu machen. Vom Ehrgeiz getrieben, ist er zu anhaltenden Kraftanstrengungen fähig, bis er «es» erreicht oder geschafft hat. Er ist äußerst erfolgsorientiert und von unerschütterlicher Zielstrebigkeit.

Dieser Menschentyp läßt sich nur schwer verunsichern oder zu einem Kurswechsel überreden, wenn er erst einmal eine Richtung eingeschlagen hat, und selbst Härten, Rückschläge und anfängliche Mißerfolge beirren ihn nicht. Gehören zu den Merkmalen seines Geburtszeichens Beständigkeit und Ausdauer, so werden diese vom Element Metall gewaltig verstärkt. Es fällt ihm jedoch schwer, angesichts einer unhaltbaren Situation aufzugeben, was ihm den Vorwurf sinnloser Halsstarrigkeit und mangelnden Anpassungsvermögens eintragen kann.

Metall-Menschen ziehen es vor, ihre Probleme für sich allein zu analysieren und zu lösen. Einmischung und unverlangte Hilfeleistung werden nicht geschätzt. Sie planen ihren Lebensweg in allen Einzelheiten voraus, hauen sich ihren Pfad selbst frei und visieren ihr Ziel ohne fremde Hilfe an.

Vom Metall Regierte, wenngleich nach außen hin oft kalt, selbstbewußt und wenig flexibel, haben doch eine starke, fast elektrische Ausstrahlung, die jeder spüren wird, der mit ihnen in Kontakt kommt, und es ist dieser kräftige Impuls, der sie die erwünschten Veränderungen bewirken läßt.

Dank eines gutentwickelten Instinkts für Geldangelegenheiten und einer Neigung zur Anhäufung von Besitztümern kann sich der Metall-Mensch einen unabhängigen Geist leisten und sich, wie es seine Art ist, an Luxus, Reichtum und Macht ergötzen.

Um seine Fähigkeiten voll zur Wirkung zu bringen, muß er aber lernen, Kompromisse zu schließen und nicht immer mit dem Kopf durch die Wand zu wollen. Er ist oft dogmatisch und unnachgiebig und mag eine gute Beziehung abbrechen, nur weil der andere nicht auf ihn hört oder sich nicht bereitwillig seinen Wünschen anpaßt.

Wer in einem vom Wasser dominierten Jahr zur Welt kommt, kann überdurchschnittlich gut kommunizieren und seine Vorstellungen verwirklichen, indem er die Gedanken anderer beeinflußt. Anderer Leute Köpfe dienen ihm nur als Werkzeug, um eigene kreative Ideen in die Praxis umzusetzen. Er verständigt sich im wesentlichen nichtverbal und kann seine Empfindungen und Emotionen vorzüglich vermitteln, soweit die Merkmale seines Geburtszeichens es zulassen.

Wasser-Menschen verstehen sich auf den Kniff, einen Trend schon frühzeitig zu erkennen und zukünftige Entwicklungen recht akkurat einzuschätzen. Projekte bringen sie auf die gewünschte Bahn, indem sie die Talente anderer anspornen und sich ihre Mittel nutzbar machen. Andererseits bleiben sie bei aller Beharrlichkeit unaufdringlich und würden einem anderen niemals das Gefühl geben, daß er ausgenutzt wird. Auf diese Weise tragen sie, gleich ihrem Element, dem Wasser, mit stiller, aber konstanter Anstrengung auch die härtesten Felsbarrieren ab. Da diese Menschen eher infiltrieren als dominieren, wissen sie genau, wer wann, wo und auf welche Weise zu einem bestimmten Thema angesprochen werden muß. Ihr besonderes Talent bewirkt, daß andere sich ihre Wünsche zu eigen machen, was sie auf sichere, aber indirekte Weise zum Ziel bringt. Lieber motivieren sie ihre Mitmenschen, anstatt sie voranzutreiben.

Aufgrund ihres angeborenen Durchblicks und ihrer Flexibilität sind sie so beweglich wie ihr Element. In ihrer negativen Erscheinungsform neigen solche Leute zu sehr zur Beschwichtigung und gehen immer den Weg des geringsten Widerstands. Die Ärgsten sind unstet und passiv, lehnen sich bereitwillig an andere an und sabotieren so ihre angeborene Fähigkeit, auch hochgesteckte Ziele zu erreichen. Wenn sie Erfolg haben wollen, müssen sie selbstbewußter sein und zur Verwirklichung ihrer Pläne ihre immense Überzeugungskraft einsetzen. Insgesamt kann man allen raten, sich von der Intuition der Wasser-Menschen leiten zu lassen.

Wer in einem Jahr des Holzes zur Welt kommt, legt Wert auf Ethik, hat hohe Moralbegriffe und einen guten Schuß Selbstvertrauen. Er weiß Materielles zu schätzen; seine Interessen sind breitgefächert und vielfältig. Da er von Natur aus umgänglich ist und gut mit anderen zusammenarbeitet, eignet er sich für große Aufgaben. Zu leitenden Funktionen ist er befähigt, weil er es versteht, komplexe Sachverhalte in überschaubare Kategorien und eindeutige Arbeitsanweisungen umzusetzen. Fortschrittsgläubigkeit und großzügiges Denken versetzen ihn in die Lage, auch große Projekte in Angriff zu nehmen – langfristige Entwicklungsvorhaben oder teure wissenschaftliche Studien – eindeutig keine Aufgaben für Freunde einsamer Entscheidungen.

Holz-Menschen verfügen über die Gabe, andere durch Überzeugungskraft zu Verbündeten zu machen. Sie expandieren rasch und werden, wo immer möglich, auf zahlreichen Gebieten tätig, denn sie treten für ungebremstes Wachstum und stetige Erneuerung ein. Sie sind bereit, die Früchte eines gemeinsam errungenen Erfolges mit allen jenen zu teilen, die sich uneingeschränkt für die Firma eingesetzt haben. Ihr angeborener guter Wille und ihr Einfühlungsvermögen in die Denk- und Handlungsweisen anderer wird ihnen zum Aufstieg in beneidenswerte Positionen verhelfen. Rückhalt und das nötige Kapital werden sie finden, wo und wann es nötig ist, denn man wird auf ihre Fähigkeit vertrauen, Informationen und Ideen gewinnbringend zu verwerten.

Ihr Hauptfehler ist die Neigung, sich zuviel zuzumuten und alles bis zum Äußersten zu treiben. Unter Umständen können sie Aufgaben nicht zu Ende führen, weil sie ihre Möglichkeiten überschätzt haben. In diesem Fall könnten sich ihre Pläne zerschlagen, oder sie treiben ziellos von einem Projekt zum anderen, ohne zu befriedigenden Ergebnissen zu gelangen.

Wer in einem vom Element Feuer regierten Jahr geboren ist, wird überdurchschnittliche Führerqualitäten an den Tag legen; er ist entschlußfreudig und selbstsicher. Soweit es die Merkmale seines Geburtszeichens zulassen, entwickelt er Maximalfähigkeiten zur Motivation von Menschen und Verwirklichung von Ideen, denn er geht aggressiver und entschiedener vor als andere, die unter demselben Zeichen geboren wurden. Mit viel Lust an Abenteuer und Innovationen greift er intelligente neue Ideen bereitwillig auf und versucht, seine Mitmenschen durch Kreativität und Originalität zu dominieren. Risiken fürchtet er nicht; er bleibt stets mobil und erforscht neue Horizonte.

Feuer-Menschen sind Macher – dynamisch in Wort und Tat. Ihre Emotionen jedoch müssen sie streng im Zaum halten, denn Ehrgeiz und Draufgängertum könnten ihren angeborenen Egoismus verstärken und sie rücksichtslos und ungeduldig werden lassen, wenn man ihnen ihre Wünsche nicht erfüllt. Je heftiger ein solcher Mensch versucht, mittels roher Kraft oder gar Gewaltanwendung zum Ziel zu kommen, desto eher wird er auf Widerstand stoßen und in Gefahr geraten.

Wessen Element das Feuer ist, der bringt alle Voraussetzungen für einen Bombenerfolg mit – unter der Bedingung, daß er auch abweichende Meinungen gelten läßt und sie sich bis zum Ende anhört, ehe er zur Tat schreitet. Er sollte sich bemühen, ein guter Zuhörer zu sein und seine impulsiven Neigungen zu bezähmen. Oftmals sind seine Reden auch unverblümter, als ihm guttut.

So wie sein Element zieht der Feuergeborene mit seiner Hitze und Brillanz unablässig andere an und kann jenen, die seine Nähe suchen, äußerst nützlich sein. Er kann aber auch zerstörerische Neigungen entwickeln und allerhand Schaden anrichten, wenn er seine Energien nicht angemessen kontrolliert und steuert.

Wer unter einem vom Element Erde beeinflußten Jahr zur Welt gekommen ist, befaßt sich am liebsten mit praktischen, zweckorientierten Dingen. Er hat eine exzellente Fähigkeit zu logischem Denken und konzentriert seine Energien vorwiegend auf solide, verläßliche Tätigkeiten. Dank seines Weitblicks und Organisationstalents eignet er sich zum tüchtigen Planer und Verwaltungsfachmann. Die ihm zur Verfügung stehenden Mittel und Werte weiß er optimal zu nutzen, und er geht nicht nur mit fremden Finanzen, sondern auch mit dem eigenen Geld besonnen um. Er ist intelligent und höchst objektiv, wenn es darum geht, anderen den Weg zur Realisierung eines festumrissenen Vorhabens zu weisen.

Erde-Menschen sind im allgemeinen unternehmungslustig, wenn auch auf ernste und methodische Weise, und können Unternehmen, die einer festen Hand bedürfen, aufbauen und leiten. Sie eignen sich vorzüglich zum Manager und verstehen es, in Industrie, Handel oder Regierung ein solides Verwaltungsfundament aufzubauen oder zu untermauern. Leute dieses Schlages begründen ihre Entscheidungen und können jede Handlung gültig rechtfertigen. Sie mögen zwar nur langsam vorankommen, gelangen aber zu guten und dauerhaften Resultaten.

Wer unter diesem Element geboren wurde, hat einen Blick für die Dinge im richtigen Verhältnis und ist von Natur aus konservativ. Nur selten übertreibt er seine Erkenntnisse, Berechnungen und Erwartungen, sondern präsentiert seine Ansichten unverfälscht und stellt die Lage ohne Retuschen, Modifikationen und Kinkerlitzchen dar. Seine Hauptfehler dürften Phantasielosigkeit, übermäßiger Schutz von Eigeninteressen und eine wenig abenteuerlustige Lebensauffassung sein.

Insgesamt kann man jedoch von ihm erwarten, daß er seine Verantwortungslast bewundernswert trägt und immer Disziplin hält.

Das Geburtshoroskop beziehungsweise die Lebensformel eines Menschen wird also auch die Elemente enthalten, die dem Geburtsjahr, dem Tierzeichen, der Geburtsstunde und dem Geburtsmonat zugeordnet sind und ihren Einfluß auf das Leben eines Menschen ausüben.

Es ist dabei nicht gesagt, daß lauter verschiedene Elemente vorkommen, sondern es kann sehr wohl sein, daß ein Element konzentriert vertreten ist. Wie aus den vorangegangenen Ausführungen ersichtlich ist, wird jedes Element von einem anderen beherrscht, doch kann sein Einfluß von jenem Element wieder aufgehoben werden, das es nicht bezwingen kann.

Aufgrund des Vorhandenseins bestimmter Elemente läßt sich der günstigste Tätigkeitsbereich für eine Person voraussagen, was für die Berufswahl hilfreich sein kann.

Fallen die Ihr Leben beherrschenden Elemente vorwiegend in die *Metall-Kategorie,* so werden Sie sich am erfolgreichsten mit Holz und seinen Nebenprodukten befassen, da Metall Holz bezwingt. Forstwirtschaft, holzverarbeitende Industrie, Papierherstellung, Möbelfabrikation, Architektur wären die rechten Branchen für Sie. Auch mit Wasser in Beziehung stehende Industrien sollten günstig sein, da sich Metall von Wasser ableiten läßt. Weiter dürften auch metallverwandte Industrien wie Berg- und Stahlwerke, Automobil- und Flugzeugherstellung, Schmuck und Konserven nicht viel Anlaß zu Konflikten geben. Wer in anderen Branchen arbeitet, fordert zwar nicht gerade das Schicksal heraus, doch wer beharrlich mit Feuer arbeitet, obwohl seine Elemente auf Metall basieren, mag weniger Erfolg finden und nicht so leicht vorankommen. Zu Konflikten führen auch Tätigkeiten, die mit Erde zu tun haben.

Werfen wir nun einen Blick auf eine Lebensformel, in der das *Feuer* überwiegt. Hier können wir davon ausgehen, daß sich die betreffende Person in holz- und metallverwandten Berufen wohl fühlen wird. Auch Beschäftigungen, die man mit Feuer in Verbindung bringen kann, sollten kein Hindernis für sie sein; aber wer viel

Feuer in seinem Horoskop hat und dennoch einen wasserbetonten Beruf ergreift, braucht sich nicht zu wundern, wenn er buchstäblich untergeht. Auch das Element Erde kann ihn bis zu einem gewissen Grad einschränken, und er wird in Branchen, die in Relation zur Erde stehen, nur langsam oder unter Schwierigkeiten vorwärtskommen.

Sollte in Ihrer Lebensformel das *Wasser* eine wichtige Rolle spielen, dann werden Sie sich erfolgreich mit feuer- und holzorientierten Dingen abgeben können, da Wasser das Feuer beherrscht und Holz wachsen läßt. Auch in wasserbezogenen Berufen werden Sie sich zu Hause fühlen, auf Erd-Gebieten aber nur schwer zum Erfolg gelangen, da Erde Ihr Wasser beherrscht. Ebenso wird Metall auf bestimmten Gebieten ein Hindernis darstellen. Aber Berufe, die auf zwischenmenschlichen Kontakten basieren, also Public Relations, Psychologie, Politik und ähnliches kann man gut mit dem Element Wasser in Verbindung bringen.

Steht das Element *Erde* in Ihrem Leben im Vordergrund, so werden wasser- und metallverwandte Tätigkeiten den leichtesten Weg zu materiellem Gewinn, Freude an der Arbeit und Erfolg darstellen. Als gute zweite Wahl bietet sich Feuer an, aber Holz sollten Sie meiden, denn dieses beherrscht die Erde.

Und sollte schließlich der Schwerpunkt Ihrer Elemente beim *Holz* liegen, dann beschäftigen Sie sich mit Erde und Wasser, welche Landwirtschaft, den Handel mit Lebensmitteln und Milchprodukten sowie Immobilien dominieren. Ich kenne einen Holz-Büffel, der sich an allem möglichen versuchte, bis er schließlich als Grundstücksfinanzier ein Vermögen machte. Selbstverständlich kann Sie nichts daran hindern, auch in holzorientierten Berufen zum Erfolg zu kommen, aber Feuer könnte Ihnen einigen Schaden zufügen, während Metall eindeutig der Feind Ihres Elements ist.

Die folgende Übersicht enthält allgemeine Richtlinien zur Beurteilung der *Verträglichkeit der Elemente*:

Element	*Haupt-konflikt*	*Teil-konflikt*	*Konflikt-frei*	*Erfolgreich*
Metall	Feuer	Erde	Metall	Wasser, Holz
Feuer	Wasser	Erde	Feuer	Holz, Metall
Wasser	Erde	Metall	Wasser	Feuer, Holz
Erde	Holz	Feuer	Erde	Wasser, Metall
Holz	Metall	Feuer	Holz	Erde, Wasser

Kennt man den starken Einfluß, welchen die Chinesen den fünf Elementen beimessen, so wird man auch das chinesische System der Namensgebung verstehen, dessen Zweck es ist, dem Schicksal ein wenig unter die Arme zu greifen. Die chinesische Therapie für Elementmangel ist nämlich die Hinzufügung des fehlenden oder schwachen Elements zur geschriebenen Form des Vornamens eines Kindes. Man glaubt, das Schicksal einer Person ändern oder Pech neutralisieren zu können, indem man auf bestimmte Schriftzeichen in seinem Namen ganz besondere Betonung legt.

Bis auf den heutigen Tag müssen die Ältesten einer guten chinesischen Familie ungezählte Stunden lang über den Namen eines neuen Familienmitglieds beraten. Sie suchen Wahrsager, Astrologen und Numerologen auf, konsultieren Bücher und Tabellen und ziehen noch viele andere Faktoren in Betracht, um sicherzustellen, daß man nicht nur den bestmöglichen Namen, sondern auch die günstigste Schreibweise findet. Fehlt beispielsweise in der Lebensformel eines Kindes das Feuer, so muß das chinesische Schriftzeichen für dieses Element sorgfältig in seinen Namen eingegliedert werden und zwar so, daß Rhythmus, Klang, Zahl der Pinselstriche und die Bedeutung ausgewogen sind – ein umfassender Versuch, dem Kind das Fehlende mitzugeben, damit es der Vollendung oder zumindest dem Gleichgewicht einen Schritt näher kommt.

Jenen, die sich mit chinesischen Schriftzeichen nicht auskennen, sei hier erklärt, daß Begriffe und Namen sich aus mehreren Zeichen oder Wurzeln zusammensetzen (eine Wurzel ist ein Symbol, sozusagen die Kurzform eines Zeichens). So wird ein chinesisches Schriftzeichen, z. B. ein Orts- oder Personenname, eine Anzahl anderer Zeichen umfassen, aber dennoch seine ganz spezielle Bedeutung und Identität wahren.

Für einen Abendländer ist es natürlich nicht sehr zweckmäßig, seinen Namen zu ändern, geschweige denn ihm Worte wie Feuer oder Metall beizugliedern. Er muß daher versuchen, einem etwaigen Elementmangel auf andere Weise beizukommen.

Um einen Metallmangel zu kompensieren, könnte er einfach Gold- oder Silberschmuck tragen. Holz läßt sich durch ein Amulett oder eine Halskette aus diesem Material ersetzen, auch durch üppige Vegetation in Haus oder Büro. Ebenso kann man für das Element Erde sorgen oder seinen Einfluß stärken, indem man Edelsteine trägt. Braucht ein Mensch Wasser, um die Wirkung anderer Elemente auszugleichen, so könnte er sich an einem See oder an der Meeresküste niederlassen. Falls dies nicht möglich ist, erfüllen ein Aquarium oder ein kleiner Teich denselben Zweck. Fehlendes Feuer kann durch Lichter, Kerzen und Elektrizität ersetzt werden; auch das Tragen eines kleinen Spiegels ist nützlich, denn Spiegel reflektieren das Licht der Sonne und können Feuer erzeugen. Roten oder orangen Edelsteinen sagt man nach, sie spendeten Wärme oder Feuer.

Und schließlich sollten Leute, denen ein gewisses Element fehlt, auch immer versuchen, sich Geschäfts- oder Ehepartner zu wählen, bei denen dieses mangelnde Element stark vertreten ist. Solche Verbindungen sind in der Regel erfolgreich.

Verträglichkeit und Unverträglichkeit der Zeichen

Jedem der zwölf Mondzeichen des chinesischen Tierkreises ist eine Himmelsrichtung zugewiesen, wie aus den beiden folgenden Diagrammen ersichtlich ist. Zeichen, die miteinander ein Dreieck bilden, ergeben die besten und dauerhaftesten Verbindungen, sie sind sozusagen *Wahlverwandtschaften.*

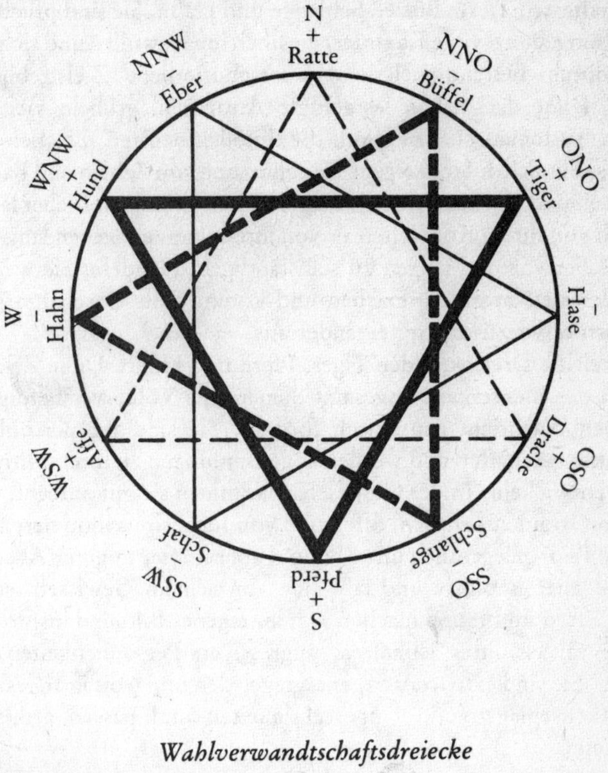

Wahlverwandtschaftsdreiecke

Das erste Dreieck setzt sich aus den positiven Machern zusammen: Ratte, Drache und Affe. Es sind fortschritts- und leistungsorientierte Zeichen, die ihre Angelegenheiten geschickt und mit Initiative und Einfallsreichtum angehen. Sie sind Selbststarter, Initialzünder, räumen ihren Weg von Unsicherheitsfaktoren frei und drängen sich furchtlos nach vorn. Ruhelos und reizbar, wenn behindert oder unbeschäftigt, werden sie von dynamischer Energie und bohrendem Ehrgeiz gesteuert und sind wahre Schmelztiegel für neue Ideen. Sie bilden in jeder Kombination ein vorzügliches Team, da sie alle auf die gleiche Weise vorgehen und die Denkart eines verwandten Geistes zu würdigen wissen.

An den Ecken des zweiten Dreiecks sitzen die zielstrebigsten und standhaftesten Tiere: Büffel, Schlange und Hahn. Sie sind pflichtgetreue, hingebungsvolle Kämpfer, die hoch hinauswollen und sich den Sieg durch Beständigkeit und unerschütterliche Zielstrebigkeit holen. Diese drei haben festgefügte Ansichten, grübeln viel und planen systematisch. Es sind die intellektuellsten Zeichen des Zyklus, die sich auf ihre eigene Einschätzung von Zahlen und Fakten verlassen und Gerüchten nur wenig Glauben schenken. Lieber lassen sie sich von ihrem Kopf leiten als von ihrem Herzen, gehen langsam, aber sicher vor und neigen zu selbständigem Handeln. Sie werden einander stets ausfindig machen und kommen als Geschäfts- oder Ehepartner vorzüglich miteinander aus.

Das dritte Dreieck bilden Tiger, Pferd und Hund. Diese Zeichen wollen der Menschheit insgesamt dienen, die Völkerverständigung und den Nachrichtenaustausch fördern. Sie sind für persönliche Kontakte geschaffen und werden enge Bindungen zu ihren Mitmenschen entwickeln. In der Gesellschaft kommen sie gut zurecht, weil sie von Grund auf ehrlich, offen und von Idealismus motiviert sind. Dieses Trio, gelegentlich unorthodox, aber immer in guter Absicht, handelt eher impulsiv und läßt sich von seinem Gewissen leiten. Tiger, Pferd und Hund machen sich ihr eigenes Bild und inspirieren andere mittels ihrer lebhaften, aggressiven Persönlichkeiten zur Aktion. Sie sind extrovertiert, energiegeladen und trotzig angesichts von Rückschlägen und Ungerechtigkeiten und passen großartig zusammen.

Im vierten und letzten Dreieck finden wir die emotionsgesteuerten Zeichen: Hase, Schaf und Eber. Das Leben dieser drei wird vorwiegend von ihren Sinneswahrnehmungen bestimmt. Sie neigen zu den schönen Künsten, sind ausdrucksvoll, intuitiv und beredt, diplomatischer und mitfühlender als andere Zeichen und haben allgemein ruhigere Naturen. Was Anregung und Führung betrifft, sind sie auf andere angewiesen, hinwiederum aber auch flexibler als diese, denn sie sind so harmonisch auf ihre Umgebung eingestimmt, daß man manchmal meinen möchte, sie könnten Gedanken lesen. Diese drei Zeichen fühlen sich zu Schönheit und den höheren Aspekten der Liebe hingezogen. Bei ihren Mitmenschen werden sie sich immer wieder für friedliche Koexistenz einsetzen. Diese drei Tiere sind einander zweifellos gute Gefährten, da ihnen eine grundlegende Lebensphilosophie gemeinsam ist.

Den Gegensatz zu den Dreiecken der wahlverwandten Zeichen bilden die einander gegenüberliegenden Zeichen im *Kreis der Widersprüche*. Sie stehen in direktem Konflikt und bilden die unverträglichsten Kombinationen.

So werden wir feststellen, daß die Ratte ihre schwersten Zusammenstöße mit einem Pferdgeborenen haben muß – und umgekehrt. Der Büffel steht in der Arena seinem Erzrivalen, dem Schaf, gegenüber, das ihm auch nicht gerade freundlich gesinnt ist. Hauptgegner des Tigers wird der Affe sein, ihm vis-à-vis, und nie wird der Hase mit dem Hahn übereinstimmen können, dem hinwiederum ob der stummen Zurückhaltung des Hasen der Kamm schwillt. Drache und Hund kommen nur mit Ach und Krach miteinander zurecht, und Schlange und Hund können einander nicht leiden und gehen lieber ihrer eigenen Wege.

Zeichen, die einander nicht direkt gegenüberstehen und kein Wahlverwandtschaftsdreieck gemeinsam haben, werden sich in wechselndem Maße vertragen.

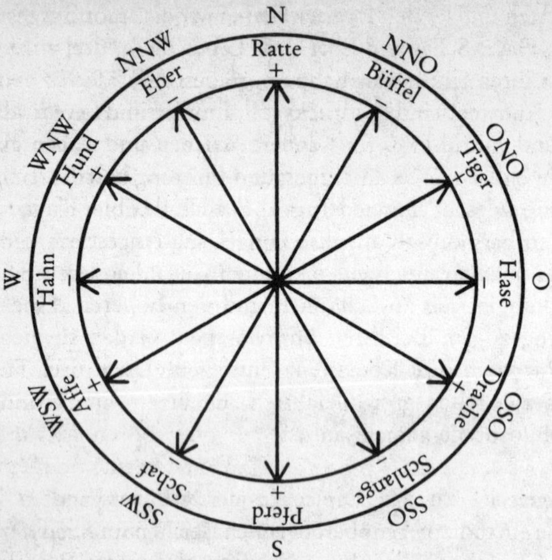

Kreis der Widersprüche

Zusammenfassung

Der Mond, nächster Nachbar der Erde im All, hat der Menschheit schon seit dem Heraufdämmern der Zivilisation seinen sichtbaren Einfluß, seine vielfältigen Kräfte gezeigt. Seine Anziehungskraft bewirkt nicht nur Ebbe und Flut, sondern beeinflußt auch alle festen, flüssigen und gasförmigen Körper. Die chinesische Kultur gründet fest auf dem Glauben an lunare Einflüsse, die sich so immens auf Menschen auswirken, weil unser Körper zum größten Teil aus Wasser besteht. Aus diesem Grund sind auch Pflanzen und Tiere seiner allumfassenden Kraft unterworfen.

Wäre es daher zu weit hergeholt, wenn man spekulierte, daß selbst Nationen günstig oder ungünstig beeinflußt werden könnten, je nachdem, ob sie unter einem guten oder bösen Mond geboren wurden? Kann sich das Jahr, in dem ein Land entstand, irgendwie auf seine Stellung in der Geschichte auswirken?

Man sagt, die Astrologie sei eine exakte Wissenschaft, basierend auf feststehenden Formeln und mathematischen Berechnungen. Mondhoroskope sind nicht minder anspruchsvoll und wissenschaftlich orientiert.

Dennoch muß ich rasch hinzufügen, daß sie im Fernen Osten auch als Form einer Kunst gelten: der Kunst nämlich, relevante Fakten zu erkennen, in welch verkappter Erscheinungsform sie sich auch manifestieren oder ausdrücken mögen. Die Methoden der altchinesischen Weisen sowie der Wahrsager von heute erinnern an die diagnostischen Techniken der Gegenwartsmedizin – suchend, immer wieder zu neuen Grenzen vorstoßend, unablässig Anzeichen interpretierend, die Hinweise auf zukünftige Entwicklungen darstellen könnten.

Die altchinesische Methode der Weissagung ist nie dogmatisch oder fatalistisch, gibt einem nie das Gefühl, von seinen Schwächen eingeengt, von seinen Unzulänglichkeiten behindert zu sein, sondern ermuntert eher zur Ausnutzung unserer Fähigkeiten auf ebenso vielfältige wie einfallsreiche Weise.

Kommen Sie nur schwer mit dem Drachen zurecht? Nehmen Sie sich einen Affen oder eine Ratte zum Dolmetscher. Unfähig, die mystische Schlange und ihre mysteriösen Schachzüge zu verstehen? Holen Sie sich bei dem mitteilsamen Hahn guten Rat. Ungehalten über die Neigung des Hasen, sich in sich selbst zu verkriechen? Ernennen Sie ein gutherziges Schaf zum Sonderbotschafter. Geplagt vom feurigen Temperament des Tigers? Wählen Sie sich vorsichtshalber einen Hund oder ein Pferd zum Bundesgenossen.

So schränken chinesische Horoskope uns nicht ein, sondern lehren uns, neue Wege einzuschlagen, wenn unsere bisherige Methode nicht von Erfolg gekrönt war, und die Geburts- und anderen Barrieren zu umschiffen, unsere Ziele auf neuen Kursen anzusteuern. Da sie uns in Selbstanalyse unterweisen und in der Fähigkeit, Situationen richtig einzuschätzen, werden wir in der Lage sein, den uns vom Schicksal bestimmten Problemen schlimmstenfalls die Stirn zu bieten oder sie bestenfalls zu lösen.

Die Ratte

Ich bin der selbsternannte Erwerber.
Ich bin Glied einer Kette und wirke doch als einheitliches Ganzes.
Ich sehe auf zu den Höhen ringsum
Und treffe mein Ziel
Sicher mit ruhiger Hand.
Eine glückhafte Reise ist mir das Leben.
Jede Suche muß mit einem neuen Aufbruch enden.
Ich bin Fortschritt, Forschung und Erkenntnis.
Ich bin die Quelle aller Geschäftigkeit.

Ich bin die Ratte.

Das erste Mondzeichen

Chinesischer Name der Ratte: Schu
Von der Ratte regierte Stunden: 23.00 – 01.00 Uhr
Himmelsrichtung: Nord
Jahreszeit und Hauptmonat: Winter/Dezember
Parallele im westlichen Tierkreis: Schütze
Festes Element: Wasser
Stamm: Positiv

Die Mondjahre der Ratte im westlichen Kalender

Beginn	*Ende*	*Element*
31. Januar 1900	18. Februar 1901	Metall
18. Februar 1912	5. Februar 1913	Wasser
5. Februar 1924	24. Januar 1925	Holz
24. Januar 1936	10. Februar 1937	Feuer
10. Februar 1948	28. Januar 1949	Erde
28. Januar 1960	14. Februar 1961	Metall
15. Februar 1972	2. Februar 1973	Wasser
2. Februar 1984	19. Februar 1985	Holz

Fällt Ihr Geburtsdatum auf den Tag vor dem Beginn des Mondjahres der Ratte, z. B. auf den 30. Januar 1900, so ist Ihr Zeichen das vorhergehende – der Eber. Sollten Sie am Tag nach dem Ende des Jahres der Ratte geboren worden sein, dann ist Ihr Zeichen das darauffolgende – der Büffel.

Das Jahr der Ratte

Das Rattenjahr ist ein Jahr der Fülle, das günstige Gelegenheiten und gute Aussichten bringt. Gekennzeichnet wird es von Spekulation und Fluktuationen an der Aktien- und Warenbörse; die Weltkonjunktur wird einen allgemeinen Aufschwung erleben. Vermögen können gemacht, Reichtümer mit Leichtigkeit aufgehäuft werden. Allerdings ist dies auch eine Zeit für langfristige Investitionsplanung, wenn der jetzt erworbene Schatz uns über die folgenden mageren Jahre hinweghelfen soll. Alle in diesem Zeitraum begonnenen Vorhaben müßten, sofern wohlgeplant, erfolgreich sein. Lassen Sie sich jedoch auf keine unnötigen Risiken ein: Immerhin wird das Jahr der Ratte von Winterkälte und der Dunkelheit der Nacht bestimmt. Wer wahllos spekuliert und sich übernimmt, wird bittere Bilanz ziehen müssen.

Im großen und ganzen wird dieses Jahr im Vergleich zu anderen glücklich ausfallen: Es bleibt verschont von explosiven Ereignissen und Kriegen, und auch Katastrophen kommen seltener vor als in Tiger- oder Drachenjahren.

Der Würze wird es dennoch nicht entbehren. Es verspricht einiges an Gezänk und Feilschen um Bagatellsachen, ohne indessen Schaden anzurichten. Insgesamt eine angenehme Zeit mit viel Geselligkeit und Spaßvergnügen.

Die Persönlichkeit der Ratte

Den Charme der Ratten-Persönlichkeit kennt und liebt man überall in Gestalt der Walt-Disney-Figur Mickymaus: Gelegentlich auch einmal ehrlich und direkt, aber auf so entwaffnende Art, daß man ihr beim besten Willen nicht böse sein kann.

Die Ratte ist bemerkenswert umgänglich, fleißig und sparsam, großzügig nur jenen gegenüber, die sie ganz besonders gern hat. Sie können sich also allerhand einbilden, wenn eine Ratte Ihnen ein teures Geschenk macht. Trotz ihrer Knausrigkeit wird sie nie um Bewunderer verlegen sein, denn sie strahlt eine unglaubliche Anziehungskraft aus.

Oberflächlich betrachtet, mag eine Ratte reserviert erscheinen, aber in Wirklichkeit ist sie längst kein so stilles Wasser. Sie ist sogar ziemlich leicht erregbar, kann aber ihre Selbstbeherrschung gut wahren, womit ihre Beliebtheit bei ihren vielen Freunden erklärt ist.

Ein Ratten-Charakter ist gewöhnlich intelligent, fröhlich und gesellig. Gelegentlich mag Ihnen ein superkritischer, raunziger Griesgram über den Weg laufen. Im großen und ganzen aber hat er Spaß bei Partys und ähnlichen großen Anlässen. Er wird sich bemühen, in exklusive Clubs aufgenommen zu werden, und ist meist in einem kleinen Kreis guter Freunde oder Mitverschwörer anzutreffen. Er macht gerne bei allen möglichen Dingen mit und ist sehr extrovertiert.

Die Ratte hat viel für ihre Freunde, Partner und Verwandten übrig; hin und wieder verwickelt sie sich in anderer Leute Affären und Angelegenheiten, weil es ihr schwerfällt, sich von einmal angeknüpften Gefühlsbindungen zu lösen. Dennoch läßt sich nie genau sagen, wo sie eigentlich steht. Ihre Liebesfähigkeit kann in Konflikt geraten mit ihrer Schlauheit und ihrem Hang zum Geld.

Ein Chef, geboren im Jahr der Ratte, kann sich sehr für die körperliche Fitness und Ernährungsweise seiner Mitarbeiter interessieren. Ihr Wohlergehen liegt ihm wirklich am Herzen; er wird sie besuchen kommen, wenn sie krank sind, und ihre Probleme zu den seinen machen; aber wenn es an die wohlverdiente Gehaltserhöhung geht, sperrt er sich und wird ein bißchen knausrig. Wer eine Ratte von ihrem Geld trennen will, muß schon einigen Druck ausüben.

Die weibliche Ratte überrascht immer wieder mit ihrer Sparsamkeit. Sie verteilt unentwegt abgelegte Kleider, kramt alte Spielsachen heraus, kauft oder verkauft gebrauchte Sachen und versteht es, Mahlzeiten, Reste und den Familienetat bis zum äußersten zu strecken. Allerdings mag sie derart strenge Regeln nicht unbedingt anwenden, wenn es um ihren kostbaren Nachwuchs geht. Wenn ihre Kinder richtig mit ihr umzugehen wissen, kann sie ihnen kaum etwas abschlagen. Ratten sind nur selten knickrig, wenn es um die eigene Familie geht.

Zuzeiten legt die Ratte ein fast übertriebenes Stammesgefühl an den Tag – vielleicht, weil sie sich in der Masse sicherer fühlt. Sie stopft klaglos Extramäuler und wird Freunde und Verwandte, auch die der angeheirateten Sorte, bei sich aufnehmen und aushalten. Und warum? Weil der schlauen Ratte immer eine Beschäftigung einfällt, mit der sich die Gäste Kost und Logis verdienen. Transusen, Gammler und berufsmäßige Schnorrer werden in ihrem Haushalt rasch eingespannt. Die Wohltätigkeit hat ihre Grenzen, verlassen Sie sich da nur auf die tüchtige Ratte.

Rattengeborene können zwar ihre eigenen Geheimnisse für sich behalten, ziehen aber anderen Leuten sehr geschickt die Würmer aus der Nase. Sie haben nur wenig Skrupel, interne Informationen zu verwerten und aus den Fehlern anderer Kapital zu schlagen. Schließlich kann man nicht von ihnen erwarten, daß sie eine günstige Gelegenheit verpassen, auf die sie schon lange gelauert haben.

So sehr sie sich auch bemühen, sich zu beherrschen, merkt man doch gleich, wenn sie verärgert sind, denn dann werden sie bissig, schroff und impertinent. Manche werden zu unerträglichen Meckerpötten und Xanthippen. Der aktiven, fleißigen Ratte sind Müßiggang und Verschwendung die ärgsten Greuel.

Zu den negativen Seiten der Ratte zählt ihre Neigung zum Klatschen, Kritisieren, neidischen Vergleichen, Kritteln und Feilschen – und gewöhnlich geht es dabei um Nebensächliches. Sie kauft Sachen, die sie im Grunde nicht braucht, und kann keinem Sonderangebot widerstehen, was vielleicht ihrer Sammelleidenschaft zuzuschreiben ist. Erinnerungsstücke, Reiseandenken und sentimentalen

Schrott zuhauf steckt sie in ihrem Zimmer und ihrem Herzen weg.

Man sagt der Ratte nach, sie habe das Zeug zum Schriftsteller, was keinesfalls überrascht, denn sie macht es sich zum Prinzip, über alles und jeden in der Stadt informiert zu sein. Sie hat eine vorzügliche Nase, einen scharfen Blick fürs Detail, ein gutes Gedächtnis und ist unglaublich wißbegierig.

Der in einem Rattenjahr Geborene wird erfolgreich beenden, was immer er auch anpackt, da er sich, so wie das Tier seines Zeichens, der herrschenden Situation anpaßt und gerade angesichts widriger Umstände oder in einer Krise sein Bestes gibt. Er ist besonnen und wachsam, besitzt eine scharfe Auffassungsgabe und Weitblick und hat einen guten Geschäftssinn. Widrigkeiten sind seiner geistigen Beweglichkeit nur förderlich, und er heckt unablässig neue Pläne aus.

Um die Sicherheit der Ratte braucht man sich nicht zu sorgen, denn sie sieht immer erst nach, ob eine Hintertür offensteht, ehe sie sich auf eine Transaktion einläßt – nur für den Fall, daß sie sich rasch oder vorzeitig empfehlen muß. Selbsterhaltung hat Vorrang; die Ratte wählt gewöhnlich den Weg des geringsten Widerstandes. Wer rasch aus einer Klemme kommen will, braucht ihr nur zu folgen, denn sie hat einen angeborenen Alarm- und Verteidigungsmechanismus, der nur selten versagt.

Übertriebener Ehrgeiz ist ihre Achillesferse. Sie will zu vieles zu schnell erreichen und verzettelt dabei ihre Kräfte. Kann sie sich dies verkneifen und ein begonnenes Vorhaben beharrlich zu Ende führen, so wird eine Person dieses Zeichens zu Reichtum kommen, was nur recht und billig ist, denn Geld bedeutet der Ratte wirklich sehr viel.

Obwohl die Ratte ein angeborenes Gespür für Gefahr besitzt und daher wissen müßte, wann sie aufzuhören hat, folgt sie oft nur zögernd ihrem gesunden Urteil, weil sie sich günstige Gelegenheiten und sogenannte «gute Geschäfte» einfach nicht entgehen lassen kann. So tappt sie leider immer wieder in dieselbe Falle. Ihr Leben wird problemlos verlaufen, wenn sie diese Habgier überwindet und aussteigt, solange sie noch die Nase vorn hat. Die gefräßige Ratte muß in ihrem Leben zumindest einen finanziellen Rückschlag einstecken, ehe sie lernt, daß Raffsucht sich nicht auszahlt. Andererseits wird man wohl kaum einem armen Rattengeborenen begegnen, und sollte Ihnen dennoch einer über den Weg laufen – nun, angesichts seines Einfallsreichtums können Sie wetten, daß er nicht lange mittellos bleiben wird. Ganz uncharakteristisch wäre, wenn er nicht irgendwo einen Notgroschen versteckt hätte.

Als typischer Gefühlsmensch hängt der Rattengeborene nicht nur sehr an seinen Kindern, sondern auch an seinen Eltern. Wer im Jahr der Ratte ein Kind bekommt, kann sicher sein, von diesem geehrt und gut versorgt zu werden.

Die Rattenmutter ist in Mann und Kinder vernarrt und gefällt sich in ihrer Rolle als perfekte Hausfrau. Wie ein Wahlkampfmanager wacht sie über die Karriere ihres Mannes, bringt die Kinder zu Klavier-, Ballett- und Geigenstunden und geht so viele gesellschaftliche Verpflichtungen ein, daß einem schon bei der Aufzählung schwindlig werden kann. Ein Ehemann dieses Zeichens wird sich im Haushalt nützlich machen und Urlaub und Wochenende am liebsten mit der Familie verbringen.

Ratten fühlen sich zu Menschen des Zeichens Büffel hingezogen, weil sie sie stark und zuverlässig finden, und weil Büffel die ihnen entgegengebrachte Hingabe zu schätzen wissen. Ebensogut verträgt sich die Ratte mit den mächtigen Menschen des Drachenjahres. Auch die intelligente Schlange zieht sie an und gegebenenfalls wird sie mit ihr eine nützliche Allianz eingehen. Macht und Brillanz nehmen die Ratte gefangen – aus diesem Grund fliegt sie geradezu auf den unwiderstehlichen Affen. Die Methoden des schlauen Affen sagen ihr zu, und der Affe hinwiederum ist überglücklich, die Ratte auf seiner eigenen verschlagenen Wellenlänge zu finden. Tiger, Eber, Hund oder andere Ratten kommen ohne Schwierigkeiten mit der Ratte zurecht.

Zahlreiche Konflikte ergeben sich dagegen mit Menschen des Zeichens Pferd. Der Ratte, die gerne mit ihresgleichen zusammenhängt, ist das Pferd einfach zu unabhängig und wechselhaft. Es wäre auch unklug, einen Hahn zu heiraten, denn dieser unerschrockene Träumer würde die praktische Ratte zur Verzweiflung treiben. Fragwürdig wäre die Verbindung mit einem Schaf; dieses ebenso nachsichtige wie genußsüchtige Tier könnte die schwerverdienten Ersparnisse der Ratte verschwenden.

Die kleine Ratte

Das Rattenkind ist lieb und reizend, nach außen hin vielleicht schüchtern, insgeheim aber von wildem Konkurrenzdenken beherrscht. Es weint gern, um mehr Aufmerksamkeit auf sich zu lenken, und schließt sich gewöhnlich eng an ein oder zwei Personen an, mit denen es sich identifiziert. Trotz seines einnehmenden Wesens will das Rattenkind seine Eltern und Freunde doch ganz für sich allein haben und wird eifersüchtig, wenn diese sich einmal anderen zuwenden.

Es fängt früh an zu sprechen. Es ißt gerne (man erwähne nur seine Lieblingsspeise, und schon strahlt es) und entwickelt ein frühzeitiges Interesse fürs Kochen und Hausarbeit. Dieses Kind ist gefühlvoll und anschmiegsam und bleibt nicht gern alleine. Es spielt mit Vorliebe im großen Kreis, kann sich auf komplexe Arbeiten konzentrieren und findet leicht Freunde. Sie können sich darauf verlassen, daß es seine Spielsachen aufräumt oder zumindest weiß, was wo liegt.

Die berechnende Natur des kleinen Ratterichs kommt schon früh zum Durchbruch. Er wird auf der größeren Hälfte des Apfels bestehen und genauso viele Plätzchen haben wollen wie sein älterer Bruder (möglichst mehr, aber unter keinen Umständen weniger). Er läßt sich nur schwer bemogeln, lernt rasch und schnappt jeden neuen Trick auf. Bei seinen Habseligkeiten macht er regelmäßig Bestandsaufnahme – bilden Sie sich also bloß nicht ein, er merke es nicht, wenn Sie altes Spielzeug wegschenken. Sollten Sie ihn aber erst um Erlaubnis fragen, dann machen Sie sich auf einen harten Kampf gefaßt, denn die egoistische kleine Ratte läßt sich so leicht nichts wegnehmen.

Jüngere Kinder möchte die kleine Ratte am liebsten bemuttern; schlimmstenfalls kommandiert sie sie gnadenlos herum. Mit dem richtigen Ansporn wird sie in der Schule ehrgeizig sein und eifrig an allem teilnehmen, was ihren scharfen Verstand stimuliert.

Außerdem ist sie im wahrsten Sinn des Wortes eine Leseratte, die die Bedeutung des geschriebenen Wortes schon früh erkennt und sich gewandt ausdrücken kann. Viele der größten Dichter und Historiker wurden im Jahr der Ratte geboren.

Die fünf Rattentypen

Metall-Ratte – 1840, 1900, 1960

Dieser Typ Ratte denkt idealistisch, spricht und handelt impulsiv und wird von seinen Emotionen regiert. Seine Gefühle mag er verbergen, indem er sich als heitere und charmante Persönlichkeit gibt. In Wirklichkeit aber läßt er sich leicht zu Eifersucht, Zorn, Selbstsucht und Besitzgier hinreißen.

Seine Ansichten hängen von seinen Sinneswahrnehmungen ab. Für Geld hat er viel übrig, hortet es aber nicht, sondern gibt es willig aus, wenn Preis und Qualität stimmen. Sein Vermögen versteht er weise anzulegen. Er ist zwar weniger romantisch als die Ratten der anderen Elemente, bringt es aber fertig, Lustmolch und Moralapostel zugleich zu sein.

Andere beeindruckt er gerne und richtet sein Haus so prachtvoll ein, wie es seine Mittel erlauben. Er liebt Drama und Pomp; sein Geschmack geht in die klassische Richtung. Vermutlich treibt er gerne Sport. Wenn es ihm gelingt, seine Neigung zum Tyrannentum zu zügeln, wird er bei allen richtigen Leuten bekannt und beliebt sein. Im wesentlichen ist er eine Ratte, die vorankommt.

Wasser-Ratte – 1852, 1912, 1972

Dieser Ratte liegt mehr an geistigem Training, den Feinheiten des Gedankenprozesses. Ihr Scharfblick ist exzellent; sie kommt mit Menschen aller Schichten gut aus. Sie ist geachtet und kann ihre Talente Früchte tragen lassen, denn sie ist von Natur aus entgegenkommend und verständnisvoll. In ihrem Verhalten ist sie von Traditionen geprägt und konservativ und schwimmt ungern gegen den Strom. Dennoch ist sie berechnend und pfiffig. Wer unter dieser Kombination geboren wurde, verfügt über die rechten Eigenschaften, um auf allen gewünschten Gebieten Einfluß ausüben zu können. Er weiß genau, wer ihn mag und wer nicht, und versteht es, jenen um den Bart zu gehen, die ihm aufgrund ihrer Position nützen können. Andererseits mag er sich als wenig urteilsfähig erweisen und bei jedem drauflosreden, der ihm nur zuhört. Dies kann ihm Unannehmlichkeiten bringen.

Diese Ratte, wissensdurstig und ein begeisterter Leser, meisterlich in der Kunst, ihre Gedanken zu Papier zu bringen, wird stets weiter an ihrer Bildung arbeiten und nie auslernen.

Holz-Ratte – 1864, 1924, 1984
Ein progressiver, erfolgsorientierter und sehr liebenswürdiger Rattentyp, der versucht, alles auszukundschaften, und für fast alles, was ihm in die Quere kommt, eine Verwendung findet. Er versteht genau, wie das «System» funktioniert, und läßt es für sich arbeiten. Er ist weitblickend und umsichtig und macht sich endlose Gedanken um das Warum und Wozu. Obgleich im Grunde ein Egoist, gibt er sich sympathisch und zuvorkommend, denn er sucht die Anerkennung und Bewunderung anderer.

Er hat seine Prinzipien und weiß, was er will, achtet strikt auf seine Prioritäten, kann aber flexibel sein, um seine Ziele zu erreichen. Sicherheit bedeutet ihm viel, und er sorgt sich dauernd um die Zukunft – ein Grund, weshalb er so hart arbeitet.

Nach außen hin strahlt er Selbstsicherheit und Sachkenntnis aus, ist auf seinem Gebiet vermutlich auch sehr beschlagen und ein gewandter Redner obendrein. Er tritt fähig für Ideen und Projekte ein und wird ohne viel Schwierigkeiten Unterstützung für seine Vorhaben finden.

Feuer-Ratte – 1876, 1936, 1995
Ein ritterlicher und dynamischer Typ, der sich auf allen möglichen Gebieten betätigt und es nie müde wird, zu neuen Feldzügen für Gerechtigkeit und bessere Lebensbedingungen aufzubrechen. Er liebt Reisen, kleidet sich modisch und ist von Natur aus offen und draufgängerisch. Diese Ratte hat auch Anlage zur Großzügigkeit.

Er ist zwar voller Energie und Idealismus, hat aber wenig Gespür für Diplomatie und mag gelegentlich zu frei heraus reden, um die erwünschte Unterstützung zu gewinnen. Dieser nicht sehr disziplinierte Bursche läßt sich öfter von seinem Herzen als von seinem Verstand leiten. So sehr er seinem Heim und seiner Familie auch verbunden ist, kann er sich, wenn er sich zu sehr eingeengt fühlt, eines Tages doch empfehlen, um die große Freiheit zu suchen.

Er ist unabhängig und sehr, sehr vom Konkurrenzdenken geprägt. Da er sich aber mit einer Durchschnittsexistenz nicht zufriedengibt, wird sein Glück oft Wechselfällen unterworfen sein, drastischen sogar, wenn er zu ungeduldig ist.

Erd-Ratte – 1888, 1948, 2008
Diese Ratte reift früh und findet Glück und Zufriedenheit in Ordnung, Disziplin und Sicherheit. Sie wird bestrebt sein, ihre positiven Eigenschaften zu entwickeln, und Anerkennung ihrer Talente suchen. Sie ist sehr realistisch und hat mit hochfliegenden Träumen und Erwartungen nichts im Sinn.

Sie unterhält gerne gute Beziehungen zu jedermann und zieht es vor, lange Zeit an einem Arbeitsplatz zu bleiben, wo sie gute und loyale Freunde hat. Sie kann sich jeweils nur auf ein Problem konzentrieren und leistet gründliche Arbeit. Zu ihren Schattenseiten gehört, daß sie zu sehr vom Leistungsdenken geprägt, selbstgerecht und intolerant sein kann, besonders, wenn andere unter Zeitdruck den Anforderungen nicht gerecht werden.

Sie achtet sehr auf ihren Ruf und ihr Image in der Öffentlichkeit, ist ihren Lieben gegenüber aber warm und fürsorglich. Ihre materiellen Erwartungen sind hochgespannt; immer wieder muß sie den Grad ihres Erfolges mit dem ihrer Zeitgenossen vergleichen. Dieser Typ könnte im Lauf der Zeit spießig und knauserig werden.

Dem Glücksspiel frönt sie nie und geht nur selten ein Risiko ein, woraus folgt, daß der Reichtum dieser Ratte nur langsam, aber sicher anwächst. Sie hält sich an bewährte Regeln und Verfahren und erwartet gewöhnlich von ihren Mitarbeitern das gleiche.

Die Ratte und ihre Aszendenten

Geboren während der Stunden der Ratte – 23.00 bis 01.00 Uhr
Überaus charmant, aber auch ein bißchen eingebildet. Sehr häusliches Wesen, schriftstellerisch begabt.

Geboren während der Stunden des Büffels – 01.00 bis 03.00 Uhr
Langsame, schwerfällige Ratte mit ernster Lebensauffassung. Zwar noch von der gefälligen Art der Ratte bestimmt, aber der vorsichtige Büffel schränkt ihren Spielerinstinkt ein.

Geboren während der Stunden des Tigers – 03.00 bis 05.00 Uhr
Aggressiv und herrisch, der typische Einserkandidat. Sollte gut zurechtkommen, solange er sein Geld zusammenhält – wogegen sich der Tiger in ihm sträubt.

Geboren während der Stunden des Hasen – 05.00 bis 07.00 Uhr
Bei aller Gelehrigkeit und Sanftheit doch ziemlich berechnend. Der typische Charme der Ratte, gekoppelt mit der Schlauheit des Hasen, ist kaum zu schlagen.

Geboren während der Stunden des Drachens – 07.00 bis 09.00 Uhr
Joviale Ratte mit einem großen Herzen, das manchmal größer ist, als ihr Geldbeutel es zuläßt. Wird Ihnen Geld leihen und es nachher bereuen. Die Willenskraft des Drachens und der Erwerbstrieb der Ratte führen zu Erfolg im Geschäftsleben.

Geboren während der Stunden der Schlange – 09.00 bis 11.00 Uhr
Wird scharenweise Bewunderer haben und sich nicht nur in Ihr Herz, sondern auch in Ihr Portemonnaie schlängeln. Der Einfluß der Schlange läßt sie versteckte Gefahren wahrnehmen. Ein wenig hinterhältig.

Geboren während der Stunden des Pferdes – 11.00 bis 13.00 Uhr
Flotte, aber tollkühne Ratte, die sich im Leben auf viele Risiken einläßt. Der Einfluß des wankelmütigen Pferdes macht auch ihr

Liebesleben turbulent. Reitet entweder auf einer Erfolgswoge oder schleppt sich am Rande des Konkurses entlang.

Geboren während der Stunden des Schafes – 13.00 bis 15.00 Uhr
Zu sentimental. Weniger aufs Geld versessen, da kultiviert und mit gutem Geschmack gesegnet. Da beide Zeichen opportunistisch sind, steht zu erwarten, daß sie sich mit Geschick bei den Mächtigen einschmeichelt.

Geboren während der Stunden des Affen – 15.00 bis 17.00 Uhr
Höchst unternehmungslustige Kombination. Kennt alle Tricks und zögert nicht, sie auch anzuwenden. Ist aufgrund des Affen-Einflusses nicht so sentimental und hat einen phantastischen Sinn für Humor.

Geboren während der Stunden des Hahns – 17.00 bis 19.00 Uhr
Ganz besonders intelligent und tüchtig, aber arg blasiert. Die Rattenseele rafft geschäftig das Geld zusammen, während der Hahn großmächtige Pläne schmiedet, wie es auszugeben sei. Könnte einen Ausgleich schaffen, indem er sein Managertalent in einer Firma entfaltet, die mit Fremdkapital arbeitet.

Geboren während der Stunden des Hundes – 19.00 bis 21.00 Uhr
Hier will der Hund fair und unvoreingenommen sein, aber der Ratte Gier nach Reichtum nagt an seinem noblen Gewissen. Dennoch könnte diese Kombination einen bedeutenden Autor oder bissigen Journalisten hervorbringen.

Geboren während der Stunden des Ebers – 21.00 bis 23.00 Uhr
Diese Ratte trägt die Skrupel des Ebers in sich, was sie zögern läßt, wenn sie eine ideale Situation ausnutzen sollte. Mag sich zum Wunderapostel entwickeln, der nur Undank erntet, sofern er nicht hart wird.

Wie es der Ratte in verschiedenen Jahren ergeht

Jahr der Ratte
Ein Jahr der Prosperität für Rattengeborene, die mit Beförderung oder einem Aufschwung in ihrer Karriere rechnen können. Unbedeutende gesundheitliche Probleme machen Kummer, aber es winken unerwartete Erfolge und Gewinne.

Jahr des Büffels
Ein verhältnismäßig gutes Jahr. Der Vermögenszuwachs der Ratte ist zwar nur unerheblich, aber im Familienkreis steht eine heitere, glückliche Zeit bevor, und die Ratte wird indirekt vom Glück anderer profitieren. Im Arbeitsleben drohen Streß und mehr Verantwortung als gewöhnlich.

Jahr des Tigers
Ein annehmbares Jahr. Von Spekulationen ist abzuraten, denn die Ratte könnte in Mißverständnisse verwickelt oder wider ihre bessere Einsicht zu Schritten gezwungen werden. Der Tod eines Familienmitglieds oder guten Freundes mag Trauer und Einsamkeit bringen. Unter Umständen muß die Ratte auch häufiger als sonst unterwegs sein.

Jahr des Hasen
Ein ruhiges, friedliches Jahr. Dennoch muß die Ratte auf ihr Geld achten. In der Familie oder am Arbeitsplatz mag es Mißverständnisse geben, aber sie wird auch neue Geschäftskontakte anknüpfen. Es gibt Familienzuwachs.

Jahr des Drachen
Ein sehr gutes Jahr. Liebes- und Geschäftsaussichten vorzüglich. Der Ratte winkt eine reibungslose Zeit mit finanziellem Gewinn oder Beförderung. Doch obgleich die Errungenschaften der Ratte in diesem Jahr Anerkennung finden könnten, sollte sie sich vor neuen Freunden in acht nehmen, die sie ausnutzen wollen.

Jahr der Schlange
Ein gemischtes Jahr. Die Ratte sollte sich bei Investitionen oder wichtigen Entscheidungen sehr vorsehen. Schwere Krankheit oder finanzielle Verluste werfen einen Schatten über ihr Leben. Die Pechsträhne wird zum Jahresende hin nachlassen, und die Ratte könnte einige Verluste wieder wettmachen.

Jahr des Pferdes
Der Ratte stehen Schwierigkeiten bevor. Sie sollte bei ihrer Beurteilung der Lage und beim Eingehen geschäftlicher Verpflichtungen sehr konservativ vorgehen, denn das Jahr des Pferdes lädt ihr Bewirtungskosten und überflüssige Ausgaben auf oder verwickelt sie womöglich in Rechtsstreitigkeiten. Sie mag in Schulden geraten oder Außenstände nicht eintreiben können. Auch Liebesaffären entwikkeln sich nicht sehr erfreulich.

Jahr des Schafes
In diesem Jahr erholt sich die Ratte finanziell und macht auch beruflich Fortschritte. Ohne Veränderungen oder kleinere Umwälzungen wird sie ihre Pläne jedoch kaum in die Wirklichkeit umsetzen können. Dafür kann sie bisher ungesehene Möglichkeiten nutzen.

Jahr des Affen
Die Ratte wird ein fruchtbringendes Jahr genießen, da Ärger weder daheim noch im Beruf prophezeit ist. Es werden mehr gute als schlechte Nachrichten eingehen. Freund- und Partnerschaften sollte man zu diesem Zeitpunkt jedoch nicht auflösen, um zukünftige Rückwirkungen zu vermeiden.

Jahr des Hahns
Der Ratte stehen Festtage bevor – neue Verbindungen oder eine Hochzeit in der Familie. Eine ausgesprochen hektische Zeit, denn Gutes kann sich über Nacht ereignen. Angesichts ihres vollen Terminkalenders und ihrer vielen Verpflichtungen sollte die Ratte sich vor Infektionen, Schnitt- und Schürfwunden hüten und sich nicht überarbeiten.

Jahr des Hundes
Für Rattengeborene ein weniger angenehmes Jahr. Ein Unglück wird selten allein kommen. Schlechte Nachrichten könnten ihn auf Reisen erreichen, so daß er nicht fähig ist, den Gang der Dinge zu beeinflussen oder zu ändern. Er macht sich in diesem Jahr zu viele Sorgen, da ihn zahlreiche ungelöste Probleme beschäftigen. Er sollte geduldig und besonnen sein.

Jahr des Ebers
Geschäftlich und finanziell lassen sich keine sonderlichen Fortschritte machen; die Ratte sollte eher konsolidieren. Freunde und Familienmitglieder werden ihre Zeit und ihre Geldmittel übermäßig beanspruchen. Wenn sie sich nicht vorsieht, könnten Krankheiten zu Komplikationen führen. Statt ihrer Gesundheit könnte sie aber auch Geld oder einen persönlichen Besitzgegenstand verlieren.

Die Ratte und die anderen Zeichen

Verträglichkeitsliste

Ratte:	Keine Konflikte. Beide sind geistesverwandt, hilfsbereit, recht verträglich und arbeiten als Team.
Büffel:	Exzellente Verbindung für Ehe oder Geschäft. Lieben und verstehen sich, sind einander sehr sympathisch.
Tiger:	Tolerieren einander gerade noch. Keine Konflikte, doch kaum Anziehung. Beziehung bestenfalls lau.
Hase:	Freundschaftliches Verhältnis. Kommen passabel miteinander aus. Nur wenige Willensproben.
Drache:	Günstig für Ehe und Partnerschaften. Finden gemeinsam Erfolg, Glück und Wohlstand.
Schlange:	Gehen einigermaßen zusammen. Sind Respekt und Bewunderung vorhanden, ist enge Beziehung möglich. Annehmbar erfolgreich.
Pferd:	Unglücklich. Starke Konflikte in Herzens- und Geschäftsangelegenheiten. Charakterkollisionen, bittere Rivalität.
Schaf:	Etwas Groll und Animosität. Haben nicht viel gemeinsam und einander wenig zu sagen.
Affe:	Höchst verträglich; erfolgreiche Union, weil tiefes Verständnis füreinander vorhanden. Finden Liebe und Zufriedenheit.
Hahn:	Kaum dauerhafte oder nennenswerte Resultate. Kommunikationsschwierigkeiten. Gehen sich aus dem Weg.
Hund:	Achten sich gegenseitig. Keine großen Differenzen oder Machtkämpfe. Arbeiten fürs gemeinsame Wohl.
Eber:	Mäßig glückliche Beziehung. Keine Charakterkollisionen. Haben gemeinsame Ziele.

Bekannte Ratten

Metall

Adlai Stevenson
Lucrezia Borgia
Kurt Weill
Hans Stuck
Götz v. Berlichingen
Fred Astaire

Wasser

Erich Honecker
Hanna Reitsch
J. S. Bach
G. E. Lessing

Holz

Shakespeare
James Baldwin
George Sand
Jimmy Carter
Doris Day
Marlon Brando

Feuer

W. A. Mozart
Karim Aga Khan
Pablo Casals
Yves St. Laurent
Otto v. Bismarck
Konrad Adenauer
Paula Modersohn-Becker

Erde

Leo Tolstoi
Jules Verne
Maurice Chevalier
Prinz Charles
Peggy Fleming

Der Büffel

Mein ist die ausgleichende Kraft
Die den Kreislauf des Lebens erhält.
Unbeweglich stehe ich angesichts
Schwerer Prüfungen,
Unbeirrbar und unanfechtbar.
Ich suche der Reinheit zu dienen,
Die Bürde der Rechtschaffenheit zu tragen.
Treu den Gesetzen der Natur
Drehe ich beharrlich das Rad des Schicksals.
So webe ich mein Geschick.

Ich bin der Büffel.

Das zweite Mondzeichen

Chinesischer Name des Büffels: Nyu
Vom Büffel regierte Stunden: 01.00 – 03.00 Uhr
Himmelsrichtung: Nordnordost
Jahreszeit und Hauptmonat: Winter/Januar
Parallele im westlichen Tierkreis: Steinbock
Festes Element: Wasser
Stamm: Positiv

Die Mondjahre des Büffels im westlichen Kalender

Beginn	*Ende*	*Element*
19. Februar 1901	7. Februar 1902	Metall
6. Februar 1913	25. Januar 1914	Wasser
25. Januar 1925	12. Februar 1926	Holz
11. Februar 1937	30. Januar 1938	Feuer
29. Januar 1949	16. Februar 1950	Erde
15. Februar 1961	4. Februar 1962	Metall
3. Februar 1973	22. Januar 1974	Wasser
20. Februar 1985	8. Februar 1986	Holz

Fällt Ihr Geburtsdatum auf den Tag vor dem Beginn des Mondjahres des Büffels, z. B. auf den 18. Februar 1901, so ist Ihr Zeichen das vorhergehende – die Ratte. Sollten Sie am Tag nach dem Ende des Jahres des Büffels geboren worden sein, dann ist Ihr Zeichen das darauffolgende – der Tiger.

Das Jahr des Büffels

In diesem Jahr wird das Joch der Verantwortung schwer auf uns lasten. Ohne gewissenhafte Anstrengungen läßt sich kein Erfolg erzielen. Last und Plagen, die das Jahr des Büffels bringt, wirken sich vorwiegend innerhalb der eigenen vier Wände aus – eine gute Zeit, häusliche Angelegenheiten zu regeln und allgemein Ordnung zu schaffen.

Exotische Methoden, abstrakte Kunst und neumodische Ideen entlocken dem phlegmatischen Büffel kaum mehr als ein leidenschaftsloses Starren; Politik und Diplomatie sind ihm ganz einfach nur gleichgültig. Man bleibe besser beim althergebrachten Trott und setze sich für konservative Politik ein. Frivolitäten sind out!

Dieses Jahr wird zweifellos Früchte bringen, aber das Motto lautet: «Nix Arbeit, nix Geld!» Die Zeit bleibt nicht stehen; wer zum Säen zu faul ist, braucht sich nicht zu beklagen, wenn es später nichts zu ernten gibt. Wir werden uns um viele Dinge kümmern müssen, die Liste wird uns endlos vorkommen. Der spartanische Einfluß des Büffels wird wie steter Peitschenknall über unseren Häuptern dräuen. Man mache sich besser emsig an die Arbeit und lasse sich nicht auf zeitverschwendende Streitigkeiten mit Behörden ein, gegen die man ohnehin den kürzeren ziehen wird, denn das Jahr des Büffels begünstigt Disziplin.

Konflikte in diesem Jahr ergeben sich vorwiegend aus mangelnder Kommunikation und kleinlichem Beharren auf Formalitäten. Geben Sie jedoch nicht auf, bewahren Sie Geduld. Alles wird sich wieder einrenken, und wir werden für unsere Anstrengungen belohnt – solange wir nicht vergessen, auf die herkömmliche Weise vorzugehen. Dies ist keine Zeit für trickreiche Abkürzungen.

Rebellen sei gesagt, daß der stoische Büffel, wenngleich leise, einen großen Knüppel trägt. Und dies ist sein Jahr.

Die Persönlichkeit des Büffels

Das Zeichen des Büffels oder Rindes symbolisiert Wohlstand durch Standhaftigkeit und harte Arbeit. Wer in diesem Jahr zur Welt kommt, ist verläßlich, ruhig und methodisch, ein geduldiger, unermüdlicher Arbeiter, der sich an Routine und Konventionen hält. Obwohl im allgemeinen gerecht denkend und ein guter Zuhörer, läßt er sich doch nur schwer umstimmen, denn er ist halsstarrig und hat oft starke Vorurteile.

Dennoch wird man den Büffel ob seines steten und vertrauenswürdigen Charakters mit wichtigen Positionen und großer Verantwortung betrauen. Wenn die Pflicht ruft, wird er nicht versagen, sondern sollte sich eher vor Übereifer hüten.

Hinter dem etwas bescheidenen, aber ordentlichen Äußeren des Büffels verbirgt sich ein unbeirrbarer und logischer Verstand. Intelligenz und Wendigkeit werden von der zurückhaltenden, unaufdringlichen Front kaschiert. Obwohl er im Grunde introvertiert ist, kann seine ungestüme Natur einen zwingenden, wortgewaltigen Redner aus ihm machen, wenn sich die rechte Gelegenheit ergibt. In Zeiten des Aufruhrs stellt er mit Geistesgegenwart, Unerschrockenheit und angeborenem Selbstvertrauen die Ordnung wieder her. Er trägt den Kopf hoch.

Wer unter diesem besonderen Zeichen geboren wurde, ist systematisch, hält sich an feste Verhaltensmuster und hat großen Respekt vor Traditionen. Er tut gewöhnlich genau das, was man von ihm erwartet, und hat so voraussagbare Reaktionen, daß man ihn unfairerweise der Phantasielosigkeit zeihen könnte. Der pflichtbewußte Büffel weiß jedoch, daß er zu nachhaltigen Resultaten nur dann kommen kann, wenn er die Dinge in der angemessenen Reihenfolge erledigt. Sein Geist ist von Nebensächlichkeiten unbelastet. Nie werden Sie einen Büffel finden, der sich durchs Leben wurstelt und auf sein Glück verläßt. Was Menschen anderer Zeichen mit List und Witz zuwege bringen, schafft der Büffel durch pure Zähigkeit und Hingabe. Auf seine Versprechungen kann man sich verlassen; gibt er erst einmal sein Wort, dann steht er auch dazu. Die öffentliche Meinung bedeutet ihm nicht viel. Er nimmt eine Aufgabe mit ganzem

Herzen in Angriff und führt sie zu Ende. Halbe Sachen haßt er.

In Herzensangelegenheiten kann der Büffel unglaublich naiv sein. Das ganze Getue um die Liebe versteht er einfach nicht so ganz, und noch weniger wendet er Verführungsstrategien und andere Lockmittel an. Erwarten Sie von ihm also keine lyrischen Gedichte und Mondscheinserenaden. Für so etwas ist er einfach nicht geschaffen. Selbst seine Geschenke fallen solide und dauerhaft aus, schlicht und von Nutzwert.

Da Büffel-Mann und -Frau auf Tradition halten, werden sie lange umeinander werben und nicht so schnell zur Sache kommen. Sie brauchen halt Zeit, ehe sie sich auf eine intime Beziehung einlassen, werden nur langsam warm und offenbaren ihre wahren Gefühle. Der Büffel-Mann mag ein hehrer Ritter sein, ein Herr der alten Schule, verwandelt sich aber in einen tolpatschigen, stammelnden Jüngling, wenn er seiner Liebsten den Hof machen will.

Sollten Sie ihn aber heiraten und Ihr Schicksal auf sein breites Kreuz laden, so wird er Sie niemals enttäuschen und sein ganzes Leben lang treu zu Ihnen halten. Niemals brauchen Sie sich Sorgen zu machen, ob die Miete oder die Rechnungen auch bezahlt sind. Er mag Sie nicht gerade mit Pelzen und Brillanten überhäufen, wird Ihnen aber das Leben so angenehm wie möglich machen und dafür sorgen, daß Ihnen nie etwas fehlt.

Sollten Sie das Glück haben, eine Büffel-Dame zur Frau zu bekommen, dann haben Sie sich ein tüchtiges, praktisches Mädchen geangelt. Ihren Kragen wird sie ebenso perfekt stärken, wie es Ihre Mutter tat, Ihnen die Morgenzeitung säuberlich gefaltet auf den Frühstückstisch legen und Ihre Eier auf die Sekunde richtig kochen, nicht zu hart und nicht zu weich. Gewiß, ihr Gutenmorgenkuß mag hin und wieder kaum mehr als nur ein pflichtgemäßer Schmatz sein, aber wenn sie Ihnen zu langweilig oder konventionell vorkommt, sollten Sie folgendes bedenken: Sie ist ordentlich und pünktlich, wird Sie niemals mit unsauberem Hemd oder löchrigen Socken aus dem Haus gehen lassen und Ihnen auch kein angebranntes Abendessen vorsetzen. Sie ist aufrichtig, arbeitsam und über jeden Zweifel erhaben, kurz: die ideale Gattin. Nie würde sie achtlos mit dem Scheckbuch umgehen oder Ihr gemeinsames Konto überziehen. Es ist Ihre Aufgabe als Mann, das Leben etwas abwechslungsreicher zu gestalten und die Führung zu übernehmen, denn immerhin leistet ein Büffel-Mensch gewöhnlich mehr als seinen Teil. Viele schöne Dinge kommen in schlichter Verpackung, darunter auch der Büffel. Lassen Sie sich von seinem Äußeren nicht täuschen – er ist Gold wert.

Der Büffel ist aber nicht nur gediegen, sondern auch nachtragend. Er hat ein gutes Gedächtnis und vergißt auch nicht die kleinste Einzelheit einer Kränkung.

Während Menschen anderer Zeichen wie Tiger, Hahn oder Ratte sich lauthals beschweren, wenn sie verärgert sind, und Schaf und Hase schmollen und sich verdrossen in eine Ecke zurückziehen, stürzt sich der Büffel in harte Arbeit, um Trübsal und Spannung zu lindern. Nach einer herben Liebesenttäuschung mag er sich für immer in seiner Arbeit vergraben und lieber ein Einsiedlerleben führen, als noch einmal Erniedrigung und Abweisung zu riskieren.

Der Büffel begleicht grundsätzlich seine Rechnungen. Schulden werden bis auf die letzte Stelle hinterm Komma bezahlt. Wenn er in Ihrer Schuld steht, wird er sich auf handfeste Art erkenntlich zeigen. Wortreiche, aber leere Dankesbezeigungen werden Sie von ihm nie zu hören bekommen. Blumige Redensarten und Schmeicheleien findet er unanständig und mit seiner Würde unvereinbar. Seien Sie aber nicht überrascht, wenn Sie feststellen, daß jener alte Griesgram, der kaum ein Dankeschön herausbrachte, Sie in seinem Testament bedacht hat – da haben Sie es nämlich mit einer typischen Büffel-Geste zu tun. Seine Taten sagen mehr als seine Worte.

Verlassen Sie sich nicht zu sehr auf seine sprichwörtliche Geduld, denn wenn ein Büffel erst einmal wild wird, ist er überaus gefährlich. Das könnte Ihnen zum fürchterlichen Erlebnis werden, denn er läßt nicht mehr vernünftig mit sich reden und greift blindlings jeden an, der ihm in die Quere kommt. Anzuraten ist da nur eines: Man gehe ihm aus dem Weg, bis er sich wieder beruhigt hat. Im großen und ganzen aber veranstaltet er nur dann ein derart spektakuläres Feuerwerk, wenn er die Lage wirklich unerträglich findet.

Daheim ist sein Wort Gesetz. Befehle kann er nicht nur befolgen, sondern auch austeilen, und er erwartet, daß sie bis auf den letzten Buchstaben ausgeführt werden. Seine Lebensanschauung ist materialistisch, und obwohl er sehr an seiner Familie hängt, erwartet er auch viel von ihr. Erfolg und persönliche Leistung bilden den Maßstab für seine Liebe. Gefühle rühren ihn nicht sehr, aber er ist ein guter Brötchenverdiener und kann fürs Wohlergehen seiner Familie große Opfer bringen. Wenn und wo es wirklich darauf ankommt, wird er sie nie im Stich lassen.

Seiner Firma ist er eine wertvolle Kraft. Um seine Sicherheit braucht er nicht zu bangen, da er sein Leben lang gut versorgt sein wird. Schon die Vernunft gebietet, eine so nützliche Person nicht einfach hängenzulassen.

Ein am Tage geborener Büffel wird aggressiver und aktiver ausfallen als der stille Nachtbüffel. Ähnlich wird auch der Winterbüffel ein härteres, magereres Leben haben als der im Sommer geborene.

Wer unter diesem Zeichen zur Welt kam, ist ein nüchterner, erdverbundener Typ, der lieber seinem Verstand als seinem Herzen folgt. Wenn Sie bei ihm etwas erreichen wollen, sollten Sie an seine Vernunft und Intelligenz appellieren. Schreiben Sie das Für und Wider auf, und untermauern Sie jedes Ansuchen mit sachbezogenen und glaubwürdigen Fakten. Gefühle bewegen ihn nur selten zu einer Meinungsänderung. Er hat auch eine bemerkenswert robuste Konstitution und wird nicht so leicht krank. Der Büffel ist stolz und wenig kompromißbereit und sieht auf die Schwächen anderer mit Verachtung herab. Wenn er sich um etwas mehr Humor und menschliches Mitgefühl bemühte, könnte er viel glücklicher sein.

Als geborener Führer und Zuchtmeister neigt er zu übermäßiger Strenge. Höchstwahrscheinlich aus eigener Kraft nach oben gekommen, vertritt er eisern die Ansicht, jeder habe gefälligst seinen Teil zu leisten. Schlimmstenfalls ist der Büffel unnahbar, unflexibel und engstirnig. Mangel an Taktgefühl, verbunden mit Rücksichtslosigkeit und einer militanten Lebensauffassung, lassen ihn dann für Positionen, die Öffentlichkeitsarbeit, Diplomatie und Fingerspitzengefühl erfordern, wenig geeignet scheinen. Man schätzt und bewundert ihn jedoch ob seiner Grundehrlichkeit, Schlichtheit und Prinzipientreue. Untergebene inspiriert er zu Loyalität, da ihm selbst keine Arbeit unter seiner Würde ist.

Wie schon zuvor erwähnt, nimmt der Büffel keine Abkürzungen. Seine festen Moralbegriffe lassen nicht zu, daß er sich unfairer Mittel bedient, um ans Ziel zu kommen. Andere bittet er nur ungern um Hilfe, mehr noch, er ist so auf seine Unabhängigkeit bedacht, daß man ihm einen Gefallen geradezu aufzwingen muß.

Der Büffelgeborene tendiert zum Bau von Dynastien. Was er sorgfältig und gewissenhaft errichtet, hat Dauer. Seine Standhaftigkeit vererbt sich auf seine Nachkommen, auch wenn diese unter einem anderen Zeichen geboren worden sein sollten. Charakterfestigkeit macht ihn zum Reichsgründer. Er wird alle Vorkehrungen treffen, damit seine Linie blüht und überlebt.

Als Familienvater bestimmt er dogmatisch und läßt jugendliche Rebellion nicht aufkommen. Sein Leben baut er um sein Heim, seine Arbeit und sein Land herum auf und wird stets langfristigen, sicheren Investitionen den Vorzug geben. Er ist ein richtiges Gewohnheitstier und daher kein Spieler; Risiken und rasiermesserdünne Gewinnchancen machen ihn nervös, weil sie seinem tiefempfundenen Sicherheitsbedürfnis zuwiderlaufen.

Von allen zwölf Zeichen wird am ehesten der lebhafte Hahn Sonne ins geordnete Leben des Büffels bringen und ihm ein glänzender Partner sein. Beide respektieren Autorität, bewundern Tüchtigkeit und legen ein starkes Pflichtbewußtsein an den Tag. Diese gemeinsamen Attribute werden sie verbinden. Ebensogut eignen sich die liebevolle Ratte oder die weise Schlange, die beide tiefe Zuneigung zu dem ehrenwerten Büffel fassen werden. Drache, Hase, Büffel, Pferd, Eber und Affe kommen einigermaßen gut mit dem Büffel aus. Der Hund jedoch mag ihn zu fade finden und seine Humorlosigkeit kritisieren; und dem Büffel selbst mag nicht viel an der Gesellschaft des kapriziösen Schafes oder des rebellischen Tigers liegen, die sich beide hinwiederum gegen seine Bevormundung auflehnen.

Was immer auch geschieht, man kann sich darauf verlassen, daß sich der Büffel seinen Erfolg selbst verdient hat. Kurz, der starke und disziplinierte Büffel erwartet nicht, im Leben etwas geschenkt zu bekommen. Dieser gestandene Bursche kommt aus eigener Kraft zum Ziel und ist ein würdiger Sieger.

Der kleine Büffel

Dieses Kind ist keine Heulsuse, sondern ungewöhnlich hart im Nehmen. Der kleine Büffel ist ein krasser Individualist, der erst spät zu sprechen anfängt und Streitigkeiten lieber mit den Fäusten austrägt. Er ist störrisch und unnachgiebig und stellt das ganze Haus auf den Kopf, wenn ihm der Sinn danach steht. Anspruchsvoll ist er nicht, erwartet aber einige wenige Zugeständnisse, vornehmlich die Wahrung seiner Privatsphäre.

Gegen Disziplin hat er nichts einzuwenden und schätzt es sogar, wenn man ihm einen festen Tagesplan aufstellt. Er mag geregelte Mahlzeiten verlangen, mäkelt aber nicht an dem herum, was auf den Teller kommt. Er liebt ein geordnetes Leben, weiß gerne, wo alles ist und was man von ihm erwartet; dies gibt ihm ein Gefühl der Sicherheit.

Jüngeren Kindern bringt er mit Vergnügen etwas bei und legt erstaunlich viel Geduld und Ausdauer an den Tag, wenn er sich etwas vorgenommen hat. Als stiller, starker Typ legt er nicht sehr bereitwillig seine Gefühle offen. Niemand vermag zu ahnen, daß er tief verletzt sein kann, denn der kleine Büffel ist ein sehr verschlossenes Wesen, das zwar eine derbe, willensstarke und loyale Fassade zeigen mag, andererseits aber entsetzlich naiv ist, wenn es um die Realitäten des Lebens geht. In dieser Hinsicht ist er schutzbedürftig und muß sich auf die moralische Unterstützung von Eltern, Lehrern und Familie verlassen.

Er kann sich durchaus zum Musterschüler entwickeln, weil es ihm widerstrebt, Autoritäten in Frage zu stellen. Witzereißen und Herumkaspern liegt ihm nicht, dazu schaut er zu ernst und nüchtern ins Leben. Man sollte ihn ermuntern, seine Gefühle auszudrücken und Sinn für Humor zu entwickeln.

Vor allem aber wird er zuverlässig und verantwortungsbewußt sein und den Respekt seiner Erzieher und Altersgenossen gewinnen. Das Büffelkind ist ein vorzügliches Beispiel für einen kleinen Rädelsführer und Mitläufer zugleich und wird seine Pflichten ordentlich erfüllen.

Die fünf Büffeltypen

Metall-Büffel – 1901, 1961, 2021

Dieser Typ Büffel wird heftige Willensproben mit anderen Menschen, selbst Vorgesetzten, zu bestehen haben, wenn diese seine Ansichten nicht teilen. Er drückt sich klar, deutlich und beherzt aus, und man weiß bei ihm stets, woran man ist. Von einem Vorhaben läßt er sich um keinen Preis abbringen, kann, wenn erforderlich, recht beredt sein – und wird alle seine Fähigkeiten voll einsetzen, um an die Spitze zu kommen.

Von Natur aus ist er nicht sehr herzlich, könnte aber eine Neigung zur Geisteswissenschaft entwickeln und Liebhaber klassischer Musik und Kunst sein. Er ist sehr verantwortungsbewußt, und auf sein Wort kann man bauen, was an sich nicht zu schwer sein sollte, da er (oder sie) ohnehin nicht viel Worte macht.

Bisweilen geht er aufs Ganze und kann wie eine Einmannarmee wirken, wenn er ein Ziel um jeden Preis erreichen will. Er wird dann geradezu zum Fanatiker. Er ist hart und arrogant; «Mißerfolg» ist für ihn ein Fremdwort. Dieser Mensch hat ein bemerkenswertes Stehvermögen und braucht nur wenig Erholung und Ablenkung. Er arbeitet auch klaglos rund um die Uhr, wenn der Job es erfordert. Er kann engstirnig und rachsüchtig sein, wenn man ihm nicht seinen Willen läßt.

Wasser-Büffel – 1853, 1913, 1973

Dieser Mensch ist mehr Realist als Idealist. Er ist geduldig, praktisch und unerbittlich ehrgeizig, besitzt einen scharfen Verstand und festgefügte Wertbegriffe. Die Dinge packt er auf die rechte Weise an und hat bemerkenswerte Beiträge zu leisten, weil er seine Zeit zu nutzen und seine Aktivitäten zu organisieren versteht.

Dieser Büffel ist einsichtiger und flexibler und Vorschlägen gegenüber aufgeschlossen, wenngleich auch ihm Veränderungen oder unkonventionelle Methoden nicht willkommen sind. Er ist aber nicht so streng wie andere Büffel. Vornehmlich trachtet er seine gesellschaftliche Position und Sicherheit zu verbessern und wird bei allem, was er tut, Recht und Gesetz hochhalten.

Er wird es zu etwas bringen, weil er mit anderen gut zusammenarbeitet, und kann ohne Schwierigkeiten seine Richtung bestimmen, sofern er nicht zu starr wird oder zu viel von anderen verlangt. Er kann sich auf mehrere Ziele zugleich konzentrieren und den Gegner durch konsequente Gelassenheit, Geduld und Entschlossenheit zermürben und überdauern.

Holz-Büffel – 1865, 1925, 1985
Dieser Büffel ist weniger starr und hat ein Gespür, wenn nicht gar Verständnis, für die Gefühle seiner Mitmenschen. Seine Reaktionen sind schneller als die anderer Büffel, und es steht auch zu erwarten, daß er sich in Gesellschaft taktvoller verhält. Ob seiner Rechtschaffenheit und ethischen Grundsätze wird man ihn allgemein bewundern. Er ist gerecht und unvoreingenommen, wird aber von seinem Geburtszeichen eher in die konservative Ecke gezogen. Er handelt und denkt innerhalb der Grenzen einer festgefügten Gesellschaftsschicht und versteht sich sehr viel besser in Szene zu setzen als Büffel anderer Elemente.

Gibt man ihm die Gelegenheit und Motivation, so wird er sich neue und progressive Ansichten zu eigen machen; er ist weniger halsstarrig und kann sich dem Votum der Mehrheit unterwerfen.

Große Höhen kann er erklimmen, reich und prominent werden, wenn es ihm gelingt, ansehnliche Industrieunternehmen auf- und auszubauen. Er hat einen starken Schaffensdrang und wird seine Möglichkeiten bis zum letzten ausschöpfen. Er weiß, wie wichtig Zusammenarbeit ist, und kann seinen Ehrgeiz dem größeren Zusammenhang unterordnen.

Feuer-Büffel – 1877, 1937, 1997
Ein brisanter Macher und der Typ, den es am meisten zu Macht und Einfluß drängt. Die seinem Zeichen eigene Selbstbeherrschung tritt verstärkt auf, aber auch das hitzige Temperament. Resultat: Er kann stolzer und ungestümer sein als andere Büffel, mit Ausnahme des ruhigen Metall-Büffels. Er ist materialistisch und mag einen gewissen Überheblichkeitswahn haben. Als Folge entledigt er sich Menschen oder Sachen, die er für nutzlos und unpassend hält, ohne auch nur

versucht zu haben, ihren wahren Wert zu würdigen. Er ist objektiv und freimütig und kann Menschen, die es wagen, ihm Widerstand zu leisten, übermäßig harsch behandeln.

Das Element Feuer könnte bewirken, daß er seine Arbeitskraft beim Militär entfaltet – oder gar einen totalen Krieg gegen alle seine Widersacher entfesselt. Er neigt zur Überschätzung seiner Fähigkeiten und bringt nur wenig Geduld oder Verständnis für die Gefühle anderer auf. Andererseits ist er von Grund auf ehrlich und fair und übervorteilt andere nur dann, wenn es sich wirklich nicht vermeiden läßt. Die Früchte seiner Arbeit kommen vorwiegend seiner Familie zugute, die er beschützt und immer gut versorgt.

Erd-Büffel – 1889, 1949, 2009
Ein beharrlicher, wenngleich nicht so kreativer Büffel, der immer pflichttreu ist. Er kennt seine Grenzen und wird sich schon früh im Leben seiner Unzulänglichkeiten bewußt. Ganz gleich, für welche Karriere er sich auch entscheidet – er wird in jeder glänzen, denn er ist praktisch veranlagt, fleißig und bereit, den Preis des Erfolges zu zahlen. Seinen Teil trägt er willig bei und bevorzugt solide, ehrenwerte Unternehmungen. Er legt viel Wert auf Sicherheit und Stabilität und behält diese Hauptziele bei seiner Arbeit immer im Auge.

Obgleich von Natur aus nicht sehr sensibel oder emotional, ist er doch zu aufrichtiger und dauerhafter Zuneigung fähig und wird Arbeitgeber und Familie unerschütterlich treu bleiben.

Er kämpft unablässig um Verbesserung seiner gesellschaftlichen Stellung und erträgt Rückschläge und Leiden klaglos. Dieser Büffel, zielbewußt und entschlossen, wird es weit bringen und sich nur schwer wieder zurückdrängen lassen, da er einmal eroberten Boden niemals freiwillig aufgibt. Er mag der langsamste aller Büffel sein, aber auch der zuverlässigste.

Der Büffel und seine Aszendenten

Geboren während der Stunden der Ratte – 23.00 bis 01.00 Uhr
Ein Büffel mit einem Hauch echten Gefühls. Der Charme der Ratte macht ihn milder; er ist flexibler und mitteilsamer, vergißt aber trotzdem keine Kränkung und weiß seine Groschen zu zählen.

Geboren während der Stunden des Büffels – 01.00 bis 03.00 Uhr
Typischer Hauptfeldwebel. Wer im Glied keine Ruhe gibt, dem schleift er die Kerbe weg. Mit außergewöhnlicher Selbstbeherrschung und Hingabe ausgestattet. Humor und Phantasie nicht der Rede wert.

Geboren während der Stunden des Tigers – 03.00 bis 05.00 Uhr
Fesselnder, lebhafter Büffel, keinesfalls still oder schüchtern. Hüten Sie sich vor seinem berüchtigten Temperament.

Geboren während der Stunden des Hasen – 05.00 bis 07.00 Uhr
Auch dieser Büffel läßt sich nicht von seiner Meinung über Sie abbringen, bleibt aber wenigstens diplomatisch und diskret. Feinsinniger Typ, der Kunst sammelt und für anstrengende Arbeit nicht viel übrig hat.

Geboren während der Stunden des Drachens – 07.00 bis 09.00 Uhr
Geht mit Macht aufs Ziel los. Käme weiter, wenn er nicht so starrsinnig und überheblich wäre.

Geboren während der Stunden der Schlange – 09.00 bis 11.00 Uhr
Kombination zweier verschwiegener Zeichen, die ungern einen Rat annehmen. Könnte sich zu einem listigen Einzelgänger entwickeln.

Geboren während der Stunden des Pferdes – 11.00 bis 13.00 Uhr
Ein fröhlicher Büffel mit einigen ausgefallenen Neigungen des Pferdes. Wer weiß, womöglich tanzt er sogar gerne. Das quecksilbrige Pferd in ihm könnte ihn jedoch von seinem wohlgeplanten Kurs abbringen.

Geboren während der Stunden des Schafes – 13.00 bis 15.00 Uhr
Kunstsinniger Büffel mit einem zarten Charakterzug. Nachsichtiger und aufnahmefähiger. Hat Geschäftssinn und versteht aus seinen Talenten Kapital zu schlagen.

Geboren während der Stunden des Affen – 15.00 bis 17.00 Uhr
Pfiffiger, aber jovialer Büffel, der seine Probleme nicht tierisch ernst nimmt – dafür sorgt der Einfluß des Affen. Hat immer etwas in petto.

Geboren während der Stunden des Hahns – 17.00 bis 19.00 Uhr
Dynamisch und pflichtbewußt. Diskutiert erst lange, ehe er aktiv wird, und läßt lieber einen bunten Wortschwall ab, anstatt mit Fäusten dreinzuschlagen. Eine Art Kreuzung zwischen Soldat und Prediger.

Geboren während der Stunden des Hundes – 19.00 bis 21.00 Uhr
Strenger Moralist, der todlangweilig sein könnte, wirkte das ausgeglichene Temperament des Hundes sich nicht rettend aus. Wenigstens ist er nicht zu voreingenommen und macht Ihnen vorm Kriegsgericht fair den Prozeß. Viel Glück!

Geboren während der Stunden des Ebers – 21.00 bis 23.00 Uhr
Gütiger Büffel, der aber dennoch hohe Ansprüche stellt und konservativ ist. Hin und wieder fehlt ihm die nötige Überzeugung, um sich durchzusetzen. Seine eigene Arbeitsamkeit wird von der Vorliebe des Ebers für gutes Essen ausgeglichen.

Wie es dem Büffel in verschiedenen Jahren ergeht

Jahr der Ratte

Reibungslose, gewinnbringende Zeit für den Büffel. Das Glück ist ihm günstig, bisherige Probleme lösen sich von selbst. Seine Arbeit findet Anerkennung, er selbst vielleicht einen neuen, wichtigen Posten. In der Familie kann mit Festlichkeiten gerechnet werden.

Jahr des Büffels

Ein gutes Jahr, wenn auch die Pläne des Büffels sich verzögern und kleine Hindernisse unerwartet auftauchen können. Glückverheißende Zeit für Eheschließungen oder neue Beziehungen. Der Büffel wird Familienzuwachs bekommen oder mehr Zeit mit Kindern verbringen. Mit großen Schwierigkeiten hat er in diesem Jahr nicht zu rechnen, wohl aber mit unwillkommenen Reisen oder Gästen.

Jahr des Tigers

Eine schwierige Zeit. Der Büffel stößt auf verschiedenen Seiten auf Widerstand, wird aber siegen oder das Ungemach durchstehen. Er muß Geduld üben und darf nicht enttäuscht sein, wenn nicht sofort Erfolge sichtbar werden. Der Büffel sollte Bestandsaufnahme machen und während der Regierungszeit des Tigers weder unnötige Risiken eingehen noch drastische Maßnahmen ergreifen.

Jahr des Hasen

Kein übles Jahr für den Büffel, obwohl es noch viele Kleinigkeiten zu regeln und andere Probleme zu lösen gibt. Noch immer könnte er Investitionsverluste erleiden oder Schulden nicht eintreiben können. Seine Gesundheit ist gesichert, aber der Tod einer Person, die ihm nahesteht, könnte Trauer bringen. Er macht stetige Fortschritte.

Jahr des Drachen

Ein mäßiges Jahr, da viele Veränderungen und unerwartete Schwierigkeiten den Büffel auf Trab halten. Pläne gehen der Vollendung entgegen, aber nicht so rasch, wie dem Büffel lieb wäre. Er muß hart arbeiten, kommt aber in Kontakt mit einflußreichen Menschen.

Jahr der Schlange
Dem Büffel ist Gutes prophezeit. Das Geldverdienen wird ihm leichtfallen, alles scheint heuer in Griffweite zu liegen. Die Schattenseiten: Es könnte zu Mißverständnissen mit einem Partner kommen oder zu der Erkenntnis, daß ein Freund sein Vertrauen mißbraucht, doch lassen sich alle Probleme lösen, wenn er bereit ist, sich darüber auszusprechen.

Jahr des Pferdes
Ein unruhiges Jahr für den Büffel. Unglückliche Liebes- oder Geldangelegenheiten plagen ihn, er könnte finanzielle Rückschläge erleiden oder gar einen Unfall haben. Auch Krankheit kann zu unerwarteten Verzögerungen führen und es ihm unmöglich machen, seinen Verpflichtungen nachzukommen. Die schwärzesten Wolken sollten sich bis zum Herbst verzogen haben. Eine Zeit, in der er seine Stellung festigen und vorsichtig abschätzen sollte.

Jahr des Schafes
Auch in diesem Jahr kann mit Fortschritt kaum gerechnet werden, aber eine gute Nachricht stärkt die Zuversicht des Büffels. Krankheiten oder ernsthafter Streit kommen nicht vor, das Familienleben verläuft relativ friedlich. Zu optimistisch darf er aber auch nicht werden, denn er könnte Geld verlieren, das er schon gewonnen glaubte, oder etwas anderes loswerden, über das er noch nicht einmal sprechen kann.

Jahr des Affen
Ein glückliches Jahr, das Wohlstand bringt. Bei wichtigen Leuten könnte er gefeiert oder gefragt sein. Ihm winken gute Familiennachrichten, eine neue Stellung oder Beförderung. Neue Vorhaben oder Partnerschaften zeichnen sich ab.

Jahr des Hahns
Der Büffel wird eine mäßig glückliche Zeit erleben und nach wie vor erfolgreich sein, obwohl er in diesem Jahr einen seltsamen oder unwahrscheinlichen Zwischenfall erleben könnte. Er sollte auf der

Hut sein, denn Hypotheken könnten verfallen oder ein Freund ihn betrügen.

Jahr des Hundes
Obwohl die Probleme sich in diesem Jahr aufzutürmen scheinen, werden sie am Ende doch harmloser sein, als sie aussehen. Dem Büffel geht es nicht schlecht, denn erwartete Komplikationen bleiben aus, und Hindernisse und Widersacher werden aus dem Weg geräumt. Er mag vorübergehend von einer lieben Person oder seiner Familie getrennt werden. Es bestehen Hinweise auf erzwungene Reisen und unerwünschte Bewirtungskosten.

Jahr des Ebers
Hier hat der Büffelgeborene alle Hände voll zu tun, ohne für seine gewissenhaften Anstrengungen viel Gewinn einzuheimsen, aber er sollte sich nicht grämen, da er Beziehungen anknüpft, die sich später noch als wertvoll erweisen werden. Ein gemischtes Jahr, da Familienprobleme und Reibungen am Arbeitsplatz den Büffel beunruhigen. Insgesamt aber wird er nicht zu schlecht fahren, denn die zahlreichen Probleme, die ihn plagen, sind am Ende nur klein.

Der Büffel und die anderen Zeichen

Verträglichkeitsliste

Ratte:	Vertragen sich sehr gut. Ehe- und Geschäftsbeziehungen ausgezeichnet. Lieben und verstehen sich.
Büffel:	Mögen Interessensphären gemeinsam haben, aber nicht viel Verständnis füreinander. Arbeiten nur wenn nötig Hand in Hand.
Tiger:	Charakterkollisionen und bittere Rivalität. Kein Verständnis füreinander, Differenzen unlösbar.
Hase:	Kaum schwere Konflikte. Kongeniale, solide Beziehung. Vertragen sich annehmbar, können als Team arbeiten.
Drache:	Respektieren einander, daher vernünftige Beziehung. Weder große Meinungsverschiedenheiten noch Machtkämpfe.
Schlange:	Vorzügliche Verbindung. Betrachten einander mit Wohlwollen, verständigen sich gut. Profitable, dauerhafte Bindung.
Pferd:	Eine Union, bei der nichts Haltbares herauskommt. Bestenfalls mäßig kongeniale Beziehung.
Schaf:	Tolerieren sich günstigstenfalls gerade noch. Gleichgültigkeit und Konflikt, lediglich kühle Beziehung.
Affe:	Beiderseitige Vorbehalte. Zwar kein offener Streit, aber auch keine gemeinsame Verhandlungsbasis.
Hahn:	Vorzügliche Verbindung, sehr erfolgreiches Team. Keine Verständigungsschwierigkeiten. Finden gemeinsam Liebe und Glück.
Hund:	Einige Animositäten, Mangel an Mitgefühl. Haben wenig gemeinsam, kommen nicht zu gut miteinander aus.
Eber:	Keine Charakterkollisionen. Begrenzt vereinbar. Annehmbare, doch kühle Beziehung ohne Kämpfe und dauerhafte Bindungen.

Bekannte Büffel

Metall

Walt Disney
Kaiser Hirohito
Werner Heisenberg
Imam Khomeini

Wasser

Richard Nixon
Erzbischof Makarios
Willy Brandt
Vincent van Gogh
Hildegard Knef
Mikis Theodorakis

Holz

Gore Vidal
Sammy Davis jr.
Peter Sellers
Richard Burton
Margaret Thatcher
Melina Mercouri

Feuer

Robert Redford
Vanessa Redgrave
Hermann Hesse
Werner v. Siemens
Walentina Tereschkowa

Erde

Adolf Hitler
Jawaharlal Nehru
Charlie Chaplin

Der Tiger

Ich bin der wonnige Widerspruch.
Alle Welt ist meine Bühne.
Ich breche, senge neue Bahnen;
Strebe nach dem Unerreichbaren
Und versuche das Unversuchte.
Ich tanze zur Musik des Lebens
Fröhlich und hemmungslos.
Komm mit mir aufs Karussell, schau
Die unzähligen Farben,
Die zuckenden Lichter.
Alles jubelt mir zu, dem Akrobaten ohnegleichen.

Ich bin der Tiger.

Das dritte Mondzeichen

Chinesischer Name des Tigers: Hu
Vom Tiger regierte Stunden: 03.00 – 05.00 Uhr
Himmelsrichtung: Ostnordost
Jahreszeit und Hauptmonat: Winter/Februar
Parallele im westlichen Tierkreis: Wassermann
Festes Element: Holz
Stamm: Positiv

Die Mondjahre des Tigers im westlichen Kalender

Beginn	*Ende*	*Element*
8. Februar 1902	28. Februar 1903	Wasser
26. Januar 1914	13. Februar 1915	Holz
13. Februar 1926	1. Februar 1927	Feuer
31. Januar 1938	18. Februar 1939	Erde
17. Februar 1950	5. Februar 1951	Metall
5. Februar 1962	24. Januar 1963	Wasser
23. Januar 1974	10. Februar 1975	Holz
9. Februar 1986	28. Januar 1987	Feuer

Fällt Ihr Geburtsdatum auf den Tag vor Beginn des Mondjahres des Tigers, z. B. auf den 7. Februar 1902, so ist Ihr Zeichen das vorhergehende – der Büffel. Sollten Sie am Tag nach dem Ende des Jahres des Tigers geboren worden sein, dann ist Ihr Zeichen das darauffolgende – der Hase.

Das Jahr des Tigers

Eindeutig ein explosives Jahr. Gewöhnlich fängt es mit Fanfarenstößen an, aber am Ende wird Trübsal geblasen. Bestimmt wird es von Kriegen, Meinungsverschiedenheiten und allerlei Desastern, ist aber gleichzeitig ein großes, kühnes Jahr. Nichts wird sich in kleinem, zaghaftem Maßstab abspielen; alles, ob gut oder schlecht, wird auf die Spitze getrieben werden. Reichtümer werden gewonnen und zerrinnen wieder. Wenn Sie etwas riskieren wollen, wagen Sie einen hohen Einsatz, vergessen Sie aber nicht, daß die Karten zu Ihren Ungunsten gepackt sind.

Menschen lassen sich zu drastischen und dramatischen Handlungen hinreißen. Man neigt allgemein zum Aufbrausen, und den Diplomaten stehen kritische Zeiten bevor. So wie die Tiger lassen wir uns zu unbedachtem Angreifen hinreißen, um am Ende unsere Voreiligkeit zu bereuen.

Freundschaften, die in diesem Jahr geschlossen werden, ebenso wie gemeinschaftliche Unternehmungen und Abkommen, die auf gegenseitigem Vertrauen basieren, können leicht wieder in die Brüche gehen. Andererseits kann das ungestüme, vitale Tigerjahr aber auch aussichtslosen Sachen, gestrandeten Operationen und überalterten Industrien neues Leben einhauchen. Es ist auch eine Zeit für umwälzende Veränderungen und die Einführung neuer und kühner, insbesondere heißumstrittener Ideen.

Das heftige Ungestüm des Tigerjahres wird zweifellos unser aller Leben beeinflussen, doch sollten wir trotz seiner negativen Aspekte gewahr sein, daß es auch eine reinigende Wirkung haben könnte. So wie große Hitze erforderlich ist, um dem Erz das Edelmetall zu entziehen, kann auch das Tigerjahr unsere besten Seiten zum Vorschein bringen.

Nur noch einen knappen Rat für dieses unberechenbare Jahr: Bewahren Sie Ihren Sinn für Humor und warten Sie ab, bis sich der Qualm verzogen hat.

Die Persönlichkeit des Tigers

Im Fernen Osten symbolisiert der Tiger Macht, Leidenschaft und Kühnheit. Seinen rebellischen, bunten und unberechenbaren Charakter achtet und fürchtet man allenthalben und verehrt das Zeichen dieses feurigen und unerschrockenen Kämpfers, denn es hält die drei ärgsten Plagen ab, die einen Haushalt treffen können: Feuer, Diebe und böse Geister.

Glücklich ist, wer einen Tigergeborenen um sich hat, vorausgesetzt, er ist auf die fieberhafte Aktivität vorbereitet, die diese dynamische Persönlichkeit entfacht. Impulsivität und Lebhaftigkeit des Tigers sind ansteckend, seine Energie und Lust am Leben anregend. Er kann jede vorstellbare Emotion in Menschen wachrufen – außer Gleichgültigkeit. Kurz, der fesselnde Tiger steht nur zu gerne im Mittelpunkt.

Von Natur aus ruhelos und leichtsinnig, drängt der Tiger gewöhnlich ungeduldig auf Aktion. Da er aber zugleich auch mißtrauisch ist, zeigt er sich anfällig für Wankelmut und übereilte Entscheidungen. Es fällt ihm schwer, anderen zu vertrauen oder seine Gefühle zu unterdrücken. Wenn er sich aufregt, muß er sich alles von der Seele reden. Obwohl er leicht aufbraust, ist er doch auch ebenso aufrichtig, zärtlich und großzügig. Wichtiger noch, er hat einen unglaublichen Sinn für Humor.

In jedem Tiger steckt ein Menschenfreund. Er liebt kleine Kinder, Tiere, Jazz oder was sonst gerade seine Phantasie oder Aufmerksamkeit erregt. Wenn er sich mit etwas befaßt, ist seine Konzentration total. Nichts ist dann wichtiger als der Gegenstand seiner Bewunderung. Ein Tiger tut nie etwas halb, und man kann sich darauf verlassen, daß er sich hundertprozentig einsetzt und sogar noch mehr gäbe, so er es nur hätte.

Die sinnlicheren Typen steigen in ihrer Jugend erst einmal aus. Manche finden nie wieder zurück. Abenteuerlustige angehende Modelle suchen Liebeserlebnisse in Paris, junge Maler bieten an Straßenecken ihre Werke feil, Alternative versuchen es im Grünen, Rocksänger gehen auf Tour über die Dörfer. Sie alle sind viel eher Tigerkinder als Blumenkinder. Der Tiger ist eben nicht nur optimistisch, sondern legt auch wenig Wert auf materielle Sicherheit.

In seinem Leben muß es eine Phase geben, in der er seine Impulse ausagieren kann – alle die phantastischen Rollen spielen, für die er, wie er glaubt, so recht geschaffen ist. Eine Gelegenheit, der Gesellschaft und allen starren Traditionen eine Nase zu drehen. Der Tiger muß sich verwirklichen, seine Identität finden und seine Persönlichkeit formen, und wenn ihm Rebellion oder offene Mißachtung landläufiger Verhaltensweisen die Gelegenheit dazu bieten, wird er diesen Weg gehen. Muß man ihn wegen dieser Unzulänglichkeiten, sollten es überhaupt welche sein, nun weniger lieben? Ganz und gar nicht, denn in den meisten Fällen ertappen wir uns bei anfeuernden Zurufen. Wir mögen ob seiner Waghalsigkeit den Kopf schütteln, entsetzt aufstöhnen, wenn er wieder einmal einen irrsinnigen Drahtseilakt bringt, vergessen aber nie, ihm insgeheim die Daumen zu drücken und ihn zu seinem persönlichen Triumph zu beglückwünschen, wenn er es geschafft hat.

Wenn der Tiger niedergeschlagen ist, braucht er eimerweise aufrichtige, unverwässerte Sympathie. Versuchen Sie gar nicht erst zu erklären, wer nun im Recht ist und wer nicht. Mit Logik weiß er nicht viel anzufangen. Geizen Sie nicht mit Ihrem Trost. Er würde Ihnen doppelt soviel spenden, wäre die Lage umgekehrt. Er wird Ihren weisen Worten lauschen, sich jeden guten Rat zu Herzen nehmen, aber damit ist noch lange nicht gesagt, daß er ihn auch befolgt. Da bricht bei ihm die Katzennatur durch, und es zahlt sich ganz bestimmt nicht aus, wenn Sie versuchen, ihm Ihren Willen aufzuzwingen.

Am besten warten Sie ab, bis er sein Herz ausgeschüttet, seine ganzen Gefühle bei Ihnen abgeladen und anschließend alle Scherben seines angeschlagenen Egos wieder aufgesammelt hat. Dann wird er Sie küssen und umarmen und Ihnen das Gefühl geben, gerade den zerbrochenen Krug wieder heil gemacht zu haben.

Nachdem er Sie auf diese Weise abgewimmelt hat, wird er aller Wahrscheinlichkeit nach hingehen und genau das tun, was er von Anfang an vorhatte.

Ganz gleich, wie ausgebrannt der Tiger auch sein mag, ganz gleich, in welche Abgründe der Verzweiflung und Niedergeschlagenheit er sich auch stürzt, glauben Sie keinen Moment lang, daß er jemals aufgibt! Irgendwo glüht immer noch ein Funken, der die Lebensflamme wieder entfacht.

Der Tiger, in Zeiten der Spannung nicht sehr zuverlässig, weil zu gefühlsbetont, ist dennoch berühmt für seine Fähigkeit, die Massen mitzureißen. In seiner besten Form ist er warm, sensibel und mitfühlend. Wenn er seine unangenehmen Seiten zeigt, ist er eigensinnig, unvernünftig und ein Egoist.

Tiger-Damen geben die charmantesten und strahlendsten Gastgeberinnen ab. Häusliche und gesellschaftliche Pflichten kombiniert die Tigerin mit Aplomb. Bemüht, lebensprühend und absolut entwaffnend – sie ist wie ein süßes kleines Kätzchen, aber nur, weil ihr dieser Akt gute Kritiken einbringt. Wer sie aber reizen will, sollte sich in acht nehmen, denn sie hält ihre Krallen scharf, nur für den Fall, daß sie sie einmal brauchen sollte.

Die Tigerin, modebewußt, frei und fähig, sich Gehör zu verschaffen, legt viel Wert auf ihr Äußeres und kann stundenlang mit neuen Frisuren, Make-ups und Kleidern experimentieren. Sie ist der Typ, der unablässig jammert, er habe nichts anzuziehen. In Wirklichkeit aber fühlt sie sich in Jeans genauso wohl wie in einer Kreation der Haute Couture.

Mit Kindern kann sie großartig umgehen. Sie erzählt schöne Geschichten, schneidet Grimassen und macht sich über sich selbst lustig, lächelt ihr strahlendes Lächeln und läßt vor allem immer wieder fünfe gerade sein. Wenn sie die Aufsicht führt, gibt es vor dem Abendessen Süßigkeiten, eine zweite Portion Eis und die Erlaubnis, ausnahmsweise länger vor dem Fernseher zu sitzen. Seltsamerweise sind ihre Kinder aber auch nicht verzogener als andere, sondern gehorchen und nehmen sich Mutters Lehren zu Herzen – vielleicht, weil die Tigerin nicht mit ihrer Liebe geizt, doch zugleich auf Ordnung hält. Sie achtet auf die Manieren ihrer Kinder und belohnt sie großzügig, wenn sie brav waren. Da gibt es Ausflüge in den Zoo, Picknicks, Bootsfahrten. Wer könnte dem widerstehen?

So wie Drache und Hahn hat auch der Tiger ein gewaltiges Ego. Ruhm, Reichtum und Macht bedeuten ihm nichts, wenn sein Selbstgefühl verletzt ist. Durchkreuzt man des Tigers Pläne, bekommt man es mit einem gemeinen, hinterhältigen Kujon zu tun, der ohne Rücksicht auf Verluste Rache übt. Kleine Kränkungen bringen ihn in Rage, aber wichtige Streitpunkte mag er ohne viel Aufhebens übergehen. Vergessen Sie nie, daß er es haßt, wenn man ihn ignoriert.

Seine Hauptfehler sind paradoxerweise einerseits die Neigung zu überstürzten Entscheidungen und andererseits Unentschlossenheit. Wenn der Tiger den Mittelweg findet, wird er mit Gebrüll zum Erfolg kommen.

Im Grunde seines Herzens ist der Tiger ein Romantiker, verspielt, leidenschaftlich und sentimental zugleich, und wer sich in ihn verliebt oder ihn gar heiratet, wird allerhand erleben. Er – oder sie – wird auch im Eifersuchtsfall übertriebenen Besitzanspruch und Zanksucht entwickeln.

Die erste Lebensphase des Tigers wird vermutlich die beste sein. Während dieser Entwicklungsjahre sollte man ihn lehren, seine explosiven Emotionen zu zügeln, die ihn sonst ruinieren könnten. In seiner Jugend und im besten Alter jagt er dem Erfolg und der Erfüllung seiner Träume hinterher. Er könnte ein friedliches Alter genießen, lernte er nur, sich zu entspannen und Jüngere ans Ruder zu lassen. Leicht fällt ihm dies indes nicht, da ihn bittersüße Erinnerungen an Erreichtes und Unerreichtes plagen.

Im großen und ganzen wird das Leben des Tigers ereignisreich sein, randvoll mit Lachen, Tränen, Schmerz, Freude, Verzweiflung und allen denkbaren Gefühlsregungen. Bedauern sollte man ihn aber nie, denn er kann sein Leben nur lieben, wenn er es bis zur Neige auskostet, und auf seine Weise. Der Tiger ist ein Optimist, wie er im Buche steht, und wird rasch wieder auf den Beinen sein, um sich neuen Herausforderungen zu stellen.

Ein gutes Leben könnte er mit dem Eber führen. Der ehrliche und gutmütige Eber stellt das Gegengewicht zu seinen Anwandlungen von Unbesonnenheit dar und gibt ihm Sicherheit und Stabilität. Auch mit dem realistischen und pragmatischen Hund kommt der Tiger vorzüglich aus. Der treue Hund steht dem Tiger zur Seite und kann ihn nicht nur bändigen, sondern auch an seine Vernunft appellieren.

Das farbige, aber solide Pferd gibt einen erstklassigen Partner für den Tiger ab. Gemeinsam sind ihnen Lebenslust und Tatendrang. Das flinke, wendige Pferd jedoch wird Gefahr früher wittern als der eigensinnige Tiger, der von dem gutentwickelten Instinkt und Verstand des Pferdes immens profitieren kann.

Menschen, die im Jahr der Ratte, des Schafes, Hahns oder Tigers geboren wurden, vertragen sich ohne Schwierigkeiten mit dem Tiger. Eines sollte er jedoch nie tun: die Autorität eines Büffels anzweifeln, denn dieser ist ein ernster, unnachgiebiger Geselle, der sich vom Tiger nichts vormachen läßt. In einer Konfrontation würde der Büffel dem Tiger die Eingeweide herausreißen.

Ebenso ist von einer Vereinigung zwischen Schlange und Tiger abzuraten, denn gemeinsam ist ihnen nur die mißtrauische Natur. Doch wo die Schlange leise, kühl und tödlich ist, wenn ihr Böses schwant, erhebt der Tiger laut und anklagend die Stimme. Harmonieren können die beiden demnach nicht.

Der Affe schließlich wird dem Tiger der am schwersten faßbare Feind. Dieser gewitzte Kobold nämlich wird nimmer müde, den Tiger so lange zu reizen, bis er einen seiner berüchtigten Wutanfälle bekommt und sich am Ende lächerlich macht. Der unvergleichlichen Schläue des Affen hat der Tiger nichts entgegenzusetzen und wird deshalb den kürzeren ziehen.

Der kleine Tiger

Das Tigerkind kann ein Wonnebalg und Satansbraten zugleich sein, ein kleines Kraftpaket, das vor Aktivität sprüht und sich immer ins dickste Getümmel stürzt. Selbst ein sehr stilles Kleines weiß genau, wo etwas los ist, und flitzt schnurstracks hin.

Hier haben wir eine charmante, helle und selbstsichere Quasselstrippe, die einfach nicht zu bändigen ist. Die unersättliche Neugier und Wißbegierde des Tigerjungen läßt es auf alles losspringen, was sich rührt und regt, und es wird daher immer wieder in die Klemme geraten. Dieser reizbare und superaktive kleine Geselle schreit, tobt und rauft gerne.

Wie der Drache mag auch der kleine Tiger weniger aggressive Spielkameraden schikanieren und unterdrücken, aber man fühlt sich ob seines freundlichen, geselligen Wesens zu ihm hingezogen.

Das Tigerkind hält nicht mit seinen Gefühlen hinterm Berg. Man wird sich damit abfinden müssen, daß es ganz eindeutige Vorstellungen hat, wie die Dinge laufen sollen, und seine Ansichten ohne Zögern zum besten gibt. Es kann nicht vertragen, wenn man ihm etwas verschweigt, und behält selber nur schwer etwas für sich.

Wenn man zuläßt, daß das anmaßende Wesen des Tigers sich ungehindert entfaltet, so wird er seine Eltern total beherrschen und einfach unleidlich sein. Man sollte ihm rechtzeitig beibringen, sein ungestümes Temperament zu zügeln, Vernunft anzunehmen und auch einmal Zugeständnisse zu machen. So leicht läßt sich der kleine Rebell aber nichts einreden, denn er wäre nicht er selbst, wenn er nicht immer wieder probierte, gesetzte Grenzen zu überschreiten. Es ist keine leichte Aufgabe, ihn zum Gehorchen zu bewegen, aber je früher er lernt, wer das Sagen hat, desto besser für ihn und alle Beteiligten.

Gibt man ihm jedoch den rechten Ansporn in Form von Disziplin, gekoppelt mit Liebe, Wärme und viel Verständnis, so wird kein anderes Kind ähnlich spontan reagieren wie der liebenswerte kleine Tiger. Es mag nicht immer alles glattgehen, wenn man ihn um sich hat, aber ohne ihn wäre das Leben leer. Wer ein Tigerkind bekommt, kann sich glücklich schätzen.

Die fünf Tigertypen

Metall-Tiger – 1890, 1950, 2010
Eindeutig kein zurückhaltender Tiger, sondern aktiv, aggressiv und leidenschaftlich. Er mag künstlerisch begabt sein oder nicht, wird aber auf jeden Fall dafür sorgen, daß er ein glänzendes Image hat und nicht übersehen wird. Dieser ichbezogene Typ, der etwas zur Prahlerei neigt, arbeitet eifrig und unermüdlich, wenn man ihn richtig motiviert.

Probleme geht er auf direkte oder gar radikale Weise an und weiß immer genau, was er erreichen will. Der Haken ist nur, daß er zu rasch Ergebnisse sehen will und sich übertriebenen Hoffnungen hingibt.

Metall, kombiniert mit dem Mondzeichen Tiger, bringt einen Menschen hervor, der in seinen Handlungen jäh, unorthodox und drastisch sein kann. Treu bleibt er nur sich selbst und seinen Wünschen, selbst wenn er hin und wieder jemandem auf die Zehen treten muß. Dieser Tiger ist leicht beeinflußbar, im Guten wie im Bösen, und wird gerne selbständig handeln, da er nichts so sehr haßt wie Einschränkungen seiner Freiheit.

Wasser-Tiger – 1902, 1962, 2022
Ein aufgeschlossener Tiger, der neuen Ideen und Erfahrungen immer gewogen ist. Außerdem ist ihm eine objektive Betrachtungsweise gegeben, weil das Element Wasser ihm eine ruhigere Natur verleiht. Er ist human und hat ein vorzügliches Gespür für die Wahrheit, da er sich in andere hineinversetzen kann. Dank einer guten Intuitionsgabe und der Fähigkeit, im Umgang mit Menschen den rechten Ton zu finden, eignet er sich vorzüglich für die Öffentlichkeitsarbeit.

Dieser realistischere Tiger weiß den Leuten auf den Zahn zu fühlen und kennt sich in seinem Fach aus. Fehleinschätzungen unterlaufen ihm nur selten. Seine geistigen Fähigkeiten sind überdurchschnittlich, aber er vergeudet manchmal kostbare Zeit mit Zaudern und Verschleppungstaktiken, wie es allen Tigern eigen ist. Dennoch gilt er als weniger unberechenbar als andere Tiger, da er seine Gefühlsregungen kontrollieren, seine Anstrengungen konzentrieren kann.

Holz-Tiger – 1914, 1974, 2034

Ein toleranter Typ, der Situationen praktisch und unvoreingenommen einschätzt. Er hat demokratische Ansichten und versteht, daß die Unterstützung anderer gewinnen muß, wer rascher vorankommen will. Er wird viele Freunde und Helfer haben, denn er kommt mit Menschen aus allen Lebensbereichen gut zurecht.

Das Element Holz verleiht ihm eine ausgeglichenere, umgänglichere Gemütsart, und seine charmante, allen Neuerungen aufgeschlossene Persönlichkeit ist dem Teamgeist förderlich. In der feinen Gesellschaft ist er gefragt, weil er es versteht, eigentlich nicht zueinander passende Leute zusammenzubringen. Vorwiegend aber bleibt er sich selber treu und findet niemanden unersetzlich.

Der Holz-Tiger ist auch meist der oberflächlichste Tiger. Er orientiert sich mit Vorliebe an Äußerlichkeiten und hält nur einen Anflug von Ordnung. Es fehlt ihm einfach an Tiefgang und Stetigkeit. Geschickt im Delegieren von Aufgaben, flink im Kommandieren und Manipulieren anderer, nimmt er doch nur ein Minimum an Verantwortung auf sich. Da er von seinem Tierzeichen her mit Selbstdisziplin nicht gerade gesegnet ist, sollte er nicht mehr in Angriff nehmen, als er auch verarbeiten kann. Es wird ihm jedoch schwerfallen, seine Grenzen einzugestehen, denn Tiger aller Schattierungen sind gegen Kritik empfindlich, ganz gleich, wie konstruktiv und freundlich sie auch ausfallen mag.

Feuer-Tiger – 1866, 1926, 1986

Dieser Tiger kann seinen Enthusiasmus und seine grenzenlose Energie nur schwer bändigen. Er ist immer aktionsbereit und mobil. Von Natur aus unstet und flüchtig, lebt er nur für die Gegenwart. Er ist unabhängig, unkonventionell und unberechenbar, aber wenn er zur Tat schreitet, kann man sicher sein, daß die Resultate dramatisch und von großem Einfluß sein werden. Dieser Tiger muß unweigerlich jeden beeindrucken, von dem er etwas will, und wird seine elektrische Vitalität in jedes Projekt einbringen, das er in Angriff nimmt.

Unablässig versucht er, seine Energie und Inspiration in eindrucksvolle Taten umzusetzen. Manchmal benimmt er sich dabei ausgesprochen theatralisch. Er ist ungemein großzügig und wird auch bessere Führungsqualitäten an den Tag legen als andere Tiger. Ihm ist alles, was er tut, lohnend und überaus wichtig; versuchen Sie also nicht, ihm etwas anderes einzureden. Er ist durch und durch Optimist und weiß mit Weltuntergangspropheten nichts anzufangen.

Der Feuer-Tiger, brillant und gebieterisch, imposant und offen, ist ein sinnliches Wesen, das nur widerwillig einen unpersönlichen Standpunkt einnimmt.

Erd-Tiger – 1878, 1938, 1998

Dieser Tiger ist ruhiger und verantwortungsbewußter, erwägt den Nutzwert seiner Handlungen, zieht keine voreiligen Schlüsse und tritt für Gleichheit und Gerechtigkeit ein. Er ist teilnehmend, immer auf der Suche nach der Wahrheit und hat eine reife, vernünftige Lebensauffassung.

Er ist stetiger als andere Tiger, da ihm das Element Erde eine bessere Konzentrationsfähigkeit mitgab, die ihn befähigt, fleißig und objektiv an wichtigen Aufgaben zu arbeiten, ohne ungeduldig zu werden. Er sieht die Dinge im rechten Licht und läßt sich den Blick nur selten von Gefühlsdunst vernebeln.

Hier haben wir es auch mit einem Tiger zu tun, der Beziehungen eher auf Zweckmäßigkeit als auf persönliche oder sexuelle Anziehung gründet. Er ist ein intellektueller Typ, der mehr dazu neigt, sich Gedanken zu machen, statt sich in ein Unternehmen hineinzustürzen. Seine Kenntnisse und Fähigkeiten wendet er auf vertrauten Gebieten an, die die üppigste Ernte versprechen.

Vom Erd-Tiger ist am wenigsten zu erwarten, daß er zum Bohemien wird, ganz gleich, was er anderen auch vormachen mag. Zuerst einmal will er nach oben kommen. Dann, wenn er seine Tüchtigkeit und sein Genie unter Beweis gestellt hat, mag er sich radikal, skandalös oder unkonventionell benehmen, einfach nur, um anders zu sein oder aufzufallen. Dennoch wird er seine Arbeit immer ernst nehmen, denn sein Element verleiht ihm ein Bedürfnis nach gesellschaftlichem Status und Anerkennung, die ihm aufgrund von Standfestigkeit und harter Arbeit auch zuteil wird.

Der Tiger und seine Aszendenten

Geboren während der Stunden der Ratte – 23.00 bis 01.00 Uhr
Liebenswerter Hitzkopf. Bricht einen Streit vom Zaun, nur weil ihm die Versöhnung so viel Spaß macht. Nicht übel, wenn die Ratte in ihm die Finanzen verwaltet.

Geboren während der Stunden des Büffels – 01.00 bis 03.00 Uhr
Willensstarke, temperamentvolle Kombination. Hoffentlich gibt ihm der Büffel die nötige Selbstdisziplin, damit er nicht immer gleich die Wand hochgeht. Das Ergebnis könnte ein ruhigerer Charakter sein.

Geboren während der Stunden des Tigers – 03.00 bis 05.00 Uhr
Ganz Krallen und Zähne. Unglaublich lebhaft, neigt zu extremen Stimmungsumschwüngen. Wer sich nach etwas Aufregendem sehnt, soll hier zugreifen.

Geboren während der Stunden des Hasen – 05.00 bis 07.00 Uhr
Heiter und gelassen, aber auch hier lodern die Flammen. Der Hase mag Ungeduld und Ungestüm dämpfen, was zum Ergebnis hat, daß dieser Tiger vernünftige Entscheidungen trifft und weniger Ärger hat.

Geboren während der Stunden des Drachen – 07.00 bis 09.00 Uhr
Wird härter herangehen und höher hinauswollen, denn der Drache verstärkt sein Ego. Könnte eine vorzügliche Führerpersönlichkeit abgeben, wenn er nicht so mißtrauisch wäre.

Geboren während der Stunden der Schlange – 09.00 bis 11.00 Uhr
Denkbar, daß hier die Schlange dem Tiger beibringt, seine große Klappe zu halten. Der Tiger kann nur profitieren, wenn er dem Gespür der Schlange folgt und bei Verhandlungen nicht die Geduld verliert.

Geboren während der Stunden des Pferdes – 11.00 bis 13.00 Uhr
Das Pferd läßt den Tiger etwas praktischer denken und ermuntert ihn, nur kalkulierte Risiken einzugehen. Allerdings setzt sich diese Kombination aus zwei ungebundenen, etwas windigen Zeichen zusammen, denen echtes Verantwortungsgefühl abgeht.

Geboren während der Stunden des Schafes – 13.00 bis 15.00 Uhr
Still und wachsam, aber doch unerträglich eifersüchtig und besitzgierig. Zu schön, wenn das Schaf des Tigers Aggressivität dämpfen und seine künstlerischen Neigungen fördern könnte.

Geboren während der Stunden des Affen – 15.00 bis 17.00 Uhr
Rohe Kraft und Grips, hoffentlich im rechten Verhältnis – dann sind die Erfolgsaussichten unbegrenzt.

Geboren während der Stunden des Hahns – 17.00 bis 19.00 Uhr
Faszinierende Persönlichkeit. Hier trifft der Krisenauslöser auf den Krisenmanager. Er läßt sich überhaupt nichts bieten und besteht darauf, daß man ihn anhört – als gäbe es da eine Alternative.

Geboren während der Stunden des Hundes – 19.00 bis 21.00 Uhr
Vernünftiger und hilfsbereiter Tiger, was er dem angeborenen gesunden Verstand des Hundes zu verdanken hat. Seiner Ellbogentaktik setzt des Hundes Sinn für Ritterlichkeit Grenzen, aber seine Zunge wird dennoch rasiermesserscharf sein.

Geboren während der Stunden des Ebers – 21.00 bis 23.00 Uhr
Impulsiv und naiv. Glücklich und zufrieden – solange er bekommt, was er will. Könnte unter Druck rachsüchtig und bösartig werden, überschlägt sich aber, um Familie und Freunden zu Gefallen zu sein.

Wie es dem Tiger in verschiedenen Jahren ergeht

Jahr der Ratte
Kein sehr glückliches Jahr für den Tiger. Die Geschäfte gehen nicht besonders gut, Geld könnte knapp sein oder ihm vorenthalten werden. Ein Lohn ist nur zu erwarten, wenn er Geduld und Besonnenheit walten läßt. Spontane Handlungen sollte er unterlassen und einen konservativen Standpunkt einnehmen.

Jahr des Büffels
Ein gemischtes Jahr. Halsstarrigkeit führt zu Streit und Mißverständnissen. Den Tiger plagt der Frust, weil ihn eine hochgestellte Persönlichkeit am Weiterkommen hindert. Man sollte ihm raten, sein Rebellentum um diese Zeit zu dämpfen. Seine Probleme werden sich bis zum Jahresende von selbst gelöst haben, sofern er sich bis dahin beherrschen kann.

Jahr des Tigers
Ein mäßig gutes Jahr. Glück hat der Tiger insofern, als ihm andere unter die Arme greifen, wenn er Hilfe am meisten braucht. Dennoch sollte er Risiken meiden, da die Dinge sich gegen ihn wenden könnten. Von schweren Krankheiten oder Umwälzungen bleibt er verschont, muß aber mit zusätzlichen Aufgaben rechnen oder kann nichts zurücklegen.

Jahr des Hasen
Ein glücklicheres Jahr für den Tiger. Gute Nachrichten treffen ein, und im Beruf und in der Liebe sieht es rosiger aus. Noch immer stellen sich ihm Hindernisse in den Weg, aber es wird ihn nur wenig Anstrengung kosten, sie zu überwinden. Im großen und ganzen wird er mit dem Erreichten recht zufrieden sein.

Jahr des Drachen
Heuer gibt es für den Tiger nicht viel zu holen. Er wird Schwierigkeiten bei der Kapitalbeschaffung haben oder von anderen zu unklugen Investitionen überredet werden. Prophezeit ist einiges Unglück,

zum Beispiel Trennung von einer geliebten Person oder Auflösung einer Beziehung. Mit Veränderungen findet er sich nur schwer ab, auch wenn sie zu seinem Besten sind.

Jahr der Schlange
Kein übles Jahr für den Tiger. Voraussichtlich wird er weder große Gewinne noch Verluste machen und ein recht friedliches Leben führen, sofern er Vorsicht walten und sich nicht in fremde Angelegenheiten hineinziehen läßt. Sein Fortschritt ist stetig, seine Gesundheit im allgemeinen gut. Die schwersten Enttäuschungen bereiten ihm Angehörige des anderen Geschlechts.

Jahr des Pferdes
Ein sehr gutes und glückliches Jahr. Dem Tiger geht alles glatt von der Hand. Ihm winken Beförderung und Anerkennung. Eine günstige Zeit zum Geldverdienen. Der Tiger wird Rücklagen machen oder ein zusätzliches Einkommen erhalten. Gute Nachrichten werden im häuslichen Kreis gefeiert.

Jahr des Schafes
Ein gutes Jahr, aber der Tiger bekommt es mit Problemen zu tun, die viel Zeit in Anspruch nehmen. Verhandlungen, kleinliches Gezänk in der Familie und Spannungen am Arbeitsplatz lassen ihn nicht zur Ruhe kommen. Er sollte Urlaub machen, auch wenn er es sich eigentlich nicht leisten kann. Persönliche Gegenstände könnten verlorengehen, aber der Tiger kann sich, davon abgesehen, glücklich schätzen, denn ernste Katastrophen bleiben aus.

Jahr des Affen
Ein nervenaufreibendes Jahr. Ärger und Rückschläge stellen seine Geduld und Standhaftigkeit auf die Probe. Er sollte aber nicht zu laut Einspruch erheben und sich vor Konfrontationen hüten, die zu Prozessen führen könnten. Er wird öfter als gewöhnlich Gäste haben oder reisen und zu Kompromissen gezwungen werden.

Jahr des Hahns
Ein mäßiges Jahr. Der Tiger sollte nicht überängstlich sein. Die scheinbar gewaltigen Probleme, von denen er geplagt wird, lassen sich lösen, und im letzten Augenblick wird ihm aus unerwarteter Richtung oder von neugewonnenen Freunden Hilfe zuteil.

Jahr des Hundes
Ein Jahr, in dem der Tiger vor ernsten Gefahren geschützt ist. Er muß jedoch hart um den Erfolg kämpfen und wird des Anpassungszwangs überdrüssig. Dennoch ist ihm das Glück gewogen, und er wird seine Pläne durchbugsieren können, weil einflußreiche Leute ihn unterstützen.

Jahr des Ebers
Hier muß der Tiger seine Neigung zum Geldausgeben bezähmen, denn der zum Jahresanfang ausbrechende Wohlstand ist nicht von Dauer. Hüten sollte er sich vor riskanten Investitionen und neuen Geschäftspartnern.

Der Tiger und die anderen Zeichen

Verträglichkeitsliste

Ratte:	Nur wenige gemeinsame Interessen. Wollen miteinander nicht viel zu tun haben. Verhältnis kühl.
Büffel:	Ernste Zusammenstöße und Rivalitäten, Konflikte und Mißverständnisse. Kein Friedenswille. Höchst unverträglich.
Tiger:	Nur begrenzt verträglich. Kleine Animositäten und gegenseitige Vorbehalte. Zusammenarbeit nur für ein gemeinsames Ziel.
Hase:	Tolerieren einander. Kaum schwere Zusammenstöße, aber auch wenig Wohlwollen und Gesprächsbereitschaft.
Drache:	Respekt und Kooperation. Einige Zusammenstöße und Machtkämpfe, die aber beigelegt werden können. Mäßig erfolgreich.
Schlange:	Keiner traut dem anderen. Sind einander gleichgültig oder unsympathisch. Kein Gedankenaustausch.
Pferd:	Exzellent für Ehe oder Geschäft. Kein Mangel an Vertrauen und Verständnis. Sehr erfolgreiches Team.
Schaf:	Keine totalen Konfrontationen oder Rivalitäten, doch nur mäßig empfehlenswert. Beziehung weder tief noch dauerhaft.
Affe:	Rivalitäten, Persönlichkeitskonflikte. Keine gemeinsamen Interessen, wenig Übereinstimmung und Verständnisbereitschaft.
Hahn:	Geringe Vorbehalte und Kommunikationslücken. Sind einander bestenfalls lästig oder gleichgültig.
Hund:	Exzellente Union. Problemlose Verständigung. Kommen gemeinsam zu Erfolg und Wohlstand.
Eber:	Sichere, erfolgreiche Kombination. Finden gemeinsam Liebe und Glück. Fruchtbare Zusammenarbeit in Ehe und Geschäft.

Bekannte Tiger

Metall

Charles de Gaulle
Ho Tschi Minh
L. van Beethoven
Dwight D. Eisenhower
Prinzessin Anne
Kurt Tucholsky
Konrad Duden
Fritz Lang
Stan Laurel
Albrecht Dürer

Wasser

Simon Bolívar
Oscar Wilde

Holz

Alec Guinness
Pierre Balmain
Billie Holiday

Feuer

Queen Elizabeth II.
Giscard d'Estaing
Hugh Hefner
Marilyn Monroe
Siegfried Lenz

Erde

Emily Brontë
Isadora Duncan
Diana Rigg
Rudolf Nurejew

Der Hase

Ich stehe im Einklang mit dem
Puls des Universums.
In meiner Stille und Einsamkeit
Höre ich die Melodien der Seele.
Ich schwebe über Gemeinplätzen,
Zank und Verfall.
Ich gleiche mich an, also überwinde ich.
Ich gebe meinem Wort
Zarte Pastelltöne.
Ich verkörpere Harmonie und inneren Frieden.

Ich bin der Hase.

Das vierte Mondzeichen

Chinesischer Name des Hasen: Tu
Vom Hasen regierte Stunden: 05.00 – 07.00 Uhr
Himmelsrichtung: Ost
Jahreszeit und Hauptmonat: Frühling/März
Parallele im westlichen Tierkreis: Fische
Festes Element: Holz
Stamm: Negativ

Die Mondjahre des Hasen im westlichen Kalender

Beginn	*Ende*	*Element*
29. Januar 1903	15. Februar 1904	Wasser
14. Februar 1915	2. Februar 1916	Holz
2. Februar 1927	22. Januar 1928	Feuer
19. Februar 1939	7. Februar 1940	Erde
6. Februar 1951	26. Januar 1952	Metall
25. Januar 1963	12. Januar 1964	Wasser
11. Februar 1975	30. Januar 1976	Holz
29. Januar 1987	16. Februar 1988	Feuer

Fällt Ihr Geburtsdatum auf den Tag vor Beginn des Mondjahres des Hasen, z. B. auf den 28. Januar 1903, so ist Ihr Zeichen das vorhergehende – der Tiger. Sollten Sie am Tag nach dem Ende des Jahres des Hasen geboren worden sein, dann ist Ihr Zeichen das darauffolgende – der Drache.

Das Jahr des Hasen

Ein mildes Jahr, hochwillkommen und auch nötig nach der tollen Herrschaft des Tigers. Wir sollten uns in eine stille Ecke zurückziehen, unsere Wunden lecken und uns von den Schlachten des vergangenen Jahres ausruhen.

Guter Geschmack und Stil überstrahlen alles, und die Menschheit wird einsehen, daß Argumente besser sind als Gewalt. Eine angenehme Zeit, in der Diplomatie, Entspannungspolitik und die Verbesserung der internationalen Beziehungen wieder in den Vordergrund treten. Man wird umsichtig handeln und ohne viel Widerstreben vernünftige Zugeständnisse machen.

Wir sollten aber aufpassen, daß wir nicht zu genußsüchtig werden. Der Einfluß des Hasen verhätschelt jene, denen zu viel an ihrem Wohlbefinden gelegen ist, und beeinträchtigt so ihre Effizienz und ihr Pflichtbewußtsein.

Die öffentliche Ordnung ist lax, auf die Einhaltung von Regeln und Vorschriften wird nicht strikt geachtet, denn niemand verspürt sonderliche Neigung, sich mit derlei unangenehmen Dingen zu befassen. Alles amüsiert sich, hat andere zu Gast oder läßt ganz einfach Gott einen guten Mann sein. Die Atmosphäre ist ruhig und gelassen, verkommt schon fast zur Schläfrigkeit. Unangenehme Aufgaben schiebt man mit Vorliebe auf die lange Bank.

Geld läßt sich verhältnismäßig mühelos verdienen. Unser Lebensstil wird gemächlich und träge sein, denn wir gönnen uns endlich einmal den Luxus, nach dem wir uns schon so lange gesehnt hatten. Ein gemäßigtes Jahr, frei von Hast. Zur Abwechslung hat es einmal den Anschein, als könnten wir ohne zu viele Unannehmlichkeiten sorglos und glücklich leben.

Die Persönlichkeit des Hasen

Wer im Jahr des Hasen zur Welt kam, hat das glücklichste der zwölf Tierzeichen. Der Hase ist das Symbol der Langlebigkeit und stammt, wie man in China glaubt, vom Mond.

Wenn ein Abendländer zum Mond aufschaut, wird er vielleicht mit einem Lächeln an einen großen Käse denken oder einem Kind die Geschichte vom Mann im Mond erzählen. Schaut ein Chinese zum Nachthimmel, so sieht er den Mondhasen neben einem Felsblock unter einem Zimtbaum stehen und das Lebenselixier in den Pfoten halten.

Zum chinesischen Herbstfest, wenn laut Volksweisheit der Mond am schönsten aussieht, tragen die Kinder Lampions in Form eines Hasen in die Hügel, um den Mond zu beobachten und den Hasen im Mond zu bewundern.

Der Hase versinnbildlicht Anmut, Anstand, guten Rat, Milde und Schönheitssinn. Mit seiner leisen Stimme und seiner eleganten, behenden Art verkörpert er alle wünschenswerten Eigenschaften eines erfolgreichen Diplomaten oder erfahrenen Politikers.

Auch ein unter diesem Zeichen geborener Mensch wird ein ruhiges, friedliches Leben genießen, dazu Frieden und eine ihm entsprechende Umgebung. Er ist zurückhaltend, kunstsinnig und besitzt eine gesunde Urteilsgabe. Seine Gründlichkeit kann auch einen guten Gelehrten aus ihm machen, der in Recht, Politik und Verwaltung exzelliert.

Allerdings neigt er auch zur Launenhaftigkeit; zu solchen Zeiten scheint er losgelöst von seiner Umgebung und seinen Mitmenschen gegenüber gleichgültig.

Bei geschäftlichen oder finanziellen Transaktionen hat der Hase eine äußerst glückliche Hand. Er ist ein gewiefter Taktiker, dem immer ein angemessener Vorschlag oder eine Alternative zu seinen Gunsten einfällt. Seine Geschäftstüchtigkeit, gekoppelt mit seinem Verhandlungstalent, wird ihm in jeder Karriere einen raschen Aufstieg sichern.

Obwohl der Hase nach außen hin die Ansichten anderer mit Gleichgültigkeit quittiert, wirkt in Wirklichkeit Kritik vernichtend auf ihn. Seine Technik, lieber einen Haken zu schlagen, als sich im Kampf zu stellen, täuscht, denn er kann teuflisch gerissen sein, wenn es ernst wird. Der Hase ist bei seinen Lieben zwar zärtlich und gefällig, kann Außenstehenden gegenüber aber oberflächlich oder gar unbarmherzig sein. Dieser verbindliche und genußsüchtige Bursche ist sehr auf sein leibliches Wohlergehen bedacht und gibt seinen eigenen Wünschen den Vorrang. Es verdrießt ihn entsetzlich, wenn ihm jemand zur Last fällt, denn er ist selber ein rücksichtsvoller, bescheidener und bedachter Mensch, der solche Eigenschaften bei anderen auch gern sähe. Er glaubt ganz aufrichtig, daß es keinen Pfennig kostet, wenn man nett zueinander ist, und er wird immer um Höflichkeit bemüht sein, selbst seinem ärgsten Feind gegenüber. Raufereien und ungeschminkte Feindseligkeit sind ihm ein Graus.

Trotz seiner stillen und irreführend zahmen Natur besitzt der Hase einen starken Willen und eine schon fast narzißtische Selbstsicherheit. Seine Ziele verfolgt er mit methodischer Präzision, aber immer unauffällig. Dickfelligkeit oder Plumpheit kann man ihm ganz bestimmt nicht vorwerfen. Er schlägt keine Wellen. Der ganz besondere Charakterzug, der den Hasen zu einem so enorm geschickten Verhandlungskünstler macht, ist seine Unergründlichkeit. Es ist äußerst schwer, sich auch nur ein ungefähres Bild von seinen Gedanken zu machen.

Gewöhnlich sind die Manieren des Hasen tadellos. Grobe Worte nimmt er nur selten in den Mund und wird sich niemals ordinärer Ausdrücke bedienen, um etwas auf den Punkt zu bringen. Das wäre auch überflüssig, denn er hat eigene, wirksamere Techniken. Der Hase könnte sich unter dem Deckmantel seines Anstands verbergen, um Gegner langsam zu zermürben. Seine Referenzen sind meist erstklassig oder zumindest in Ordnung. Er wird Sie in die feinsten Lokale führen und auf alle Ihre Launen eingehen, wenn er hinter etwas her ist. Dann, wenn Sie sich satt gegessen haben und zufrieden eine teure Zigarre paffen, zieht er den Vertrag aus der Tasche, den Sie unterschreiben sollen. Ehe Sie wissen, wie Ihnen geschieht, hat er Ihren Widerstand gebrochen, und zwar so geschickt, daß es noch nicht einmal weh tat. Sie sind nur ein weiteres Opfer des unvergleichlichen Hasen.

Der Hase mag einem gelegentlich ein bißchen langsam oder zu bedacht vorkommen, aber das liegt an seiner angeborenen Vorsicht und Besonnenheit. Man kann sich darauf verlassen, daß er erst das Kleingedruckte liest, ehe er ein Dokument unterschreibt. Auf seine Fähigkeit, Menschen und Situationen korrekt einzuschätzen, kann sich der Hase etwas einbilden – was er auch tut, und nicht zu knapp.

Die sittsame Häsin kommt ihren Freunden sehr rücksichts- und verständnisvoll entgegen und ist daher am Arbeitsplatz, beim Einkaufsbummel oder einfach nur beim Schwatz gern gesehen. Sie ist so richtig lieb und witzig, und in ihrer Gesellschaft fühlt man sich immer entspannt. Für Dinge, die sie gerne tut, bringt sie viel Energie auf und kann zum Beispiel unermüdlich in Antiquitätenläden kramen oder die Hochzeit einer Freundin bis zur kleinsten Einzelheit planen. Wenn sie aber findet, daß sie nun genug von dem ganzen Zauber hat, läßt sie einfach alles stehen und liegen, schwingt die zierlichen Füßchen auf die Tischplatte und schlafft ab. Hier sehen wir die philosophische Seite der Häsin. Wieso gelingt es ihr wohl, bei all dieser fieberhaften Aktivität so gelassen zu bleiben? Ihr Geheimnis ist, daß sie genau weiß, wann es an der Zeit ist, die Batterien wieder aufzuladen.

Während alle Welt hastet und sich abrackert, weiß die Häsin, daß morgen auch ein Tag ist. Wozu dann die Hetze? Komm, setz dich erst mal hin, wird sie sagen, Kaffeewasser aufstellen und Ihnen helfen, den verrückten Streß zu vergessen.

Sie können sich darauf verlassen, daß die Häsin in jeder Situation einen kühlen Kopf behält, sich die Nummer des Fluchtautos merkt oder noch weiß, daß der Fahrer beige Hosen und Halbschuhe mit hohen Absätzen trug.

Allgemein ist der Hase ein Lebenskünstler. Mehr noch, er läßt auch andere leben, ist weder ein Spielverderber noch ein ewig wachsamer Puritaner und weiß genau, wann er sich der Kritik zu enthalten hat. In der Öffentlichkeit stellt er nur ungern andere bloß und ist ein Künstler im Wahren des Gesichts – nicht nur seines eigenen, sondern auch das seiner Mitmenschen. Wenn es irgend geht, wird er Ihre Gefühle nicht verletzen.

Geben Sie sich aber keinen Illusionen hin – er merkt sich Ihre

Fehler oder Erfolge sehr gut. Solange die Lage noch nicht hoffnungslos ist, wird er Ihnen gutherzig Ihren Lauf lassen. Wegen dieses Charakterzuges ist der Hase allgemein beliebt. Ein Vorteil dieser Lebensphilosophie ist, daß er sich nur wenige Feinde schafft und nur selten Ärger bekommt. Die Leute reagieren freundlich auf seine Großzügigkeit und lassen auch ihm seinen Lauf.

Niemand leiht Ihnen verständnisvoller sein Ohr als der Hase (abgesehen vom Schaf), sollten Sie Ihr Herz ausschütten wollen. Er ist zwar ein guter Tröster und verständnisvoller Zuhörer, wird aber nur die Rolle des passiven Ratgebers spielen. Vor allem anderen ist er Intellektueller, Realist und Pazifist. Erwarten Sie nicht, daß er mit fliegenden Fahnen für Sie ins Feld zieht. Das wäre zuviel verlangt. Er wird Ihnen Geld für den Anwalt leihen oder Ihre Kaution stellen, sofern er es sich leisten kann, aber das ist auch schon alles. Und wenn Sie ihm zu sehr zur Last fallen, schlägt er einen eleganten Haken und verschwindet aus Ihrem Leben.

Die ansehnliche und kultivierte junge Häsin heiratet lieber einen dicken, altmodischen Millionär als einen tollen, aber mittellosen Knaben, denn ersterer kann ihr die Vorteile und Luxusgüter bieten, die sie als selbstverständlich ansieht. Ihr Mann muß einflußreich genug sein, um sie zu beschützen und stilvoll auszuhalten, und dazu den Takt aufbringen können, sich höflich zu empfehlen, wenn sie mal wieder schlechte Laune hat und nicht gestört werden will.

Vor die Wahl gestellt, gibt der Hase grundsätzlich dem leichten und angenehmen Leben den Vorzug. Ob Mann oder Frau, Hasengeborene werden lose, bequeme Kleidung von vorzüglichem Schnitt und Material tragen, Kaschmirpullover, Blusen aus Naturseide, Solides aus Leinen und Tweed. Ein Nerz oder Chinchilla, auf berechnend nonchalante Weise lässig über die Schulter geworfen, verrät die Häsin. Grelle, geometrische oder provozierende Muster verletzen den Sinn des Hasen für Anpassung und Ausgleich.

So freundlich er im Umgang mit Freunden und Mitarbeitern ist, kann der Hase sich gegenüber seiner Familie ziemlich distanziert verhalten oder das häusliche Einerlei und die Pflichten schlicht langweilig finden. Er oder sie haßt zu enge Bindungen und schüttelt Eindringlinge in die Privatsphäre oder schmarotzerhafte, aufdringliche Freunde ohne Bedauern ab. Wenn es um knifflige Streitpunkte geht, kann der Hase bürokratisch und ausweichend agieren. Da ihm bindende Verpflichtungen und übermäßiges Engagement zuwider sind, schiebt er auch mit Geschick den Schwarzen Peter anderen zu.

Herr Hase ist eindeutig ein Mann von Welt, charmant, elegant und vornehm, was ihn nicht daran hindert, Ihr Lob zu singen und zugleich Ihren besten Wein wegzutrinken. Jawohl, es zieht den Hasen zur Creme der Gesellschaft und zum feinen Müßiggang. Wenn man es recht bedenkt, könnten die Stützen der Society allesamt stilbewußte und joviale Hasen sein.

In seiner besten Erscheinungsform genießt der Hase wegen seiner Höflichkeit und Intelligenz Bewunderung und ist ob seines vernünftigen Rates gefragt. Schlimmstenfalls geht seine Phantasie mit ihm durch, er ist überempfindlich oder einfach nur auf ätzende Weise gleichgültig. Leidenden oder trauernden Menschen geht er aus dem Weg, als hätten sie ansteckende Krankheiten.

In die Falle locken läßt sich der Hase nur schwer. Er legt so viel Wert auf Heimlichkeit und seine Privatsphäre, daß er manchmal zum Unterdrücker wird. Fühlt sich der Hase bedroht, so sucht sich seine versteckte Feindseligkeit in subversiven Taktiken ein Ventil.

Trotz aller seiner positiven Eigenschaften wird ein Mensch dieses Zeichens sich selbst stets über alles andere stellen. Treibt man ihn zu weit, wirft er alles oder jeden über Bord, der es wagt, seine ruhige Existenz zu stören. Seine Moralbegriffe sind gelegentlich elastisch, und er hat es gut heraus, nur sicherheitshalber auf beide Seiten zu setzen. Bei schwächeren Exemplaren dieses Typs könnte Sicherheit zur Zwangsvorstellung werden; in riskanten Gebieten läßt sich ein Hase nur selten antreffen.

Seine Vorliebe für Bequemlichkeit, gekoppelt mit seiner Konfliktscheu, mag ihm den Ruf eines opportunistischen, genußsüchtigen Schwächlings eintragen. Anders als Drache, Hund, Tiger oder Hahn, die hin und wieder nichts gegen eine herzhafte Rauferei haben oder sie gar genießen, findet der Hase keinen Gefallen an Gefechten. Zum Krieger ist er nicht geboren, sondern arbeitet wirksamer hinter den Kulissen. Sorgen Sie sich nicht um das Wohlergehen des Hasen. Er ist agil und scharfsinnig und hält sich mit gutem Gespür aus gefährlichen Situationen heraus. Andere Zeichen mögen für hehre Ideale eintreten, Hauptziel des Hasen ist die Selbsterhaltung.

Vom Jahr des Hasen sagt man, es bringe Frieden oder zumindest eine Atempause in Kriegen. Ebenso wird der Hasengeborene tun, was in seiner Macht steht, um wieder Harmonie herzustellen – oder sich schleunigst entfernen.

Hasen sind gute Unterhaltungskünstler und wunderbare Gastgeber. Ihre Gesellschaft ist freundlich und angenehm, für jeden haben sie ein gutes Wort übrig. Lassen Sie sich aber nichts vormachen: Er weiß mehr, als er zugibt, und ist an seiner Raffinesse leicht zu erkennen. Er wird Ihr bester Freund sein, solange Sie sich hüten, zuviel von ihm zu verlangen.

Am besten verträgt sich der gepflegte Hase mit Menschen, die im Jahr des Schafes geboren wurden. Gemeinsam ist ihnen der gute Geschmack und eine Vorliebe für Komfort. Ebenso passend wäre eine Verbindung mit dem Hund oder dem aufrichtigen, bescheidenen Eber. Ratte, Drache, Affe, Büffel, Schlange und Hase sind als zweite Wahl noch recht annehmbar. Eitelkeit und Kritteln des Hahnes wird er jedoch nicht ertragen können, die Schauspielerei des Tigers läßt ihn kalt, und die temperamentvolle, quecksilbrige Art des Pferdes schätzt er nicht.

Zusammenfassend läßt sich sagen, daß der Hase über Hindernisse einfach hinwegsetzt und sich von Kalamitäten mit bemerkenswerter Elastizität wieder erholt. Ganz gleich, wie man ihn wirft, er fällt immer wieder auf die Füße.

Er mag sich seiner Familie nicht sehr verbunden fühlen, wird sich aber bemühen, ihr das Beste zu geben. Sein sanftes, verwundbar aussehendes Äußeres schützt ein Panzer aus Vorsicht und Scharfsinn. Im Leben wird der Hase Konflikte um jeden Preis meiden, es sei denn, sie betreffen ihn direkt – in diesem Fall wird er die zur Wahrung seiner Interessen notwendigen Maßnahmen treffen.

In der Brust des Hasen findet kein titanisches Ringen zwischen Gut und Böse statt. Er vertraut auf seine Überlebensfähigkeit, verläßt sich auf sein Urteil und lebt im Frieden mit sich selbst. Sein Zeichen verspricht wie kein anderes ein glückliches, zufriedenes Leben.

Der kleine Hase

Ein im Jahr des Hasen geborenes Kind hat eine freundliche Veranlagung. Es ist ausgeglichen und folgsam, hat ein Gespür für die Stimmung seiner Eltern und verhält sich entsprechend. Es mag redselig sein oder nicht, aber nie rüpelhaft oder ungehörig. Gern sitzt es still in einer Ecke und konzentriert sich auf ein Spiel oder Spielzeug.

Gewöhnlich schläft es unruhig und jammert viel, wenn es krank ist. Dieses Kind gewöhnt sich leicht an Disziplin und wird in der Schule keine Anpassungsschwierigkeiten haben. Es lernt gut und leicht. Obwohl seine Manieren überdurchschnittlich gut sind, erhebt es doch gelegentlich auf seine stille Weise Widerspruch. Es ist in der Lage, beide Aspekte einer Streitfrage rasch zu erkennen und seinen Standpunkt intelligent zu vertreten.

Manchmal fällt es einem schwer, für die Gedanken oder Handlungen dieses Kindes eine Erklärung zu finden. Der kleine Hase verbirgt geschickt seine Gefühle, sagt nur, was man hören will, und manipuliert einen auf diese Weise, ohne daß man es merkt.

Er wird alleine zurechtkommen und auf seine Sachen aufpassen. Mit bemerkenswerter Beobachtungsgabe rechnet er sich aus, ob er seinen Willen bekommt oder nicht. Anstatt sich Geboten direkt zu widersetzen, wird das raffinierte Hasenjunge sorgfältig Methoden zu ihrer Umgehung ersinnen. Kurz, dieser höfliche kleine Engel sieht zu, daß immer ein bißchen mehr für ihn herauskommt.

Tadel nimmt er mit trotziger oder stoischer Gleichgültigkeit hin. Rückschläge tut das Häschen mit einem Achselzucken ab und fängt wieder von vorne an. Hilfreich im Hause, angepaßt in der Schule und im Einklang mit seiner Umgebung, kommt dieses Kind gut mit Menschen und Problemen zurecht. Sie können sicher sein, daß es überall wohlgelitten ist und akzeptiert wird.

Die fünf Hasentypen

Metall-Hase – 1891, 1951, 2011
Dieser Hase könnte körperlich und seelisch robuster sein als die der anderen Elemente, aber auch weniger kompromißbereit. Er glaubt unerschütterlich an seine Beobachtungsgabe und Fähigkeit zu logischem Denken und wird meist fest überzeugt sein, daß er die richtigen Lösungen zu seinen Problemen hat. Für verantwortungsvolle Positionen eignet er sich bewundernswert gut.

Das Element Metall, gekoppelt mit seinem Tierzeichen, bewirkt, daß dieser Mensch in größerem Ausmaß von seinen Wünschen, Zielen und seinem Schaffensdrang in Anspruch genommen wird. Er ist gerissener, kaschiert aber seinen Ehrgeiz sorgsam mit kühler Logik und Intelligenz.

Als typischer Genießer versteht er zu leben und wird sich an den guten Dingen, die das Leben zu bieten hat, auf kultivierte Weise erfreuen. Die Meinung anderer mag ihm gleichgültig sein, aber Kunst, Musik und generell Schöngeistiges bewegen ihn tief. Selbstsicherheit und ein kritisches Auge befähigen ihn zum Kunstrichter; er könnte, sofern vermögend genug, zum berühmten Sammler werden.

Aber wie alle wahrhaft romantischen Geister könnte dieser Hase auch zu düsteren Stimmungen neigen und nur dann gute Arbeit leisten, wenn er sich hinreichend inspiriert fühlt. Obwohl in der Liebe feurig, tief empfindend und vorsorglich, wird er doch nur eine Handvoll Menschen ganz an sich heranlassen, denn er leidet unter versteckten Hemmungen.

Wasser-Hase – 1903, 1963, 2023
Ein verletzlicher, gefühlsbetonter Hase, der zur Meditation neigt. Ständige Störungen und andere Unannehmlichkeiten wie Zank oder Gemecker kann er nicht ertragen, vielleicht, weil er zu empfänglich für die Gedanken anderer ist, die er mit unheimlicher Genauigkeit empfängt.

Er hat ein vorzügliches Gedächtnis und verfügt vielleicht über jene geistige Kraft, die seine Gedanken ohne sein Wissen auf andere überträgt. In der Folge zieht er Menschen an, die er mag, und ist überrascht, wenn ihm seine Anhänger ganz unerwartet in Scharen zu Hilfe kommen.

Er ist jedoch eine subjektive Seele, die Gefühlsbarrieren um sich herum aufbaut und so ihre Perspektive verzerrt. Entscheidungsfreudig ist er nicht und läßt sich lieber von anderen Vorschriften machen.

Seine Überempfindlichkeit bewirkt, daß er zu sehr in der Vergangenheit lebt, immer wieder längst vergessene Kränkungen ausgräbt und sich in Selbstmitleid ergeht. In seinen negativen Stimmungen traut er anderen nicht über den Weg, ist kaum ansprechbar und leidet unter Phantasievorstellungen. Wenn positiv aufgelegt, kann er sich alle Kräfte des Kosmos dienstbar machen.

Holz-Hase – 1915, 1975, 2035

Wird der Einfluß des Holzes auf dieses ohnehin schon vom Holz regierte Zeichen verstärkt, so kann das Resultat ein großzügiger, ganz besonders verständnisvoller Hase sein, der oftmals mehr zur Wohltätigkeit neigt, als ihm guttut. Zweifellos hat er echte und solide Ambitionen, läßt sich aber leicht von autoritären Menschen oder der Obrigkeit einschüchtern und übersieht lieber einen Fehler, nur um den Status quo zu wahren, was zum Erfolg hat, daß andere versucht sind, seine mitfühlende, nachsichtige Art auszunutzen.

Dennoch kommt dieser Hase meist gut zurecht. Gut gedeiht er in großen Konzernen oder Behörden, wo er die Erfolgsleiter langsam und diplomatisch erklimmen kann, Sprosse für Sprosse. Teamgeist und ein Gefühl der Zusammengehörigkeit sprechen ihn an und geben ihm Sicherheit und Rückhalt. Aufgrund seines angeborenen Anlehnungsbedürfnisses an die Gruppe aber könnte er zu bürokratisch werden oder sich vor Entscheidungen drücken, die andere kränken oder einen wichtigen Präzedenzfall setzen. Seine Weigerung, sich einzumischen oder Partei zu ergreifen, mag letzten Endes nicht nur anderen, sondern auch ihm schaden. Er sollte kritischer und entschiedener sein und sich gegen jene absichern, die aus seiner Großzügigkeit Kapital schlagen. Da sich dieser Hase anmutig anpaßt, ohne sich deshalb Gewalt anzutun, wird er sich überall ohne Schwierigkeiten einfügen können.

Feuer-Hase – 1927, 1987, 2047
Eindeutig ein auffälliger, vergnüglicher, herzlicher Hase, und ein charakterfester dazu. Das Feuer macht ihn zwar reizbarer, aber er kann seine Gefühle mit Charme und Diplomatie kaschieren.

Seine Art ist umgänglich und natürlich. Menschen reagieren positiv auf seine Ideen, weil er sie so geschickt darlegt.

Das Feuer bewirkt, daß er zu Gefühlsausbrüchen tendiert und seinen Wünschen unverblümt Ausdruck gibt. Zum Führer eignet er sich besser als andere Hasen und herrscht maßvoll und besonnen. Trotz seiner extrovertierten und progressiven Art wird er eine offene Konfrontation mit seinen Gegnern niemals gutheißen und lieber raffinierte Ränke schmieden oder sich eines Vermittlers bedienen, was Angehörige seines Zeichens mit großem Geschick tun.

Dieser Typ Hase hat eine erstaunlich gute Intuition und vielleicht sogar übersinnliche Fähigkeiten. Veränderungen in seiner Umgebung nimmt er sofort wahr und ist leicht verletzt, zornig oder enttäuscht. Wenn das Negative überwiegt, könnte er auch zu einem greulichen Neurotiker werden. Er braucht Anerkennung, uneingeschränkte Unterstützung und muß inspiriert sein, um zu brillieren.

Erd-Hase – 1879, 1939, 1999
Ein ernster, unerschütterlicher Hase mit festumrissenen Gedankengängen und der Fähigkeit zu wohlbedachten Schachzügen. Erst überlegt er, ehe er sich seinen Gefühlsneigungen hingibt. Dank seiner ausgeglichenen und rationalen Persönlichkeit ist er bei Vorgesetzten wohlgelitten, die auch seine realitätsbezogene Zielsetzung schätzen.

Das Element Erde macht ihn beständiger und weniger genußsüchtig, obwohl seine Beständigkeit eher von der passiven Art ist. Plagen ihn Probleme, so zieht er sich in sich selbst zurück und muß erst im Einklang mit seinem Gewissen stehen, ehe er handelt. Er zögert nie, vorhandene Ressourcen zu nutzen, und setzt sie weise ein.

Er ist ein Materialist, dessen Hauptsorge sein persönliches Wohlergehen ist, was ihn den Bedürfnissen anderer gegenüber gleichgültig macht, wenn sie sich nicht mit seinen Plänen vereinbaren lassen. Seine Unzulänglichkeiten sieht er aber wenigstens ein und bemüht sich, sie zu überwinden.

Der Hase und seine Aszendenten

Geboren während der Stunden der Ratte – 23.00 bis 01.00 Uhr
Klug, herzlich und gut informiert. Der Einfluß der Ratte muntert den zurückhaltenden Hasen auf und macht ihn weniger gleichgültig.

Geboren während der Stunden des Büffels – 01.00 bis 03.00 Uhr
Der Büffel verleiht diesem Hasen mehr Durchsetzungsvermögen. Könnte dank der Kraft und Selbstbeherrschung des Büffels sehr erfolgreich sein.

Geboren während der Stunden des Tigers – 03.00 bis 05.00 Uhr
Zungengewandter Schnelldenker. Der Tiger in ihm drängt auf mehr Aggressivität, aber die Hasenseite überwiegt.

Geboren während der Stunden des Hasen – 05.00 bis 07.00 Uhr
Kurioser Philosoph. Der weise Mann vom Berge, der nie zu Taten schreitet, weil er nie Partei ergreift. Fest steht nur eins – er kommt nie zu kurz.

Geboren während der Stunden des Drachens – 07.00 bis 09.00 Uhr
Ehrgeiziger, zäher Hase, der sich aber nur ungern die Finger schmutzig macht. Braucht er auch nicht, denn er kann anderen befehlen, seine wohldurchdachten und löblichen Pläne auszuführen.

Geboren während der Stunden der Schlange – 09.00 bis 11.00 Uhr
Launenhaft und nachdenklich, aber unabhängig und nicht der Typ, der andere um Rat angeht. Äußerst empfänglich für die Stimmung in seiner Umgebung, läßt sich strikt von seiner Intuition leiten.

Geboren während der Stunden des Pferdes – 11.00 bis 13.00 Uhr
Fröhlicher Hase, ausgerüstet mit dem Selbstvertrauen des Pferdes. Könnte eine vorzügliche Kombination sein, da beide Zeichen einen Siegerinstinkt haben.

Geboren während der Stunden des Schafes – 13.00 bis 15.00 Uhr
Das Schaf verleitet den Hasen zu mehr Sympathie und Großzügigkeit. Heraus kommt eine tolerante, liebenswerte Persönlichkeit, die aber versucht sein mag, über ihre Verhältnisse zu leben.

Geboren während der Stunden des Affen – 15.00 bis 17.00 Uhr
Lachender, schelmischer Hase. Hier werden des Hasen Gespür für Diplomatie und seine kühle Front die perfekte Tarnung für die mutwilligen Streiche des Affen abgeben. Vorsicht, er haut Sie gewandt übers Ohr, ohne daß Sie es merken.

Geboren während der Stunden des Hahns – 17.00 bis 19.00 Uhr
Mit dem Hahn hinter sich lernt der Hase, seine Meinung frei zu äußern. Da er von Natur aus mit Vernunft und gesundem Urteilsvermögen ausgestattet ist, sollte man ihn anhören.

Geboren während der Stunden des Hundes – 19.00 bis 21.00 Uhr
Der Hund macht diesen Hasen freimütiger und freundlicher. Vielleicht liegt ihm sogar etwas am Wohlergehen seiner Mitmenschen. Könnte weniger lethargisch sein, wenn es darum geht, sich zu engagieren.

Geboren während der Stunden des Ebers – 21.00 bis 23.00 Uhr
Der Eber könnte dem kultivierten Geschmack des Hasen Substanz verleihen. Vielleicht mindert der Ebereinfluß des Hasen legendäre Eigenliebe und macht ihn hilfsbereiter.

Wie es dem Hasen in verschiedenen Jahren ergeht

Jahr der Ratte
Ein gutes, friedliches Jahr. Keine Überraschungen, keine großen Probleme, aber auch nicht so fruchtbar, wie er hofft. Er wird stetige Fortschritte machen, da sich in Heim und Beruf kein ernsthafter Widerstand abzeichnet. Eine gute Zeit für Zukunftspläne oder Haus- und Grundstückskauf.

Jahr des Büffels
Dem Hasen steht ein rauhes, strenges Jahr bevor. Es drohen Enttäuschungen, ziellose Reisen, harte Arbeit ohne den gewünschten Erfolg. Zu viele Sorgen könnten sich in Gesundheitsproblemen niederschlagen. Eine geliebte Person könnte den Hasen verlassen oder sich von ihm trennen. Er sollte um diese Zeit keine Veränderung seiner Umgebung erwägen. Pläne tragen später Frucht, als er erwartet.

Jahr des Tigers
Ein Jahr, in dem der Hase ganz besonders behutsam und diplomatisch sein muß, da Gefahr besteht, daß er in Konflikte hineingezogen wird. In diesem Zeitraum könnten unbillige Ansprüche an ihn gestellt werden und zu Prozessen und Streitigkeiten führen. Er sollte daher mit seinem Geld und beim Unterschreiben wichtiger Dokumente vorsichtig sein. Abgesehen davon kommt er einigermaßen ungeschoren davon und dürfte zum Jahresende hin sogar Gewinne machen.

Jahr des Hasen
Für Hasengeborene ein glückverheißendes Jahr. Ihnen sind Beförderungen, Fortkommen in der Karriere oder finanzielle Erfolge prophezeit, und sie werden unerwartete Zuwendungen bekommen oder Verluste wettmachen. Pläne lassen sich leicht ausführen, und im häuslichen Kreis gibt es gute Nachrichten und Feste – ein neues oder altes Familienmitglied mag eintreffen oder zurückkehren.

Jahr des Drachen
Der Hase kann mit einer mäßig glücklichen, aber sehr geschäftigen Zeit daheim und im Beruf rechnen. Finanziell dürfte sich das Jahr gemischt oder mittelmäßig anlassen, aber der Hase bleibt trotzdem freundlich und zufrieden, da seine Gewinne insgesamt die Verluste überwiegen. Vielleicht findet er einflußreiche neue Freunde, die sich als nützlich erweisen.

Jahr der Schlange
Nur wenige greifbare Fortschritte. Der Hase wird reisen oder sich mit Schwierigkeiten von verschiedenen Seiten herumschlagen müssen. Ein Wohnungs- oder Berufswechsel ist ebenfalls angezeigt, da er versucht, seine gegenwärtige Position zu festigen oder zu verbessern. Er findet weniger Zeit für seine Familie und hat zusätzliche Ausgaben zu verkraften.

Jahr des Pferdes
Dem Hasen steht ein gutes Jahr bevor, denn Glück bringen ihm neue, hilfreiche Bekannte, die nur zu gerne ihren Einfluß für ihn geltend machen. Der Hase wird keine großen Umbrüche oder Krankheiten erleben und somit alte Verluste wieder wettmachen können. Mag sein, daß er häufig reisen oder viele Gäste bewirten muß.

Jahr des Schafes
Ein glänzendes Jahr für den Hasen. Große Taten können vollbracht werden, und seine Vorhaben machen reibungslose Fortschritte. Alles geht nach seinem Sinn, aber er muß strikt auf Details achten, wenn es später bei der Abrechnung keinen Ärger geben soll. Keine schwerwiegenden Probleme in Familie oder Beruf.

Jahr des Affen
Ein vielversprechendes Jahr, sofern der Hase nicht zu optimistisch ist. Finanzielle Transaktionen oder Verträge stoßen auf Schwierigkeiten oder fallen flach, weil ein bisher treuer Verbündeter zum Verräter wird. In der Familie herrscht weiterhin Frieden, aber kleinere Krankheiten könnten ihn am Fortkommen hindern.

Jahr des Hahns
Ein schweres Jahr für den Hasen, der seine Ersparnisse zusammenschrumpfen sieht und kostspielige Rückschläge erleben muß. In dieser Zeit sollte er sich anderen anschließen und sich von ihnen durchhelfen lassen. Konservatives, nicht zu unabhängiges Verhalten ist angezeigt. Probleme und Hindernisse in Heim und Beruf lassen sich überwinden, kosten aber erst Nerven.

Jahr des Hundes
Dem Hasen ist ein reibungsloses Jahr vorausgesagt. Er wird Gewinne machen und alte Probleme regeln, findet Zeit zum Ausspannen und keinen häuslichen Ärger. Am Arbeitsplatz mag er von Vorgesetzten kritisiert oder von Kollegen behindert werden.

Jahr des Ebers
Recht gemischt. Das Jahr läßt sich besser an, als es in Wirklichkeit ist. Der Hase sollte sehr realistisch sein und weder Versprechungen machen noch Garantien geben. Da sich in diesem Jahr ganz unwahrscheinliche Schwierigkeiten ergeben können, darf der Hase nicht zu zuversichtlich sein und sollte alle Vorsichtsmaßnahmen zum Schutz seiner Interessen treffen.

Der Hase und die anderen Zeichen

Verträglichkeitsliste

Ratte:	Respektieren sich und haben gemeinsame Interessengebiete. Keine Konflikte, recht verträglich. Friedliche Zusammenarbeit.
Büffel:	Wohlwollendes, annehmbares Verhältnis. Arbeiten Hand in Hand, wenngleich nicht uneingeschränkt. Beide haben Vorbehalte.
Tiger:	Feindseligkeit, Mißverständnisse. Keine Kommunikation, mangelnde Vertrauensbasis. Sollten sich am besten meiden.
Hase:	Gegenseitige Hilfe, keine Machtkämpfe. Kommunikation reißt nie ab. Arbeiten friedfertig zusammen.
Drache:	Gemeinsame Interessengebiete. Zusammenprall der Persönlichkeiten möglich, aber es besteht Verständigungsbereitschaft.
Schlange:	Akzeptable Beziehung. Tolerieren einander im Interesse des gemeinsamen Wohls. Starke Zuneigung und Bindungen fehlen.
Pferd:	Animositäten, heftige Konflikte. Kommen nicht miteinander aus, haben kaum etwas gemeinsam.
Schaf:	Eine der besten Verbindungen – sie mögen und verstehen sich. Viele Gemeinsamkeiten. Erfolgreiche, einträgliche Union.
Affe:	Kleinliche Streitereien und Rivalitäten. Mäßige Beziehung. Tolerieren sich gerade noch. Uneingeschränktes Vertrauen fehlt.
Hahn:	Bittere Konflikte und Meinungsverschiedenheiten. Sind sich noch nicht einmal über die Uhrzeit einig.
Hund:	Höchst verträgliche Union. Tiefes Vertrauen und Verständnis. Finden Glück und Wohlstand.
Eber:	Recht verträglich. Gemeinsame Interessen, wo es zählt. Gefühlsmäßig aufeinander eingespielt.

Bekannte Hasen

Metall

Henry Miller
Jomo Kenyatta
Feldmarschall Rommel

Wasser

Dr. Benjamin Spock
Karl May
Martin Luther
Konrad Lorenz

Holz

Orson Welles
David Rockefeller
Ingrid Bergman
Franz-Josef Strauß

Feuer

Fidel Castro
Harry Belafonte
Ludwig Ganghofer
Günter Graß

Erde

Albert Einstein
Joseph Stalin
Queen Victoria
Paul Klee
Karl Marx
Otto Hahn
Thomas Mann

Der Drache

Ich bin das unlöschbare Feuer,
Kernpunkt aller Energie,
Das tapfere, heroische Herz.
Ich bin Wahrheit und Licht,
Mein sind Macht und Ruhm.
Meine Gegenwart
Vertreibt dunkle Wolken.
Ich bin auserwählt,
Das Schicksal zu zähmen.

Ich bin der Drache.

Das fünfte Mondzeichen

Chinesischer Name des Drachen: Lung
Vom Drachen regierte Stunden: 07.00 – 09.00 Uhr
Himmelsrichtung: Ostsüdost
Jahreszeit und Hauptmonat: Frühling/April
Parallele im westlichen Tierkreis: Widder
Festes Element: Holz
Stamm: Positiv

Die Mondjahre des Drachen im westlichen Kalender

Beginn	*Ende*	*Element*
16. Februar 1904	3. Februar 1905	Holz
3. Februar 1916	22. Februar 1917	Feuer
23. Januar 1928	9. Februar 1929	Erde
8. Februar 1940	26. Januar 1941	Metall
27. Januar 1952	13. Februar 1953	Wasser
13. Februar 1964	1. Februar 1965	Holz
31. Januar 1976	17. Februar 1977	Feuer
17. Februar 1988	5. Februar 1989	Erde

Fällt Ihr Geburtsdatum auf den Tag vor Beginn des Mondjahres des Drachen, z. B. auf den 15. Februar 1904, so ist Ihr Zeichen das vorhergehende – der Hase. Sollten Sie am Tag nach dem Ende des Jahres des Drachen geboren worden sein, dann ist Ihr Zeichen das darauffolgende – die Schlange.

Das Jahr des Drachen

Ein mächtiger Aufschwung nach der Atempause im Jahr des Hasen. Man schlägt alle Vorsicht in den Wind, krempelt die Ärmel hoch und nimmt grandiose, aufregende, kolossale, ehrgeizige und kühne Projekte in Angriff. Der unbezähmbare Geist des Drachen bläht alles zu überlebensgroßen Proportionen auf. Die Dinge sehen besser aus, als sie in Wirklichkeit sind.

Die Sonnenseite: Die Geschäfte gehen gut, Geld ist leicht zu verdienen oder zu beschaffen. Nun ist die rechte Zeit, Ihre Bank um einen Kredit anzugehen. Hohe Ausgaben und großzügige Pläne sind die Regel. Für Besonnene und Geizhälse hat der gewaltige Drache nur ein verächtliches Schnauben übrig. Er regt uns an, im großen Maßstab zu denken und zu handeln und gelegentlich sogar die Grenzen der Vernunft zu überschreiten.

Bei den Asiaten ist dies ein günstiges Jahr für Eheschließungen, Geburten und Geschäftseröffnungen, da der wohlwollende Drache Glück und Wohlstand bringt.

Allerdings sollten wir in diesem Jahr auch unsere Begeisterung zügeln und es uns zweimal überlegen, ehe wir einen Sprung wagen, denn der glückbringende Drache streut zwar seine Segnungen wahllos aus, verschwindet aber, wenn wir für unsere Fehler zahlen müssen. Somit nehmen nicht nur unsere Erfolge, sondern auch unsere Irrtümer größere Ausmaße an. Ganz besonders gefürchtet ist der Feuer-Drache (31. Januar 1976 bis 17. Februar 1977), denn er richtet schlimmere Verwüstungen an als Drachen anderer Elemente.

Im Jahr des Drachen brechen Glück wie Desaster in massiven Wogen über uns herein. Gekennzeichnet wird es von zahlreichen Überraschungen und Naturkatastrophen. Überall auf der Welt flammen Leidenschaften auf, jedermann bricht eine echte oder imaginäre Revolte gegen einschränkende Zwänge vom Zaun. Die vom mächtigen Drachen erzeugte funkensprühende Atmosphäre wird uns bis auf den letzten Mann in Mitleidenschaft ziehen.

Die Persönlichkeit des Drachen

Der Drache, mächtiges, flammenschnaubendes Fabelwesen, hat schon immer die Phantasie der Menschheit beflügelt, und es ist nicht verwunderlich, wenn man Drachengeborenen einige seiner Zauberkräfte zuschreibt, ob nun zu Recht oder nicht.

Der Drachen-Mensch ist großherzig und strotzt vor Kraft und Vitalität. Das Leben ist ihm ein flammendes Farbenspiel, er ist ständig in Bewegung. Egoistisch, exzentrisch, dogmatisch, launenhaft oder entsetzlich anspruchsvoll und unvernünftig mag er sein, hat aber doch immer eine Schar von Bewunderern um sich. Der Drachegeborene, stolz, aristokratisch und überaus direkt, findet schon früh im Leben zu seinen Idealen und stellt an andere ebenso hohe Ansprüche wie an sich selbst.

In China symbolisiert der Drache den Kaiser oder das männliche Geschlecht. Er bedeutet auch Macht; man sagt, wer im Jahr des Drachen geboren wurde, sei vom Schicksal auserwählt.

Der Drache ist ein wahres Kraftwerk. Ungestüm, Begierde und ein fast religiöser Eifer können aus ihm hervorbrechen wie das legendäre Feuer aus seinen Nüstern. Zum Glück steckt in ihm ein gewaltiges Potential, denn der Drache denkt und handelt im großen Maßstab. Sofern er jedoch seiner verfrühten Begeisterung keine Grenzen setzt, brennt er vorzeitig aus und verflüchtigt sich in einer Rauchwolke. Von ihm kann man am ehesten erwarten, daß er über einer Streitfrage zum Fanatiker wird. Was der Drache auch tut, im Guten wie im Bösen, die Schlagzeilen sind ihm sicher. Die Chinesen heißen ihn den Wächter über Reichtum und Macht. Gewiß ein erfolgversprechendes Zeichen, aber der Drache neigt auch wie kein anderer zum Größenwahn.

Es ist schwer, manchmal unmöglich, mit dem starken Drachen in Wettstreit zu treten. Wer ihn herausfordert, den schüchtert er gerne ein. Ein zorniger, aufgestachelter Drache ist wie der große böse Wolf vor der Tür: Er faucht und schnaubt und pustet das ganze Häuschen um.

Doch ist der Drache trotz seines hitzigen Temperaments und seiner Rechthaberei ein freundlicher Geselle. Welche Differenzen er mit seiner Familie auch haben mag, er vergißt sie rasch, wenn man ihn um Hilfe anfleht, und kommt prompt und großmütig als Retter daher. Allerdings kann sich seine Familie auf eine strenge Gardinenpredigt gefaßt machen, wenn die Krise überstanden ist. Der Drache nimmt selten ein Blatt vor den Mund und tut seine Ansichten kund, als wären's kaiserliche Edikte. Redefreiheit und Demokratie preist er zwar in den höchsten Tönen, aber nehmen Sie ihm das bloß nicht ab. Er stellt sich über das Gesetz und praktiziert nicht immer, was er predigt.

Manchmal fällt es dem Drachen entsetzlich schwer, höflich und herzlich zu sein oder gar Süßholz zu raspeln. Viel lieber ist er harsch, grob und rundheraus rücksichtslos, wenn man ihn provoziert. Versuchen Sie aber lieber nicht, mit gleicher Münze zurückzuzahlen, denn das wirkt meistens nicht – es sei denn, auch Sie wären ein Drache und bereit zur Schlacht. Dann können wir alle um die Arena sitzen und ein Brillantfeuerwerk bestaunen, gegen das sich die Silvesterraketen wie Kerzen auf einer Geburtstagstorte ausnehmen.

Trotz seiner vulkanischen Emotionen kann man den Drachen weder sentimental, sensibel noch sehr romantisch nennen. Liebe und Schmeichelei nimmt er als selbstverständlich hin: Das kommt ihm von Rechts wegen zu. Der Drache, wenn verdrossen, kann dickköpfig, unlogisch und hochfahrend sein, wird Ihnen aber sofort verzeihen, sobald sein Zorn verpufft ist. Ebenso erwartet er, daß Sie ihm nichts nachtragen. Gelegentlich vergißt er sogar, sich zu entschuldigen, was einen gefühllos anmuten mag, aber der Drache hat halt keine Zeit für lange Erklärungen und mag sich nicht mit kleinlichem Gezänk abgeben; viel lieber geht er wieder an die Arbeit.

Der Drache mag zwar stark und entschieden sein, Gerissenheit und Tücke gehen ihm aber ab. Anpassungsartisten und trickreiche Verhandlungen verabscheut er. Gälte es einen Kampf nur mit roher Kraft zu bestehen, so gewänne der Drache mühelos; oft aber ist er sich seiner Sache allzu sicher und läßt sich von seinen großartigen Visionen irreführen, achtet dabei nicht auf mögliche Überraschungen oder hinterlistige Intrigen und wird darum besiegt. Anstatt nachzuschnüffeln, wo sich etwas zusammenbraut, stürzt er sich lieber in die Schlacht und weicht häufig selbst im Angesicht einer erdrückenden Übermacht nicht zurück. Er ist viel zu stolz, als daß er je um Verstärkung bitten würde; zu selbstsicher, um Truppen in Reserve zu halten. Zu sehr auf Vormarsch bedacht, vergißt er, Nachhut und Flanken zu decken. Er ist zu aufrecht und will um keinen Preis lügen. Zudem ist er einfach unfähig, raffinierte Einflüsterungen richtig zu deuten, und erkennt die schlimmen und arglistigen Absichten seiner Gegner meist nicht.

Entscheidend für einen Drachen ist ein festes Ziel im Leben, eine ganz besondere Aufgabe. Er kann einfach nicht tatenlos herumsitzen, sondern muß einen gerechten Kampf zu kämpfen, ein Ziel zu erreichen, ein Unrecht wiedergutzumachen haben. Wie sonst soll er sein inneres Feuer am Leben halten? Ohne seine Lieblingsprojekte, Aktionen und anderen unmöglichen Vorhaben gleicht der Drache einer Lokomotive, der der Treibstoff ausgegangen ist: Er kommt schnaufend und puffend zum Stehen und wird stumpf und träge.

Den Drachen treibt es ebensosehr zum Erfolg wie die Schlange, aber weil er seine Ansichten freimütiger äußert und sich bei seinen Mißerfolgen vermutlich körperlich anstrengen muß, bleiben ihm psychologische Probleme meist erspart. Als typischer Macher wird er auf Einmannkreuzzüge gehen, Demonstrationen anführen, Leserbriefe schreiben oder eine Million Unterschriften für ein Volksbegehren sammeln. Diese Methode des Rauch- und Feuerspuckens bewahrt ihn wirkungsvoll vor Neurosen, unter denen er sonst womöglich zu leiden hätte.

Die Drachen-Frau ist der Star des Kreises, eine Frauenrechtlerin, aber keine schrille Emanze, sondern eher Karrierefrau. Doppelte Moral und Diskrimination rufen ihre wildesten Leidenschaften wach. Was ein Mann fertigbringt, schafft sie noch lange. Man sollte sie niemals unterschätzen. Sie schlägt Sie entweder mit Ihren eigenen Waffen, oder sie geht bei dem Versuch unter. Nie wird sie ihr Schicksal tatenlos hinnehmen. Sie ist der Typ der Matriarchin, die einstmals Imperien errichtete. Wer ihr in die Quere kommt, dem fällt der Himmel auf den Kopf.

Der weibliche Drache ist eine grundvernünftige Person, was sich schon in ihrer Kleidung offenbart. Praktische, zweckmäßige Sachen gefallen ihr am besten, Rüschen, dünne Spitzen, Schleifchen und ähnlicher Firlefanz kommen nicht in Frage, denn sie machen viel zuviel Umstände. Sie bevorzugt Kleider, die man rasch überziehen und flink abstreifen kann und die maximale Bewegungsfreiheit bieten. Alles, was sie einengt und beschränkt, haßt sie. Insgeheim mag sie sogar einer Uniform den Vorzug geben, denn so kann sie jeden Morgen frisch gestärkt und supertüchtig zur Arbeit gehen, ohne sich erst Gedanken über ihre Garderobe machen zu müssen.

Das Drachen-Mädchen putzt sich nur selten, wenn überhaupt, übermäßig auf. Attraktiv ist eher ihr Verstand, und der wird klar und ohne Fisimatenten leuchten. Drachen ist ihre Selbstachtung viel wert, und weibliche Drachen stellen da keine Ausnahme dar. Wie Göttinnen wollen sie nicht behandelt werden, auch wenn sie hin und wieder ihre Allüren haben, sondern verlangen nur Respekt, den sie sich nach Kräften zu verschaffen verstehen.

Obwohl seine Fehler so zahlreich sind wie seine Tugenden, färbt der Glanz des Drachen auf alle ab. Er ist nicht kleinlich und tut anderen gerne einen Gefallen. Dabei mag er murren, kann aber Hilfebedürftigen seine Unterstützung nicht versagen. Dies tut er weniger aus echtem Mitgefühl, sondern eher, weil er es als seine Pflicht betrachtet.

Der Drache hat immer einen wichtigen Beitrag zu leisten. Auf seinen Beistand können Sie sich verlassen, denn er wird Sie nach Möglichkeit nicht im Stich lassen und sich erst dann geschlagen geben, wenn alle seine Mittel erschöpft sind. Er ist extrovertiert und ein Naturfreund, wird Sport treiben, von Reiselust besessen sein und sich gewandt ausdrücken können. Er hat das Zeug zum erfolgreichen Handelsvertreter und wird zusammen mit seinem Trupp loyaler Gefolgsleute immer irgend etwas an den Mann bringen.

Die Witterungsverhältnisse bei der Geburt eines Drachen haben entscheidenden Einfluß auf sein Leben. Ein Kind, das während eines Gewitters zur Welt kommt, sieht einem stürmischen, vom Zufall beherrschten Leben entgegen, voller gefährlicher, spektakulärer Ereignisse. Wer geboren wird, wenn das Meer (die Urheimat des Drachen) ruhig und der Himmel klar ist, kann sich einer geschützten Existenz erfreuen und wird auch liebenswürdiger sein.

Drachengeborene heiraten entweder früh oder bleiben ledig. Sie können auch als Alleinstehende glücklich sein, da ihre Arbeit und Karriere sie ausfüllt. Einsam sind sie nur selten, denn es wird ihnen an Freunden oder Bewunderern nie mangeln.

Der Drache ist weder Verschwender noch Geizhals, sondern geht großzügig mit seinem Geld um, ohne sich übermäßig um den Saldo seines Kontos zu sorgen – es sei denn, es bestünde zufällig eine starke Kombination mit einem gewinnsüchtigen Zeichen.

Der Drachen-Mensch hat eine überaus positive Lebenseinstellung. Er läßt sich nicht unterkriegen, und sollte er wirklich einmal in eine Flaute geraten, so werden sich seine Segel als erste wieder blähen. Sein Auftrieb ist phänomenal.

Als Zeichen, das sich niemals geschlagen gibt, ist sich der Drache selbst der ärgste Widersacher. Er wird sich Hals über Kopf in eine katastrophale Lage stürzen, wenn er sich im Recht glaubt. Aufgeblasen und selbstzerstörerisch, sagen Sie? Nicht ganz. Dieser Mensch muß seine Pläne energisch verfolgen, ohne Rücksicht auf die Konsequenzen. Immerhin kam er auf die Erde, um durch außergewöhnliche Leistungen neue Maßstäbe zu setzen, und je mehr man versucht, ihn von seinem Kurs abzubringen oder um prekäre Situationen herumzulotsen, desto eigensinniger wird er. Er steht zu Recht in dem Ruf, auch dann die Führung zu übernehmen, wenn es ganz besonders unangenehm wird.

Zu den Vorzügen des Drachen gehört sein offenes Wesen – man kann in ihm lesen wie in einem Buch. Es fällt ihm schwer, Gefühle vorzuspiegeln, die er nicht empfindet. Auch ein Geheimniskrämer ist er nicht und kann kaum etwas lange für sich behalten. Selbst wenn er Stein und Bein schwört, kein Wort verlauten zu lassen, können Sie sicher sein, daß er damit herausplatzt, wenn er wütend ist, und dann fliegen die Fetzen. Fährt man ihn an, weil er sein Versprechen gebrochen und das Geheimnis verraten hat, so fragt er ganz verwundert, welches Geheimnis denn eigentlich gemeint sei, und man solle ihn doch jetzt nicht mit solchen Nebensächlichkeiten belästigen.

Seine Gefühle sind echt und kommen immer vom Herzen. Wenn er Ihnen eine Liebeserklärung macht, können Sie absolut sicher sein, daß er es ernst meint.

Drachen der rauhbeinigeren Art können sehr bissig werden und sich durch ihre übermäßig direkte, brüske und gefühllose Art Feinde schaffen, bringen die Leute aber gemeinhin auf Trab. Auch sollten sie sich lieber persönlich um das kümmern, was erledigt werden muß, anstatt schriftliche oder telefonische Anweisungen zu geben, denn ihr Auftreten und ihre Anziehungskraft reißen andere mit und bekehren sie zu ihrer Denkweise. Drachen motivieren jeden, mit dem sie in Kontakt kommen, bedürfen der Motivation selbst jedoch nicht, da sie selbst genügend Dampf haben.

Dem wahrheitsliebenden Drachen schenkt man gern sein Vertrauen. Nur selten wankt er, duckt sich oder wälzt die Verantwortung ab. An sich selbst zweifelt er kaum jemals oder nie. Sein angeborener Pioniergeist bewirkt, daß seine Bemühungen entweder zu enormen Erfolgen oder unglaublichen Pleiten führen. Er muß sich bis an den Rand des Abgrunds wagen und persönlich einen Blick in die Tiefe werfen. Man kann ihm nur die Daumen drücken, die Luft anhalten und hoffen, daß er nicht das Gleichgewicht verliert.

Am meisten fühlt sich der Drache zu dem unwiderstehlichen Affen hingezogen, der hinwiederum des Drachen Majestät attraktiv findet; die beiden bilden ein unschlagbares Team. Eine ähnliche Gewinnkombination stellen auch Drache und Ratte dar, denn die Ratte ist gerieben, der Drache aber stark. Diese beiden könnten gemeinsam allerhand zuwege bringen. Auch mit der kühlen und ehrwürdigen Schlange käme der Drache gut zurecht, deren Weisheit seine Exzesse dämpfen könnte.

Tiger, Hahn, Pferd, Schaf, Hase und Eber suchen die Nähe des Drachen wegen seiner Schönheit und Kraft. Zwei Drachen kämen einigermaßen gut miteinander aus, aber in einer Verbindung mit dem Büffel könnte es wegen dessen vergleichbarem Herrschaftsanspruch zu Reibereien kommen. Ein schlechter Partner wäre nur der Hund, denn dieser sieht dem Drachen auf die Finger und ist zu zynisch, um sich von ihm in seinen Bann schlagen zu lassen.

Vor allem sollte man nicht vergessen, daß der Drache zwar viel Glanz, aber nur wenig Tiefgang hat. Wunder kann er nur vollbringen, wenn er seine legendäre Kraft bändigt. Er braucht Menschen, die an ihn glauben!

Der kleine Drache

Das feurige Drachenkind ist für alles Neue aufgeschlossen, ungestüm, furchtlos und lebensprühend – nichts kann ihm seinen Idealismus nehmen. Es wird seine Ideale schon früh im Leben finden und nur wenig Hilfe brauchen. Seinen Eltern begegnet es mit Respekt und gehorcht aufs Wort.

Dieses leidenschaftliche Kind braucht eine Bezugsperson, an die es sich anlehnen, zu der es aufschauen kann. Es hat zahllose Idole – Eltern, Lehrer, oder wen sonst es hochschätzt. Es macht ihm nicht viel aus, wenn es herumgeschubst oder aufgezogen wird, denn es ist zäh und unverwüstlich und bereit, für seine Rechte zu kämpfen. Man sollte ihm Aufgaben übertragen, damit es sich an selbständiges Arbeiten gewöhnt und nützlich fühlt, aber nicht zulassen, daß es weniger selbstbewußte Kinder tyrannisiert. Seiner Neigung zu anmaßendem Auftreten muß schon früh entgegengewirkt werden.

Man sollte den kleinen Drachen fühlen lassen, daß er eine wichtige Funktion erfüllt, denn er will eher gebraucht als geliebt werden. Er gibt sich ehrliche Mühe und bedarf Ihres Lobes, denn dann wird er noch härter arbeiten, um sich Ihren Respekt zu verdienen. Lachen Sie ihn niemals aus, selbst dann nicht, wenn er an eine simple Alltagsarbeit herangeht wie an ein kompliziertes Ritual. Die Selbstachtung des Drachen ist unermeßlich. Wenn er von großen Taten träumt, ist ihm ganz ernst dabei. Im späteren Leben wird er abwechselnd himmelhoch jauchzend und zu Tode betrübt sein. Wenn ihm etwas mißlingt, muß man ihm versichern, daß davon die Welt noch nicht untergeht. Er ist sehr selbstkritisch, und wenn er erst einmal einsieht, daß er einen Fehler gemacht hat, braucht man ihn nicht zu tadeln oder zu bestrafen, da er als erster Reue empfindet und Besserung gelobt.

Ist Ihr Kind ein Drache, so wird es den Wunsch oder gar das Verlangen haben, Ihnen eine Stütze zu sein, und sich nach Kräften bemühen, Sie nie zu enttäuschen. Dieses stolze und unabhängige Kleine wird seinen Idealen immer treu bleiben. Es kam auf die Welt, um zu führen und sich auszuzeichnen.

Die fünf Drachentypen

Metall-Drache – 1880, 1940, 2000
Hier könnten wir es mit dem willensstärksten aller Drachen zu tun haben. Aufrichtigkeit und Integrität sind ihm die höchsten Tugenden, und obgleich er klug, offen und ausdrucksvoll ist, zeigt er auch Starrsinn und Tadelsucht.

Voller Tatendrang und Angriffsgeist sucht er sich Menschen seines Intelligenzgrades, um sie zu motivieren. Mit Faulpelzen und Narren hat er nur wenig Geduld. Das starre Metall, verbunden mit Holz, dem Element seines Mondzeichens, versetzt ihn in die Lage, Schwächere so einzuschüchtern, daß sie sich seinem Willen unterwerfen. Abgesehen davon ist er ein prächtiger, ritterlicher Krieger.

Er wird sehr von seinen Leidenschaften beherrscht und setzt für seine Überzeugungen sein Leben aufs Spiel. Müßig, ihn überzeugen zu wollen, daß manche Dinge einfach unerreichbar sind. Dieser Drache wird sich an allem Übel, das er im Leben wahrnimmt, als Exorzist versuchen und kann, wenn es um seine Überzeugungen und Moralvorstellungen geht, zum Fanatiker werden.

In seiner negativen Erscheinungsform nimmt er sich selbst übertrieben wichtig. Viel Sinn für Diplomatie hat er nicht und dazu die Angewohnheit, auf eigene Faust weiterzukämpfen, wenn andere widersprechen oder ihm die Gefolgschaft verweigern.

Wo andere keinen Schritt zu tun wagen, stürmt der kraftvolle Metall-Drache ungestüm drauflos und hat auch meist Erfolg, weil er mit Bedacht die Brücken hinter sich abbrennt: Wem der Rückweg versperrt ist, dem bleibt nur der Angriff.

Wasser-Drache – 1892, 1952, 2012
Ein weniger herrischer Drache, der für optimales Wachstum und Expansion eintritt. Er kann sein Ego dem Gemeinwohl unterordnen und ist nicht ganz so selbstsüchtig und überheblich. Diese gehemmte, aber progressive Person gibt sich die beste Mühe, nicht so auffällig zu sein wie die machthungrigen anderen Drachen, kann aber kaum als konziliant gelten. Sie nimmt eine eher abwartende Haltung ein und ist ebenso geistesgewaltig wie willensstark.

Der Wasser-Drache lebt nach der Devise «Dir selbst bleib treu» und wird jene, die einen entgegengesetzten Weg einschlagen, nicht rachsüchtig verfolgen. Er ist demokratisch und liberal gesinnt und kann eine Niederlage oder Abweisung hinnehmen, ohne bitter zu werden.

Das Wasser übt auf dieses Zeichen einen günstigen, beruhigenden Einfluß aus. Der Drachengeborene weiß daher weise zu handeln, wie es seinem Fortkommen zuträglich ist. Er ist behende und zuverlässig und kann seine Ideen mit nie erlahmender Hingabe vermarkten. Verhandlungen wird er erfolgreich führen können, da er genau weiß, wann, wo und wie Druck ausgeübt werden muß.

Sein Hauptfehler ist, daß er sich wie ein überoptimistischer Baumeister verhält, der vergißt, für ein solides Fundament zu sorgen. Er befaßt sich mit zu vielen Dingen zugleich und läuft Gefahr, am Ende alles zu verlieren. Daher sollte er lernen, schwierige Entscheidungen zu treffen und das aufzugeben, was unhaltbar oder unnötig ist. Auf diese Weise kann er seine Energien auf wenige, aber lohnende Aufgaben konzentrieren.

Holz-Drache – 1904, 1964, 2024

Ein kreativer, großherziger Drache mit der Fähigkeit, intelligente, neue und revolutionäre Konzepte zu entwickeln. Holz in Verbindung mit seinem Zeichen läßt ihn seine Ideen geschickt formulieren und in die Praxis umsetzen. Er arbeitet auch gut mit anderen zusammen, obgleich er gelegentlich ein bißchen herablassend wirken kann.

Der Holz-Drache, eine Forschernatur, befaßt sich gerne mit dem Gesetz von Ursache und Wirkung und läßt sich bei seinen Handlungen von gesunder Logik leiten, hat aber auch die Neigung, sich in Details zu verzetteln oder andere in endlose Debatten zu verwickeln, wenn er auf Widerstand stößt.

Dennoch haben wir es hier mit einem großzügigen Drachen zu tun, der gerne den Mittelweg wählt, andere nach Möglichkeit nicht vor den Kopf stößt und seine Herrscherambitionen geschickt verbirgt. Das Element Holz hat eine nicht ganz so wilde und unvernünftige Drachenabart zum Resultat, die auch einmal einen Kompromiß schließt, wenn sie darin einen Vorteil sieht, aber letzten Endes doch ihr übermäßig entwickeltes Ego zum Maß aller Dinge macht und sich zu einer Änderung ihres Verhaltens nur dann bequemt, wenn mit Sicherheit etwas dabei herausspringt.

Der Holz-Drache ist zwar nicht so nachtragend und egozentrisch wie andere Drachen, aber dennoch unverblümt, stolz und furchtlos, wenn er herausgefordert wird.

Feuer-Drache – 1916, 1976, 2036

Der rechtschaffenste, extrovertierteste und ehrgeizigste aller Drachen stellt hohe Ansprüche an jedermann. Er ist zwar aggressiv, aber auch mit enormer Energie gesegnet und hat als Gegenleistung viel zu bieten. Der Haken ist nur, daß er sich mit einer solchen Aura von Autorität und Überlegenheit umgibt, daß die Leute ihn fürchten oder meiden.

Beeinträchtigt werden seine Führerqualitäten oft von dem Anspruch, wie ein Messias behandelt zu werden. Zusammen mit dem Feuer läßt ihn sein ohnehin ungestümes Zeichen zu Übereifer und diktatorischen Neigungen tendieren. Er übt zu viel Druck aus, selbst wenn der Widerstand nur gering ist.

In Wirklichkeit aber ist er ein offener und menschlicher Typ, unparteiisch und bestrebt, der Wahrheit um jeden Preis auf den Grund zu gehen. Seine Kritik ist objektiv, und er hat die Gabe, Massen mitzureißen. Als geborener Gründer von Imperien wird er versuchen, die bestmögliche Weltordnung einzurichten – mit sich selbst als großem Steuermann, versteht sich.

Da der Feuer-Drache oft von unstillbarem Ehrgeiz verzehrt wird, ist er hitzig, rücksichtslos und ein Perfektionist. Außerdem neigt er zu Verallgemeinerungen, zieht voreilige Schlüsse und wirft oftmals Menschen in einen Topf, ohne ihre individuellen Unterschiede berücksichtigt oder überhaupt wahrgenommen zu haben.

Dennoch haben wir hier einen Vollbringer ersten Ranges, der seine Mitmenschen inspirieren und sich in der Öffentlichkeit hervortun könnte – sofern es ihm gelingt, seine negativen Züge zu überwinden und anderen mit mehr Bescheidenheit entgegenzukommen.

Erd-Drache – 1868, 1928, 1988
Dieser gesellige Managertyp ist von dem zwanghaften Trieb besessen, die Umwelt und die Menschen in seiner Umgebung zu kontrollieren. Als Drachengeborener ist er unweigerlich ein Autokrat, und es wäre töricht, etwas anderes zu erwarten. Er wird jedoch fair und für Gegenargumente aufgeschlossen sein. Das Element Erde macht ihn realistisch, beständig und oftmals sogar ein wenig unpersönlich.

Obwohl nicht so streng wie andere Drachen, besitzt er doch deren Trieb, andere zu unterjochen, wird Probleme aber mit Vernunft angehen und weniger diktatorisch herrschen. Er arbeitet unablässig, um seine Talente weiterzuentwickeln und seine Ressourcen auszubeuten.

Der Erd-Drache hat Selbstbeherrschung, was aber nicht bedeutet, daß es ihm an Initiative mangelt. Sein Element bewirkt lediglich, daß er Hast meidet und sich solide, überschaubare Ziele setzt.

Dieser kerzengerade Drache ist still, stark und tapfer. Da er zu Nachdenklichkeit und Ordnung neigt, wird er nur selten die Geduld verlieren oder sich erniedrigen, indem er seinen Zorn an Untergebenen ausläßt. Wenn man ihn in seiner Würde verletzt, schlägt er jedoch sofort zurück.

Der Drache und seine Aszendenten

Geboren während der Stunden der Ratte – 23.00 bis 01.00 Uhr
Typisch drachenhafte Großzügigkeit mag sich hier mit der Genügsamkeit der Ratte mischen. Der herzliche Charakter der Ratte macht es diesem Drachen auch schwer, absolut objektiv und entschieden zu sein.

Geboren während der Stunden des Büffels – 01.00 bis 03.00 Uhr
Langsamer Drache, der gerne genau weiß, was er tut. Speit dennoch Feuer und könnte im Umgang mit Gegenspielern die plumpen Taktiken des Büffels anwenden.

Geboren während der Stunden des Tigers – 03.00 bis 05.00 Uhr
Könnte hysterisch werden, wenn Pläne mißlingen. Hat die wilden Impulse des Tigers, läßt sich von Gefühlen leiten, hat aber andererseits auch das Zeug zum besessenen Arbeitstier.

Geboren während der Stunden des Hasen – 05.00 bis 07.00 Uhr
Kraft, kombiniert mit Diplomatie. Nachdenklicher, vernünftiger Drache, stark und raffiniert.

Geboren während der Stunden des Drachen – 07.00 bis 09.00 Uhr
Typ Hohepriester oder Hohepriesterin. Verlangt bedingungslos Hingabe und Gehorsam und muß sich vermutlich seine eigene Sekte aufbauen, wenn er eine große Anhängerschaft haben will.

Geboren während der Stunden der Schlange – 09.00 bis 11.00 Uhr
Ein Drache, der jeden Schachzug reiflich erwägt und seine Pläne präzise ausführt. Ein bißchen finster und zu ehrgeizig, aber der Charme der Schlange maskiert seinen Feuereifer.

Geboren während der Stunden des Pferdes – 11.00 bis 13.00 Uhr
Dieser Drache, gesellig und geistreich, setzt gerne alles auf eine Karte. Bringt jede Party ins Rollen. Doch die Selbstsüchtigkeit des Pferdes mag das Pflichtgefühl des Drachen überschatten.

Geboren während der Stunden des Schafes – 13.00 bis 15.00 Uhr
Bescheiden und verständnisvoll. Sorgt dafür, daß alles perfekt klappt, ohne Gewalt anwenden zu müssen.

Geboren während der Stunden des Affen – 15.00 bis 17.00 Uhr
Einzigartiger Superstar, glückliche Kombination aus Kraft und List. Reißt Witze und kaspert herum, aber lassen Sie sich nichts vormachen – er ist stahlhart und immer wachsam.

Geboren während der Stunden des Hahns – 17.00 bis 19.00 Uhr
Ein furchtloser, phantasievoller Drache, der unermeßlich stolz ist und vom Hahn ein paar Narreteien mitbekommen hat. Langeweile ausgeschlossen!

Geboren während der Stunden des Hundes – 19.00 bis 21.00 Uhr
Nüchterner, praktisch denkender Drache. Der Hund läßt ihn Situationen distanzierter einschätzen und verleiht ihm Heiterkeit und Stabilität. Kann aber auch eklig beißen, wenn er wütend ist.

Geboren während der Stunden des Ebers – 21.00 bis 23.00 Uhr
Hingebungsvoller, warmherziger Drache. Glücklich ist, wer ihn zum Freund hat, denn er tritt ohne Vorbehalte für ihn ein. Der Einfluß des Ebers mag diesem Drachen sogar einen Hauch von Bescheidenheit geben.

Wie es dem Drachen in verschiedenen Jahren ergeht

Jahr der Ratte
Ein lebhaftes Jahr fürs Liebes- und Geschäftsleben. Geld fließt aufs Konto, aber ein schlechtes Geschäft könnte ein Loch in die Finanzen des Drachen reißen. Er kann sich entspannen und gute Leistungen bringen. Weder daheim noch am Arbeitsplatz gibt es Probleme.

Jahr des Büffels
Für den Drachen ein günstiges Jahr. Obwohl er nur mäßig vorankommt, sollte er sich glücklich schätzen, da er von Streitigkeiten und Unannehmlichkeiten in seiner Umgebung nicht in Mitleidenschaft gezogen wird. Er stößt auf nur wenige Hindernisse, und sein Familienleben bleibt von Störungen verschont.

Jahr des Tigers
Zeit der Sorgen und Prüfungen. Die Pläne des Drachen werden durchkreuzt, und es fällt ihm schwer, ohne lange Auseinandersetzungen zu den erhofften Resultaten zu kommen. Er muß sich zwischen zwei bitter verfeindeten Lagern entscheiden und kann es seinen Partnern nur mit Mühe recht machen. Den Hausfrieden stört eine traurige Nachricht oder das Ableben eines Familienmitglieds.

Jahr des Hasen
Im Leben des Drachen kehrt wieder Ruhe ein. Mit guten Fortschritten kann gerechnet werden, da der Drache wieder Rückenwind hat. Das Familienleben ist ruhiger, aber er könnte geringfügige Gesundheitsprobleme haben. Insgesamt eine stabile Zeit, da ihn weder finanzielle Wirren noch schlechte Nachrichten erwarten.

Jahr des Drachen
Für Drachengeborene ein vorzügliches Jahr. Viel Willkommenes steht bevor, der Drache dürfte Anerkennung finden oder im Beruf erstaunliche Fortschritte machen. Was er auch angreift, gerät zum Erfolg, denn dieses ereignisreiche und erregende Jahr hält den Drachen wachsam und auf Trab.

Jahr der Schlange
Ein günstiges Jahr für geschäftliche Vorhaben. Dem Drachen geht noch immer alles glatt von der Hand, obwohl sich hier und dort schwacher Widerspruch regt. Er mag Herzens- oder Familienprobleme haben, da er Heim und Liebesleben vernachlässigt.

Jahr des Pferdes
Ein gemischtes Jahr voller Ungewißheit und unangenehmer Überraschungen. Nachrichten könnten das Leben des Drachen vorübergehend in Unordnung bringen oder verändern, obwohl sich die Probleme im allgemeinen von selbst lösen, wenn er nicht zu aggressiv ist und mit dem Kopf durch die Wand will. Der Drache fühlt sich nicht zu wohl, da er von echten und eingebildeten Sorgen geplagt wird.

Jahr des Schafes
Im Jahr des Schafes kann der Drache von seinen finanziellen Spekulationen und in seiner Karriere nur mäßige Ergebnisse erwarten. Seine Gesundheit ist nicht zu robust, aber in der Familie herrscht Ruhe. Keine Umbrüche oder unwillkommenen Veränderungen in seiner Umgebung.

Jahr des Affen
Für den Drachen ein durchwachsenes Jahr. Für Karriere und Finanzen zeichnen sich Fortschritte ab, doch sollte er sich von günstigen vorläufigen Ergebnissen nicht täuschen lassen, da er in Prozesse verwickelt werden könnte. Wenn er darauf besteht, daß alles immer nur nach seinem Kopf geht, muß er mit zerbrochenen Freundschaften oder Streit mit dem Partner rechnen. Er sollte kompromißbereit sein und auf den guten Rat anderer hören.

Jahr des Hahns
Ein glückliches und ereignisreiches Jahr: gute Nachrichten, Aufstieg und der Eingang längst verloren geglaubter Außenstände. In der Familie des Drachen geht alles glatt; er kann Verluste wettmachen oder einflußreiche neue Freunde gewinnen.

Jahr des Hundes
Ein schwieriges Jahr für den Drachen, da sich aus heiterem Himmel Probleme ergeben und Pläne mißlingen. Nun muß er sich bemühen, Konfrontationen mit Gegenspielern oder Andersdenkenden aus dem Weg zu gehen. Für Entspannung könnte ein Ortswechsel oder die Einschaltung vertrauenswürdiger Kollegen als Vermittler sorgen.

Jahr des Ebers
Ein gutes Jahr, denn das Leben des Drachen nähert sich wieder dem Normalzustand, und durch die schwarzen Wolken, die während der Herrschaft des Hundes über ihm hingen, bricht die Sonne. Finanziell und im Beruf mag noch immer nicht alles so recht klappen, aber es gibt nur wenige ernsthafte Probleme. Er wird viel reisen oder bewirten müssen, doch der Familie ist Frieden prophezeit.

Der Drache und die anderen Zeichen

Verträglichkeitsliste

Ratte:	Erstklassige Ehe- und Geschäftsverbindung. Arbeiten gemeinsam auf Erfolg, Glück und Wohlstand hin.
Büffel:	Tiefverwurzelter Respekt voreinander. Kaum schwere Konflikte oder Machtkämpfe. Haben ein gemeinsames Ziel im Auge.
Tiger:	Willensproben und Mangel an Verständnis, doch die Differenzen sind lösbar. Annehmbarer Erfolg prophezeit.
Hase:	Haben gemeinsame Interessengebiete, verstehen und tolerieren sich aber nur bis zu einem gewissen Grad.
Drache:	Konfliktarme, kongeniale Beziehung. Einigermaßen verträglich. Beide arbeiten als Team.
Schlange:	Helfen und verstehen sich. Erfolgreiche, kompatible Geschäfts- oder Liebesbeziehung.
Pferd:	Mäßige Bindungen. Respektieren einander, führen aber zuzeiten Machtkämpfe. Sprechen sich über Mißstände aus.
Schaf:	Akzeptables, doch kühles Verhältnis. Verstehen sich einigermaßen und haben ein paar ähnliche Interessen.
Affe:	Vorzügliche Kombination. Sind einander zugetan und haben viel Verständnis füreinander. Glück und Erfolg für beide.
Hahn:	Erfolgreiche, passende Paarung. Finden gemeinsam Glück und Wohlstand. Gehen enge, dauerhafte Bindung ein.
Hund:	Animositäten und heftige Konflikte. Trauen und begreifen einander nicht. Höchst unverträglich, weil Widersprüche unlösbar.
Eber:	Herzliches, akzeptables Klima. Kaum Differenzen oder Machtkämpfe. Können und werden auf ein gemeinsames Ziel hinarbeiten.

Bekannte Drachen

Metall

Königin Margarete II.
John Lennon
Friedrich Schiller
Kemal Atatürk

Wasser

Hans Albers
Josip Tito
Haile Selassie
Jimmy Connors
Immanuel Kant
Friedrich Nietzsche

Holz

Salvador Dali
Bertha v. Suttner
Caspar David Friedrich
Max Schmeling
Dang Xiaoping

Feuer

Frank Sinatra
Yehudi Menuhin
Harold Wilson
Anthony Quinn
Kirk Douglas
George Bernard Shaw

Erde

Ché Guevara
Shirley Temple
Charles Darwin

Die Schlange

10. 4. 77

Mein ist die Weisheit der Äonen,
Der Schlüssel zu den Geheimnissen des Lebens.
Ich werfe meine Saat auf fruchtbaren Boden,
Hege sie beharrlich und zielbewußt.
Mein Visier ist unverrückbar,
Mein Blick unbeirrt.
Unbeugsam, unergründlich und tief
Winde ich mich voran, stetig und straff.
Unter mir die feste Erde.

Ich bin die Schlange.

Das sechste Mondzeichen

Chinesischer Name der Schlange: Schi
Von der Schlange regierte Stunden: 09.00 – 11.00 Uhr
Himmelsrichtung: Südsüdost
Jahreszeit und Hauptmonat: Frühling/Mai
Parallele im westlichen Tierkreis: Stier
Festes Element: Feuer
Stamm: Negativ

Die Mondjahre der Schlange im westlichen Kalender

Beginn	*Ende*	*Element*
4. Februar 1905	24. Januar 1906	Holz
23. Januar 1917	10. Februar 1918	Feuer
10. Februar 1929	29. Januar 1930	Erde
27. Januar 1941	14. Februar 1942	Metall
14. Februar 1953	2. Februar 1954	Wasser
2. Februar 1965	20. Januar 1966	Holz
18. Februar 1977	6. Februar 1978	Feuer
6. Februar 1989	26. Januar 1990	Erde

Fällt Ihr Geburtsdatum auf den Tag vor Beginn des Mondjahres der Schlange, z. B. auf den 3. Februar 1905, so ist Ihr Zeichen das vorhergehende – der Drache. Sollten Sie am Tag nach dem Ende des Jahres der Schlange geboren worden sein, dann ist Ihr Zeichen das darauffolgende – das Pferd.

Das Jahr der Schlange

Ein Jahr zum Nachdenken, Planen und Knobeln. Eine gute Zeit für pfiffige Geschäfte, politische Angelegenheiten und Staatsstreiche. Man wird ein Vorhaben lieber erst erwägen und in ein Schema bringen, ehe man es angeht. Für Handel und Industrie ein günstiges Jahr. Zu Lösungen und Kompromissen kann gelangt werden, aber erst nach Überwindung anfänglichen Mißtrauens. Bei Meinungsverschiedenheiten ist die Schlange nicht zimperlich: Wenn sie mit friedlichen Mitteln nicht durchkommt, erklärt sie den Krieg.

Ein Blick zurück in die Geschichte zeigt uns, daß Schlangenjahre nie ruhig und friedlich waren; vielleicht, weil die Schlange das stärkste negative Zeichen des Zyklus ist und unmittelbar auf den Drachen folgt, das stärkste positive Zeichen. Viele Katastrophen, die im Jahr des Drachen ihren Anfang nahmen, erreichten im Jahr der Schlange den Höhepunkt. Diese beiden Zeichen sind eng verwandt, und die Kalamitäten des Schlangenjahres sind oftmals das Ergebnis der unter der Herrschaft des Drachen begangenen Exzesse.

Diese Zeit wird ereignisreich sein, was Liebe, Erotik und Skandale betrifft. Ein günstiges Jahr, sich mit den Künsten zu befassen. Die Mode wird eleganter und fließender, Musik und Theater erleben eine Blüte, und man bemüht sich allenthalben um einen kultivierteren Lebensstil. Auch in Naturwissenschaft und Technik werden bedeutende Entdeckungen gemacht.

Die bewundernswerte Weisheit der Schlange wird in vielen Aspekten unseres Lebens offenbar, besonders jenen, die Entscheidungen verlangen. Obwohl sich die Dinge an der Oberfläche erfrischend ruhig ausnehmen, bleibt das Jahr der Schlange unberechenbar. Die kühle, gesammelte Fassade der Schlange täuscht über ihr tiefes, mysteriöses Wesen hinweg. Man sollte sich in Erinnerung bringen, daß die Schlange, wenn erst einmal gereizt, blitzschnell zustößt und nicht aufzuhalten ist, und Veränderungen, die sich im Jahr der Schlange ereignen, können ebenso plötzlich und vernichtend sein.

Was sich sonst auch ereignen mag, die Schlange gibt uns Selbstvertrauen und verleitet uns während ihrer Herrschaft zu entschlossenem Handeln. Kein Jahr für Zauderer.

Philosoph, Theologe, politisches Licht, gerissener Finanzier – Schlangen sind die tiefsten Denker und rätselhaftesten Wesen des chinesischen Tierkreises. Sie sind von Geburt an mit einer ganz besonderen Weisheit ausgestattet und wahre Mystiker. Schlangen, gedämpft und anmutig, lieben gute Bücher, Kochkunst, Musik und Theater und fühlen sich zu den schönen Dingen im Leben hingezogen. Die schönsten Frauen und mächtigsten Männer sind oft Schlangengeborene. Wenn dies Ihr Zeichen ist, befinden Sie sich also in bester Gesellschaft.

Eine Person dieses Zeichens verläßt sich im allgemeinen auf ihr eigenes Urteil und kann sich mit anderen nicht besonders gut verständigen. Sie mag tiefreligiös oder übersinnlich begabt sein, andererseits aber auch total hedonistisch. Wie auch immer, sie vertraut ihren eigenen Eingebungen mehr als fremdem Rat und behält meistens auch recht.

So wie der Drache ist auch die Schlange ein karmisches oder schicksalsbestimmtes Zeichen. Ihr Leben endet in Triumph oder Tragödie, je nach den Taten der Vergangenheit. Obwohl sie es abstreitet, ist sie hinter ihrer kultivierten Fassade ausgesprochen abergläubisch. Menschen anderer Zeichen mögen ihre Schulden bis zum nächsten Leben aufschieben (sofern man an ein solches glauben will), der Schlange aber scheint es bestimmt, ihre Verbindlichkeiten zu regeln, bevor sie abtritt. Vielleicht hat sie sich das auch selbst zuzuschreiben, denn Personen dieses Zeichens stehen sehr unter Spannung und achten bei allem, was sie tun, auf Gewinn und Verlust, wenngleich auch oft unbewußt.

Von Geldproblemen dürfte ein Schlangengeborener kaum geplagt werden, denn zu seinem Glück hat er, was er braucht, und sollte in der Kasse einmal Ebbe herrschen, stellt er diesen Mißstand rasch und geschickt ab. Ein Schlangengeborener sollte jedoch die Finger vom Glücksspiel lassen, denn nachher ist er unterm Strich meist ärmer als zuvor. Falls er wirklich einmal einen empfindlichen Verlust einstekken muß, wird ihm das vermutlich kein zweites Mal passieren, denn die Schlange lernt schnell. Er kann sich erstaunlich rasch erholen und tätigt seine Geschäfte in der Regel mit Besonnenheit und Scharfsinn.

Eine Schlange, die in ihrer Jugend Armut oder extreme Entbehrungen erfahren mußte, kommt manchmal nie darüber hinweg, häuft fanatisch Geld an und wird habsüchtig und knickrig.

Von Natur aus ist die Schlange ein mißtrauisches Wesen, behält aber anders als der Tiger ihren Argwohn für sich. Sie schätzt ihre Privatsphäre und trägt manch dunkles Geheimnis mit sich herum.

Die Schlange, elegant in Rede, Kleidung und Manieren, läßt sich nur ungern auf belanglose oder leichtfertige Konversation ein. Mit ihrem Geld kann sie recht großzügig umgehen, aber man sagt ihr Rücksichtslosigkeit nach, wenn sie ein wichtiges Ziel erreichen will. Wer ihr im Weg ist, wird ohne Bedenken ausgeschaltet.

Manche Schlangen haben eine langsame, fast träge Redeweise, was aber keine Rückschlüsse auf die Geschwindigkeit ihrer Gedanken oder Handlungen zuläßt. Sie denken halt gerne über die Dinge nach, wägen ab und formulieren ihre Ansichten korrekt. Im allgemeinen wählen Schlangen ihre Worte mit Bedacht.

Es ist gefährlich, eine Grenze zu ziehen und dann zu erwarten, daß die Schlange sie nicht überschreitet. Ihr Computerverstand ruht nie, und sie kann boshaft unerbittlich sein. Vergessen Sie nicht, die Schlange ist eines der zähesten Zeichen des chinesischen Tierkreises.

In ihren Beziehungen zu anderen ist sie besitzergreifend und äußerst anspruchsvoll, bringt aber zugleich ihren Freunden und Kollegen ein gewisses Mißtrauen entgegen. Wer einmal sein Wort gebrochen hat, dem verzeiht sie nie. Wenn sie ihre Ängste und ihr Mißtrauen kultiviert, kann sie zu Neurosen, wenn nicht gar zur Paranoia neigen.

Wird der Zorn der Schlange erregt, so kennt ihr Haß keine Grenzen. Ihre Feindschaft ist stumm und wurzelt tief; ihrem Mißmut gibt sie nicht mit einer Salve hitziger Worte, sondern mit eisiger Feindseligkeit Ausdruck. Die tödlicheren Typen werden ihre Feinde total vernichten wollen. Was die Schlange im Schilde führt, läßt sich nicht voraussagen, denn sie hat einen berechnenden Verstand und die Ausdauer, abzuwarten, bis der Zeitpunkt für die Vergeltung gekommen ist. Glücklosen Seelen, die sich ihren Haß zuziehen, sei zum freiwilligen Exil in Sibirien geraten.

Die Schlangen-Dame ist die typische *femme fatale*, deren kühle, gelassene und klassische Schönheit die Männer hypnotisieren wird. Sie ist selbstsicher und gefaßt, rekelt sich zwar oft herum und vermittelt einen Eindruck von Lässigkeit und Bequemlichkeit, ist aber alles andere als faul. Ihr Verstand steht niemals still.

Charakteristisch für Schlangen beider Geschlechter, obgleich zartbesaitet und nervös, ist ihr wunderbarer Teint. Schlangengeborene haben selten unter Pickeln und Hautunreinheiten zu leiden, selbst wenn sie ihre Haut nicht besonders pfleglich behandeln. Es hat den Anschein, daß nervöse Spannung sich bei Schlangen eher auf Nerven und Verdauungssystem auswirkt als auf die Epidermis. Trotz ihres makellosen Äußeren neigen viele zu Magengeschwüren und Nervenzusammenbrüchen, weil sie allen Streß in sich hineinfressen.

Das Fräulein Schlange wird sich für gutgeschnittene Kleider entscheiden, fließend und dezent. Sie liebt Schmuck und wählt ihre Accessoires mit Bedacht. Wenn sie es sich leisten kann, kauft sie nur Echtes: Diamanten, Perlen, Smaragde, Rubine, denn diese sind nicht nur wunderhübsche Klunkern, sondern auch gute Kapitalanlagen. Mit billigem Golddoublé oder Imitationen hat sie nichts im Sinn und geht dann schon lieber ganz ohne Schmuck.

Auch an ihren Partner stellt sie hohe Ansprüche. Sie bewundert Macht und Einfluß, die das Geld bringt, und wenn sie diese nicht selbst ausüben kann, muß sie sie eben heiraten. Wie auch immer, ganz gleich, wie reich oder mächtig ihr Mann ist, sie wird sein wichtigster Aktivposten sein. Und sollte er es noch nicht geschafft, aber das Zeug dazu haben, dann wird die Schlangen-Frau Himmel und Hölle in Bewegung setzen, um ihm zum Erfolg zu verhelfen. Sie zieht sich entsprechend an, spielt die perfekte Gastgeberin und weist ihn dabei ganz unauffällig auf jede gute Gelegenheit hin. Mit solcher Führung, Hingabe und Unterstützung kann es für ihren Gatten nur aufwärtsgehen.

Über die Gleichberechtigung der Frauen macht sich die weise Schlange nicht allzu viele Gedanken. Unterprivilegiert wird sie sich gewiß nicht vorkommen. Wozu sollte sie auch mit Männern in Wettbewerb treten, wo es ihr doch so leichtfällt, sie nach ihrer Pfeife tanzen zu lassen? (Und sie zugleich in dem Glauben zu wiegen, es sei ihre eigene Idee.) Ganze Legionen männlicher Verehrer treten einander auf die Füße, um ihr den Koffer zu tragen, Türen aufzureißen, Feuer zu geben.

Man kann ihr also keinen Vorwurf machen, wenn sie das ganze Geschrei um die Emanzipation etwas verwirrt. Insgeheim hat sie sich schon immer eingebildet, daß Mädchen von Natur aus überlegen sind, war aber nie so dumm, das den ahnungslosen Knaben, die ihr so verschwenderisch den Hof machen, auf die Nase zu binden. Wozu auch ein perfekt funktionierendes Arrangement ruinieren? Solange die Burschen ihr zu Willen sind, hält sie sie bei Laune.

Wider Erwarten ist die weibliche Schlange gar nicht immer eine strahlende Schönheit. Schaut man genau hin, so stellt man fest, daß auch sie ihre Makel hat – zu große Nase, zu eng zusammenstehende Augen. Nein, was zählt, ist der Gesamteindruck. Sie hat ihre ganz persönliche Formel, die Wunder wirkt.

Alle Schlangen haben Sinn für Humor. Manche sind trocken, andere sardonisch, geistsprühend, gelegentlich sogar diabolisch. Dies läßt sich am besten beobachten, wenn die Schlange unter Druck steht. Selbst in einer Krise wird sie noch einen Witz reißen, um die Atmosphäre aufzulockern. Auch wenn die Schlange eine schwere Bürde zu tragen hat, verlernt sie das Lachen nicht.

Manche Asiaten sehen die Schlange als übernatürliches Geschöpf mit etwas finsterem Anflug an, denn sie hat eine lange Lebensspanne und erneuert sich, indem sie ihre Haut abstreift, wenn sie aus ihr herausgewachsen ist. Diese ganz besondere Eigenschaft versinnbildlicht ihre Wiedergeburt und die Fähigkeit, aus jedem Konflikt neu gestärkt hervorzugehen.

Inzwischen muß Ihnen klar sein, daß es kein Kinderspiel ist, sich mit der Schlange einzulassen. Erschwerend wirkt die Tatsache, daß sie hinter ihrer heiteren Gelassenheit immer auf der Hut ist und niemals ihre wahren Gefühle verrät. Sie plant weit voraus und hat die Willenskraft, ihre Position bis zum bitteren Ende beizubehalten. Wenn sie will, kann sie überaus ausweichend und schwer faßbar sein, und wenn man eben glaubt, sie fest im Griff zu haben, schlängelt sie sich wieder frei. Überflüssig zu sagen, daß der Schlangengeborene den perfekten Politiker abgibt.

Man glaubt in China, daß im Frühjahr und Sommer geborene Schlangen die gefährlichsten sind. Winterschlangen sind still und zahm, weil sie um diese Zeit ihren Winterschlaf halten. Eine Schlange, die an einem warmen Tag zur Welt kam, wird glücklicher und zufriedener sein als eine, die bei schlechtem Wetter das Licht der Welt erblickte.

Schlangen sind leidenschaftlich in der Liebe; man sagt ihnen auch Unstetigkeit nach, zu Unrecht allerdings, da alles, was sie tun, von ihrer Sinnlichkeit bestimmt wird. Einem begehrten Geschäft jagen sie genauso eifrig hinterher wie ihrer neuesten Flamme.

Schlangen führen gewöhnlich ein gefährliches Leben voller Aufregung und Ränke, ganz besonders jene, die von einer unersättlichen Gier nach Macht und dem Rampenlicht besessen sind.

Die besten Partner für die Schlange sind der verläßliche Büffel, der unerschrockene Hahn oder der illustre Drache. Auch mit Ratte, Hase, Schaf und Hund könnte sie eine gute Verbindung eingehen.

Dem trotzigen Tiger jedoch sollte sie aus dem Weg gehen, denn dieser könnte ihre kritische Art nicht zu schätzen wissen. Das impulsive und ebenso anspruchsvolle Pferd wäre ein nur mittelmäßiger Gefährte, und der schlaue Affe könnte der Schlange mit seiner eigenen Verschlagenheit beikommen. Zwei Schlangen kämen friedlich miteinander aus, aber Eber und Schlange haben nicht viel gemeinsam; die Schlange ist geschmeidig und kultiviert, der Eber zu aufrichtig und profan.

In Zeiten der Not und Wirren ist die Schlange ein Fels in der Brandung, weil sie ihre Geistesgegenwart nicht verliert und schlechte Nachrichten und Unglück mit Aplomb verkraften kann. Sie hat ein tiefverwurzeltes Verantwortungsgefühl und unerschütterliche Zielbewußtheit. Eben jene, gekoppelt mit dem angeborenen Charisma der Schlange, könnte sie auf den Gipfel der Macht tragen.

Die kleine Schlange

Das Schlangenkind hat eine komplexe Persönlichkeit. Es ist ruhig, wach und intelligent, sehr ernsthaft und gerne etwas wählerisch. Da es ein eher sorgenvoller Typ ist, schaut es nachdenklich ins Leben. In der Schule lernt es fleißig und mag gut des Lehrers Liebling sein. Verziehen Sie es aber nicht; das Schlangenkind ist sich seines Charmes nur zu bewußt. Wenn es seinen Willen nicht durchsetzen kann, wird es leicht trotzig, nachtragend und widerspenstig.

Obwohl es von Natur aus zur Geheimniskrämerei und zum Brüten neigt, wird dieses Kind diszipliniert sein. Es weiß, was es will, und setzt sich seine Ziele mit Vernunft. Nie werden Sie feststellen, daß es nach etwas greift, von dem es genau weiß, daß es unerreichbar ist. An einer Aufgabe wird es beharrlich, realistisch und unnachgiebig arbeiten, bis es sie gemeistert hat.

Abgesehen von seiner angeborenen Lernfähigkeit und seinem hohen Intelligenzquotienten hat dieses Kind die Fähigkeit, seine Meinung für sich zu behalten. Es mischt sich bei anderen nicht ein und erwartet, daß auch sie sich um ihre eigenen Angelegenheiten kümmern. Es ist vorsichtig und aufmerksam und weiß Ärger aus dem Weg zu gehen. Sehr extrovertiert ist es nicht, schließt aber lange und feste Freundschaften.

Er wird seiner vielen Talente und angeborenen Fähigkeiten wegen sehr gefragt, aber auch Zielscheibe des Neides und boshafter Lügen sein. Daher muß er lernen, mit der Kritik zu leben und dem Risiko, Mitglied einer Elite zu sein.

Als zurückhaltender Mensch läßt er sich seinen Schmerz nicht anmerken und wird wahrscheinlich Groll lange hegen. Oft wird er mißverstanden, weil er es ablehnt oder einfach nicht fertigbringt, sich deutlich auszudrücken. Seine Kommunikationsdrähte zu anderen haben manchmal schlechten Kontakt.

Was auch geschehen mag, das Schlangenkind geht immer seinen eigenen Weg. Im Leben wird es genau wissen, wie es mit den Leuten umzugehen hat und wie es sich Situationen zunutze machen kann. Aufhalten läßt es sich nicht, denn ihm sind Ruhm und Glück bestimmt.

Die fünf Schlangentypen

Metall-Schlange – 1881, 1941, 2001
Diese Schlange verfügt über einen berechnenden, intelligenten Verstand und starke Willenskraft. Da sie überdies großes Unterscheidungsvermögen und einen untrüglichen Blick für gute Gelegenheiten besitzt, kann sie leicht zum pläneschmiedenden Einzelgänger werden. Sie geht gerne rasch und in aller Stille vor. Ehe man Gelegenheit hat, sie aufzuhalten, wird sie sich bereits in einer soliden Stellung etabliert haben.

Das Element Metall, kombiniert mit dem Geburtszeichen, bewirkt, daß diese Schlange sich nach Luxus und leichtem Leben sehnt. Ein Mensch dieses Zeichens wird daher Reichtum und Macht anstreben und dieses Ziel mit klarem Blick und Weitsicht verfolgen.

Die Metall-Schlange ist die bei weitem verschlossenste, ausweichendste und überheblichste. Infolgedessen verdächtigt sie oft auch andere verborgener Absichten, was bei ihr bis zur Besessenheit gehen kann. Trotz ihrer Fähigkeit, Macht und Einfluß auszuüben, ist dieser Schlange auch ein neidischer Zug eigen, und sie wird fortwährend und mit allen (auch unfairen) Mitteln danach trachten, ihre Gegner auszustechen. Niederlagen oder Versagen kann sie kaum verkraften.

Diese dominierende, zeitweilig überaus verschlossene Schlange wird schon früh im Leben ihren Weg bestimmen und ihn zäh verfolgen. Sie kann andern gegenüber zwar großzügig und kooperativ sein, aber stets nur mit gewissen Vorbehalten.

Wasser-Schlange – 1893, 1953, 2013
So wie das Wasser durch fast jedes Hindernis sickert, wird eine in diesem Jahr geborene Schlange durch tiefen Einblick umfassenden Einfluß ausüben können.

Diese unangreifbare Schlange ist sehr charismatisch und wißbegierig. Die Wasser-Schlange, pfiffig, geschäftstüchtig und materialistisch, besitzt große Geisteskraft und Konzentrationsfähigkeit. Ablenkungen kann sie ausblenden. Nie verliert sie ihr Ziel aus den Augen oder den Kontakt mit der Realität.

Die intellektuelle Wasser-Schlange, belesen und künstlerisch begabt, hat aber auch ihre praktischen Seiten. Menschen managt sie ebenso geschickt wie Finanzen. Obwohl sie sich nach außen hin gelassen gibt, hat diese Schlange in Wirklichkeit ein langes Gedächtnis und kann Kränkungen oft ihr Lebtag nicht verwinden. Hier verbindet sich Hiobs Geduld mit dem Biß einer Königskobra.

Holz-Schlange – 1905, 1965, 2025

Eine ernste Schlange mit gütiger Weisheit und einem prophetischen Gespür für zukünftige Entwicklungen, besonders in Geschichte und Politik.

Sie braucht uneingeschränkte geistige Freiheit, aber ihre Zuneigung ist stetig und ausdauernd. Sie sucht Stabilität im Gefühlsleben und finanzielle Sicherheit. Diese Schlange drückt sich geschickt aus und könnte ein wortgewaltiger Redner werden.

Das Element Holz in Konjunktion mit seinem festen Element, dem positiven Feuer, macht diesen Typ Schlange äußerst interessant. Er wird strahlen wie ein Leuchtturm und begehrte Objekte oder Menschen eher anziehen als verfolgen.

Er mag einen kostspieligen Lebensstil haben und recht eitel sein. Da er sich nach Bewunderung und öffentlicher Anerkennung sehnt, wird er sein Bestes tun, einen großen und dauerhaften Erfolg zu erringen.

Die Holz-Schlange ist gut informiert, aber Wissen ist ihr nicht Selbstzweck, sondern ein Mittel, das man im Alltag einsetzt. Gesunde Urteilsfähigkeit, Umsicht und ein scharfer Sinn für den Wert der Dinge machen diesen Schlangentyp zum erstklassigen Investor und Kunstverständigen. Hier haben wir eine zugängliche Schlange, die viel Sinn für Kunst, Musik, Theater und die Schönheiten der Welt aufbringt.

Feuer-Schlange – 1857, 1917, 1977

Eine leidenschaftliche, herrische Schlange, die körperlich und geistig aktiv ist und energisch vorgeht. Das Feuer, der ohnehin schon imposanten Schlangen-Persönlichkeit hinzugefügt, verleiht ihr Charisma und eine große Wirkung auf die Öffentlichkeit. Sie strahlt

Zuversicht und Führereigenschaften aus. Sollte ein solcher Mensch in die Politik gehen, so werden die Leute für ihn stimmen.

Die Feuer-Schlange mag zwar offene Versammlungen abhalten, um sich über die Meinung der Mehrheit zu informieren und sie anzuhören, ist aber von Natur aus entsetzlich mißtrauisch und setzt volles Vertrauen nur in sich selbst. Mit Tadel und Verdammung ist sie zu rasch bei der Hand, umgibt sich oft mit einem engen Kreis von Freunden und Beratern und isoliert sich auf diese Weise, ohne es zu merken. Ihre starke, fast manische Gier nach Ruhm, Geld und Macht läßt sie Gewicht auf konkrete Resultate legen. Standhaft und kompromißlos faßt sie die höchsten Ziele ins Auge und will, erst einmal oben angelangt, nicht mehr von der Macht lassen.

Die Feuer-Schlange ist das sinnlichste, feurigste und eifersüchtigste Wesen dieses Zeichens. In Liebe und Haß neigt sie zur Maßlosigkeit und ist ausschließlich mit sich selbst beschäftigt.

Erd-Schlange – 1869, 1929, 1989

Die menschlich-warme und spontane Schlangenart, die sich ihre Meinung über Menschen nur langsam, aber korrekt bildet. Prinzipientreuer, beharrlicher und zuverlässiger als andere ist die Erd-Schlange; sie kann sich in der Öffentlichkeit verständlich machen und gut an Gemeinschaftsaufgaben mitwirken.

Wenn Verwirrung und Panik herrschen, ergreift sie, bewaffnet mit Weitblick und dem angeborenen Ehrgeiz der Schlangen, das Ruder und schlägt Brücken. Sie läßt sich nicht so leicht einschüchtern oder von der vorherrschenden Meinung beeinflussen. Diese Schlange behält sich das Recht vor, ihr eigenes Urteil zu fällen.

Im großen und ganzen ist dies die anmutigste und bezauberndste aller Schlangen. Sie ist kühl, gesammelt und unglaublich charmant, bleibt ihren Freunden treu und hat wahre Armeen von Helfern.

Der Erd-Schlange, konservativ und sparsam, winkt Erfolg im Bank- und Versicherungswesen und in der Immobilienbranche. Ihre Bedürfnisse kann sie mit ihren Mitteln in Einklang bringen, kennt ihre Grenzen und wird darauf bedacht sein, sich nicht zu übernehmen.

Die Schlange und ihre Aszendenten

Geboren während der Stunden der Ratte – 23.00 bis 01.00 Uhr
Leutselige, aalglatte Schlange, die sich als arger Bauernfänger entpuppen kann. Sehr gefühlsselig – auch, was ihr Geld betrifft.

Geboren während der Stunden des Büffels – 01.00 bis 03.00 Uhr
Halsstarrigkeit verbirgt sich hinter Undefinierbarkeit und Charme. Ein harter Brocken, wenn sie des Büffels Standfestigkeit und Willenskraft mitbekommen hat.

Geboren während der Stunden des Tigers – 03.00 bis 05.00 Uhr
Knisternde Schlange mit einem warmen, vielseitigen Wesen. Da beide Zeichen zu Mißtrauen neigen, sollte man über ihre weit hergeholten Anschuldigungen am besten hinweggehen.

Geboren während der Stunden des Hasen – 05.00 bis 07.00 Uhr
Eine milde, umgängliche Schlange, aber auch sie hat Giftzähne. Läßt sich nie auf einen schlechten Handel ein.

Geboren während der Stunden des Drachen – 07.00 bis 09.00 Uhr
Angehaucht von Urkommunismus und Philanthropie. Da in dieser Schlange Weisheit und Macht zusammenkommen, mag sie echte und dauerhafte Reformen anregen. Ihr Engagement ist immer total – im Guten wie im Bösen.

Geboren während der Stunden der Schlange – 09.00 bis 11.00 Uhr
Besitzbetonend, rätselhaft und sehr tief. Hier blicken Sie niemals durch, also machen Sie sich nicht erst die Mühe. Verlassen kann man sich nur auf eines: Wenn sie etwas erst einmal gepackt hat, läßt sie es nie wieder los.

Geboren während der Stunden des Pferdes – 11.00 bis 13.00 Uhr
Fröhliche, humorvolle Schlange, die ein Auge für die Lichtseiten des Lebens hat. Da beide Zeichen sehr erotisch sind, könnten sie einen Don Juan oder Blauen Engel produzieren.

Geboren während der Stunden des Schafes – 13.00 bis 15.00 Uhr
Diese beiden femininen Zeichen könnten eine künstlerische Schlange mit makellosem Flair ergeben. Mehr noch, sie weiß ihre kostspieligen Neigungen zu finanzieren. Ihre verschlagenen Motive maskiert die Gutmütigkeit des Schafes.

Geboren während der Stunden des Affen – 15.00 bis 17.00 Uhr
Nerviges Genie. Einfach unwiderstehlich. Weisheit, Glanz und Geist perfekt gemischt. Diese Schlange läßt sich nie auf ein Spiel ein, das sie nicht gewinnen kann.

Geboren während der Stunden des Hahns – 17.00 bis 19.00 Uhr
Betriebsnudel, die es ernsthaft auf die absolute Macht abgesehen hat. Sehr beharrlich und kenntnisreich.

Geboren während der Stunden des Hundes – 19.00 bis 21.00 Uhr
Treue Schlange, die hoffentlich mehr von den festen Überzeugungen und Moralbegriffen des Hundes mitbekommen hat. Vermutlich hochintellektuell, da beide Zeichen Denker sind.

Geboren während der Stunden des Ebers – 21.00 bis 23.00 Uhr
Wein, Weib und Gesang – hier ist eine Schlange, die wirklich ein Faß aufzumachen versteht, aber doch gerieben genug ist, sich nie die Haut abziehen zu lassen. Die natürliche Gutmütigkeit des Ebers könnte diesen Typ glaubwürdiger machen.

Wie es der Schlange in verschiedenen Jahren ergeht

Jahr der Ratte
Ein aktives Jahr, in dem sich neue Aspekte und Gelegenheiten ergeben. In der Karriere wird die Schlange weiterkommen. Es kommt auch zu dramatischen Ereignissen, guten wie bösen. Finanzielle Verluste werden durch Gewinne ausgeglichen, Probleme mit gutem Willen gelöst. Zu dieser Zeit sollte die Schlange weder Geld aufnehmen noch verleihen.

Jahr des Büffels
Ein mäßiges Jahr. Der Schlange steht nicht nur Kritik an ihren Entscheidungen ins Haus, sondern sie muß auch trotz ihrer angeborenen Vorsicht und ihres Gespürs mit Hindernissen oder finanziellen Fehlkalkulationen rechnen. Sie sollte die Dinge nehmen, wie sie kommen, und sie nicht noch durch Eigensinn komplizieren.

Jahr des Tigers
Ein Jahr der kleinen, aber zahlreichen Unannehmlichkeiten. Die Schlange kann leicht in Konflikte hineingeraten, die sie nicht angezettelt hat, und wird es den Menschen daheim und am Arbeitsplatz nur mit Mühe recht machen können. Sie sollte ihren Humor nicht verlieren und sich vor sinnlosen Vergeltungsakten hüten, denn sie bekommt nur so die erforderliche Unterstützung und vermeidet größere Umbrüche.

Jahr des Hasen
Ein recht glückliches Jahr für die Schlange, obwohl zahlreiche Verpflichtungen sie in Trab halten. Sie kann nur wenig Zeit mit ihren Lieben verbringen, da sie andere Versprechen einlösen muß. Geld kommt und geht leicht.

Jahr des Drachen
Der Schlange steht ein schwieriges Jahr bevor. Mit nennenswerten Vorteilen kann weder im Geschäft noch in der Karriere gerechnet werden. Sie sollte sich vor böswilligem Klatsch und neidischen

Kollegen in acht nehmen. Das ärgste sollte bis zum Sommer vorüber sein, und nach Einsetzen des kühlen Wetters könnten willkommene Nachrichten eintreffen. Extravaganzen sollte sich die Schlange in diesem Jahr verkneifen und auf ihr Geld achten.

Jahr der Schlange
Kein übles Jahr für die Schlange, obwohl sie das Gefühl haben mag, daß das Erreichte nicht ganz den Erwartungen entspricht. Sie sollte sich Zeit lassen und jähe Veränderungen meiden. Geduld und ein kühler Kopf sind unerläßlich, wenn sie Unannehmlichkeiten aus dem Weg gehen will. Prophezeit sind Mißverständnisse im Beruf, Verwicklungen im Liebesleben oder eine leichte Körperverletzung. Ihre Gewinne sind nur bescheiden, aber ihr Augenmerk gilt vorwiegend der Sicherung ihrer Position oder der Festigung ihrer Herrschaft.

Jahr des Pferdes
Ein energiegeladenes Jahr für die Schlange, die nicht zu hastig und gefühlsbetont handeln darf, wenn sich alle ihre Hoffnungen erfüllen sollen. Ungelöste Probleme und Sorgen ziehen die Gesundheit in Mitleidenschaft. Im großen und ganzen aber wird sie in diesem Jahr bewundernswert erfolgreich sein, denn ihre Schwierigkeiten sind nur temporär.

Jahr des Schafes
Die Schlange steht unter dem Schutz dieses Zeichens. Es sind weder große Gewinne noch nennenswerte Verluste zu erwarten. Das Leben kann ruhig und gemütlich sein, wenn sie die Zeit nutzt, um sich einflußreiche Freunde warmzuhalten, die ihr später sehr nützlich sein können. In der Familie gibt es eine traurige Nachricht oder kleinere Ungelegenheiten.

Jahr des Affen
Ein gutes Jahr, denn die Schlange findet Hilfe dann, wenn sie sie am meisten braucht. Noch immer mag sie gegen ihren Willen in Dispute hineingezogen werden, die sich aber von selbst legen, solange die Schlange kein Öl ins Feuer gießt. Dennoch können diese Widrigkei-

ten übertriebene Angstgefühle auslösen. Ein Jahr, in dem man besser konservativ oder neutral bleibt.

Jahr des Hahns
Ein äußerst glückverheißendes Jahr. Die Schlange erreicht Erstaunliches, da sie endlich die verdiente Anerkennung oder Beförderung erhält, die Belohnung für Geduld und Beharrlichkeit. Auch mit Gewinnen oder Einkommenszuwachs kann gerechnet werden. Da die Schlange die Früchte ihrer harten Arbeit ernten kann, bleibt das Familienleben angenehm.

Jahr des Hundes
Hier winken der Schlange gute Chancen. Eine vorzügliche Zeit für den Start neuer Projekte, doch könnte die Schlange gesundheitliche Probleme haben oder Opfer eines kleinen Einbruchs werden. Günstig für Reisen und Gäste.

Jahr des Ebers
Ein hektisches, durchwachsenes Jahr. Minimaler Gewinn erfordert maximalen Energieaufwand. Der Schlange mag ein finanzielles Mißgeschick, ausgelöst durch fehlerhafte Beurteilung der Lage, zustoßen, oder sie bekommt Ärger mit der Polizei, muß sich vielleicht sogar von einer geliebten Person trennen. In dieser Zeit sollte man erst wägen und dann wagen.

Die Schlange und die anderen Zeichen

Verträglichkeitsliste

Ratte:	Allerhand Anziehung. Streben erfolgreich ein gemeinsames Ziel an. Befriedigende Beziehung möglich.
Büffel:	Gute Kombination. Verstehen und vertragen sich vorzüglich. Könnten einträgliche, dauerhafte Bindung eingehen.
Tiger:	Konflikte und Feindseligkeit. Begegnen einander mit Mißtrauen, haben sich nichts zu sagen.
Hase:	Zivile, wohlwollende Bindungen. Arbeiten gut zusammen. Anziehung nicht besonders stark, aber keine Animositäten.
Drache:	Sind sich sympathisch, arbeiten erfolgreich zusammen. Verträgliche, fruchtbringende Union.
Schlange:	Viel Verständnis für die Natur des anderen. Könnten enge Bande knüpfen, sofern gemeinsame Interessen vorhanden.
Pferd:	Einige Konflikte und Konfrontationen. Sind selten einer Meinung, haben wenig gemeinsam. Kaltes, distanziertes Verhältnis.
Schaf:	Herzliches, akzeptables Klima. Einigermaßen verträglich. Kaum tiefe Konflikte. Gemeinsame Anstrengungen, wenn praktikabel.
Affe:	Unverträglich. Verständigungsschwierigkeiten, Streit und Zusammenstöße, wenn guter Wille fehlt. Einigend wirkt nur Profit.
Hahn:	Exzellente Liebes- und Geschäftsbeziehungen. Viel Vertrauen und Verständnis. Überaus verträgliches, erfolgreiches Team.
Hund:	Gegenseitiger Respekt, gemeinsame Interessengebiete. Arbeiten kameradschaftlich zusammen.
Eber:	Kein Verständnis, keine Verständigung. Tiefe Dauerkonflikte, friedlich weder verbalisier- noch lösbar.

Bekannte Schlangen

Metall

Pablo Picasso
Graf Luckner
Franz Beckenbauer
Dostojewski
Béla Bartók

Wasser

Joh. Brahms
Mao
J. Paul Getty
Ludwig II. von Bayern
Harold Lloyd

Holz

Howard Hughes
Greta Garbo
Carl Benz

Feuer

Franz Schubert
Henry Ford II
Gamal Abd-el Nasser
John F. Kennedy
Indira Gandhi
Sigmund Freud
Joseph Conrad

Erde

Abraham Lincoln
Edgar Allan Poe
Jacqueline Onassis
Fürstin Gracia Patricia

Das Pferd

Ich bin das Kaleidoskop des Geistes.
Ich gebe Licht, Farbe und Antrieb.
Ich denke, ich sehe, getrieben von fließender Energie.
Beständig nur in meiner Flüchtigkeit,
Unbehindert von profanen Hemmnissen,
Ungezügelt von festen, bindenden Zielen,
Jage ich ungebunden über unberührte Pfade.
Mein Geist ist ungezämt –
Meine Seele für immer frei.

Ich bin das Pferd.

Das siebente Mondzeichen

Chinesischer Name des Pferdes: Ma
Vom Pferd regierte Stunden: 11.00 – 13.00 Uhr
Himmelsrichtung: Süd
Jahreszeit und Hauptmonat: Sommer/Juni
Parallele im westlichen Tierkreis: Zwillinge
Festes Element: Feuer
Stamm: Positiv

Die Mondjahre des Pferdes im westlichen Kalender

Beginn	*Ende*	*Element*
25. Januar 1906	12. Februar 1907	Feuer
11. Februar 1918	31. Januar 1919	Erde
30. Januar 1930	16. Februar 1931	Metall
15. Februar 1942	4. Februar 1943	Wasser
3. Februar 1954	23. Januar 1955	Holz
21. Januar 1966	8. Februar 1967	Feuer
7. Februar 1978	27. Januar 1979	Erde
27. Januar 1990	14. Februar 1991	Metall

Fällt Ihr Geburtsdatum auf den Tag vor Beginn des Mondjahres des Pferdes, z. B. auf den 24. Januar 1906, so ist Ihr Zeichen das vorhergehende – die Schlange. Sollten Sie am Tag nach dem Ende des Jahres des Pferdes geboren worden sein, dann ist Ihr Zeichen das darauffolgende – das Schaf.

Das Jahr des Pferdes

Für alle ein aufregendes, lebhaftes Jahr. Das Leben ist hektisch und mit Abenteuern durchsetzt; die Menschen werden auf einmal leichtsinnig, romantisch und sorglos. Zweifellos eine Zeit zum Vorankommen. Wir halten gerne mit dem herrlichen Roß Schritt.

Entscheidungen und Projekte lassen sich rasch und zügig verwirklichen. Das Schlüsselwort heißt Aktion. Alles ist ständig in Bewegung, und wir sollten uns vor Überanstrengung hüten. Insgesamt ein lohnendes, aber strapaziöses Jahr.

Das Tempo dieses Jahres, anregend, aber hin und wieder auch frustrierend, wird unsere Energiereserven angreifen und uns erschöpft zurücklassen. Nun ist die rechte Zeit, einmal Dampf abzulassen und alle die verrückten Dinge zu tun, von denen man sonst nur träumt. Lassen Sie sich von Ihren Sinnen leiten. Der Wind mag dauernd umschlagen, aber wenn Sie erst einmal die Witterung in der Nase haben, folgen Sie Ihren Eingebungen.

Umständliche Pläne und Verzögerungen fegt man einfach beiseite. Der impulsive Einfluß des Pferdes, gekoppelt mit seinem Selbstvertrauen, wird unsere Taten und Gefühle beherrschen. Industrie, Produktion und die Weltwirtschaft erleben einen Aufschwung, und in Politik und Diplomatie herrscht manchmal eine etwas gereizte Stimmung, aber die gute Laune hat das Übergewicht.

Man mache sich darauf gefaßt, daß das muntere Pferd unseren Puls beschleunigt und Streß und Spannung in unser Alltagsleben bringt. Das Pferd lebt schnell, seine Veranlagung ist sanguinisch, aber sprunghaft. Trotz alledem geht es vernünftig mit seinem Geld um. Eine vorzügliche Zeit, wenn wir eigene Wege einschlagen wollen, denn in diesem Jahr genießt alles Bewegungsfreiheit. Seien Sie unerschrocken, kühn und provokant!

Die Persönlichkeit des Pferdes

In diesem Jahr geborenen Personen sagt man Heiterkeit, Beliebtheit und einen flinken Verstand nach. Wichtiger als gutes Aussehen ist ihr nackter Sex-Appeal. Das Pferd, erdnah und auf herzliche Weise ansprechend, ist sehr scharfsinnig und redselig. Seine sprunghafte Natur mag es hin und wieder zu Hitzigkeit, Überstürztheit und Eigensinn verleiten. Es verliebt sich schnell, seilt sich aber ebenso geschwind wieder ab.

In den meisten Fällen wird das Pferd früh von zu Hause weggehen. Wenn nicht, treibt es sein unabhängiger Geist schon in jungen Jahren ins Arbeitsleben. Obwohl im Grunde seines Herzens ein Abenteurer, ist es doch für seinen scharfen Verstand und sein Geschick im Umgang mit Geld bekannt. Das Pferd, unabhängig, lebhaft, energisch, jäh und sogar taktlos, kleidet sich gerne auffällig und geht in seiner Vorliebe für kräftige Farben und grelle Muster gelegentlich bis an die Grenzen des guten Geschmacks.

Das Pferd braucht körperliche und geistige Bewegung. Menschen dieses Zeichens erkennen Sie an raschen, aber anmutigen Bewegungen, lebhaften Reflexen und schnellem Redefluß. Sie reagieren flink und können Entscheidungen auf der Stelle treffen. Ihr Verstand arbeitet bemerkenswert geschwind, und was ihnen an Ausdauer und Stabilität fehlt, machen sie durch Aufgeschlossenheit und Flexibilität wett. Pferde sind im wesentlichen Nonkonformisten.

Wer unter diesem Zeichen geboren wurde, gilt oft als der Playboy oder das Playgirl des Zyklus, liebt den großen Rummel und ist immer dort zu finden, wo etwas los ist. Er ist ein ausgesprochen vergnügliches Wesen, das gerne Komplimente macht, sich mit Behagen bauchpinseln läßt und nicht nur im Geschäft, sondern auch in der Liebe ein Könner ist. Das behende Pferd schätzt Situationen scharfsinnig ein und kann Menschen sowie Ereignisse manipulieren.

Die Schattenseiten: Pferdgeborene sind impulsiv und störrisch, haben ein explosives Temperament, vergessen aber ihre Ausbrüche rasch wieder. Ihre Mitmenschen finden derlei allerdings weniger amüsant und können manchmal nicht so schnell darüber hinweggehen. Wegen dieses Charakterzuges verliert das Pferd oftmals Respekt und Glaubwürdigkeit. Es neigt zur Antreiberei und wird ungehalten, wenn andere nicht so rasch und effizient wie es selbst funktionieren. Dieser Mensch verlangt viel, macht aber nur widerwillig Zugeständnisse, besonders, wenn es um seine kostbare Freiheit geht. Er kann kindisch und kleinlich darauf bestehen, daß man ihm seine wunderlichen Wünsche und Marotten erfüllt. Oft ist er vergeßlich, zerstreut und zieht voreilige Schlüsse.

Pferdgeborene sind von Natur aus egozentrisch und erwarten, daß sich in Umwelt und Familie alles um sie dreht. Mit erstaunlichen Überredungskünsten gehen sie daran, andere zu ihrer Denkweise zu bekehren. Dieser Bahnbrecher schnalzt mit den Fingern und kann Ihnen alles mögliche weismachen, wenn er erst einmal seinen Charme auf Sie losläßt. Sich selbst verkauft er als Mister Personality Plus.

Ein Pferd richtig verstehen kann nur, wer sich vor Augen hält, daß es vornehmlich seinem eigenen Glück hinterhergaloppiert. Und sollten Sie eine ähnliche Lebensauffassung haben, dann wird es Ihnen nicht im Weg stehen – es erhebt keinen Besitzanspruch und ist weder mißtrauisch noch eifersüchtig. Aggressiv wird das Pferd nur, wenn es alle seine Möglichkeiten erschöpft hat, aber trotzdem seinen Willen nicht bekommt.

Auf Finanzielles oder Materielles greift sein Egoismus nur selten über. Korrekter ließe sich sagen, daß es egoistisch umgeht mit seiner Zeit, Zuneigung, Rücksicht auf andere und der Bereitschaft, sein Verhalten dem Gruppeninteresse anzupassen. Es ist nicht mit Bedacht rücksichtslos oder widerborstig, sondern kann es einfach nicht abwarten, bis gewöhnliche Sterbliche aufgeholt und sich seinem hektischen körperlichen und geistigen Tempo angepaßt haben. Aus diesem Grund eignet es sich auch nicht zum Lehrer, obwohl es hervorragende Leistungen vollbringt.

Schuld an der Unstetigkeit des Pferdes sind seine Stimmungsschwankungen. Es spürt Nuancen, die allen anderen entgehen, und ändert seine Einschätzung der Lage entsprechend. Mit anderen Worten – es läßt sich von seinem Gespür leiten. Verlangen Sie keine Erklärung für seine Vorahnungen und unheimlich treffsicheren Schlußfolgerungen. Es wird Ihnen keine geben können. Das Pferd hat die erstaunliche Gabe, selbst dann noch zu improvisieren, wenn das Spiel schon im Gange ist. Häufig nimmt es an mehreren Spielen zugleich teil und hält sich trotzdem gut. Hat es erst einmal eine rasche Entscheidung getroffen, dann handelt es ohne Zögern. Entweder rennt es umher und tut hundert Dinge auf einmal, oder es liegt total erschöpft da und streckt alle viere von sich. Das Pferd kann sich nur schwer entspannen und mag unter Schlaflosigkeit leiden.

Es hat eine seltsame Tageseinteilung. Pferde bringen es einfach nicht fertig, sich an Zeitpläne zu halten, die ihnen aufgezwungen wurden, und haben nur mangelhaften Respekt vor eingefahrenen Prozeduren. Wenn ihnen eine gute Idee kommt, rotieren sie rund um die Uhr, ohne zu essen oder zu schlafen. Dann aber, wenn im Büro nicht viel los ist, finden sie nichts dabei, mal einen Tag blauzumachen. Sie brauchen einen anregenden Job, in dem sie ihre Kompetenz unter Beweis stellen können.

Das Pferd läßt sich großartige neue Werbekampagnen einfallen, ersinnt dynamische neue Methoden und löst knifflige Probleme. Wenn ein Pferd für Sie arbeitet, geben Sie ihm Abwechslung, viel Spielraum und unausführbare Aufträge. Seine vielen wertvollen Fähigkeiten kommen zum Vorschein, wenn man ihm freie Hand läßt. Sorgen Sie aber auf jeden Fall dafür, daß Ihr Pferd etwas zu tun hat – seine Leistung fällt ab, wenn es nicht gefordert wird.

Wer mit einem Pferd spricht, sollte sich dessen Methoden zu eigen machen. Kommen Sie rasch zur Sache, sonst verliert Ihr Gesprächspartner das letzte Fünkchen Interesse. Ob nun die Antwort positiv oder negativ ausfällt, geben Sie sie direkt und ohne Umschweife; er ist durchaus in der Lage, seine Pläne zu revidieren, wenn er auf Widerstand stößt, oder sich einen anderen Weg einfallen zu lassen. Wer ihn hinhält, lernt ihn von seiner schlimmsten Seite kennen. Er nimmt ein offenes Wort nicht übel und schätzt es sogar, denn wenn Sie ihm rundheraus Bescheid sagen, verschwenden Sie wenigstens seine Zeit nicht.

Es wäre unfair, von einem Pferd zu verlangen, daß es sich übertrieben im Zaum halten läßt, seine Gefühle unterdrückt. Es muß sich einfach offenbaren. Zwingt man es, seine Empfindungen zurückzuhalten, so kann es offen rebellieren – oder plötzlich eine

Allergie bekommen, sollte es sich um ein stilles Exemplar handeln. Ungewißheit und Zwangsjackenprozeduren bringen es um.

Das Pferd kann wankelmütig sein. Ist eine geliebte Person fern, so sucht es sich gerne in der nächsten Umgebung Ersatz. Dennoch richten seine Flirts nur wenig Schaden an, denn an komplizierten Liebschaften, die sich lange hinausziehen, findet es wenig Gefallen. Das Pferd weiß, wo sein Vorteil liegt, und läßt sich nicht auf einseitige Abmachungen ein – es sei denn, es profitierte dabei. Es hat eine Unzahl von Freunden und gewinnt Tag für Tag neue hinzu, lernt aber, sich nicht zu sehr auf sie zu verlassen.

Ein Pferd kann in Ihren trüben Alltag getänzelt kommen wie ein Sonnenstrahl, nur um sich ungesehen wieder zu empfehlen, sowie Sie den Blick wenden. Dann aber, wenn Sie die Hoffnung, jemals wieder von ihm zu hören, schon aufgegeben haben, kommt es hereingewalzt und knüpft die Beziehung wieder an, als wäre nichts gewesen.

Wer unter dem Zeichen Pferd geboren wurde, wird zwar rasch warm und kommt auf Höchstgeschwindigkeit, verliert aber ebenso schnell das Interesse. Auch eine lange Belagerung kann es nicht aufrechterhalten und wird Ihnen kaum die Tür einrennen wie ein Drache. Lieber läßt es seine Visitenkarte zurück und kommt ein andermal vorbei, wenn Sie empfänglicher sind. Wenn der Wind umschlägt, ändert auch das Pferd seinen Kurs.

Das Pferd mag zwar kein sonderliches Durchhaltevermögen haben, aber man kann nie wissen, ob es ein schon lange aufgegebenes Projekt nicht doch wieder auf den Tisch bringt. Sein Verstand ist wie ein Puzzle; sobald und wenn es ein passendes Teil findet, wird es auch eingesetzt.

Wie sein bester Freund, der Tiger, leistet sich das Pferd in seiner Sturm-und-Drang-Zeit allerlei wilde Streiche. Es ist aber nutzlos, ihm seine Patzer unter die Nase zu reiben, denn eines kann es nicht ausstehen: Menschen, die seine Fehler breittreten. Mit einem fröhlichen, aber zerknirschten «mea culpa» wird das Pferd die Geschichte achselzuckend aufs Konto Erfahrung schreiben. Schließlich kann es ja nicht jedesmal klappen. Das nächste Mal, verspricht es, passe ich besser auf.

Frauen dieses Zeichens lassen sich nichts vormachen. Sie sind spitz und keß, frech und hübsch, um kein Wort verlegen und intelligent. Sie können unerträglich schnatterig sein, Tennisstar oder Grand-Prix-Fahrerin.

Sie bringt es fertig, sich die Nägel zu lackieren, fernzusehen, zu telefonieren und auf die Kinder aufzupassen – alles zur gleichen Zeit. Was sie unter Entspannung versteht, mag anderen wie eine Tortur vorkommen. Will hier jemand den Mount Everest besteigen? Wenn man ihr nur zwei Minuten zum Packen gibt, macht sie bei der Expedition mit.

Die Pferde-Frau bringt furchtbar gerne etwas zuwege und wäre an zehn Stellen zugleich, wenn sie das nur fertigbrächte. Manchmal könnte man wetten, daß sie sich selbst Konkurrenz macht. Niemand rackert so schnell wie sie.

Mädchen dieses Zeichens mögen zart wie Schlagsahne aussehen und nach frischem Lavendel duften, haben aber einen rasiermesserscharfen Verstand, der zu ihrem agilen Körper paßt. Ob sie nun der Typ der gutmütigen braunen Stute sind oder des wilden Füllens, das unmutig die Mähne schüttelt, haben sie doch eines gemeinsam: die Gabe, eine Situation richtig einzuschätzen. Sie schließen rasch Freundschaft und nehmen ihre Liebeleien nicht sehr ernst. Das Elternhaus ist ihnen eine praktische, bequeme, günstig gelegene Situation, wo sie auftanken und Bilanz ziehen können. Man wird sie nur selten an einer Stelle angebunden finden.

Dieses ungebärdige Wesen liebt Frische, Grünes, die freie Natur. An tausend Dingen kann es sich erfreuen: dem Donnern des Ozeans, dem Rascheln des Laubs, dem Zauber des Waldes, der Majestät der Berge, die alle ihren Abenteuersinn ansprechen. Geht sie dann durch, so liegt das nicht an ihrer Untreue oder Unzuverlässigkeit, sondern einfach an ihrer Natur, die auf so erregende Signale anspricht. Wer sie liebt und halten will, darf sie nicht einsperren.

Pferde beider Geschlechter erlangen Reichtum, aber keine Sicherheit, was sie jedoch wenig stört, da sie Sicherheit nicht so wichtig finden. Sie neigen zu Übertreibungen, helfen der Wahrheit gerne aus dem Stegreif mit kleinen Lügen nach – in ihren Augen keine Sünde, sondern lediglich Nebenprodukte ihrer kreativen Phantasie. Ohne Schüchternheit setzen sie sich an die Spitze und jagen so lange drauflos, bis ihnen buchstäblich der Atem ausgeht. Erst dann machen sie halt und hören auf guten Rat.

Asiaten glauben, daß die unbändigen Leidenschaften des Pferdes vielfach verstärkt in Menschen auftreten, die im Jahr des Feuer-Pferdes geboren wurden, das in jedem sechzig Jahre währenden Zyklus einmal auftritt. Ein Jahr des Feuer-Pferdes gab es zuletzt 1966, das nächste kommt erst 2026. Früher, als man befreite und allzu selbstbewußte Frauen fürchtete, weil sie nur Ärger machten und schwer unter die Haube zu bringen waren, galt eine im Jahr des Feuer-Pferdes geborene Tochter als großes Unglück.

Der Legende nach verzehrt das Feuer-Pferd alles in seinem Pfad und stiftet Unheil, wohin es auch kommt. Manch weibliches Feuer-Pferd, so wird behauptet, hat mit seiner leidenschaftlichen Natur das Leben eines guten Mannes ruiniert.

Das männliche Feuer-Pferd gilt nicht immer als Übel; es mag sogar das Glück haben, sich auszuzeichnen, und durch große Taten berühmt oder berüchtigt werden. Selbstverständlich sieht man das Pferd, ebenso wie Tiger und Drache, als stark maskulines Zeichen an.

Das lebhafte, umgängliche Pferd ist sehr anfällig für die Irrungen und Wirrungen der Liebe und kann leicht alles verlieren, wenn es sich Hals über Kopf verliebt. Daher ist nicht auszuschließen, daß es viele Affären hat, die unglücklich enden, oder sich sogar mehrmals scheiden läßt.

Einem im Sommer geborenen Pferd ist ein besseres Leben bestimmt als einem Winter-Pferd. Seine Blütezeit erlebt es in mittleren Lebensjahren, wenn es reif genug ist, sich widerwillig die Zügel der Verantwortung anlegen zu lassen.

Die besten Partner für das Pferd sind Tiger, Hund und Schaf. Zweite Wahl wären Drache, Schlange, Affe, Hase, Eber, Hahn und Pferd.

Das Pferd fliegt nicht auf die Ratte, der hinwiederum das Pferd ein zu unsicherer Kandidat ist. Auch mit starren Büffelmenschen könnte es in direkten Konflikt kommen, denn der Büffel verlangt Beständigkeit, die das Pferd weder hat noch haben will.

Das kleine Pferd

Ein im Jahr des Pferdes geborenes Kind ist lebhaft, laut und quecksilbrig. Er oder sie liebt das Leben leidenschaftlich und ist voller Schwung. Viel Geduld hat es nicht, lernt aber schnell. (Viele kleine Pferde kommen als Linkshänder zur Welt.) Dieses Kind wird ungehorsam und störrisch, wenn man ihm etwas verbietet, kreischt und flennt aber nicht, um seinen Willen durchzusetzen. Das muntere Fohlen tobt gerne draußen herum, und man sollte ihm viel Auslauf lassen – andernfalls brennt es einfach durch.

Obwohl es die Nachbarschaft durchstreift und seinen Spaß an rauhen Spielen hat, findet es sich doch pünktlich zu den Mahlzeiten wieder ein. Es wird von einem ruhelosen, forschenden Geist geplagt und braucht unablässig Beschäftigung.

Das Kleine fängt schon früh an zu laufen und zu sprechen und begehrt auf gegen Eltern, die es zu sehr einschränken. Es ist zärtlich und anschmiegsam, kann aber übertriebenes Geschmuse nicht vertragen. Engt man dieses Fohlen mit Regeln, Vorschriften und einer zu strengen Zeiteinteilung ein, so bricht es aus. Als sorgloser Waghals handelt es spontan.

Man sollte das kleine Pferd früh an Disziplin gewöhnen, damit es sein ungestümes Temperament und seine impulsive Art zügeln lernt. Das ichbezogene Pferd wird sich anpassen, wenn es keinen anderen Ausweg sieht.

Zweifellos wird diese abenteuerlustige kleine Person in zahllose Klemmen geraten, braucht aber keine Krisenfeuerwehr, die ihr heraushilft, denn sie versteht es recht gut, sich aus der Gefahrenzone zu bringen. Sie begibt sich zwar nicht mit Absicht in heikle Situationen, bekommt aber auch nicht so schnell Angst und ficht ihre Kämpfe am liebsten selbst aus.

Insgesamt läßt sich sagen, daß dieser muntere Springinsfeld Leben in jede Familie bringt.

Die fünf Pferdetypen

Metall-Pferd – 1870, 1930, 1990
Ein beliebtes, aber widerspenstiges Pferd, das es nie lange an einem Ort aushält. Es kommt offen, ungestüm und kühn daher und besitzt ein äußerst einnehmendes Wesen. Hinzu kommt seine starke Sinnlichkeit, die das andere Geschlecht heftig anzieht.

Dieser Mensch, begabt mit einem fruchtbaren Geist und feiner Intuition, kann in seiner positiven Erscheinungsform überaus produktiv sein. Man kann nur schwer mit ihm Schritt halten, denn er ist scheinbar überall zugleich.

Das Metall-Pferd erholt sich schnell und bleibt nie lange aktionsunfähig. Es ist unablässig auf der Suche nach aufregenden Erlebnissen und erklimmt schwindelnde Höhen.

Das Element Metall macht dieses Pferd halsstarriger und ichbezogener als andere. Es mag vor brillanten Ideen geradezu übersprudeln, ist aber kein stetiger Administrator. Wenn seine Arbeit es nicht anregt und befriedigt, sondern öde ist, wird es wankelmütig und verantwortungslos. Im Alltagstrott langweilt es sich zu Tode und kann auch nicht richtig funktionieren, wenn ihm dauernd jemand über die Schulter schaut. Es dürstet unablässig nach neuen Erfahrungen und Herausforderungen. In seiner negativen Erscheinungsform hat es einen schon irrationalen Freiheitsdrang und scheut vor festen Bindungen zurück, weil es befürchtet, sie könnten seine Ungebundenheit beeinträchtigen oder zuviel Zeit kosten.

Wasser-Pferd – 1882, 1942, 2002
Ein fröhliches, adrettes Pferd, aber übermäßig um sein Wohlergehen, seinen Status und seine Bequemlichkeit besorgt. Es ist sehr wandlungsfähig und kann umfassende Veränderungen vornehmen, ohne mit der Wimper zu zucken.

Dieser nomadische Typ Pferd könnte ruheloser sein als andere. Er hat das Reisefieber, ist sportbegeistert und fackelt nicht lange.

Ebenso könnte er die Angewohnheit haben, häufig seine Meinung zu ändern und einen völlig anderen Kurs einzuschlagen, ohne sich erst um eine Erklärung bemüht zu haben. Sein Geist und seine

Bewegungen werden von sporadischen Ausbrüchen nervöser, aber inspirierter Aktion gesteuert.

Er hat einen köstlichen Humor und kann sehr amüsant sein, wenn er will. Er geht schick und farbenfroh gekleidet und kann sich mit jedem über jedes beliebige Thema auslassen.

Wenn negativ, ist er anmaßend, inkonsequent und nimmt erbärmlich wenig Rücksicht auf andere. Das Wasser-Pferd muß langfristig planen lernen und Pflichtgefühl entwickeln.

Holz-Pferd – 894, 1954, 2014

Dieses Pferd, freundlich, zur Zusammenarbeit bereit und nicht ganz so ungeduldig, könnte das vernünftigste der ganzen Herde sein, läßt sich aber dennoch nicht dominieren. Das Element Holz befähigt es zu diszipliniertem, klarem und systematischem Denken. Das Holz-Pferd ist heiter veranlagt und gesellschaftlich sehr aktiv, ein amüsanter und guter Gesprächspartner, nicht zu egoistisch oder unablässig auf Schlagzeilen aus.

Da es aber progressiv, modern und unsentimental ist, wird es Altes über Bord werfen und Neues mit offenen Armen willkommen heißen. Veränderungen und neue Erfindungen beflügeln seine Phantasie, und es wird auch vor dem Unkonventionellen nicht scheu werden.

Dieser Typ erforscht gerne eine Vielzahl neuer Gebiete, gibt sich aber zuvor ernsthaft Mühe, seinen Verpflichtungen nachzukommen. Das starke, feurige, heißblütige Holz-Pferd ist beileibe kein Faulpelz, doch sei ihm zu mehr Vor- und Umsicht geraten.

Feuer-Pferd – 1906, 1966, 2026

Ein bombastisches, reiselustiges Pferd mit scharfem Intellekt und großer Anziehungskraft. Erwünschte Veränderungen bewirkt es durch Gewalt und pure Willenskraft.

Dieses doppelte Feuerzeichen (Feuer ist auch das feste Element des Pferdes) muß einen hocherregbaren, heißblütigen Menschen zur Folge haben.

Das Feuer-Pferd läßt sich leicht ablenken und ist für monotone Arbeit zu flatterhaft. Es hat Flair, Geist und Charme, aber sein nie abreißender Strom gescheiter Einfälle, die manchmal auch Schnapsideen sind, läßt es äußerst oberflächlich erscheinen. Seine Persönlichkeit ist vielschichtig, und es braucht im Leben eine Menge Würze und Abwechslung. Am liebsten führt es ein Doppel- oder gar Dreifachleben oder übt mehrere Berufe zugleich aus.

Dieser Mensch reist sehr gerne, freut sich, wenn es Betrieb gibt, und ist am tüchtigsten, wenn man ihn an die Spitze setzt. Überwachen läßt er sich nur selten, noch nicht einmal von seinen Vorgesetzten.

Das Feuer-Pferd sucht den Nervenkitzel. Auf alle möglichen Menschen und Situationen stellt es sich im Handumdrehen ein und wird auch mit ihnen fertig. Mit Geschick löst es knifflige Angelegenheiten, läßt sich aber gelegentlich zu kleinlicher Streitsucht herab.

Diesem Pferd sind Erfindungsgabe und Einfallsreichtum gegeben, nicht aber Stehvermögen.

Erd-Pferd – 1918, 1978, 2038

Ein glückliches, sympathisches Pferd, präziser und bedachter, logischer, aber nicht so entscheidungsfreudig wie andere Pferde. Es überdenkt gerne alle Aspekte einer Frage, ehe es handelt.

Das Element Erde sorgt dafür, daß dieser Mensch weniger jäh ist. Er kann seßhaft werden und lernen, sich anzupassen, wenn es erforderlich ist. Der Staatsmacht tritt er nicht so aufsässig entgegen, ist aber doch ein scharfsinniges Wesen, das eine Nase für lohnende Investitionen hat. Wacklige Firmen bringt er wieder auf die Beine, überalterte Industrien in Gang.

Obwohl er lieber erst wägt, ehe er wagt, benimmt er sich sehr launenhaft, wenn es um Kleinigkeiten geht, und kann sich nur schwer entscheiden. Einmal ist er übervorsichtig, ein andermal schnappt er sich mehr, als er verdauen kann.

Artemios Ventouris Roussos
15.06.1946
Hund (Element Feuer)
S. 247
257
264

Das Pferd und seine Aszendenten

Geboren während der Stunden der Ratte – 23.00 bis 01.00 Uhr
Ein lustiges, geselligeres Pferd, das die Liebenswürdigkeit der Ratte in sich hat. Beide Zeichen sind erwerbstüchtig und geschickt im Umgang mit Geld.

Geboren während der Stunden des Büffels – 01.00 bis 03.00 Uhr
Ein ernstes Pferd, das vielleicht sogar beständig wird, nachdem der Büffel seine Ruhelosigkeit gedämpft hat. Könnte bei einer Sache bleiben und verliebt sich nicht so leicht Hals über Kopf.

Geboren während der Stunden des Tigers – 03.00 bis 05.00 Uhr
Gute Kombination aus Wagemut und Geschick. Der Tiger hat den Mut, das Pferd die Fähigkeit, sich aus der Klemme zu lavieren. Aber der Tiger sollte auf die Vorahnungen des Pferdes hören.

Geboren während der Stunden des Hasen – 05.00 bis 07.00 Uhr
Ein Pferd, dessen Handlungen einen Anflug von Mäßigung haben. Seinen üppigen, manchmal vulgären Geschmack macht die Urteilskraft des Hasen erträglicher.

Geboren während der Stunden des Drachen – 07.00 bis 09.00 Uhr
Rennpferd, das nichts anderes kann als siegen und nie zur Ruhe kommt. Zu kraftvoll für unerfahrene Reiter. Neigt zu übertriebenen Reaktionen.

Geboren während der Stunden der Schlange – 09.00 bis 11.00 Uhr
Hoffentlich kann die Schlange diesem Pferd ein wenig Weisheit einflößen. Das Ergebnis wäre ein bedächtigerer Gaul, dem aber unter der Führung der Schlange der Erfolg sicherer ist.

Geboren während der Stunden des Pferdes – 11.00 bis 13.00 Uhr
Vollblut, das sich auf sein Geschäft versteht. Kann sehr ruhelos und zapplig sein, bewegt sich aber mit erstaunlicher Anmut. Leider auch sehr eingebildet und unerträglich launisch.

Geboren während der Stunden des Schafes – 13.00 bis 15.00 Uhr
Nicht ganz so ungestümes Pferd, das vom Schaf ein paar harmonische und mitfühlende Charakterzüge mitbekommen hat. Trotzdem kokett und vergnügungssüchtig.

Geboren während der Stunden des Affen – 15.00 bis 17.00 Uhr
Starke Allianz aus Behendigkeit und Geist. Beide Zeichen sind egoistisch und flink. Geht immer seinen eigenen Weg. Glatter Schwätzer, der sich nur schwer festnageln läßt.

Geboren während der Stunden des Hahns – 17.00 bis 19.00 Uhr
Fähiges, waches Pferd mit heiterem Charakter. Schaut wie der Hahn unerschrocken ins Leben und braucht sich nie Sorgen zu machen.

Geboren während der Stunden des Hundes – 19.00 bis 21.00 Uhr
Treueres, aufrichtigeres Pferd. Da aber beide Zeichen praktisch veranlagt, agil und gerissen sind, lassen sie es ungeduldig, herablassend und leicht erregbar werden.

Geboren während der Stunden des Ebers – 21.00 bis 23.00 Uhr
Standhaftes, hilfsbereites Pferd, das vom Eber einen Zug Echtheit hat. Mag weniger unstet sein, hin und wieder aber zu selbstgefällig.

Wie es dem Pferd in verschiedenen Jahren ergeht

Jahr der Ratte
Ein heikles Jahr für das Pferd, denn es gibt Probleme und unglückliche Liebesgeschichten. Vor Konfrontationen muß es sich hüten, ganz besonders mit dem Gesetz. Streit ums Geld in der Familie. Das Pferd sollte vorsichtig und standhaft sein und Kredite weder gewähren noch aufnehmen.

Jahr des Büffels
Im Jahr des Büffels geht das Leben des Pferdes glatter. Noch immer muß es hart arbeiten, um ans Ziel zu kommen, findet aber die Kraft, seine Angelegenheiten selbst zu regeln. Es sind ihm nur wenige widrige Zwischenfälle, aber auch finanzielle Gewinne prophezeit. Kinder oder Untergebene könnten Ärger machen.

Jahr des Tigers
Für das Pferd ein mäßig glückliches Jahr. Keine gesundheitlichen Probleme, aber viele Gäste und Extraausgaben. Fortschritte bei seinen Studien oder der technischen Seite seines Berufes zeichnen sich ab. Wenn es in diesem Jahr die Beherrschung verliert, könnten Zank oder zerbrochene Freundschaften die Folge sein.

Jahr des Hasen
Ein glückliches Jahr, besonders, was Geldanlagen betrifft. Sein Leben verläuft glatt, aber sehr ereignisreich. Das Pferd kann mit guten Nachrichten oder Familienzuwachs rechnen. Ein geschütztes Jahr, in dem es sich überallhin vorwagen kann, ohne auf viele Widerstände zu stoßen.

Jahr des Drachen
Durchwachsenes Jahr. Viele unsichere und ungeregelte Angelegenheiten stellen die Geduld des Pferdes auf die Probe und führen zu seelischen Belastungen, die sich in Gesundheitsproblemen niederschlagen. Es sollte jedoch nicht gleich das Schlimmste befürchten, denn der Sturm wird sich legen und vermutlich weniger Schaden

anrichten, als prophezeit. Eine Zeit, in der man auch die Sonnenseiten des Lebens sehen, Freundschaften pflegen und Feinde beschwichtigen sollte.

Jahr der Schlange
Ein geschäftiges, kompliziertes Jahr, das harte Anforderung an die Zeit und die Kräfte des Pferdes stellt. Partner oder Freunde machen Schwierigkeiten, unerwartete Hindernisse führen zu Verzögerungen. Unterstützung wird es bei seiner Familie finden, kann aber trotz aller Anstrengungen kaum mit nennenswerten Erfolgen rechnen.

Jahr des Pferdes
Gutes, gedeihliches Jahr. Anerkennung oder Beförderung bringen Glück und Zufriedenheit. Pläne lassen sich fast mühelos verwirklichen, und das Pferd wird Glück haben, wenn es seinen Eingebungen folgt. Allerdings ist es auch empfänglich für ansteckende Krankheiten. In diesem Jahr darf es auf keinen Fall Freund- oder Partnerschaften auflösen.

Jahr des Schafes
Ein mäßiges Jahr. Es gibt Anzeichen für einen Wohnungswechsel oder eine lange Reise. Angenehmes und Unangenehmes halten sich in diesem Jahr die Waage. Von ernsten Problemen oder Sorgen wird das Pferd nicht betroffen.

Jahr des Affen
Ein Glücksjahr für das Pferd, dem plötzliche Gewinne oder unerwartete Vergünstigungen prophezeit sind. Es wird finden, wonach es sucht, muß aber vorsichtig sein, weil seltsame Unfälle wahrscheinlich sind. In der Familie könnte es einen Trauerfall geben, aber von den Schwierigkeiten anderer wird das Pferd nicht direkt in Mitleidenschaft gezogen.

Jahr des Hahns
Ein annehmbares Jahr. Gute Botschaften daheim, aber leichte Behinderung der Karriere. Die Probleme, mit denen es zu tun bekommt,

sind zwar nicht groß, könnten aber seinen Fortschritt verlangsamen und dazu führen, daß es zu leicht die Geduld verliert.

Jahr des Hundes
Günstig für Studien. Das Pferd könnte ein Examen mit Auszeichnung bestehen oder einen lange begehrten Posten bekommen. Wichtige Leute werden Notiz von ihm nehmen. In der Familie muß mit einem Prozeß oder Todesfall gerechnet werden. Weder gesundheitliche Probleme noch finanzielle Rückschläge sind prophezeit.

Jahr des Ebers
Nicht so günstig, da die Erfolge des Pferdes von Außeneinflüssen teilweise zunichte gemacht werden und Krankheiten Pläne und Fortschritt verzögern. Bei Investitionen und Projekten des Pferdes ergeben sich Haken, und es muß mit allerlei Komplikationen fertig werden. Zum Winteranfang müßten sich die Schwierigkeiten zu verflüchtigen beginnen.

Das Pferd und die anderen Zeichen

Verträglichkeitsliste

Ratte:	Unglücklich, weil starke Animositäten. Charakterkollisionen und Rivalität. Höchst unverträglich.
Büffel:	Kaum dauerhafte oder kongeniale Bindungen. Kommunikationsbarrieren. Wenige gemeinsame Interessen. Kühles Verhältnis.
Tiger:	Exzellente, glückliche Kombination. Keine Vertrauens- oder Kommunikationslücken. Höchst verträgliches Team.
Hase:	Haben nicht viel gemeinsam und sich wenig zu sagen. Gehen gleichgültig miteinander um.
Drache:	Achten einander, führen aber insgeheim Machtkämpfe. Mäßige Beziehung.
Schlange:	Haben Schwierigkeiten, einander zu begreifen, und wenig gemeinsam. Bestenfalls höfliches, distanziertes Verhältnis.
Pferd:	Viele Gemeinsamkeiten. Teamarbeit möglich. Erfolgreiche Zusammenarbeit. Dauerhafte Bindung.
Schaf:	Enge Wahlverwandtschaft, starke Anziehung. Beiden nützliche Beziehung. Höchst verträgliche, erfolgreiche Union.
Affe:	Begrenzte Zusammenarbeit auf gemeinsames Ziel hin. Einige ähnliche Interessen. Schwache Bindung.
Hahn:	Kommunikationsprobleme, Charakterkollisionen, doch können Differenzen bereinigt werden. Verhältnis kühl und distanziert.
Hund: X	Glückliche, kompatible Union. Erfolg und Wohlstand in Ehe oder Geschäft. Tiefes Verständnis, zärtliche Zuneigung.
Eber:	Einige gemeinsame Interessen. Mäßig verträglich. Keine besondere Anziehung, doch auch keine schweren Zusammenstöße.

Bekannte Pferde

Metall

Galileo Galilei
J. W. Goethe
Neil Armstrong
Lord Snowdon

Feuer

Rembrandt
Leonid Breschnjew
König Faisal
Heinrich Böll

Wasser

F. D. Roosevelt
Barbra Streisand
Paul McCartney
Lech Walesa
Jimi Hendrix
Peter Handke
Gustav Adolf

Erde

Kurt Waldheim
Alexander Solschenizyn
Helmut Schmidt
Leonard Bernstein
Billy Graham
Anwar Sadat
Heinrich Hertz

Holz

Nikita Chruschtschow
Chris Evert
Patty Hearst
Bessie Smith

Das Schaf

Ich bin das Lieblingskind der Natur.
Vertraue und werde mit Vertrauen belohnt.
Meiner Gemütsruhe lacht das Glück.
Alles blüht auf
Unter meiner sanften Liebe.
Ich suche nach Schönheit in allem, was ich sehe.
Ich bin lieblich anzusehen
Und voller Anmut.

Ich bin das Schaf.

Das achte Mondzeichen

Chinesischer Name des Schafes: Yang
Vom Schaf regierte Stunden: 13.00 – 15.00 Uhr
Himmelsrichtung: Südsüdwest
Jahreszeit und Hauptmonat: Sommer/Juli
Parallele im westlichen Tierkreis: Krebs
Festes Element: Feuer
Stamm: Negativ

Die Mondjahre des Schafes im westlichen Kalender

Beginn	*Ende*	*Element*
13. Februar 1907	1. Februar 1908	Feuer
1. Februar 1919	19. Februar 1920	Erde
17. Februar 1931	5. Februar 1932	Metall
5. Februar 1943	24. Januar 1944	Wasser
24. Januar 1955	11. Februar 1956	Holz
9. Februar 1967	29. Januar 1968	Feuer
28. Januar 1979	15. Februar 1980	Erde
15. Februar 1991	3. Februar 1992	Metall

Fällt Ihr Geburtsdatum auf den Tag vor Beginn des Mondjahres des Schafes, z. B. auf den 12. Februar 1907, so ist Ihr Zeichen das vorhergehende – das Pferd. Sollten Sie am Tag nach dem Ende des Jahres des Schafes geboren worden sein, dann ist Ihr Zeichen das darauffolgende – der Affe.

Das Jahr des Schafes

Ein glattes Jahr folgt dem energiegeladenen des Pferdes. Man sollte sich entspannen und Frieden mit sich selbst und anderen schließen. Die Dinge entwickeln sich gemächlich, und wir finden uns empfindsamer und gefühlsseliger. Der Einfluß des Schafes bringt uns Heim und Familie näher. Wir kümmern uns mehr um unsere Lieben und gehen großzügiger mit Zeit und Geld um.

Das Schaf, Schutzpatron der Künste, bringt alle Kreativität in uns zum Vorschein. Produktiv und einfallsreich gehen wir an künstlerische und ästhetische Projekte, doch läßt uns die pessimistische Ausstrahlung des Schafes auch überempfindlich und gereizt werden, wenn eine Kleinigkeit danebengeht. Bei unseren Unternehmungen werden wir leicht mutlos und hyperkritisch, wenn nicht alles so klappt, wie wir es uns vorstellen.

Die weltpolitische Szene ist friedlich und gedämpft. Nehmen Sie sich Zeit für Ihre Launen und Vorlieben. Schließen Sie neue Freundschaften, reisen Sie, legen Sie Ihr Geld in Kunst und Antiquitäten an, achten Sie aber auf Ihren Geldbeutel, denn übermäßige Ausgaben könnten böse Folgen haben.

Zu hoffen ist, daß uns des Schafes Sinn für Eintracht und friedliche Zusammenarbeit in diesem Jahr vor vielen Umwälzungen bewahrt. Man wird auf Gemäßigte und Tauben hören und ihrem Rat folgen. Kriege, internationale Konflikte und Feindseligkeit finden gewöhnlich im Jahr des Schafes ein Ende.

Die heiter-gelassene und friedliche Art des Schafes wird das Tempo der aktiveren Zeichen ein wenig herunterbremsen, aber schließlich ist dies kein Jahr für stürmische Aktivität, sondern eher die Zeit, einmal Innenschau zu halten.

Die Persönlichkeit des Schafes

Dies ist das femininste Zeichen des chinesischen Tierkreises. Schafgeborene heißt man die barmherzigen Samariter des Zyklus. Sie sind rechtschaffen, aufrichtig und leicht beeindruckt, wenn ihnen jemand etwas vorjammert. Meist sind sie sanftmütig, fast schüchtern. In ihrer besten Ausprägung sind Schafe kunstbegabt, modebewußt und kreativ tätig. In ihrer schlimmsten Form lassen sie sich leicht von ihren Gefühlen übermannen, sind pessimistisch und introvertiert.

Das Schaf ist als sanft und mitfühlend bekannt. Es vergibt leicht und hat Verständnis für die Fehler anderer. Strikte Vorschriften und Zeitpläne mag es nicht und kann zu strenge Disziplin und Kritik nicht vertragen. Es ist kinder- und tierlieb, naturverbunden und im allgemeinen häuslich. Das Schaf neigt dazu, den Gegenstand seiner Zuneigung zu bemuttern oder gar mit seiner Liebe zu erdrücken. Es wird von wechselnden Stimmungen beherrscht und findet es unmöglich, unter Druck etwas zu leisten. Auch mit der Objektivität tut es sich schwer.

Das zahme Äußere des Schafes täuscht über seine innere Entschlossenheit hinweg. Wenn bedroht, kann es leidenschaftlich und beherzt reagieren, obwohl ihm Streit zuwider ist. Gerät es in eine Meinungsverschiedenheit, so schmollt es lieber, anstatt offen auszusprechen, worüber es verstimmt ist. Mit eisigem Schweigen und stummem Trotz erreicht es vermutlich mehr als mit heftigen Worten und wird sich am Ende durchsetzen. Ein kleines Schaf wird meist von einem oder beiden Elternteilen verzogen.

Die Chinesen glauben, daß dem Schaf das Glück lacht, weil es ein gutes und reines Herz hat. Mit seiner Zeit geht es ebenso großzügig um wie mit seinem Geld. Wer keine Unterkunft und kein Geld hat, kann sicher sein, daß das Schaf ihn nicht abweist. Die drei wichtigsten Dinge im Leben wird es immer haben: Essen, ein Dach überm Kopf und Kleider. Wohin es auch geht, trifft es zwangsläufig Menschen, die bereit sind, ihm zu helfen. Ein Mensch dieses Zeichens wird mit Bedacht eine gute Partie machen und nicht nur vom Partner, sondern auch von den Schwiegereltern geschätzt und umhegt werden.

Man sagt, daß im Winter geborene Schafe ein hartes Leben haben, weil in dieser Jahreszeit kein Gras wächst und Schafe geschlachtet werden; doch selbst unter den widrigsten Umständen fehlt es dem Schaf nie an den drei wichtigsten Lebensbedürfnissen und der Fürsorge anderer. Es ist das achte Zeichen, und in China symbolisiert die Acht Wohlstand und Behaglichkeit.

Sein Glück ist unglaublich; es wird oft in Testamenten bedacht, und selbst die Ärmsten dieses Zeichens können etwas Wertvolles von Eltern oder Verwandten erben. Bewunderer machen dem Schaf teure Geschenke, reiche und mächtige Mäzene nehmen es unter ihre Fittiche. Berühmte Persönlichkeiten machen es zu ihrem Protegé. Irgendwie wird dem glücklichen Schaf der Weg immer geebnet. Wann immer es einen Fall tut, wird er von jenen gedämpft, die um sein Wohl besorgt sind.

Jawohl, das Schaf mag schmeichlerisch sein, wenn es um einen Gefallen bittet, und wird deshalb so wie der Hase seine Wünsche ohne Gewaltanwendung oder Druck erfüllt bekommen. Es besitzt viel passive Widerstandskraft und zermürbt Sie mit Bitten und Flehen. Was in ihm steckt, zeigt es erst, wenn jemand versucht, es zu vernichten. Ganz so warm und wollig ist es nämlich auch wieder nicht. Das Schaf, ein Überlebenskünstler, weiß genau, wie es seine Feinde zu beschwichtigen oder zu meiden hat. Mißlingt dies, so läuft es heulend heim und sagt es seinem großen Bruder, der dann die Missetäter zu Mus haut.

Unter direkteren Zeichen geborene Menschen können die schiefen Methoden des Schafes zur Weißglut bringen. Zugegeben, seine umständliche Art wirkt ermüdend, aber es ist halt so und nicht anders. Primitive Schafe können zuzeiten so theatralisch sein, daß man die Wand hochgehen möchte. Erwarten Sie nicht, daß es Ihnen offen sagt, was es bedrückt. Soviel Unverblümtheit und Unverfrorenheit bringt ihm keinen Spaß. Nein, Sie müssen bereit sein, ihm alles Stück für Stück aus der Nase zu ziehen. Locken Sie mit Belohnungen. Versprechen Sie, ihm nicht böse zu sein. Halten Sie es bei Laune. Geben Sie ihm Zeit, nicken Sie mitfühlend. Da sein Zeitgefühl schwach entwickelt ist, können Sie Ihre anderen Termine ruhig verschieben. Schließlich, wenn alle Mittel versagt haben, drangsalieren Sie es, hauen Sie auf den Tisch (das wird Eindruck machen), stampfen Sie im Zimmer umher, führen Sie sich auf wie ein ausgemachtes Scheusal, zeigen Sie dabei aber immer, daß Ihnen dieser pathetische Paarhufer lieb und teuer ist. Der wird dann nämlich endlich mit dem geheimen Kummer herausrücken, den er seit Wochen mit sich herumgetragen hat, und zwischen Ihnen wird wieder reine Luft herrschen.

Manchmal gereicht es dem gütigen Schaf zum Vorteil, wenn es strenge und starke Partner hat – Chefs zum Beispiel, die es diziplinieren und seine Talente richtig einsetzen; hartgesottene Sekretärinnen, die alle die unbilligen Ansprüche an seine gutmütige Natur abwehren; kurz, Menschen, die es davon abhalten, den Wirt für menschliche Parasiten zu spielen.

Die Nabelschnur trennt das Schaf nie ganz durch. Immer wieder kommt es heim zu Muttern und seinem Leibgericht. Geburts-, Hochzeits- und Gedenktage vergißt es nie und wird bemüht sein, sie ganz besonders prächtig zu begehen (speziell, wenn die Rechnung nicht bei ihm landet). Ebenso wichtig aber sind ihm seine eigenen Ehrentage. Wehe, wenn Sie seinen Geburtstag vergessen oder nicht zu Besuch kamen, als das Schaf für ein paar Tage im Krankenhaus lag – Sie haben sein Herz entzweigebrochen, und die Narben wird es vermutlich sein Leben lang tragen.

Ein Mensch dieses Typs macht sich eine Menge Sorgen, ist pessimistisch und prophezeit gerne Unheil. Dabei erwartet er selbstverständlich von Ihnen, daß Sie seine düsteren Zweifel zerstreuen, und wird immer dafür sorgen, daß er jemanden um sich hat, der ihn aufheitert. Allein heult sich's schlecht. Er hat viel lieber ein Publikum. Mißgeschick trifft ihn tief; Not kann er nur schwer ertragen. Und damit andere es ja nicht vergessen, wird er ihnen stets und ständig sein Leid klagen. Ein weiterer Mangel ist, daß er sich nur schwer etwas versagen kann. Er gibt immer zuviel aus und sollte die Verwaltung seiner Finanzen anderen überlassen. Ein extremes Schaf mag sein Geld aus dem Fenster werfen, als sei es von der Notenbank eigens instruiert, die Währung unter die Leute zu bringen.

Das weibliche Schaf liebt feine, zierliche Sachen und alle Kinkerlitzchen, die damit einhergehen. Diese Frau ist ausgesprochen kokett und verbringt Stunden mit ihrer Toilette. Pünktlich ist sie kaum jemals und gibt sich so zerbrechlich wie feines Porzellan. Sie tritt auf wie eine Prinzessin und stellt sich vielleicht jeden Morgen eine frische Rose auf den Schreibtisch, um alle Welt (und sich selbst) zu erinnern, wie schön es doch ist, eine Frau zu sein. Sie ist peinlich sauber und legt besonderen Wert auf Körperpflege; gleichzeitig mag in ihrem Haus ein solches Tohuwabohu herrschen, daß sie keinen einzigen Gegenstand finden kann. Hochnäsigere Exemplare dieses Zeichens haben einen Hygienefimmel. Ihre Kinder sehen geschrubbt und jederzeit präsentabel aus. Sie kleidet sich geschmackvoll und mag schicke Accessoires.

Diese Frau eignet sich zur Kostüm- und Bühnenbildnerin oder Schaufenstergestalterin. So desorganisiert und konfus sie auch zu Werke geht, in letzter Minute ist alles genau am richtigen Platz, und ihren Kritikern verschlägt's die Sprache.

Ein Mädchen dieses Zeichens bekennt sich offen zur Günstlingswirtschaft und hängt tagein, tagaus mit jenen zusammen, die sie zu ihren Vertrauten ernannt hat. Klagen Sie nicht, wenn Sie ihre Liebe nicht gewinnen können – sie wird Sie wenigstens nur ignorieren und nicht ummodeln wollen wie zum Beispiel Drachen- oder Büffel-Damen, die womöglich mit dem Nudelholz hinter Ihnen herkommen. Die Kunst der sanften Verführung liegt ihr mehr. Wohl dreht sie Ihnen den Arm auf den Rücken, aber auf die gewinnendste Weise. Den größten Spaß findet sie an den Präliminarien, dem Flirten und Schöntun. Ihr «Ja» kann immer «nein» heißen, ihr «Nein» ein «Vielleicht» bedeuten. Auf jeden Fall lohnt sich herauszufinden, wie weit man gehen kann (und kommt).

Schafe aller Altersgruppen sind unverbesserliche Romantiker. Gedämpfte Musik, Mondschein und ein intimes Essen für zwei bei Kerzenlicht verfehlen nie ihre Wirkung.

Ein Mensch, der unter diesem Zeichen zur Welt kam, versteht sich auf den arglistigen Trick, aus seinen Schwächen Stärken zu machen. Zum Ziel kommt er durch Anspielungen und zarte Winke. Diesen Meister der geheimen Verführung sollte man nie unterschätzen, denn er schlägt dann zu, wenn man es am wenigsten erwartet. Seine ruhige, ernste, manchmal auch klägliche Art hat schon die stärksten Festungen zum Bröckeln gebracht. Er kann seinen Fall so überzeugend und frei von gespielten Emotionen darlegen, daß er oftmals nur wenige Worte machen muß.

Das Schaf kommt mit absurden Ansinnen auf Sie zu, die schon an Erpressung und nackten Raub grenzen. Und gerade dann, wenn Sie es mit einem vernehmlichen Nein abschmettern wollen, fällt Ihnen sein keusches, unschuldiges Gesicht auf, die Träne, die ihm da im Augenwinkel hängt, das leise Beben der Lippen, und auf einmal kommen Sie sich wie ein gräßliches Ungeheuer vor, das ein Lamm zum Schlächter führt. Überflüssig zu sagen, daß Sie seinen lächerlichen Wunsch widerstrebend erfüllen und sich noch immer nicht ganz klar sind, warum oder wie eine derart harmlos aussehende, verletzliche Kreatur Sie breitschlagen konnte. Schwamm drüber.

Das Schaf, alles andere als entscheidungsfreudig, läuft lieber mit und blökt später, wenn etwas schiefgegangen ist. Trotzdem wird man es aufrichtig lieben, weil es so gutmütig ist und alles, was es hat, bereitwillig teilt. Er oder sie hat viel Familiensinn und verhätschelt seine Lieben.

Da es dem Schaf grundsätzlich widerstrebt, das Mißfallen seiner Freunde zu erregen, mag es sich ziellos treiben lassen und nichts unternehmen, nur um einen Konflikt zu vermeiden, was ihm am Ende Kritik wegen Mangel an Rückgrat einträgt. Man kommt nicht leicht mit ihm zurecht, weil es überempfindlich ist und sich übertriebenem Selbstmitleid hingibt.

Anerkennung seiner Talente läßt das Schaf spektakulär aufblühen. Es braucht unbedingt Liebe, Zuwendung und Lob – in dieser Reihenfolge. Ihm sei zu einem kreativen Beruf geraten, in dem es glänzen kann und freie Hand hat. Der Schönheitssinn des Schafes wird nie enttäuschen, denn sein Geschmack ist ausgeprägt, seine Vorlieben kultiviert. Doch seien Sie auch hier gewarnt – es verschwendet gerne eine Menge Geld und mag nicht sehr praktisch veranlagt sein.

Sofern es nicht zu einer von einem starken Zeichen wie Drache, Schlange oder Tiger regierten Tageszeit geboren wurde, sollte das Schaf Berufe mit zu großer Verantwortungs- und Entscheidungslast meiden. Von Natur aus passiv, weicht es Konfrontationen aus.

Insgesamt läßt sich sagen, daß das Schaf für seinen Lebensunterhalt nicht zu hart arbeiten muß. Gutes fällt ihm wie von selbst zu, was ihm auch zupaß kommt, denn es liebt Luxus und Bequemlichkeit. Wie sein bester Freund, der Hase, ist es ein Connaisseur. Häßliches und Gemeines bedrücken es. Für Schönheit und Gleichgewicht ist es so empfänglich, daß seine Stimmung vorwiegend von seiner Umgebung abhängt. Am besten arbeitet es in hellen, luftigen und geschmackvoll ausgestatteten Räumen.

Im Leben braucht es starke und treue Menschen, auf die es sich stützen kann. Pferd, Eber und Tiger, alle extrovertiert und optimistisch, stellen eine gute Ergänzung dar. Perfekte Harmonie wird es mit dem Hasen finden. Auch mit Affe, Drache, Hahn, Schlange und einem anderen Schaf kommt es recht gut aus.

Der Ratte wird des Schafes Verschwendungssucht und sein Widerwille gegen Entsagungen mißfallen. Bei den strengen Büffeln und nüchternen Hunden findet das Schaf weder Sympathie noch Glück, denn diesen fehlt die Geduld, sich sein unwichtiges Gejammer anzuhören.

Das kleine Schaf

Dieses Kind ist der größte Schatz seiner Eltern. Es hat es gerne, wenn man mit ihm schmust, viel Aufhebens macht, es verhätschelt und total verzieht. Für Kunst und Schönes ist es sehr empfänglich und weiß Musik, Gedichte, parfümierte Badeseife und alles feine Beiwerk zu schätzen, das seine Sinne stimuliert. Es ist total von seinen Eltern abhängig und tut am liebsten überhaupt nichts von selbst. Dieses kuschelige, weiche, verletzliche und gehorsame Lamm läßt sich am liebsten bedienen.

So wie der kleine Linus bei den Peanuts hängt es an seiner Schmusedecke oder, sollte es ein Mädchen sein, an einer abgewetzten alten Stoffpuppe. Es haßt Hänselei, und wenn es in der Schule heftig kritisiert oder bloßgestellt wurde, möchte es lieber tagelang wegbleiben. Zum Schutz sucht es sich stärkere Kinder, die es unter ihre Fittiche nehmen. Wenn es niedergeschlagen ist, braucht es unglaublich viel Sympathie, bis es wieder Mut faßt. Seine lebhafte Phantasie und Angst vor Gespenstern kann es richtig krank machen. Es läßt sich leicht beeinflussen oder anstiften und wird Sie in seinem Kummer ertränken, wenn es melancholisch gestimmt ist.

Wird es lächerlich gemacht oder zurückgesetzt, so zieht es sich in seine ganz private Zauberwelt zurück, aus der man es nur mit Mühe wieder herauslocken kann. Essen und Behaglichkeit bedeuten ihm Liebe und Geborgenheit. Das junge Schaf hat keine Eile, von zu Hause wegzugehen, solange es geliebt und gut versorgt wird; doch wenn es seinen eigenen Hausstand gründet, tut es das überaus geschmackvoll. Es zieht sich gerne fein an und kann Gegenstände mit Geschick harmonisch gruppieren. Zuzeiten ist es unstet, flüchtig und oberflächlich, macht das aber durch große Kreativität, Bescheidenheit und Geduld wett. Am Kummer anderer nimmt es aufrichtig teil; wenn es jemanden gerne hat, kennt seine Liebe und Großzügigkeit keine Grenzen. Es lohnt sich, gut für dieses Kind zu sorgen, denn es gibt die Zuneigung hundertfach zurück.

Versuchen Sie nicht, ihm seine Illusionen zu nehmen oder es zur Härte zu erziehen. Das bliebe fruchtlos, denn das Schaf wird immer durch eine rosarote Brille in die Welt gucken.

Metall-Schaf – 1871, 1931, 1991

Das Metall-Schaf hat großes Selbstvertrauen und weiß, was seine Talente wert sind. Seine Empfindlichkeit tarnt es, indem es sich nach außen hin derb gibt, hat aber in Wirklichkeit ein sehr verletzliches Ego und reagiert auf abschätzige Bemerkungen rasch beleidigt.

Das Metall verstärkt seine künstlerischen Neigungen, und dieses Schaf ist mit Begeisterung allem Schönen auf der Spur. Sein Heim könnte ein Meisterwerk der Innenarchitektur sein, da ihm Harmonie und Gleichgewicht im Alltagsleben überaus wichtig sind. Zum Trauma kann ihm der Verlust einer vertrauten Umgebung werden; es findet sich nur schwer mit Veränderungen ab.

Dieser Typ Schaf wird auch im häuslichen und finanziellen Bereich nach Sicherheit streben. Seine Dienste läßt er sich teuer bezahlen, ist aber nicht abgeneigt, hin und wieder etwas für Freunde springen zu lassen.

Sein gesellschaftliches Leben beschränkt sich auf Menschen, die er schätzt oder die ihm in seiner Karriere nützlich sein können. Uneingeweihte werden warten müssen, bis er sich für ihre Annäherungsversuche erwärmt.

Hinter seinem gelassenen und hilfsbereiten Äußeren leidet das Metall-Schaf unter Gefühlsschwankungen, die es nur mit Mühe kontrollieren kann. Resultat: Es ist eifersüchtig, erhebt übermäßigen Besitzanspruch und versucht, seine Lieben abzuschotten. Es sollte seinen nächsten Mitmenschen mehr Freiheit lassen. Wer schon auf den leisesten Wink von allen Gehorsam erwartet, erntet nichts als Groll und Widerstand gegen seine potentiell unschätzbar wertvollen Ideen.

Wasser-Schaf – 1883, 1943, 2003

Dieses Schaf wirkt äußerst ansprechend, mag Dutzende von Menschen um sich haben, die es bemuttern wollen, und wenn es Hilfe braucht, kann es eine ganze Armee herbeizitieren.

Das Wasser-Schaf, beliebt, aber nicht wirklich gebildet, lammfromm, aber von Natur aus opportunistisch, sucht sich Menschen, auf die es sich stützen kann. Wasser, gepaart mit seinem Geburtszeichen, läßt es den Weg des geringsten Widerstands gehen. Es ist leichtgläubig und schließt sich unweigerlich der Meinung der Mehrheit oder jener an, die einen starken Einfluß auf es ausüben. Doch obwohl es sich bereitwillig fremde Ideen zu eigen macht, hält es auf seine Gewohnheiten. Änderungen seines Lebensstils fürchtet es und ist nicht zu versessen, das Unbekannte zu erforschen.

Obgleich es eine vielseitige Persönlichkeit hat und mit fast allen gut auskommt, leidet es unter einem Märtyrerkomplex und fühlt sich zurückgesetzt und verfolgt, wenn man ihm seinen Willen nicht läßt.

Holz-Schaf – 1895, 1955, 2015

Ein zuvorkommendes, gutgelauntes Schaf, das gemächlich lebt, aber auf die Wünsche anderer Rücksicht nimmt. Es ist sentimental und seinen Mitmenschen gerne zu Gefallen; Holz als sein Element bewahrt es vor übermäßiger Leichtfertigkeit, macht es stetiger und freigebiger und gibt ihm festgefügte Moralbegriffe.

Dieser liebenswerte Typ hat volles Vertrauen zu Menschen, an die er glaubt. Obwohl er weiß, was er in Wirklichkeit wert ist, läßt er sich von anderen ausnutzen. Wenn man ihn belästigt, kapituliert er zu rasch und bringt unnötige Opfer, nur um den Frieden zu wahren.

Das Holz-Schaf zeigt die Tendenz, andere zu bemuttern, und sorgt mit rührender Hingabe für Menschen, die es liebt. Es läßt sich von den Lebensumständen derer, die vom Glück weniger begünstigt sind, überwältigen und mag ganze Scharen zwei- und vierbeiniger Heimatloser durchfüttern.

Seine guten Taten und sein Mitgefühl bleiben nicht unbelohnt. Weil es andere bereitwillig unterstützt, wird es Geld immer dann bekommen, wenn es knapp bei Kasse ist – jemand greift ihm finanziell unter die Arme oder bedenkt es ganz überraschend in seinem Testament.

Feuer-Schaf – 1907, 1967, 2027

Das Feuer-Schaf steht sicher auf den Beinen, läßt sich mit mehr Mut von seinen Eingebungen leiten und ergreift bei der Arbeit die Initiative.

Kreativ ist es weniger im Erfinden als im Aufbauschen. Es hat die Fähigkeit, Stärken groß herauszustellen und Schwächen herunterzuspielen. Selbst wenn es mit grellen Farben experimentiert, kommt eine ruhige, angenehme Komposition heraus.

Am liebsten besäße es ein herrschaftliches Anwesen, denn es legt viel Wert auf sein persönliches Wohlergehen und gibt gerne rauschende Feste, woraus folgt, daß es sich leicht finanziell übernimmt.

Das Feuer macht es energiegeladen und aggressiv. Dieser Typ Schaf nimmt kein Blatt vor den Mund, wenn man ihm auf die Zehen tritt. Er hat eine äußerst gewinnende Art, aber seine Gefühlsbetontheit spottet manchmal jeder Logik.

Das Feuer-Schaf neigt in seiner negativen Erscheinungsform zum Wunschdenken und läßt die Vorteile seiner gegenwärtigen Lage außer acht. Es baut Luftschlösser und wird, wenn von der Realität entmutigt, mürrisch und gehässig.

Erd-Schaf – 1859, 1919, 1979

Dieses Schaf ist optimistisch und selbstsicherer. Trotz seines ausgeprägten Familiensinns und seiner Häuslichkeit wird es sich um ein gewisses Maß von Unabhängigkeit bemühen.

Das Element Erde macht diesen Typ konservativ und vorsichtig. Geld verschleudert er ungern, ist aber auch kein Pfennigfuchser. Doch kann er als typisches Schaf nur schwer auf etwas verzichten. Was anderen als Luxus gilt, gehört bei ihm zum Existenzminimum.

Dennoch nimmt das Erd-Schaf die Arbeit ebenso ernst wie das Vergnügen. Es ist verantwortungsbewußt und überschlägt sich, um seinen Freunden zu helfen. Ganz unwahrscheinlich ist, daß dieser Mensch einen Notleidenden fallenläßt.

Obwohl es seine Gefühle mit mehr Geschick verbergen mag, läuft auch dieses Schaf Gefahr, unter Kritik neurotisch und übertrieben defensiv zu werden.

Das Schaf und seine Aszendenten

Geboren während der Stunden der Ratte – 23.00 bis 01.00 Uhr
Ein opportunistisches und gerissenes Schaf. Beide Zeichen sind gefühlsbetont und genußsüchtig, aber die Ratte könnte es verläßlicher und in Krisensituationen standhafter machen.

Geboren während der Stunden des Büffels – 01.00 bis 03.00 Uhr
Ein Schaf, das Charme ausstrahlt, vermischt mit dem ruppigen autoritären Gehabe des Büffels. Pünktlich, konservativ und ein bißchen stur.

Geboren während der Stunden des Tigers – 03.00 bis 05.00 Uhr
Raubkatzenhaftes Ungestüm, akzentuiert von der subtilen, aber launenhaften Art des Schafes. Kreativ, innovativ und bühnenwirksam, aber sein Temperament macht es sprunghaft und unzuverlässig.

Geboren während der Stunden des Hasen – 05.00 bis 07.00 Uhr
Ein kluges, aber zurückhaltendes Schaf, längst nicht so mildtätig, wie es vorgibt. Man kann sich nicht darauf verlassen, daß es sich bereitwillig auf eine Sache einläßt, die Arbeit und Opfer erfordert.

Geboren während der Stunden des Drachens – 07.00 bis 09.00 Uhr
Höchst zielstrebiges Schaf. Der Drache verleiht ihm den erforderlichen Mut und die Überzeugung, damit es seine Ideen und Pläne auch in die Wirklichkeit umsetzen kann, doch braucht auch dieses Schaf eine Menge Lob und Anerkennung.

Geboren während der Stunden der Schlange – 09.00 bis 11.00 Uhr
Schaf mit großem Potential und einem scharfen, klaren Verstand. Die Schlange verleiht ihm Selbstsicherheit und Tüchtigkeit. Es trifft seine Entscheidungen selbst und kann seine Gefühle für sich behalten.

Geboren während der Stunden des Pferdes – 11.00 bis 13.00 Uhr
Ein Schaf, das zu gerne ein Faß aufmacht. Sehr ausdrucksvoll, teuer und voller Phantasien. Das beliebte Pferd in ihm jagt hinter dem Geld

her, während das dominierende Schaf es nur zu gut auszugeben versteht.

Geboren während der Stunden des Schafes – 13.00 bis 15.00 Uhr
Sehr feurig und aufgeschlossen, aber eine ziemliche Klette. Zieht es vor, daß andere es bedienen oder seine Schmutzarbeit erledigen. Mag bemerkenswerte Talente haben, ist aber im wesentlichen unentschlossen und reibt sich an unnötigen Sorgen auf.

Geboren während der Stunden des Affen – 15.00 bis 17.00 Uhr
Der Affe könnte das Schaf zu mehr Tatkraft ermuntern und ihm obendrein Selbstsicherheit geben. Vielleicht hat es auch die angenehme Angewohnheit des Affen, das Leben von seiner heiteren Seite zu betrachten.

Geboren während der Stunden des Hahns – 17.00 bis 19.00 Uhr
Quillt über vor Ideen, aus denen vielleicht nie etwas wird. Das Schaf ist zu abhängig, und der Hahn steuert unsinnige Vorschläge bei. Zweifellos gescheit und mit vielen guten Eigenschaften gesegnet, braucht aber jemanden, der seine Ressourcen anzapft und sein Leben organisiert.

Geboren während der Stunden des Hundes – 19.00 bis 21.00 Uhr
Vernünftigeres, praktischeres Schaf. Der Hund verleiht ihm mehr Charakterstärke und Realitätssinn. Neigt nicht so leicht zu Tränen oder Selbstmitleid.

Geboren während der Stunden des Ebers – 21.00 bis 23.00 Uhr
Ein Schaf, bei dem Sie sich immer ausweinen können. Halten Sie aber ebenfalls eine Schulter bereit, denn es wird dasselbe Privileg verlangen, wenn Sie sein Freund sein wollen. Der Eber gibt ihm die Kraft, Prüfungen und Not zu bestehen, ohne dabei zu zerbrechen.

Wie es dem Schaf in verschiedenen Jahren ergeht

Jahr der Ratte
Ein sehr gutes Jahr. Dem Schaf fallen Geschenke und unerwartete Gewinne zu – aus Glücksspiel und Lotterie vielleicht. Gute Geschäfte zeichnen sich ab. Das häusliche Leben bleibt ereignislos, aber das Schaf könnte Erfolge in Liebe und Gesellschaft einheimsen. Keine Krankheiten oder Probleme, die der Rede wert sind.

Jahr des Büffels
Ein schwieriges Jahr für das Schaf, denn Zank, Mißverständnisse und Anforderungen von Familie und Freunden halten es in Trab. Überspanntheit und Verschwendung führen zu finanziellen Engpässen. Geld läßt sich um diese Zeit nur schwer beschaffen. Das Schaf kann nur mit mäßigen Gewinnen rechnen.

Jahr des Tigers
Kein Jahr der ungeteilten Freude. Das Schaf bleibt zwar am Drücker, muß sich aber hart anstrengen, um mit der Opposition Schritt zu halten. Im Familienkreis herrscht Ruhe, doch ist Ärger mit Verwandten prophezeit. Im Beruf gibt es viel Arbeit und Gelegenheit für neue und nützliche Kontakte.

Jahr des Hasen
Ein leidliches Jahr, denn das Schaf kann berufliche und finanzielle Gewinne verbuchen. Andererseits könnte es daheim Aufruhr geben, oder alte Sünden rächen sich. Unfallverletzungen beeinträchtigen die Gesundheit. Insgesamt aber wird nach diesen Schwierigkeiten der Gewinn höher sein als der Verlust.

Jahr des Drachen
Hektisches, aber nüchternes Jahr. Die Gewinne des Schafes sind nicht nennenswert, und es gibt zahlreiche Kontroversen, zum Glück aber kein großes Unheil. Das Vermögen des Schafes läßt sich nur mit Mühe vermehren, doch sollte es den Sturm trefflich überstehen, wenn es Risiken meidet und drastische Veränderungen unterläßt.

Jahr der Schlange

Ein gutes Jahr, denn das Schaf gewinnt seine Stellung, Macht und Beliebtheit zurück. Neue und einflußreiche Leute helfen ihm, es wird reisen oder ein Zusatzeinkommen beziehen. Schlechte Nachrichten mögen seinen Fortschritt vorübergehend verlangsamen, aber am Ende kommt es doch ans Ziel.

Jahr des Pferdes

Glattes, friedliches Jahr, in dem sich das Schaf weder daheim noch am Arbeitsplatz mit Problemen herumzuschlagen hat. Es übt hinter den Kulissen Einfluß aus und überspringt Hürden. Mit einer leichten Erkrankung oder Infektion ist zu rechnen, im allgemeinen aber wird es dem Schaf in diesem Jahr gutgehen. Ein Problem, das es in der Vergangenheit geplagt hat, könnte sich im nachhinein als Segen entpuppen.

Jahr des Schafes

Für Schafgeborene nicht so günstig. Es mag aussichtsreich beginnen, und das Schaf schmiedet zahlreiche Pläne oder erhält viele Einladungen. Dann aber ergeben sich Probleme und Komplikationen, die die Gewinne des Schafes dahinschwinden lassen. Heuer sollte es seine Erwartungen zurückschrauben und praktisch denken.

Jahr des Affen

Für das Schaf ein gutes Jahr. Anerkennung oder Beförderung am Arbeitsplatz geben ihm ein Gefühl, etwas erreicht zu haben, und es wird eine geschäftige, aber lohnende Zeit genießen. Widerstände sind nicht der Rede wert, gesundheitliche Probleme nur geringfügig.

Jahr des Hahns

Ein höchst unterhaltsames, aber recht kostspieliges Jahr. Das Schaf gibt mehr aus, als es verdient, und könnte mit ärgerlichen Debatten oder Konflikten in der Familie zu rechnen haben. Ein Jahr, in dem es sorgsam auf seine Finanzen achten und nicht versuchen sollte, es jedem recht zu machen.

Jahr des Hundes
Eine bedrückende Periode, denn das Schaf bekommt es mit unglücklichen Veränderungen, Schulden und Problemen in der Liebe oder im häuslichen Kreis zu tun. Es sollte nicht reisen und Investitionen oder langfristige Verpflichtungen lieber aufschieben. Angebracht ist eine gemäßigt optimistische, aber sehr konservative Haltung.

Jahr des Ebers
Kein übles Jahr für das Schaf, das sich von den Schwierigkeiten der Vergangenheit erholt. Seine Position ist noch immer wacklig, und es kann sich nicht entspannen, da es den Verdacht hat, von Freunden oder Partnern hintergangen zu werden. Möglicherweise vernachlässigt es seine Familie. Es hat Zugang zu Mitteln, die ihm bisher vorenthalten wurden.

Das Schaf und die anderen Zeichen

Verträglichkeitsliste

Ratte:	Kommen nicht sehr gut miteinander aus. Kleine Animositäten und Mißverständnisse. Nur wenige Gemeinsamkeiten, aber auch kaum große Konflikte.
Büffel:	Eine gewisse Gleichgültigkeit. Tolerieren sich bestenfalls. Ziehen nicht an einem Strang.
Tiger:	Weder tiefe noch dauerhafte Beziehung. Offene oder schwere Konflikte selten. Mäßig akzeptabel, weil Mangel an Verständnis.
Hase:	Beste Übereinstimmung. Eine der günstigsten Verbindungen. Zahlreiche Gemeinsamkeiten. Finden Glück und Wohlstand.
Drache:	Zusammenarbeit und Verständnis zu einem gewissen Grad möglich. Einige gemeinsame Interessen. Noch annehmbare Union.
Schlange:	Mäßige oder kongeniale Bindungen. Einigermaßen verträglich. Strengen sich, wenn möglich, gemeinsam an. Konfliktarm.
Pferd:	Starke Anziehungskraft. Glückliche, lohnende Kombination. Höchst verträgliches, erfolgreiches Gespann.
Schaf:	Keine Rivalitäten, arbeiten als Team. Gemeinsame Interessen und Ziele. Günstig für Ehe und Geschäft.
Affe:	Keiner versteht oder braucht den anderen. Wenige Gemeinsamkeiten. Wenig Anziehung.
Hahn:	Kommunikationslücken und Vorbehalte. Mäßiges Verhältnis. Dulden einander gerade noch.
Hund:	Nur wenige Gemeinsamkeiten, haben sich nicht viel zu sagen. Keiner findet den anderen sehr attraktiv.
Eber:	Glückliche, verträgliche Verbindung. Begreifen einander gut. Beste Zusammenarbeit, einer unterstützt den anderen.

Bekannte Schafe

Metall

Andy Warhol
Catherine Deneuve
Christian Morgenstern
Johannes Kepler

Wasser

Mohammad Ali
Bobby Fisher
Franz Kafka
Janis Joplin
Wallenstein
Walter Gropius

Holz

Andrew Carnegie
Rudolph Valentino
Michelangelo

Feuer

Miguel de Cervantes
Laurence Olivier
John Wayne
Wilhelm Grimm

Erde

Pierre Trudeau
Ian Smith
Reza Pahlewi
Walter Scheel
Margot Fonteyn

Der Affe

Ich bin der erfahrene Reisende
Im Labyrinth.
Das heitere Genie,
Der Magier des Unmöglichen.
Noch sucht mein Einfallsreichtum
Seinesgleichen.
Mein Herz birgt zwingenden Zauber
Der hundertfach bannt.
Geschaffen bin ich nur
Für mein Pläsier.

Ich bin der Affe.

Das neunte Mondzeichen

Chinesischer Name des Affen: Hou
Vom Affen regierte Stunden: 15.00 – 17.00 Uhr
Himmelsrichtung: Westsüdwest
Jahreszeit und Hauptmonat: Sommer/August
Parallele im westlichen Tierkreis: Löwe
Festes Element: Metall
Stamm: Positiv

Die Mondjahre des Affen im westlichen Kalender

Beginn	*Ende*	*Element*
2. Februar 1908	21. Januar 1909	Erde
20. Februar 1920	7. Februar 1921	Metall
6. Februar 1932	25. Januar 1933	Wasser
25. Januar 1944	12. Februar 1945	Holz
12. Februar 1956	30. Januar 1957	Feuer
30. Januar 1968	16. Februar 1969	Erde
16. Februar 1980	4. Februar 1981	Metall
4. Februar 1992	22. Januar 1993	Wasser

Fällt Ihr Geburtsdatum auf den Tag vor Beginn des Mondjahres des Affen, z. B. auf den 1. Februar 1908, so ist Ihr Zeichen das vorhergehende – das Schaf. Sollten Sie am Tag nach dem Ende des Jahres des Affen geboren worden sein, dann ist Ihr Zeichen das darauffolgende – der Hahn.

Das Jahr des Affen

In diesem Jahr geht alles – zumindest wird der agile Affe nicht aufgeben, ehe er alle Methoden durchprobiert hat. Auch aussichtslose Vorhaben verlaufen erfolgreich, und überall wird erfunden und improvisiert. In Politik, Diplomatie, Hochfinanz und im Geschäftsleben geht es zu wie bei einer gewaltigen Pokerparty – jeder versucht, den anderen auszutricksen. Eine recht amüsante und aufregende Zeit, in der jeder einmal Gelegenheit bekommt, sein Glück zu versuchen. Direkte Konfrontationen bleiben aus, denn der Affe tut seine Fehler mit einem Lachen ab und feilscht in der nächsten Runde geschickter.

In diesem Jahr finden wir uns bemüht, einen besseren Handel zu machen, indem wir unseren Nächsten überlisten. Nur läßt sich nicht so leicht feststellen, wer gewinnt und wer verliert, weil die Rechte nicht weiß, was die Linke vorhat. Fest steht nur, daß in dieser Zeit der Fortschritt ausbricht. Wir dampfen alle miteinander voraus, und wenn wir auch nicht mit voller Kraft fahren, so wird uns doch des Affen Naturtalent für Lernen und Aufstieg vorantragen wie eine Flutwelle.

Dieser Glückspilz von einem Kobold, der dieses Jahr regiert, treibt uns zu Glücksspiel, Spekulation und der Ausnutzung riskanter, aber raffinierter Möglichkeiten. Wer rasch zugreift, kann gewaltige Dividenden einstreichen. Dies ist eindeutig kein Jahr für Kleinmütige und Begriffsstutzige. Der Affe erwartet keine Zugeständnisse und macht selbst auch keine. Einem Konjunkturtief wird das Jahr des Affen rasch ein Ende setzen. Unter seinem optimistischen und pfiffigen Einfluß steigen die Gewinne steil an. Der Einfallsreichtum des Affen verblüfft und verwirrt alle.

Man sagt, daß das Jahr des Affen viele neue und unkonventionelle Methoden bringt. Sein Motto sollte heißen: Nein ist keine Antwort!

Die Persönlichkeit des Affen

Unter allen Tieren des Mondzyklus ähnelt dieses dem «nackten Affen», dem Menschen nämlich, am meisten. So ist es nicht verwunderlich, daß der Affe nicht nur einen Gutteil der Intelligenz des Menschen, sondern auch seine Tücke erben wird.

Im chinesischen Tierkreis ist es der Affe, der erfindet, improvisiert und motiviert; ein Scharlatan, der jedermann auf unnachahmliche Weise mit Charme und Tücke anzieht. Als fixer Genius des Zyklus ist er schlau, flexibel und ein Neuerer. Der Affe löst verzwickte Probleme mit Leichtigkeit und lernt schnell. Er meistert so gut wie alles unter der Sonne und ist meist sprachbegabt. Wer unter diesem Zeichen geboren wurde, wird Erfolg haben bei allem, was er auch anpackt. Keine Herausforderung ist ihm zu groß.

Zu seiner negativen Seite läßt sich sagen, daß der Affe einen angeborenen Superioritätskomplex hat und seine Mitmenschen nicht genug respektiert. Er kann extrem selbstsüchtig, egoistisch und eitel sein und hat auch einen neidischen Zug an sich, der jedesmal zum Durchbruch kommt, wenn ein anderer befördert oder sonstwie dem Affen vorgezogen wird. Er ist überaus ehrgeizig, aber geschickt im Verbergen seiner Gefühle und im Aushecken listiger Schachzüge. Wenn der Affe hinter Geld, Erfolg oder Macht herjagt, ist er in seiner Tüchtigkeit unschlagbar.

Dank seiner angeborenen Vielseitigkeit eignet sich der Affe zum Schauspieler, Schriftsteller, Diplomat, Rechtsanwalt, Sportler, Börsenmakler, Lehrer – die Liste kann beliebig fortgesetzt werden. Er ist ein ungeheuer geselliges Wesen, das sich mit jedermann gut stellen kann. Der Affe besitzt das seltene Talent, sich auch dann bei Ihnen beliebt zu machen, wenn er Sie gerade erst übers Ohr gehauen hat.

In der vielseitigen Persönlichkeit des Affen gibt es nur eine Eigenschaft, die niemals fehlt: Zuversicht, ganz gleich, wie schüchtern oder zahm er auch aussehen mag. Er wird sich um eine gute Haltung bemühen, wohleinstudierte Höflichkeit und gelassene Würde. Sein Selbstvertrauen ist ebenso groß wie unerschütterlich, doch wäre es falsch, den Affen zum hemmungslosen Egoisten zu stempeln. Er gleicht eher einem Kleinkind, das ganz mit sich selbst beschäftigt ist und Menschen in seiner Umgebung überhaupt nicht wahrnimmt, sofern sie mit dem Gegenstand seiner Aufmerksamkeit nicht direkt zu tun haben. Er betrachtet sich selbst mit der gleichen Faszination und Verzückung, die ein Baby an den Tag legt, wenn es zum erstenmal lernt, mit seinen Fingern und Zehen zu spielen. Beobachten Sie nur einmal, wie das Kleine reagiert, wenn es herausfindet, daß man in die Hände klatschen kann. Es wird vor Vergnügen quietschen und den Vorgang so lange wiederholen, bis es ihn beherrscht. Ganz in seine herrliche Entdeckung vertieft, nimmt es nichts anderes wahr.

So werden Sie feststellen, daß der Affe die gleiche unverfrorene Freude über seine Schlauheit und seine brillanten Leistungen an den Tag legt. Er wird seinen Stolz nicht zu maskieren versuchen, aber auch nicht affektiert sein. Er glaubt halt nur ganz aufrichtig, daß niemand seine Nummer in den Schatten stellen kann.

Wenn Sie den Affen wirklich gut kennen, wird es Ihnen schwerfallen, ihm seine Freude am Leben übelzunehmen, denn sie ist es, die ihn von anderen unterscheidet und oft so beneidenswert macht.

Ihn mit Beschimpfungen, Anschuldigungen und Tadel zu belegen, ist nutzlos, wenn nicht frustrierend, denn derlei prallt wirkungslos ab. Es ist einfach unvorstellbar, daß er diese häßlichen Dinge glaubt. Er findet Ihre Zurechtweisungen unbegründet, vielleicht sogar ungeheuer komisch. Er hat ein so festumrissenes Bild von sich selbst, seinen Talenten und seinem wohlverdienten Glück, daß jemand, der derart lächerliche Sachen sagt, einfach krankhaft neidisch sein muß.

An Glaubwürdigkeit mangelt es dem Affen nicht. Nur erliegt er immer wieder der Versuchung, weil es ihm so erstaunlich leichtfällt, seine Handlungen zu rechtfertigen und sich um einen geringen Preis aus der Klemme zu manövrieren. Die Folge ist, daß er das volle Vertrauen anderer nur schwer erwerben kann, denn man ist immer versucht, den Motiven eines von Natur aus so schlauen Biests zu mißtrauen. Oftmals fällen Menschen, die ihm das Wasser nicht reichen können, ein zu hartes Urteil über den Affen oder beschuldigen ihn zu Unrecht. Sein Beliebtheitsgrad springt auf und ab wie ein Jo-Jo. Doch scheint ihn nie sonderlich zu scheren, was Sie gerade von ihm halten, ganz gleich, wie zerknirscht er auch aussehen mag –

vermutlich weiß er, daß sich bald wieder eine Gelegenheit ergibt, Ihre Zuneigung zurückzugewinnen.

Damit soll nicht gesagt sein, daß der Affe abgebrüht ist oder Kritik einfach nicht gelten läßt. So ist er ganz und gar nicht, aber das merkt man erst, wenn man ihn näher kennenlernt. Er erkennt halt nur früher als alle anderen, daß nichts von Dauer oder irreparabel ist. Schmollen oder verzweifeln Sie nicht, sondern lassen Sie lieber seine grauen Zellen arbeiten, bis alles wieder seine Ordnung hat. Seiner Auffassung nach sind Rekorde dazu da, um gebrochen zu werden, Normen, um verbessert, und Erfindungen, um von Neuentwicklungen überholt zu werden. Der Affe, selten von seinen Fehlschlägen entmutigt oder vom Erfolg anderer beeindruckt, ist unablässig bemüht, Besseres zu leisten, und überrascht manchmal sogar sich selbst.

Wer mit Affen zu tun hat, sollte auf dem Boden der Tatsachen bleiben, denn Objektivität ist ihnen überaus wichtig. Letzten Endes aber ist es ihnen ziemlich gleich, ob Sie ihre Methoden gutheißen oder nicht. Wichtig ist nur, daß die Affen selbst sie in Ordnung finden.

Der Affengeborene bringt jeden Handel bravourös zum Abschluß, und Sie werden feststellen, daß er gerade auf kleine Zugeständnisse und Nebenvereinbarungen großen Wert legt. Er springt Sie nicht an wie der Tiger und lähmt Sie auch nicht mit einem machtvollen Blick wie der Drache, sondern schnappt sich jeweils nur ein Zentimeterchen, an sich recht harmlos, aber wenn Sie einmal nachrechnen, geht Ihnen auf, daß er Ihnen ganz unauffällig allerhand abgezwackt hat.

Den Gnadenstoß gibt er Ihnen mit tödlicher Eleganz. Wenn Sie aber wieder zu sich kommen, müssen Sie gestehen, daß man Sie noch nie so charmant und einfallsreich über den Löffel balbiert hat.

Aber keine Sorge, Sie werden es überleben. Und sobald Sie sich einigermaßen vom ersten Schock erholt haben, ist er mit einem noch attraktiveren Angebot wieder da, einem todsicheren Plan, und wird Sie geschickt aufs neue in seinen Bann schlagen. Wie bringt er das fertig? Kann er vielleicht hexen? Wie auch immer – es ist längst zu spät, Sie sind ihm oder ihr hoffnungslos verfallen.

Der Affe ist intelligent und besitzt ein vorzügliches Gedächtnis. Bei seiner Klugheit und Tüchtigkeit kann der Erfolg unmöglich ausbleiben. Vorangetrieben wird er von seiner unersättlichen Neugierde – er muß alles wenigstens einmal ausprobieren. Wird er mit einem Problem nicht fertig, so macht er sich nonchalant daran, eine Lösung zu erfinden. Aufgeben gilt nicht. Der Affe ist nämlich nicht nur schlau und pfiffig, sondern auch praktisch veranlagt; er zählt seine Taler und Groschen. Nie wird man erleben, daß er seine Zeit an Verlustunternehmen vergeudet.

Als in der Kunst der Selbsterhaltung erfahrener Realist zögert der Affe nicht, sich auf dem leichtesten Weg aus einer Falle zu hangeln. In die Enge getrieben, neigt er zur Skrupellosigkeit. Trotzdem hat der Affe ein Gewissen, und wenn dieses ihn beißt, bekommt er urplötzlich einen Wohltätigkeitsfimmel und wirft mit Geschenken um sich. Man sollte jedoch das Eisen schmieden, solange es heiß ist, denn lange währen diese Anfälle nicht.

Die Äffin sprüht nur so vor Geist und Vitalität. Als geborene Schauspielerin sorgt sie überall für Betrieb und Anregung. Nur wenige Menschen läßt ihre Lebhaftigkeit und provozierende Schönheit kalt.

Sie hat ein gutes Zahlengedächtnis und ist anpassungsfähig; sie kann sich in jede Arbeitsgruppe einfügen, sofern man ihr genug Ansporn und gute Gründe dafür gibt. Die Affen-Dame geht gerne auf Partys, ist eine unterhaltsame Rednerin, freundliche Gastgeberin und taktvolle Vertraute. Man sollte sie niemals unterschätzen, denn sie ist überaus ehrgeizig, aufmerksam und berechnend. Sie fühlt sich zum Rampenlicht hingezogen und könnte eine begabte Unterhaltungskünstlerin werden. Fröhlich und einfallsreich ist sie, nimmt Enttäuschungen ungerührt hin und ist auf Kommando bereit, Eigeninitiative zu entwickeln und sich ohne fremde Hilfe durchzuschlagen. Diese effiziente Frau brauchen Sie nicht an der Hand zu nehmen, um ihr den Weg zu zeigen; sie ist unabhängig, selbstsicher, weiß genau, wohin sie will, und mag Ihnen unterwegs ein paar bequeme Abkürzungen weisen. Neugierig mag sie sein, wird aber niemals ihre eigenen Geheimnisse gegen Ihre wohlgehüteten Informationen austauschen.

Das Affen-Mädchen funktioniert nur, wenn man ihm einen Anreiz bietet. Umsonst arbeitet es nicht! Es drückt sich geschickt aus und findet das rechte Wort zur rechten Zeit. Ganz selten nur macht es Schnitzer oder dumme, unfundierte Bemerkungen. Das Durchsetzungsvermögen dieser Frau ist ebensogut entwickelt wie ihre Menschenkenntnis, und sie wird ihre Grenzen nie überschreiten. Sie wirft auch kein Geld zum Fenster hinaus. Wer ihr etwas verkaufen will, muß schon etwas leisten – und nicht zu knapp, denn sie kann sehr kritisch und versnobt werden.

Die Äffin kleidet sich modisch, aber dezent; besonders auf ihr Haar achtet sie sehr. Sie wird so vorzüglich und schick gepflegt und frisiert sein, wie sie es sich leisten kann. Hier wäre allerdings anzumerken, daß Affengeborene sehr zu Hautkrankheiten und Allergien neigen. Die Äffin hat eine empfindliche Haut, die auf übermäßigen Gebrauch von Kosmetika mit Ausschlägen reagiert. Obwohl sie sich unablässig putzt, ist sie doch nicht saumselig oder schlampig. Neben ihren vielen Aktivitäten findet sie noch immer die Zeit und Energie, mehrere Hobbys zu pflegen und sich gründlich über Dinge zu informieren, die sie interessieren.

Als PR-Mann ist der Affe Spitze – bemerkenswert originell, gerieben im Umgang mit Geld, ein wahrer Hexenmeister im Organisieren und Manipulieren, kurz: Politik, Industrie und Handel müßten ohne ihn zusammenbrechen. In der chinesischen Geschichte ist der Affe ob seiner Arglist berühmt, und sein Name ist sinngleich mit dem Wort für Schlauheit. Er ist für jedes Team ein Gewinn, doch sollte man sich erst davon überzeugen, daß er auch wirklich loyal ist, denn es wird in jeder Horde zwangsläufig Maulaffen geben, die feil sind.

Man kann ihm nicht lange böse sein, weil der Affe es so vorzüglich versteht, sich beliebt und unentbehrlich zu machen. Immer gelingt es ihm, sich in eine lukrative Position zu manövrieren. Wenn er einmal verliert, ist der Affe kein dickköpfiger Miesepeter; er weiß, wann er nachgeben muß, weil seine Chancen schlecht stehen.

Der Affe ist der geborene Stratege. Nie unternimmt er etwas, ohne einen Plan zu haben, wahrscheinlich sogar mehrere. Nie läßt er sich eine gute Gelegenheit entgehen und spannt alles vor seinen Karren, was sich bewegt und ihn weiterbringt. Er fährt halt zu gerne zum Nulltarif – und erster Klasse, wenn's geht.

Der Affe ist ein guter Kritiker, der auf den Punkt genau bestimmt, wo etwas schiefgegangen ist, und wirksame Abhilfen vorschlägt. Auf welche Weise er das tut, hängt natürlich von seinem Charakter ab – manche Affentypen stellen ihre Fähigkeiten derart selbstgefällig zur Schau, daß man lieber stirbt, als sich von ihnen helfen zu lassen.

Allgemein aber ist der Affe eine warme, natürliche und spontane Person, die zu harter Arbeit bereit ist - besonders, wenn ein Anteil für sie abfällt. Je größer der Anteil, desto fester packt der Affe zu. Wer seine Arbeitskraft für einen Apfel und ein Ei kaufen will, bekommt nur Kernhaus und Schalen zurück. Ein guter Rat: Versuchen Sie nie, einen Affen aufs Kreuz zu legen. Die Chance, daß Sie ungestraft davonkommen, ist gering. Affengeborene sind nicht nur Experten im Racheüben, sondern auch sarkastisch. Sie kichern öfter boshaft in sich hinein, als daß sie herzhaft lachen.

Da dem Affen alles ohne viel Mühe oder Kampf zufällt, hütet und schätzt er seine Eroberungen nicht und verliert leicht das Interesse. Er sollte lernen, stetiger und ernsthafter zu werden. Im Leben wird er nur einer Handvoll Menschen vertrauen und wegen seines komplexen und mißtrauischen Charakters nur wenige echte und dauerhafte Freundschaften genießen. Andere zieht er nur ungern ins Vertrauen.

Dennoch ist der Affe vielgefragt. Die Ratte wird sein Einfallsreichtum bezaubern. Den Drachen zieht seine geistige Überlegenheit an. Hase, Schaf, Hund, Pferd und Büffel profitieren von seiner Vielseitigkeit und schätzen seine Tüchtigkeit. Auch Eber und Hahn können diesen Genius gut gebrauchen.

Von selbst versteht sich, daß die Schlange mit all ihrer Weisheit und ihrem ähnlich argwöhnischen Geist sich bei dem Affen nie so ganz wohl fühlen kann. Der Tiger sollte den Pfad des Affen meiden, da er die Hauptzielscheibe für dessen mutwillige Streiche abgeben wird. Wenn herausgefordert, muß der Affe unbedingt mit seinen überlegenen Fähigkeiten prahlen, und hat er erst einmal entdeckt, daß der Tiger ein schlechter Verlierer ist, so piesackt er ihn mit dem größten Vergnügen.

Der kleine Affe

Das Affenkind ist bezaubernd, aufgeweckt und munter und kann keinen Augenblick Ruhe halten. Dieser mutwillige, umgängliche und sehr ehrgeizige kleine Kobold wird sich in Ihr Herz schleichen.

Dieses neugierige, unberechenbare und findige Kind bastelt gewöhnlich an irgendeinem Gerät herum. Werden Sie nicht zu böse, wenn es seine Spielsachen kaputtmacht; es gibt sich mit der äußeren Erscheinung allein nicht zufrieden und nimmt Sachen auseinander, um zu sehen, «was drin» ist und wie es funktioniert. Die größte Faszination übt technisches oder mechanisch angetriebenes Spielzeug aus. Dieses Kind hängt Ihnen unablässig am Rockzipfel, stampft Ihnen hinterher und stellt kluge Fragen übers Weltall.

Er arbeitet konstant an sich selbst und ist stolz auf seine vielen Kenntnisse und Fertigkeiten. Immer beschäftigt er sich mit etwas Neuem: Heute informiert er sich über Optik und Fotochemie, morgen baut er vielleicht ein Amateurfunkgerät. Erstaunlich ist dabei die Fähigkeit des Affen, sich mit mehreren Themen zugleich zu befassen und sie alle zu beherrschen. Er kann versnobt und keck sein und geistig weniger bewegliche Kinder hänseln. Er ist Optimist und gibt sich nie geschlagen, sondern versucht es immer wieder, bis er Erfolg hat.

Das Affenkind hat einen egoistischen Zug und mag sich weigern, seine Sachen zu teilen, obwohl es zugleich mit Geschick anderen Kindern das Spielzeug wegnimmt. Es ist erregbar, anmaßend und listig und kümmert sich keinen Deut um Vorschriften, die es einengen. Man sollte ihm beibringen, daß man im Leben nicht nur nehmen kann. Selbst wenn es teilt, wägt es sorgsam ab, was dabei herausspringt. Sobald andere einen winzigen Vorteil haben, beschwert es sich laut, erwartet aber, daß man beide Augen zudrückt, wenn sich die Waagschale zu seinen Gunsten neigt.

Dann aber, wenn Ihnen gerade der Geduldsfaden reißen will, setzt das Äffchen sein engelhaftes Lächeln auf, tut aus tiefstem Herzen Abbitte, geht Ihnen um den Bart und macht einen Kopfstand, damit Sie wieder lachen. Im Nu sind alle strengen Maßnahmen vergessen, und Sie lassen sich wieder bereitwillig einwickeln.

Metall-Affe – 1860, 1920, 1980
Dies ist der streitbare Affe – stark, kultiviert und unabhängig, mit einem unstillbaren Bedürfnis nach finanzieller Sicherheit. Er kann sein Geld weise anlegen und arbeitet lieber in seiner eigenen Firma oder als Freiberufler. Er ist stetig und kann seine Ersparnisse zusammenhalten, sofern er sich nicht auf waghalsige Spekulationen einläßt.

Das Metall läßt ihn seine Zuneigung feurig und offen zum Ausdruck bringen. Er will hoch hinaus und kommt einem manchmal wie ein überdramatischer Streber vor.

Der Metall-Affe, lebhaft und leidenschaftlich veranlagt, kann einen warmen, positiven und sehr überzeugenden Eindruck machen. Er eignet sich vorzüglich zum Verkäufer, und wenn er schöpferisch veranlagt ist, sind seine Entwürfe ebenso ästhetisch wie nützlich. Der Metall-Affe könnte ein Trendsetter sein.

In seiner negativen Erscheinungsform ist der Metall-Affe hochgradig von sich selbst eingenommen und stolz. Treu ist er nur wenigen Menschen, und nur dann, wenn sie ihm nützen.

Er arbeitet hart und ist praktisch veranlagt, scheut fremde Hilfe und kann sehr gut für sich selbst einstehen.

Wasser-Affe – 1872, 1932, 1992
Ein hilfsbereiter, aber berechnender Affe, ein Mensch, der nach dem Motto «Eine Hand wäscht die andere» lebt. Doch trotz seiner würdevollen und weltgewandten Erscheinung ist dieser Affe schneller gekränkt als andere. Er ist verschwiegen, aber gutherzig, und verfolgt seine Ziele mit Geschick und Geduld. Das Wasser, gepaart mit seinem Geburtszeichen, verleiht ihm größere Entschlußkraft, doch wird er seine Absichten nicht zu direkt oder offen dartun. Er kann elegante Kompromisse schließen und umgeht Barrieren lieber, als daß er sie unter großem Zeit- und Kraftaufwand niederreißt.

Der Wasser-Affe hat Flair und Originalität, motiviert sich selbst und andere mit seiner angenehmen Art, und seine Ideen stoßen auf nur geringen Widerstand, weil er sie so einfallsreich darzulegen versteht. Immer präsentiert er die Dinge im günstigsten Licht. Er versteht recht gut, wie zwischenmenschliche Beziehungen funktionieren, und macht sich seine Kenntnisse zunutze.

Wenn er sich negativ gibt, leidet der Wasser-Affe unter Ziellosigkeit. Er wird unschlüssig und in der Folge sprunghaft, ausweichend und aufdringlich.

Holz-Affe – 1884, 1944, 2004

Gute Nachrichtenverbindungen zu anderen sind diesem Affen unabdinglich, aber er steckt nur ungern seine Nase in die Angelegenheiten seiner Mitmenschen und ist stolz auf seine Fähigkeit, sein Haus und Konto in Ordnung zu halten.

Obwohl er im wesentlichen ehrbar ist und nach Prestige strebt, ist dieser Affe ruhelos und hat einen stark ausgeprägten Pioniergeist. Er weiß genau, was um ihn herum vorgeht, und zeigt großes Interesse für Erfindungen und neue Denkweisen. Das Element Holz verleiht ihm einen intuitiven Geist und die Fähigkeit, den Lauf der Dinge vorauszusehen. Er ist unablässig auf der Suche nach Antworten und nimmt Rückschläge alles andere als gelassen hin.

Der Holz-Affe wahrt zwar seinen bewundernswert hohen Standard, ist aber unentwegt bemüht, seine gesellschaftliche Stellung zu verbessern. Er schaut immer voraus und ist nie ganz mit dem zufrieden, was er hat. Auf der Suche nach süßeren Bananen springt dieser Affentyp neue und lockende Aufgaben an.

Dieser findige Mensch schafft Ordnung, welche Arbeit er auch anpackt. Zu Übertreibung oder Spekulation neigt er nur selten. Die Opposition zermürbt er durch mit Bedacht geführten Kleinkrieg.

Feuer-Affe – 1896, 1956, 2016

Ein energiegeladener Affe mit lebhaften Gebärden, der das Zeug zum Führer und Erneuerer hat. Er ist selbstsicher und entschlossen, gibt seinen Gefühlen ehrlich Ausdruck und interessiert sich sehr für das andere Geschlecht.

Das Element Feuer verleiht ihm große Vitalität, und er wird eine Tendenz zur Beherrschung oder Belehrung weniger aggressiver Menschen zeigen. Er besitzt eine lebhafte Phantasie und sollte darauf achten, daß sie nicht mit ihm durchgeht. Dieser Affe ist erfinderisch, aber nicht immer vorsichtig.

Der Feuer-Affe hat den unbändigen und stetigen Drang, auf seinem Gebiet der Erste zu sein. Er ist extrem ehrgeizig und kann furchtbar neidisch sein. Seine Kreativität beruht auf Willenskraft, Initiative und seinen Bedürfnissen und versetzt ihn in die Lage, andere auszustechen und immer als erster am Zug zu sein.

Der Feuer-Affe ist der ungestümste aller Affen. Er genießt es, wenn er alle Fäden in der Hand hat, und kann in seiner negativen Form überheblich, eigensinnig und streitsüchtig sein. Er verspekuliert sich selten und versteht es, Risiken korrekt abzuschätzen. Trotz des kühnen und gesammelten Gesichts, das er der Öffentlichkeit präsentiert, wird dieser Affentyp von der finsteren Befürchtung geplagt, andere könnten ihn hintergehen.

Erd-Affe – 1908, 1968, 2028

Ein friedlicher, verläßlicher Affe, der kühl und gesammelt sein mag. Er gibt sich gerne jovial und wohltätig, ohne echtes Interesse zu zeigen.

Ganz still verlangt er Bewunderung und Anerkennung seiner Talente und Dienste, und wenn man ihm diese versagt, wird er mürrisch und frech.

Vermutlich ist er ein intellektueller Typ, der es in seiner akademischen Laufbahn weit bringt oder wenigstens gut belesen ist, wenn er den höheren Bildungsweg nicht einschlagen konnte. Im allgemeinen ist er ehrlich und unumwunden und wird sich durch Gründlichkeit und Pflichttreue auszeichnen.

Der Erd-Affe bewirtet Gäste nur, wenn es unbedingt notwendig ist, kommt seinen Lieben aber mit aufrichtiger Zuneigung und Güte entgegen. Da er nicht so um sein Ego besorgt ist, kann er selbstlos fürs Gemeinwohl arbeiten. Seine Integrität schätzt er so hoch, daß er manchmal allzu peinlich darauf bedacht ist, ja nicht mit dem Gesetz in Konflikt zu kommen.

Der Affe und seine Aszendenten

Geboren während der Stunden der Ratte – 23.00 bis 01.00 Uhr
Sprühendes Temperament. Nichts kann diese Kombination daran hindern, das Leben in vollen Zügen zu genießen, gleichzeitig aber das Geld zusammenzuhalten – erstaunlicherweise mit Erfolg!

Geboren während der Stunden des Büffels – 01.00 bis 03.00 Uhr
Spießiger Affe, zugeknöpft, aber mit gutem Leumund. Weniger geneigt, Sie auszutricksen, aber wer weiß – er verzieht ja nie eine Miene.

Geboren während der Stunden des Tigers – 03.00 bis 05.00 Uhr
Ungestümer, ausgelassener Affe. Beide Zeichen sind zu selbstsicher und mißtrauisch. Kann voll in der Patsche sitzen und sich trotzdem weder raten lassen noch geschlagen geben.

Geboren während der Stunden des Hasen – 05.00 bis 07.00 Uhr
Hintergründiger, nicht so mutwilliger Affe mit mehr Vorsicht und Beherrschtheit. Hat im Umgang mit Menschen und bei der Einschätzung von Situationen schon fast übersinnlichen Durchblick.

Geboren während der Stunden des Drachen – 07.00 bis 09.00 Uhr
Übertrieben gewissenhafter und doppelt ehrgeiziger Affe. Mit seiner phänomenalen Tüchtigkeit und dem gewaltigen Antrieb des Drachen schnappt er sich oft mehr, als er verkraften kann.

Geboren während der Stunden der Schlange – 09.00 bis 11.00 Uhr
Die Weisheit der Schlange in dieser Kombination könnte einen Zauberkünstler hervorbringen, einen Affen mit gewaltigen Geistesgaben und großer Durchschlagskraft.

Geboren während der Stunden des Pferdes – 11.00 bis 13.00 Uhr
Nicht so standhafter Affe, der im Nu die Seiten wechselt. Ein Spieler, der sich gewöhnlich nur an seine eigenen Regeln hält.

Geboren während der Stunden des Schafes – 13.00 bis 15.00 Uhr
Verträumter, romantischer Affe mit vielen Schlichen. Neigt zwar noch immer zu Opportunismus und Ränkespielen, hat aber einen angenehmeren und duldsameren Charakter.

Geboren während der Stunden des Affen – 15.00 bis 17.00 Uhr
Sakrosankter Kobold. Diese äußerst gewandte und hochentwickelte Persönlichkeit ist gesellig und unglaublich optimistisch. Ganz gleich, was er auch anstellt, dieser Affe kommt immer ungestraft davon.

Geboren während der Stunden des Hahns – 17.00 bis 19.00 Uhr
Unkonventioneller, abenteuerlustiger Affe, der hoch hinauswill. Vielleicht bewirkt das Geschick des Affen, daß die Tagträume des Hahns in Erfüllung gehen.

Geboren während der Stunden des Hundes – 19.00 bis 21.00 Uhr
Nüchterner, rustikaler Affe, höchstwahrscheinlich ein kühler Satiriker. Dennoch immens beliebt, weil er nie den Humor verliert und auf dem Boden der Tatsachen bleibt.

Geboren während der Stunden des Ebers – 21.00 bis 23.00 Uhr
Sportlicher, nicht so befangener Affe. Die Anwesenheit des Ebers macht ihn ehrlicher und umgänglicher. Wird mit Zähnen und Klauen dafür sorgen, daß er nicht zu kurz kommt.

Wie es dem Affen in verschiedenen Jahren ergeht

Jahr der Ratte
Ein glückliches, gedeihliches Jahr für den Affen. Geld fließt aus unerwarteten Quellen, und nun ist die Zeit günstig für eine Verbesserung seiner Position und das Aufnehmen von Krediten. Probleme löst er mit Leichtigkeit und wird von wichtigen Leuten gefeiert oder gesucht. Die Familie wächst.

Jahr des Büffels
Ziemlich durchwachsenes Jahr. Dem Affen werden Gewinne und Lebensfreude beschnitten, und es droht ihm der Verlust persönlicher Habseligkeiten. Das Familienleben verläuft weiterhin glatt, aber er wird reisen müssen oder an einer chronischen Krankheit leiden. Seine Fortschritte entsprechen nicht den Erwartungen. Er sollte nicht zu ehrgeizig sein.

Jahr des Tigers
Eine sehr unsichere Zeit. Der Affe ist den Angriffen seiner Feinde ausgesetzt und mag fliehen, reisen, für andere arbeiten oder Geld zu hohen Zinssätzen aufnehmen müssen. Menschen nutzen seine schwache Position aus. Er darf die Geduld nicht verlieren und sollte sich abwartend verhalten; lieber seine Mittel konsolidieren und neue Unternehmungen unterlassen.

Jahr des Hasen
Ein gutes Jahr. Es sieht wieder günstig aus für den Affen, der unerwartete Hilfe bekommt. Am Arbeitsplatz und in der Familie kehrt wieder Frieden ein, aber seine Gewinne sind kaum mehr als bescheiden. Nun sollte er Ausschau nach neuen Möglichkeiten halten oder seine Umwelt verändern.

Jahr des Drachen
In diesem Jahr eignet sich der Affe Kenntnisse oder technisches Know-how an. Der Vorteil, den er daraus zieht, wird nicht greifbar oder sofort realisierbar sein. Ärger und ungelöste Meinungsverschie-

denheiten bedrücken ihn, und vielleicht muß er sogar sein eigenes Geld oder seine Ersparnisse einsetzen, um seine Vorhaben durchzudrücken. Heuer sollte er die Augen offenhalten und lernen. Auf keinen Fall darf er spekulieren.

Jahr der Schlange
Ein einigermaßen glückliches Jahr, denn der Affe bekommt Hilfe von Freunden oder Unterstützung von Vorgesetzten. Ihm stehen gute Zeiten bevor, aber zu Hause gibt es Zank. Er sollte seine Zunge im Zaum halten und Konfrontationen um jeden Preis meiden.

Jahr des Pferdes
Kein übles Jahr für den Affen, obwohl er noch immer unter Sorgen und Frustrationen zu leiden hat. Seine Probleme lösen sich von selbst, wenn er nicht zu voreilig ist und seine Erwartungen etwas zurückschraubt. Heuer sollte er sich der Opposition anschließen, sobald deutlich wird, daß er sie nicht schlagen kann.

Jahr des Schafes
Ein kompliziertes, geschäftiges Jahr. Dem Affen fällt das Geldverdienen leicht, aber unerwartete Unkosten drücken seinen Gewinn. Er lernt neue und nützliche Leute kennen und muß häufiger Gäste bewirten oder reisen. Ihm ist eine harmlose Krankheit oder häuslicher Unfriede prophezeit. Er sollte verschwiegen sein, da andere versuchen könnten, ihm vertrauliche Informationen zu entlocken.

Jahr des Affen
Vorzüglich für Affengeborene. Er kann sich selbständig machen, da ihm Glück, Erfolg und Anerkennung winken. Kopfschmerzen bereiten ihm nur Untergebene, Gläubiger oder Geldgeber, die sein kühnes Unterfangen finanzieren. Überanstrengung führt zu Gesundheitsproblemen.

Jahr des Hahns
Eine mäßige, aber stabile Zeit für die Anstrengungen des Affen. Die erforderlichen Zusatzmittel stehen ihm zur Verfügung und auch die

rechten Kontakte, um seine Pläne durchzusetzen; dafür wird er aber seine Familie vernachlässigen, gezwungenermaßen zu oft ausgehen und feststellen müssen, daß er erschöpft oder überarbeitet ist, wenn es an die Erfüllung von Verpflichtungen geht. Seine Gegner darf er nicht unterschätzen.

Jahr des Hundes
Ein schwieriges Jahr, in dem sich die Pläne des Affen zerschlagen und Menschen ihre Versprechungen nicht einhalten. Da er bei seinen Investitionen Verluste erleiden könnte, sollte er niemandem Geld leihen. In diesem Jahr wird er entdecken, wer wirklich sein Freund ist. Enttäuschungen lassen ihn erkennen, wo oder wie er irrte.

Jahr des Ebers
Aktives, aber aufreibendes Jahr. Dem Affen drohen Streitigkeiten im Beruf, finanzielle oder rechtliche Schwierigkeiten oder gar Komplikationen seiner Krankheiten. Seine Probleme lassen sich lösen, wenn er viele Kompromisse schließt. Er wird schwierige Zugeständnisse machen oder Beleidigungen hinnehmen müssen. In diesem Jahr darf er noch nicht einmal seinem besten Freund trauen. Gemeinsame Unternehmungen entpuppen sich als wenig lohnend, wenn nicht gar gefährlich.

Der Affe und die anderen Zeichen

Verträglichkeitsliste

Ratte:	Überaus verträglich. Höchst erfolgreiche Union. Tiefe, starke Zuneigung. Finden Liebe und Zufriedenheit.
Büffel:	Beäugen sich mit Vorbehalten. Weder tiefe noch dauerhafte Bindung. Verständigungsschwierigkeiten.
Tiger:	Heftige Zusammenstöße und Rivalitäten. Keiner versteht den anderen. Viel Argwohn, wenig Gemeinsames. Höchst unverträglich.
Hase:	Kleinliche Meinungsverschiedenheiten, Kompetenzgerangel. Keiner versteht den anderen ganz. Dulden einander nur mit Mühe.
Drache:	Eine der besten Kombinationen. Mögen und verstehen sich. Starke Affinität in ehelicher oder beruflicher Partnerschaft.
Schlange:	Keine besondere Anziehung. Verständigungsschwierigkeiten, Mißtrauen und Kompromißfeindlichkeit.
Pferd:	Akzeptable, zu einem gewissen Grad günstige Union, die eher auf praktischen Erwägungen gründet. Keine Machtkämpfe.
Schaf:	Kaum Bedürfnis, den anderen zu verstehen. Beziehung gerade noch herzlich bis kühl.
Affe:	Könnten erfolgreich als Team arbeiten. Gemeinsame Interessen. Gutes Verhältnis ohne Rivalitäten.
Hahn:	Nur mäßige Kommunikationsbereitschaft. Tolerieren einander nur, wenn Zusammenarbeit verlangt wird. Verhältnis kühl.
Hund:	Achten sich und gehen freundlich miteinander um. Recht gutes Zusammenspiel. Keine versteckten Animositäten.
Eber:	Gemeinsame Interessengebiete. Kommen problemlos miteinander aus. Annehmbare Beziehung.

Bekannte Affen

Metall

Federico Fellini
Kaiser Wilhelm II.
Papst Johannes Paul II.

Wasser

Leonardo da Vinci
Charles Dickens
Edward Kennedy

Holz

Harry S. Truman
Eleanor Roosevelt
Mick Jagger
Theodor Heuss

Feuer

Herzogin von Windsor
Buster Keaton

Erde

Paul Gauguin
Lyndon B. Johnson
Joan Crawford
Bette Davis
Nelson Rockefeller
Otto Lilienthal
Herbert v. Karajan

Der Hahn

Ich bin zur Stelle
Den Tag auszurufen
Und sein Ende zu verkünden.
Mich treibt ein Uhrwerk, Präzision.
Mein nie endendes Streben nach Vollkommenheit
Bringt alles zurück
An seinen rechten Platz.
Ich bin der strenge Zuchtmeister,
Der ewig wachsame Verwalter.
Ich trachte nach perfekter Ordnung in meiner Welt.
Ich stehe für unerschöpfliche Hingabe.

Ich bin der Hahn.

Das zehnte Mondzeichen

Chinesischer Name des Hahns: Yi
Vom Hahn regierte Stunden: 17.00 – 19.00 Uhr
Himmelsrichtung: West
Jahreszeit und Hauptmonat: Herbst/September
Parallele im westlichen Tierkreis: Jungfrau
Festes Element: Metall
Stamm: Negativ

Mondjahre des Hahns im westlichen Kalender

Beginn	*Ende*	*Element*
22. Januar 1909	9. Februar 1910	Erde
8. Februar 1921	27. Januar 1922	Metall
26. Januar 1933	13. Februar 1934	Wasser
13. Februar 1945	1. Februar 1946	Holz
31. Januar 1957	17. Februar 1958	Feuer
17. Februar 1969	5. Februar 1970	Erde
5. Februar 1981	24. Januar 1982	Metall
23. Januar 1993	9. Februar 1994	Wasser

Fällt Ihr Geburtsdatum auf den Tag vor Beginn des Mondjahres des Hahns, z. B. auf den 21. Januar 1909, so ist Ihr Zeichen das vorhergehende – der Affe. Sollten Sie am Tag nach dem Ende des Jahres des Hahns geboren worden sein, dann ist Ihr Zeichen das darauffolgende – der Hund.

Das Jahr des Hahns

Der Optimismus des Affenjahres greift auf das Jahr des Hahns über, aber der Hahn neigt zu übermäßigem Selbstvertrauen und schmiedet gerne unsinnige Pläne. Der bunte Hahn bringt zwar sonnige und glückliche Tage, verführt aber auch zur Energieverschwendung.

Fruchtlose Unterfangen verkneift man sich in diesem Jahr nur mit Mühe. Unterlassen Sie aber gewagte Unternehmungen. Nichts als Enttäuschungen und Konflikte werden die Folge sein. Der Hahn plustert sich gerne auf und schafft mit seiner anmaßenden Art viel Ärger. Andererseits versinnbildlicht er den guten Verwalter und gewissenhaften Hüter des Gesetzes auf dem Hof und wird daher den Frieden wahren. Im Jahr des Hahns hängt alles gefährlich in der Schwebe, weil dieser theatralische Typ immer wieder kleinliches Gezänk auslöst.

In diesem Jahr müssen wir für minimalen Gewinn maximale Mühe aufwenden. Machen Sie nicht zu viele Umstände. Sie brauchen nicht auf alle Kleinigkeiten zu achten, sollten aber das Gesamtbild im Auge behalten. Seien Sie vorsichtig. Wer zu hoch fliegt, kann abgeschossen werden.

In der Politik haben die Falken das Sagen. Die diplomatische Szene beherrschen philosophische Redekünstler, die viel schöne Worte um nichts machen. Regierungen üben sich im Säbelrasseln, aber nur, um Eindruck zu machen. Ernste Zusammenstöße sind unwahrscheinlich. Jeder ist halt nur zu sehr mit sich selbst beschäftigt, um sich anzuhören, was der andere zu sagen hat. Der Einfluß des eitlen Hahns läßt uns schon bei der kleinsten Kränkung einschnappen. Wir bilden uns viel zuviel auf das prächtige Image ein, das wir angeblich haben. Zwietracht und Debatten an allen Fronten sind auf die sprichwörtliche Streitlust des Gockels zurückzuführen und richten vermutlich keine bleibenden Schäden an, solange man sie im rechten Zusammenhang sieht.

In diesem Jahr geht es aufwärts – trotz der Begabung des Hahns, simple Angelegenheiten zu komplizieren. Eines steht fest: Am Ende steht er nur selten mit leeren Händen da. Heuer herrscht ein unabhängiger Vogel, der nie Hunger leiden muß.

Die Persönlichkeit des Hahns

Der Hahn ist der Don Quichotte des chinesischen Tierkreises, ein unerschrockener Held, der den Blick zu Boden wenden muß, um zu überleben – das mißverstandenste und exzentrischste aller Zeichen. Nach außen hin verkörpert er Selbstsicherheit und Angriffslust, kann im Grunde seines Herzens aber konservativ und altmodisch sein.

Hahngeborene, besonders Männer, sind attraktiv, wenn nicht gar verwegen gutaussehend. Dieser fürstliche Vogel ist stolz auf sein prächtiges Gefieder und hat eine makellose Haltung. Nie wird Ihnen ein Hahn krumm angelatscht kommen; er stolziert gravitätisch einher. Selbst die schüchternsten Mitglieder dieser Familie haben eine adrette, gute Figur und zeigen in jeder Situation Rückgrat.

Hähne kommen in zwei ausgeprägten Typen vor: Extrem redselige Schnellfeuerschützen und todernste Beobachter mit Röntgenblick. Mit beiden ist nicht gut Kirschen essen. Der Hahn hat viele herausragende Eigenschaften, die er lauthals krähend verkünden kann: Er ist raffiniert, ordentlich, präzise, organisiert, entschieden, aufrecht, wachsam und überaus offen. Außerdem kann seine Kritik an Brutalität grenzen. Fragen Sie ihn bloß nicht nach seiner offenen, ungeschminkten Meinung – mag sein, daß Sie sich nie von seinen beißenden Kommentaren erholen. Er streitet und debattiert gerne, zeigt dabei, wie kenntnisreich und schlau er ist, und schert sich oftmals wenig um die Gefühle anderer. Doch wenn man den Spieß umdreht und ihm einmal die Federn zerzaust, wird er unerträglich. Zum Diplomaten wurde er nicht geboren. In Situationen, die Takt, Feingefühl und Diskretion erfordern, wirkt er verkrampft. Es entspricht eher seiner Art, andere mit missionarischem Eifer zu seiner Denkweise zu bekehren.

Als vorzüglicher Schauspieler glänzt der Hahn vornehmlich dann, wenn er im Mittelpunkt der allgemeinen Aufmerksamkeit steht. Diese unglaublich eindrucksvolle Persönlichkeit kann jede Laufbahn einschlagen, die sie in den Blickpunkt der Öffentlichkeit rückt. Der heitere, witzige und amüsante Hahn wird nie eine Gelegenheit versäumen, seine Abenteuer zum besten zu geben und seine Errungenschaften aufzuzählen. Er drückt sich in Wort und Schrift gewandt aus, und man muß ihm lassen, daß er wohlbeschlagen ist und bereit, sich in eine Diskussion über jedes beliebige Thema einzulassen. Wer vorhat, ihn zu einem strittigen Punkt herauszufordern, muß sich auf einen langen, harten Kampf gefaßt machen – der Hahn hat ein erstaunliches Stehvermögen, ist gut informiert und kann seinen Gegner zermürben.

In seiner negativen Erscheinungsform ist der Hahn egoistisch, schulmeisterlich und bissiger, als ihm guttut. Seiner Auffassung nach hat er hundertprozentig recht. Versammlungen dominiert er, um die hohe Meinung, die er von sich selbst hat, zur Schau zu stellen. Bei näherem Hinsehen jedoch wird man feststellen, daß er diese Schau vornehmlich abzieht, um sich selbst immer wieder von seinem eigenen Wert zu überzeugen, und nicht so sehr, um anderen auf die Nerven zu gehen. Trotz seines festen Auftretens und seiner Prahlerei ist er sich seiner Sache nämlich längst nicht so sicher und daher anfällig für Schmeichelei und Größenwahn.

Alle Hähne können gut mit Geld umgehen, und das Führen von Konten, Sanieren von Finanzen und allgemeine Verwalten der Kasse übt eine große Faszination auf sie aus. Der Hahn teilt alles ein, was ihm in die Finger kommt, einschließlich seiner Zeit, Ihrer Zeit, der Zeit des Postboten, der Firma – die Liste ist endlos. Schon ein Küken wird im Kindergarten zum Kassenwart gewählt werden und die Pfennige weise verwalten; ehe man sich's versieht, betreibt es seine kleine Privatbank, gibt Kredite und knöpft ahnungslosen Spielkameraden Zinsen ab.

Sollten Sie wegen mangelnder Selbstkontrolle in finanzielle Schwierigkeiten geraten sein – lassen Sie einen Hahn Ihr Geld verwalten. Er stellt Ihnen ein eisernes Budget auf und schlägt Ihnen jedesmal auf die Finger, wenn Sie auch nur einen Pfennig zuviel anrühren.

Obgleich Sie die Entscheidung später reuen mag, können Sie sicher sein, daß er nur in Ihrem Interesse handelt – auch wenn er es mit sadistischer Freude tut und es immerhin Ihr Geld ist. Seien Sie nicht so undankbar, sondern lieber froh, daß er sich überhaupt dazu herabgelassen hat, Ihnen zu helfen.

Und nun hat dieser Experte alle Rechnungen und Kontoauszüge, die überall herumflogen, ordentlich abgeheftet. Zum ersten Mal seit Jahren lassen sich Ihre Ausgaben mit Ihrem Einkommen vereinbaren. Endlich sehen Sie einen Lichtschein. Und selbst die Wölfe vom Finanzamt heulen nicht mehr vor Ihrer Tür, seit der Hahn herrscht, und kein Gläubiger verfolgt Sie mehr Tag und Nacht. Ohne diesen Retter wären Sie verloren.

An diesem Punkt mag Ihnen aufgehen, was Sie sich da eingehandelt haben. Bitterlich werden Sie sich beklagen, weil er Ihnen nicht den kleinsten Schnitzer durchgehen läßt. Ihre Finanzen sind ausgeglichen, aber Sie fühlen sich bei diesem neugefundenen Glück ganz und gar nicht wohl. Jedesmal, wenn Sie eine tiefgründige Diskussion mit ihm führen müssen, schießt Ihr Blutdruck in die Höhe. Immer mit der Ruhe. Nehmen Sie's nicht so schwer.

Erinnern Sie sich lieber einmal an den Tag, als Sie ihn anstellten und er hochheilig schwor, Ihnen aus der Patsche zu helfen und durch dick und dünn zu Ihnen zu halten. Nun, die dünnen Zeiten kommen halt vor den dicken. Haben Sie Geduld, es wird bestimmt besser werden. Sein Schlüsselwort heißt Service, und er wird selbst Ihre höchsten Erwartungen nicht enttäuschen. Sie mögen den Hahn unerträglich finden, aber erkennen, daß Sie ohne ihn nicht zurechtkommen.

Haben Sie Außenstände, die Sie nicht eintreiben können? Sehen Sie nur, wie der Hahn die Ärmel hochkrempelt und auf jene Bösewichte losgeht, die Ihnen Ihr Geld vorenthalten. Sie werden niemanden finden, der eine wichtige Anweisung besser ausführt. Schwierige Aufträge liegen ihm, aber erwarten Sie nicht, daß er improvisiert. Er geht klar und deutlich mit Ihnen um und erwartet klare und deutliche Befehle. Über alle seine Tugenden hinaus kann man nicht auch noch verlangen, daß er wendig und erfinderisch ist.

Wer einen Hahn wirklich verstehen will, muß seine Vorliebe für Kontroversen akzeptieren und begreifen, daß er sich auf diese Weise geistig fit hält und daß sein Widerspruch nicht persönlich gemeint ist. Wer weiß, daß des Hahns Pistole immer geladen ist, sollte klug genug sein, sich aus seiner Schußlinie zu halten. Und man sollte anmerken, daß der Hahn sich zwar im allgemeinen wohlinformiert und weltmännisch gibt, in Liebes- und Sexfragen aber puritanisch sein kann.

Ein Hahn, der glatt und ungehindert vorankommen will, sollte sich erst einmal klarmachen, daß andere nicht so abgeneigt wären, seine guten Ratschläge zu beherzigen, wenn er sie etwas attraktiver verpackte. Er braucht nicht immer wie der altmodische Onkel Doktor daherzukommen, der bittere Arznei verschreibt und meint, «Bös muß Bös vertreiben».

Geht ein Hahn verschwenderisch mit seinem Geld um, so tut er das meist, um sein überentwickeltes Ego zu beschwichtigen. Er fällt für sein Leben gern auf und kleidet sich entsprechend, wird daher gelegentlich die Neigung zeigen, sein Haus, sein Büro oder gar sich selbst übertrieben aufzuputzen. Auch Auszeichnungen aller Art, Orden und Ehrentitel, beeindrucken ihn sehr. Jeder Hahn wird sich bemühen, zumindest einen Preis zu gewinnen, einen akademischen Grad zu erlangen und pro Jahr mindestens einen Orden einzuheimsen. Großzügig mit seinem Geld ist er nur der Familie gegenüber, oder wenn er die Zuneigung und Bewunderung seiner Gefolgschaft gewinnen will. Ansonsten gibt es bei ihm nur eins umsonst – guten Rat.

Ein Hahn, der bei Tagesanbruch zur Welt kommt, zu den Stunden des Tigers, oder bei Sonnenuntergang (17 bis 19 Uhr, die Stunden des Hahns), wird den allergrößten Lärm veranstalten. Ich persönlich kenne einen, dessen Familie ernsthaft mit dem Gedanken an einen Maulkorb spielt, um seine endlosen Auslassungen zu dämpfen. Zu schade nur, daß bisher noch niemand den Mut dazu aufgebracht hat. Nachthähne sind das genaue Gegenteil und können bitterernst, in sich zurückgezogen oder gar maulfaul sein. Diese stillen Hähne sind leicht übermäßig exzentrische Bücherwürmer, reserviert oder weltfremd in ihrer Suche nach Perfektion.

Perfektionisten sind die Hähne irgendwie alle. Einerseits haben sie ein scharfes Auge fürs Detail, andererseits verzapfen sie gern wilde Theorien. Ihre Ideen sehen manchmal auf dem Papier besser aus als bei der praktischen Anwendung, da menschliche Schwächen und andere Unsicherheitsfaktoren unberücksichtigt bleiben. Hähne denken empirisch und sehen oftmals nicht ein, warum andere nicht nach festumrissene Formeln leben können.

Trotz aller seiner Fehler und seiner zudringlichen Art hat der

Hahngeborene meist das aufrichtige Bedürfnis, anderen zu helfen, und was er auch unternimmt, ist zweifellos gutgemeint. Er tritt halt nur zu heftig auf, weil er von seinen Ansichten so überzeugt ist, daß er sich abweichenden Meinungen einfach verschließt.

Wenn die Träume des Hahns zu verstiegen und ehrgeizig sind, kann er viele Enttäuschungen erleben. Er muß lernen, nicht immer gleich nach den Sternen zu greifen. Mit schwierigen Angelegenheiten wird er zwar auf pragmatische Weise fertig, kann über Nebensächlichkeiten aber sehr unvernünftig und umständlich werden. Es ist jedoch sinnlos, ihm den Weg zum Ziel verstellen zu wollen. Er ist ein unerschrockener Ritter, der sich im Nu wieder aufrafft und einem neuen Regenbogen hinterherrennt. Wer weiß, vielleicht klappt es beim nächsten Mal. Ein Hahn unter Streß ist tapfer und ritterlich, treibt es aber mit seinem Heldentum manchmal zu weit.

Die Frau dieses Zeichens ist normalerweise nüchterner und will nicht ganz so hoch hinaus. Sie ist supereffizient und tut ihre Arbeit mit einem Minimum an Gegacker. Man kann sich darauf verlassen, daß sie für jede Aufgabe, die sie sich stellt, enorme Energien freisetzt.

Nur mit Mühe findet man eine hilfreichere Person als die Henne, von der Eber-Frau abgesehen. Die Henne tut zwar so, als wäre sie zur Zwangsarbeit verdonnert worden, wählt aber in Wirklichkeit freiwillig ein Leben voller Aufopferung und Pflichterfüllung. Was sonst sollte sie mit ihren gewaltigen Energiereserven anfangen? Wo andere sich bloß langweilen, kann sie richtige Angst bekommen, wenn sie einmal nichts zu tun hat.

Die Henne ist anpassungsfähiger als der Hahn und kommt in der Gesellschaft gut an. Es stört sie nicht, nur eine Arbeitskraft zu sein, ein Mitglied des Teams, solange sie erreicht, was sie sich vorgenommen hat. Sie findet Routine attraktiv und hält ihren Zeitplan immer ein, ist ihm oft sogar voraus. Sie ist ebenso fähig und produktiv wie ihr männliches Gegenstück, wirbelt aber weniger Staub auf. Mit Sorgfalt, Pflichtbewußtsein und Unaufdringlichkeit könnte sie sich auf den Gebieten Präzisionsarbeit, Korrekturlesen, Langzeitplanung und Statistik hervortun. Da sie peinlich genau vorgeht, gäbe sie auch eine sehr gründliche und geduldige Lehrerin, wachsame und fürsorgliche Mutter und eifrig sorgende Ehefrau ab.

Allerdings hat sie die Tendenz, dauernd auf ihrem Lieblingsthema herumzureiten oder andere unablässig an den nächsten Punkt auf der Tagesordnung zu erinnern, aber das sollte man eher ihrem Übereifer zuschreiben als einer Neigung, andere zu drangsalieren. Man könnte den Eindruck gewinnen, daß sie darauf aus ist, Menschen, die sie liebt, zu reformieren oder umzukrempeln. In Wirklichkeit will sie damit nur beweisen, daß sie etwas für diese Menschen übrig hat. Sie kann einfach nicht mit ansehen, wenn jemand Fehler macht, wo sie doch bei der Hand ist und sie verhindern kann. Demzufolge wird sie Stolpernde auffangen, Stammelnden das rechte Wort soufflieren. Die Henne, hilfsbereit im Übermaß, kann die Objekte ihrer Zuneigung bis an die Grenzen des Wahnsinns treiben.

Sie verzeiht Ihnen jede Missetat, aber erst, nachdem sie sich ihre verletzten Gefühle mit einer geharnischten Strafpredigt von der Seele geredet hat. Danach hegt sie keinen Groll mehr und ist von Natur aus nicht nachtragend.

Die Henne kleidet sich schlicht und zieht einfache, klassische und natürliche Sachen vor, die für zahlreiche Anlässe passend sind und die sie mit ihren vielen Accessoires ergänzen kann.

Wer einmal einen Blick in ihre Handtasche wirft, erfährt sehr viel mehr über sie. Abgesehen von den vielen kleinen Notizen, die sie sich dauernd macht, hat sie wahrscheinlich ein Bandmaß und die Kleider- und Schuhgrößen der ganzen Familie dabei. Bis an die Zähne bewaffnet ist sie mit Heilmittelchen für alle möglichen Beschwerden und Nützlichem für alle Lebenslagen. Sie ist präzise und ordentlich und übernimmt mit Genuß Funktionen, in denen sie zu verteilen oder zu organisieren hat. Ihr ist durchaus zuzutrauen, daß sie morgens als erste erscheint, um das Büro aufzuschließen, und nach Dienstschluß als letzte geht. Ihren Verantwortungsbereich hütet sie eifersüchtig und genießt die Macht, die ihr daraus erwächst.

Jeder Hahn ist eine geachtete Arbeitskraft. Er weiß seinen Vorgesetzten zu gefallen, die hinwiederum von seinem scharfen Intellekt und seiner Tüchtigkeit beeindruckt sind. Doch obwohl er grenzenlose Energie und einen ausgeprägten Erfolgswillen besitzt, kann der Hahn in seiner negativen Erscheinungsform zu keck auf dem Mist krähen, seine Anstrengungen fehlleiten oder undurchführbare Projekte in Angriff nehmen. Ironisch dabei ist, daß der Hahn an ganz gewöhnlichen Stellen zu Geld und Erfolg kommt. Entgegen seiner Auffassung braucht er nicht in die Ferne zu schweifen, um sein Glück zu finden. «Selbst im härtesten Boden findet das Huhn mit kräftigem Schnabel und Krallen Nahrung», sagt man in China.

Wenn sich also der wachsame Hahn auf den Boden der Tatsachen bequemt und profane Aufgaben in Angriff nimmt, kann er buchstäblich in seinem Hinterhof Gold aus der Erde scharren. Er wäre gut beraten, wenn er sein eigenes Geschäft gründete oder das Familienvermögen verwaltete. Doch wo immer er auch tätig ist, wird er genau und kompetent genug sein, um alles im Nu wie am Schnürchen laufen zu haben.

Die Gefühle des Hahngeborenen sind starken Schwankungen unterworfen. Er wird von einem aktionsorientierten und forschenden Geist geplagt. Seine bohrende Art kettet ihn an seine Ziele. Hat er sich erst einmal in den Kopf gesetzt, etwas zu beweisen, wird alles um und um gescharrt, daß kein Stein ruhig bleibt. Er eignet sich vorzüglich zum Ermittler: In jedem Hahn steckt ein kleiner Sherlock Holmes.

Dank seiner Eignung zum Administrator und seiner angeborenen Arbeitswut krümmt sich das Hähnchen schon früh und kommt jung zum Erfolg. Was der Hahn vor allem braucht, ist Beherrschtheit, Maß und eine feste Hand, die seine unbändige Energie lenkt. Wie kompetent er auch sein mag, er muß sich klarmachen, daß er die Welt nicht an einem Tag erobern und nicht jedermann umprogrammieren kann, wie es ihm paßt. Kurz, Hahngeborene können Erstaunliches mit Aplomb zuwege bringen, um dann bei der letzten Kleinigkeit exzentrisch zu werden.

Der Hahn liebt Lob, ist gegen jede Art von Kritik allergisch und nimmt selbstsüchtig das Rampenlicht für sich allein in Anspruch. Nie gibt er bereitwillig zu, daß er sich geirrt hat, und läßt nichts unversucht, um seine Feinde in Mißkredit zu bringen. Als guter Ernährer ist er rührend zu seiner Familie und schlägt ihr nichts ab, vorausgesetzt, niemand wagt es, ihm seine Spitzenstellung streitig zu machen. Er sollte sich eine große Familie zulegen, denn er bringt sein Bestes, wenn er einen ganzen Fanklub hat.

Zum Glück ist der Hahn ein unermüdlicher Arbeiter, denn ihm wird im Leben nichts in den Schoß fallen. Er ist ein unerschrockener Träumer, voller Ambitionen und gutem Willen, aber sein Schicksal weist ihm Erfolg auf ganz normalen Gebieten zu. Andererseits zahlt es sich nicht aus, wenn man seine Kräfte unterschätzt. Da er von Natur aus unglaublich ehrgeizig ist, könnte er die gefährliche Schlange zu Tode hacken, wenn er es darauf anlegte.

Alles in allem: Der farbenprächtige, aber umstrittene Hahn macht unweigerlich Eindruck. Man ist entweder bezaubert und lernt ihn innig lieben, oder man findet seinen Anblick und sein Gekrähe schlichtweg unerträglich.

Der Hahn paart sich hübsch mit der weisen und intuitiven Schlange. Die Schlange hinwiederum bedarf der sprühenden Persönlichkeit und der heiteren, unerschrockenen Lebensauffassung des Hahns. Auch dem Büffel ist der Sonnenschein, den der Hahn in seine streng reglementierte Existenz bringt, willkommen. Beide sind Arbeitstiere, doch ist der Hahn nicht so spartanisch wie der Büffel. Dem Drachen gefallen die grandiosen Pläne des Hahns wohl, denn beide sind extrovertiert, energiegeladen und ehrgeizig.

Die nächstbesten Partner für den Hahn stellen Tiger, Schaf und Eber dar. Läßt man zwei Gockel aufeinander los, so fliegen die Federn. Unter Hennen herrscht mehr Harmonie. Mit Rattengeborenen geraten Hähne in Konflikt. Der Hahn haßt Vertraulichkeiten, die Ratte braucht sie. Auch mit Hasengeborenen findet der Hahn wenig Glück. Der Hase ist sensibel und bemüht, Zank zu meiden und seine Feinde nicht zu reizen. Der Hahn aber ist ein Experte im Anzetteln von Streitigkeiten und kann andere durch wenig schmeichelhafte Bemerkungen vergrätzen. Diesen Charakterzug findet der Hase, der solch krasse Unverblümtheit nicht vertragen kann, skandalös und abstoßend. Das Klima zwischen Hund und Hahn schwankt zwischen lauwarm und frostig, je nachdem, wie weit die Kluft zwischen ihren Standpunkten ist. Sie können nötigenfalls zusammenarbeiten, aber ungetrübtes eheliches Glück ist ihnen nicht bestimmt.

Der kleine Hahn

Als Kind ist der Hahngeborene ein Selbststarter. Dieses Kleine ist ein guter Schüler, lernt rasch und fleißig und sucht immerzu nach Antworten. Sie können sich darauf verlassen, daß es seine Haus- oder sonstigen Aufgaben auch ohne Aufsicht mit Eifer erledigt. Es ist ein Vergnügen, dieses Kind zu unterrichten, denn es ist scharfsinnig, intelligent und präzise. Es legt alle Eigenschaften eines Bücherwurms an den Tag.

Das Küken ist sauber und ordentlich, erledigt die Dinge in der rechten Reihenfolge und hat so peinlich genaue und strenge Angewohnheiten, daß es einem manchmal wirklich auf die Nerven geht. Auch mit seiner Meinung hält es nicht hinterm Berg – da haben Sie einen kleinen Klugscheißer im Haus. Dieser zähe und disziplinierte Bursche hat unter allen Kindern das fetteste Sparschwein. Schon bei der kleinsten Abweichung erhebt er kleinlich Einspruch und plant selbst simple Vorgänge mit militärischer Präzision.

Dieses Kind ist vermutlich der schärfste Kritiker in Ihrer Umgebung. Seien Sie froh, auch wenn Ihr Ego so oft schmerzlich angeknackst wird – der Hahn hat ein reines Herz und haßt Heuchelei. Seine Kritik und seine kalt analysierenden Bemerkungen sollen nur den Sachverhalt darstellen, und es ist nicht seine Absicht, Ihnen weh zu tun. Manchmal ist er ganz erstaunt, weil Sie so böse werden, denn er hat sich doch nur ernsthaft bemüht, Sie auf die entscheidenden Fehler hinzuweisen. Andererseits ist es ihm ziemlich gleich, was man von ihm hält. Als wahrhaft unabhängiger Geist muß er einfach seine Meinung sagen.

Das Küken stellt hohe Ansprüche an seine Eltern, ist aber ebenso zuverlässig, wenn es seinen Part zu spielen hat. Es ist nicht der Typ, der gleich um Hilfe schreit, und verachtet Schwächen und Abhängigkeiten bei anderen. Sobald Sie nachlassen, merkt Ihr Kind das gleich und macht Sie darauf aufmerksam. Das ist einfach seine Natur. Da es auch gerne herumkommandiert, wird das Küken Ihr Leben bestimmen, wenn Sie nicht aufpassen.

Der optimistische und furchtlose Hahn wird selbst dann seinen Kurs beibehalten, wenn die ganze Welt ihn verdammt. Vielleicht müssen Sie hilflos zusehen, wie er Hals über Kopf in einen Abgrund rennt, weil er auf niemanden mehr hört, wenn er sich erst einmal entschieden hat. Beten Sie nur, daß sich wenigstens einige seiner wilden, idealistischen Pläne verwirklichen lassen. Wenn es um sein eigenes Leben geht, ist er nie sehr pragmatisch. Aber wer weiß, ob seine unerhörten Unterfangen nicht eines Tages durchschlagen – viele Millionäre wurden im Jahr des Hahns geboren und haben außer Geld eines gemeinsam – sie waren allesamt exzentrisch.

Noch entnervender ist die Tatsache, daß er für seine eigenen Fehler völlig blind ist. Lassen Sie sich gar nicht erst in Diskussionen ein, denn er gesteht nie zu, daß er im Unrecht ist. Er hat recht, und da gibt es kein Wenn und Aber!

Kurz, der kraftvolle und glänzende Hahn hat viele großartige Talente (die er Ihnen zweifellos sorgfältig aufzählen wird), schleppt aber einen ganzen Maltersack voller Eigentümlichkeiten mit sich herum. Nie wählt er einen Mittelweg. Ihm nach schwimmen Sie entweder, oder Sie gehen unter. Wer nicht für ihn ist, ist wider ihn, und wer ihn auf seinem Weg begleiten will, muß das uneingeschränkt tun – bis zum Ende.

Die fünf Hahntypen

Metall-Hahn – 1861, 1921, 1981

Ein pragmatischer, strenger und emsiger Hahn, der andere mit seiner brillanten Logik in seinen Bann schlägt. Er ist wissensdurstig, optimistisch und idealistisch und geht mit Leidenschaft an die Arbeit.

Das Metall macht ihn dogmatisch und starrsinnig und läßt ihn heftig nach Bedeutung und Ruhm trachten. Er hätschelt sein selbstgebasteltes Image und akzeptiert fremde Meinungen nur widerwillig. Als talentierter Redner kann er seine Widersacher mit seinem durchdringenden Organ einfach übertönen. Obwohl er sachlich und vernünftig ist, bleibt er nur mit Mühe unparteiisch, wenn sein Ego angegriffen wird.

Trotz seines Imponiergehabes könnte der Metall-Hahn gehemmt sein. Er legt großen Wert auf Ordnung und verlangt, daß in seiner Umgebung hygienische, wenn nicht gar keimfreie Zustände herrschen.

Dieser erwerbstüchtige Hahn läuft zwar dem Reichtum hinterher, hat aber auch Sinn für gesellschaftliche Reformen. Er fühlt sich verpflichtet, seine Dienste und Kenntnisse der ganzen Menschheit anzutragen, und findet Erfüllung bei der Lösung sozialer Probleme oder der Anregung gemeinnütziger Reformen.

Wasser-Hahn – 1873, 1933, 1993

Hier haben wir einen intellektuellen Hahn, der sich bei kulturellen Aufgaben wohl fühlt. Er verfügt über erstaunlich viel Energie und Initiative und setzt zur Beschleunigung des Fortschritts seine eigenen Mittel ein oder nimmt die Hilfe anderer in Anspruch.

Da Wasser sein Element ist, denkt er klar und praktisch. Man kann vernünftig mit ihm reden, da er angesichts unüberwindlicher Hindernisse nachgibt. Er ist nicht so asketisch und aufopfernd wie andere Hähne.

Der Wasser-Hahn, ein wortgewaltiger Schreiber und fesselnder Redner, kann Massen mitreißen und andere zu bereitwilligem Mittun anstacheln. Er zeigt eine starke Neigung zu den Naturwissenschaften und interessiert sich für Gesundheit, Medizin und Technik. Da sein

Verstand wie ein Computer arbeitet, könnte er Details überbewerten und dabei das Gesamtbild aus den Augen verlieren. Systeme und Verfahren faszinieren ihn, und wenn er von einem Drang nach Perfektion besessen ist, wird er bürokratisch und trivial.

Holz-Hahn – 1885, 1945, 2005

Ein freundlicher Hahn, der mehr Rücksicht auf andere nimmt und eine großzügigere Lebensauffassung hat. Obgleich weniger dogmatisch und starrsinnig, hat er doch die Tendenz, die Dinge übermäßig zu komplizieren und sich in seinem eigenen Irrgarten zu verlaufen. Er sollte lernen, seinen Enthusiasmus zu dämpfen, und sich weder überanstrengen noch von anderen erwarten, daß sie ebenso standfest und pflichtgetreu sind wie er. In bester Absicht schreibt er seinen Untergebenen strikte Pünktlichkeit vor und treibt sie mit strenger Reglementierung zum Wahnsinn.

Das Holz macht ihn fortschrittsorientiert, und Holz in Verbindung mit seinen Tugenden – Ehrlichkeit, Rechtschaffenheit – läßt ihn glänzende Leistungen vollbringen.

Er ist aufgeschlossen, fair und gesellig und setzt sich selbstlos für andere ein. Aktiv trägt er zur Verbesserung der bestehenden gesellschaftlichen Zustände bei. Da er sich nach einem Gefühl der Gemeinsamkeit sehnt, schließt er sich eng an seine Mitarbeiter an und steht in dem Ruf, besonders zuverlässig zu sein. Im wesentlichen ist er aber noch immer ein Hahn, der, wenn er zürnt, kein Blatt vor den Mund nimmt und sich immer um seine finanzielle Sicherheit sorgt. Das Leben kann ein Traum für ihn sein, wenn er nicht zu viele hochfliegende Projekte zugleich anpackt.

Feuer-Hahn – 1897, 1957, 2017

Möglicherweise ein Meteor. Das Element Feuer macht diesen Hahn tatkräftig, hochmotiviert und gebieterisch. Er kann selbständig mit großer Präzision und viel Geschick arbeiten, zuzeiten aber auch reizbar, theatralisch und nervös sein.

Prinzipientreu und zielbewußt strebt er nach Erfolg und beweist überdurchschnittliche Manager- und Führerqualitäten. Der fleißige und angespannte Feuer-Hahn hält fanatisch an seinen Ansichten fest und nimmt Informationen nicht gern aus zweiter Hand entgegen. Um die Gefühle oder Privatansichten anderer schert er sich wenig, hält sich aber an das Berufsethos.

Gelegentlich ist er zu unflexibel, um machbare Kompromisse zu schließen, und studiert Menschen und Situationen unterm Mikroskop. Wenn der Befund nicht seinen Erwartungen entspricht, kann er sich die Rolle eines Großinquisitors anmaßen oder einen gewaltigen Aufruhr anzetteln.

Was bleibt, ist sein Organisationstalent, und dieser Typ Hahn handelt trotz seiner anderen Fehler immer in der nobelsten Absicht. Sein Image in der Öffentlichkeit könnte anregend und dynamisch sein.

Erd-Hahn – 1909, 1969, 2029

Ein lernbegieriger, analytischer und forschender Hahn, der nach der Wahrheit gräbt, früh reift und seine eigenen unwiderlegbaren Fakten zusammenträgt. Das Element Erde stellt sicher, daß er Aufträge akkurat, effizient und sorgfältig ausführt. Er versteht das Beiwerk wegzuschieben und die harten, kalten Tatsachen zu betrachten. Bei ihm gilt vor allem, was unterm Strich herauskommt.

Vor schwerer Verantwortung scheut er nicht zurück, wird aber, was seine Unverblümtheit betrifft, dem Ruf des Hahns gerecht. Er ist anspruchslos und dogmatisch und hat starke Neigungen zum Missionar. Zu gerne hält er flammende Reden, in denen er jedermann empfiehlt, härter zu arbeiten und sich an seinem leuchtenden Beispiel zu orientieren. Wenn sein Beruf ihn nicht befriedigt, kann er ein schlichtes, asketisches Leben führen. Er ist systematisch bis zum Fanatismus, macht unablässig Notizen und hält alles, was er tut, für die Nachwelt fest.

Der Erd-Hahn, ein harter Zuchtmeister, strenger Erzieher und vielgefürchteter Kritiker, sät und erntet von früh bis spät und wird für seine Mühe scheffelweise mit Erfolg belohnt, wenn es ihm gelingt, mit seinen Ambitionen auf dem Boden der Tatsachen zu bleiben.

Der Hahn und seine Aszendenten

Geboren während der Stunden der Ratte – 23.00 bis 01.00 Uhr
Eine Mixtur aus pikantem Charme und Neugierde. Die Ratte macht diesen Vogel geselliger und annehmbarer. Streitet noch immer gerne, bleibt aber freundlich.

Geboren während der Stunden des Büffels – 01.00 bis 03.00 Uhr
Der erdverbundene Büffel könnte den flatterhaften Hahn zurück auf den Boden holen, doch beide Zeichen drängen zur Macht und sind harsch, wenn man ihnen unbeschränkte Gewalt gibt. Dieser Typ schießt mit Kanonen auf Spatzen.

Geboren während der Stunden des Tigers – 03.00 bis 05.00 Uhr
Anziehend, aber von Natur aus ein wenig inkonsequent. Weiß oft nicht, was er will. Die Dickfelligkeit des Tigers läßt die analytischen Fähigkeiten des Hahns nicht zur Wirkung kommen. Ergebnis: Mehr fehlgeleitetes Selbstvertrauen als normal.

Geboren während der Stunden des Hasen – 05.00 bis 07.00 Uhr
Stiller, tüchtiger Vogel, der immer einen Wurm erwischt. Dieser Gockel macht nicht so viel Ärger, ist aber ein Meister im Bluffen.

Geboren während der Stunden des Drachen – 07.00 bis 09.00 Uhr
Ein Hahn, der niemandem erlaubt, auch nur ein Jota seiner Macht zu usurpieren. Der Drache macht ihn superaggressiv und furchtlos. Walzt die Opposition mit dem Feingefühl einer Planierraupe nieder.

Geboren während der Stunden der Schlange – 09.00 bis 11.00 Uhr
Weiser, drahtiger Vogel. Von der Schlange hat er Reserviertheit und Verschwiegenheit. Mag sogar lernen, sich um seine eigenen Angelegenheiten zu kümmern und seine Meinungen für sich zu behalten.

Geboren während der Stunden des Pferdes – 11.00 bis 13.00 Uhr
Fescher, pragmatischer Hahn mit scharfen, schnellen Reflexen. Beide Zeichen haben einen grellen, auffälligen Geschmack, aber das

Pferd könnte dem Hahn beibringen, keine Zeit an nutzlose Vorhaben zu vergeuden, so daß seine Aktivitäten höhere Dividenden bringen.

Geboren während der Stunden des Schafes – 13.00 bis 15.00 Uhr
Liebenswerter, nicht so aggressiver, eher scheuer Hahn. Die Bescheidenheit des Schafes könnte die anmaßende Art des Hahns mildern. Keine üble Sache.

Geboren während der Stunden des Affen – 15.00 bis 17.00 Uhr
Gerissener, aber sympathischer Hahn, zielbewußter und eher geneigt, Zugeständnisse zu machen. Unbekümmerter, erfolgreicher und forscher Vogel.

Geboren während der Stunden des Hahns – 17.00 bis 19.00 Uhr
Überdosis an peinlicher Genauigkeit und Kritiksucht, die kaum jemand vertragen kann. Wahrscheinlich beachtenswert, höchst exzentrisch und sehr eigentümlich. Hat nicht seinesgleichen.

Geboren während der Stunden des Hundes – 19.00 bis 21.00 Uhr
Berechnender, launenhafter, aber fairer Hahn. Der Hund macht ihn weniger keck und eingebildet. Trotzdem muß man von dieser Kombination scharfzüngiger Idealisten allerhand Kolorit erwarten.

Geboren während der Stunden des Ebers – 21.00 bis 23.00 Uhr
Selbstgefälliger Gockel, der Ihnen seine Hilfe andient, ob sie nun willkommen ist oder nicht. Seine Brillanz mag nur oberflächlich sein, und er fliegt viel auf Partys herum, aber andererseits ist er selbstlos und kann einfach nicht lügen.

Wie es dem Hahn in verschiedenen Jahren ergeht

Jahr der Ratte
Ein schwieriges Jahr. Der Hahn muß seine Ersparnisse antasten, weil Geldknappheit herrscht oder andere seine Mittel verschwenden. Freunde sind nicht sehr nützlich oder lassen ihn im Stich, wenn er sie um Hilfe angeht. Ärger im Heim und gesundheitliche Beschwerden sind angezeigt, denn er muß hart arbeiten, um seine Probleme mit eigener Kraft zu lösen. Der Hahn sollte Vorsicht und Mäßigung walten lassen.

Jahr des Büffels
Im Jahr des Büffels erholt der Hahn sich wieder, gewinnt verlorenen Einfluß zurück und kann Widrigkeiten überwinden oder Hilfe von außen bekommen. Gute Nachrichten in der Familie, einige Reisen. Da ihm für diese Zeit Blutverlust prophezeit ist, sollte er sich vor scharfen Gegenständen in acht nehmen. Vielleicht muß er sich auch einer Operation unterziehen.

Jahr des Tigers
Ein ereignisreiches Jahr. Der Hahn hat finanziell Glück, und was er geschäftlich unternimmt, könnte fruchtbare Ergebnisse zeitigen. Daheim gibt es Sorgen, aber inm allgemeinen verlaufen seine Vorhaben nach Plan. Dennoch sollte er vorsichtig sein, da sich die Dinge in diesem Jahr gerne so rasch ereignen, daß keine Zeit für eine vernünftige Einschätzung bleibt. Er darf nicht zu optimistisch werden.

Jahr des Hasen
Eine annehmbare Zeit für den Hahn, wenn er seine konservative Einstellung beibehält. Bei den Investitionen sieht es wacklig aus, und er sollte nicht spekulieren, da ihm finanzielle Verluste prophezeit sind. Es könnten ihm außerdem Fehlkalkulationen unterlaufen, und unvorhergesehene Unkosten zehren an seinen Gewinnen. Ihm sei geraten, in diesem Jahr nicht auf eigene Faust zu handeln, sondern sich mit anderen zusammenzutun.

Jahr des Drachen
Ein gutes, glückliches Jahr. Der Hahn kann führende Positionen einnehmen oder bekommt die Chance, sein Schicksal selbst zu gestalten. In Heim und Gesundheit kann es zu Schwierigkeiten kommen, die ihn angespannt und müde machen. In der Familie gibt es Geburten oder Hochzeiten.

Jahr der Schlange
Auch dies ein günstiges Jahr für den Hahn, der einige Fortschritte macht und das Glück hat, seine gute Position beizubehalten. Große finanzielle Gewinne sind ihm nicht prophezeit, aber er ist in der Lage, seine Verluste in Grenzen zu halten. Seltsame Unfälle oder böswillige Gerüchte sind ebenfalls wahrscheinlich, und er sollte keine langen oder unnötigen Reisen unternehmen.

Jahr des Pferdes
Eine kritische Zeit. Der Hahn darf nicht zuviel erwarten, denn er wird in diesem Jahr auf zahlreiche Hindernisse stoßen, kommt aber durch, wenn er sich nicht von scheinbar günstigen vorläufigen Ergebnissen irreführen läßt. Angebracht sind Winkelzüge und diplomatische Gesten, weil er wider Willen Kompromisse mit seinen Feinden schließen muß. Am Arbeitsplatz drohen Streit und Unzufriedenheit, aber in der Familie gibt es gute Nachrichten.

Jahr des Schafes
Für den Hahn ein gutes, sicheres Jahr. Umbrüche stehen ihm nicht bevor, und er kann sich an frohen Botschaften erfreuen, verlorenen Boden zurückgewinnen und im Beruf weiterkommen. Noch immer mag es rundum Ärger geben, der ihn aber nicht direkt betrifft. Das Leben ist ruhiger und gesetzter. Er kann ausspannen oder einen langen Urlaub nehmen.

Jahr des Affen
Recht gemischt. Der Hahn bekommt es mit finanziellen Problemen, Mißerfolgen im Geschäft oder in der Karriere oder menschlichem Leiden daheim zu tun. Da er für Fehlentscheidungen anfällig ist,

sollte er sich nicht auf Informationen aus zweiter Hand verlassen, sondern alles gründlich selbst untersuchen. Die Lage könnte sich besser ausnehmen, als sie in Wirklichkeit ist.

Jahr des Hahns
Dem Hahn steht ein mäßig glückliches Jahr bevor, in dem er ein glänzendes Comeback hat. Probleme lassen sich vergleichsweise leicht lösen, und er findet einflußreiche oder mächtige Leute, die sich für seine Ideen einsetzen. Er mag noch immer in Meinungsverschiedenheiten hineingezogen werden, kommt bei Unfällen und anderen Kalamitäten aber unverletzt davon.

Jahr des Hundes
Ein gutes Jahr für den Hahn, der seine verlorene Macht oder Stellung zurückgewinnt. Ihm sind Reisen oder viele Gäste prophezeit. Seine Gewinne sind zwar nur durchschnittlich, aber seine Verluste minimal. Vorhaben lassen sich leicht realisieren, doch mag ein geheimer Kummer sein persönliches Leben trüben.

Jahr des Ebers
Ein beunruhigendes Jahr, denn den Hahn plagen von unerwarteten Schwierigkeiten ausgelöste Sorgen. Sein Familienleben leidet, und vielleicht muß er in seiner Karriere vorübergehende Rückschläge hinnehmen. Partner, denen er vertraut, könnten ihm falsche Ratschläge geben oder ihn ermuntern, sich finanziell zu übernehmen. In diesem Jahr sollte man gute Nachrichten mit Vorsicht aufnehmen und überlegt planen.

Der Hahn und die anderen Zeichen

Verträglichkeitsliste

Ratte:	Kommen nur schwer miteinander aus, können keine dauerhafte Bindung schaffen. Bestenfalls meiden oder dulden sie sich.
Büffel:	Exzellente Union, höchst erfolgreiches Team. Haben keine Verständigungsschwierigkeiten, aber viel gemeinsam.
Tiger:	Kommunikationslücken und Vorbehalte. Zahlreiche Zahlreiche leichte, aber lästige Zusammenstöße. Bestenfalls mäßige bis kühle Beziehung.
Hase:	Inkompatibel, da Meinungsverschiedenheiten und Streit. Mangelndes Verständnis füreinander.
Drache:	Sehr verträgliche, erfolgreiche Kombination, die Glück und Wohlstand bringt. Haben tiefes Verständnis füreinander.
Schlange:	Vorzügliche Beziehung. Vertrauen und verstehen einander. Dicke Freunde und ein erfolgreiches Team.
Pferd:	Achten einander zurückhaltend. Charakterunterschiede und Barrieren müssen überwunden werden, ehe sie gut zusammenarbeiten.
Schaf:	Haben Vorbehalte, kommen nur schwer miteinander aus. Jeder duldet den anderen nur bedingt.
Affe:	Kühles oder förmliches Verhältnis. Keiner mag den anderen verstehen. Zusammenarbeit nur, wenn es um gemeinsame Interessen geht.
Hahn:	Willensproben und Machtkämpfe, wenn diese zwei aufeinandertreffen. Kaum Gemeinsamkeiten.
Hund:	Mäßige bis kühle Bindung. Versteckte Ressentiments. Günstigstenfalls tolerieren sie sich gerade.
Eber:	Gemeinsame Interessen nicht ausgeschlossen, doch wenig Verständnis füreinander. Zusammenarbeit nur, wenn erforderlich.

Bekannte Hähne

Metall

Prinz Philip
Peter Ustinov
Alexander Dubček
Yves Montand

Wasser

Juri Gagarin
Richard Wagner

Holz

Reinhold Messner
Elton John

Feuer

Papst Paul VI.
Paul Gallico
Joseph Goebbels

Erde

Königin Juliana
Katharine Hepburn
Andrej Gromyko
Benny Goodman
Bernhard Grzimek

Der Hund

Kriegerische Klänge rufen mich,
Euren Kummer zu hören,
Eure Schmerzen zu stillen.
Ich bin der Schützer der Gerechtigkeit;
Gleichheit – mein einziger Freund.
Mein Blick von Feigheit nie getrübt,
Meine Seele nie in Ketten.
Ehrlos gelebt
Umsonst gelebt.

Ich bin der Hund.

Das elfte Mondzeichen

Chinesischer Name des Hundes: Gou
Vom Hund regierte Stunden: 19.00 – 21.00 Uhr
Himmelsrichtung: Westnordwest
Jahreszeit und Hauptmonat: Herbst/Oktober
Parallele im westlichen Tierkreis: Waage
Festes Element: Metall
Stamm: Positiv

Die Mondjahre des Hundes im westlichen Kalender

Beginn	*Ende*	*Element*
10. Februar 1910	29. Januar 1911	Metall
28. Januar 1922	15. Februar 1923	Wasser
14. Februar 1934	3. Februar 1935	Holz
2. Februar 1946	21. Januar 1947	Feuer
18. Februar 1958	7. Februar 1959	Erde
6. Februar 1970	26. Januar 1971	Metall
25. Januar 1982	12. Februar 1983	Wasser
10. Februar 1994	30. Januar 1995	Holz

Fällt Ihr Geburtsdatum auf den Tag vor Beginn des Mondjahres des Hundes, z. B. auf den 9. Februar 1910, so ist Ihr Zeichen das vorhergehende – der Hahn. Sollten Sie am Tag nach dem Ende des Jahres des Hundes geboren worden sein, dann ist Ihr Zeichen das darauffolgende – der Eber.

Das Jahr des Hundes

Paradoxerweise bringt das Jahr des Hundes Glück und Zwietracht zugleich. Unter der häuslichen Schirmherrschaft des Hundes kommt Harmonie ins Heim, Patriotismus ins Land und unerschütterliche Treue zu allem, wofür Sie auch einstehen mögen.

Andererseits führen seine starre Willenskraft und sein unnachgiebiger Gerechtigkeitssinn zu schweren Konfrontationen, in denen die schwächere Seite die Oberhand gewinnt. In diesem Jahr leiht man auch umstrittenen Meinungen sein Ohr und bewirkt unkonventionelle, aber effektive Veränderungen. Der noble Einfluß des Hundes verteidigt Freiheit und Gleichheit.

Wir denken idealistischer, lassen unseren Materialismus teilweise zugunsten mildtätiger Akte fahren oder machen uns zum Verfechter einer würdigen Sache. Heuer lassen wir von der Jagd nach dem allmächtigen Mammon ab und werden etwas nachdenklicher. Nun ist die beste Zeit, unsere Wertbegriffe neu abzuschätzen, unsere Tugenden aufzupolieren und auf einen Kreuzzug gegen Tyrannei und Unterdrückung zu gehen.

Der Hund schaut zwar recht trübe in die Zukunft, bringt aber Stabilität, weil die Leute gewöhnlich nicht wagen, seine Autorität in Zweifel zu ziehen, wenn sie sehen, mit welcher Entschlossenheit er den Frieden wahrt. Das Jahr des Metall-Hundes ist gefürchteter als andere, da die Rede geht, daß es Krieg und Kalamitäten bringt.

Überflüssig zu sagen, daß die angespannte, resolute Art des Hundes Zusammenstöße, Umbrüche und Rebellionen aller Art auslöst, doch wird sich dank seines gesunden Verstandes und seiner Großmütigkeit am Ende alles wieder einrenken. Seine Selbstlosigkeit macht uns weitherziger, als wir gewöhnlich sind.

In diesem Jahr würden wir uns auch gerne öfter entspannen, ohne daß uns der zynische Hund unablässig Sorgen auflädt. Freilich kann es gut das wachsame Auge des Hundes sein, das um diese Zeit für Ruhe sorgt.

Das Hundejahr verleiht unseren Absichten Integrität und läßt uns gutgläubig handeln. Nichts braucht uns Kummer zu machen, solange wir auf dem Pfad der Rechtschaffenheit bleiben.

Die Persönlichkeit des Hundes

Dies ist wohl das sympathischste Zeichen des chinesischen Tierkreises. Wer im Jahr des Hundes zur Welt kam, ist ehrlich, intelligent und unumwunden. Er hat einen festgeprägten Sinn für Loyalität und eine Passion für Gerechtigkeit und Fair play. Dieser Typ ist gewöhnlich lebhaft, attraktiv und strahlt Sex-Appeal aus. Mit anderen kommt er gut zurecht, weil er nicht zu anspruchsvoll und im allgemeinen kein Angeber ist. Der egalitäre Hund kommt anderen gerne auf halbem Weg entgegen, ist immer bereit, auf vernünftige Argumente zu hören, und man kann sich darauf verlassen, daß er seinen Teil leistet.

Wer einen aufrichtigen Hund zum Freund hat und in Not ist, braucht ihn nur zu rufen – wie sehr der Hund auch klagen, schimpfen oder Gleichgültigkeit vortäuschen mag, einen echten Hilferuf kann er einfach nicht ignorieren. Gelegentlich schützt er fremde Interessen eifriger als seine eigenen. Hilft Ihnen jemand zehnmal aus der Patsche, so muß er ein Hund sein.

Wie sein ebenso humanitärer Freund, der Tiger, richtet der Hund seinen Zorn selten auf eine Person. Er macht Ihnen wegen einer bestimmten Handlung oder eines Verstoßes Vorhaltungen, ohne sie gleich total oder auf ewig zu hassen. Sein Zorn verraucht rasch, wird aber immer gerechtfertigt sein – frei von Gehässigkeit, Erbitterung oder Neid. Wenn alles gesagt und getan und Genugtuung geleistet ist, kann er das Kriegsbeil vergraben.

Nicht alle Hunde sind streitsüchtig. Gerechter wäre es, den Hund einen wachsamen, unvoreingenommenen Beobachter zu nennen, dem das Gemeinwohl am Herzen liegt.

Hin und wieder, wenn sich der Hund eine Sache zu eigen macht, weil er sie für gerecht hält, geht er als Sieger hervor. Zum Glück ist er kein Verfechter übler Angelegenheiten, denn er hat hohe Ideale und Moralbegriffe. Als Symbol der Gerechtigkeit nimmt der Hund seine selbst auferlegten Pflichten sehr ernst.

Allgemein läßt sich sagen, daß der Hund weder materialistisch noch förmlich ist, sondern das offene Wort vorzieht. Da er die Motive anderer ohnehin durchschaut, gerät ihm blumiges Gerede nur in die falsche Kehle. Er ist der geborene Rechtsanwalt und hört sich Ihren Fall objektiv an. Schnüffeln Sie aber nicht in seinen Angelegenheiten herum – das macht ihn verschwiegen und zurückgezogen. Hunde kommen mit geschlossenem Visier zur Welt. Sie werden ihr Vertrauen allmählich gewinnen und warten müssen, bis sie es lüpfen.

Der Hund steht im Ruf des Zynismus, aber das ist eine gefühllose Verallgemeinerung. Treffender ließe sich sagen, daß Hundebabys liebenswert und unwiderstehlich sind, junge Hunde ausgelassen und voller Lebensfreude, und daß sich nur reife oder alte Hunde das Recht verdient haben, als die unverbesserlichen Zyniker des asiatischen Tierkreises zu gelten. Standhafte Volkstribune und Mitglieder der alten Garde gehören unweigerlich zur Eliteeinheit der Hunde – ihnen trübt im Lauf der Jahre Enttäuschung den Blick, aber sie finden sich trotzdem treu ein, wenn ins Horn gestoßen wird. Der Hund blafft angewidert über den Verfall der Sitten, geht aber dennoch mit aller Kraft gegen die Kräfte des Bösen vor und reagiert auf jedes Notsignal.

Schon als Welpen haben Hunde die Fähigkeit, die guten Menschen von den Finsterlingen zu unterscheiden. Selbstverständlich wollen sie zu den Guten gehören. Ein Hund versteht sich als Gralsritter, eine Hündin als Jeanne d'Arc.

Der Hund, ob er es nun zugibt oder nicht, hat die angeborene Neigung, Menschen in feste Kategorien einzuteilen. Ihm sind Sie entweder ein Freund oder ein Feind. Er sieht Schwarz oder Weiß; Mausgrau oder undefinierbare Zwischenschattierungen gibt es für ihn nicht. Erst muß er wissen, wo er Sie einzuordnen hat, ehe er sich in Ihrer Gesellschaft entspannen kann. Seine Entscheidung, Ihnen zu trauen oder nicht, ist oft endgültig. Falls er Sie im Verdacht hat, hält er Ihnen zwar nicht gleich das Beweismittel unter die Nase und beschuldigt Sie grob, wird Sie aber aus dem Augenwinkel beobachten. Selbst knurrende, bellende, scharfe Kettenhunde wissen ganz gut, wie das Rechtssystem funktioniert, und gehen ohne Haftbefehl nicht auf Sie los. Ist er aber erst einmal auf der Spur, so kann man ihn nur schwer abschütteln.

Insgesamt wird der Hund nur gewalttätig, wenn man ihn auf

seinem Territorium reizt oder angreift. Wenn er will oder muß, arbeitet er hart; ansonsten liegt er gerne vorm Feuer. Seinen Freunden gegenüber ist er zwar tolerant und nachgiebig, kann aber Menschen, die er nicht mag, eiskalt und kritisch behandeln. Der Hund, furchtlos und mit einer scharfen Zunge gesegnet, ist überaus realistisch und offen. Er eignet sich gut zum Richter, da er bei seiner abschließenden Analyse niemanden, auch sich selbst schont.

Geschätzt werden Hundegeborene wegen ihres warmen Charismas und ihrer vorzüglichen Menschenkenntnis. Klugheit und ein nobler Charakter machen sie zu guten, gelegentlich widerstrebenden Anführern. Der Hund führt leidenschaftslos, doch altruistisch und kann zu sprunghaftem, rechthaberischem Verhalten neigen. Das liegt vielleicht daran, daß er im Grunde seines Herzens introvertiert ist und Angeberei nicht ausstehen kann.

Dem Hundgeborenen liegt nicht viel am Geld, doch sollte er dringend welches brauchen, bringt er das beste Rüstzeug zum Verdienen mit. Oft stammt er aus gutem Haus; wenn nicht, wird er seine gesellschaftliche Stellung verbessern, ohne sich seiner Familie zu schämen oder seine bescheidene Herkunft zu verbergen.

Auch wenn er sich nach außen hin unbeschwert und heiter gibt, ist der Hund von Natur ein Pessimist. Er macht sich unnötige Sorgen und rechnet damit, daß hinter jeder Ecke Scherereien lauern. Gelegentlich bewahrheiten sich seine Prophezeiungen sogar. Wie auch immer, es sei vermerkt, daß man im Osten wie im Westen die Auffassung teilt: Es gehört ein Hund ins Haus, weil er Freund von Feind unterscheidet.

Sie können sich darauf verlassen, daß Ihnen ein Hund die ungeschminkte Wahrheit präsentiert. Mit seiner sachlich-nüchternen Art versteht er es, besonders theatralischen und gefühlsseligen Menschen traurige Botschaften geschickt beizubringen. Nicht daß er sich in seiner Rolle als Hiobsbote gefällt – es geht ihm nur wider die Natur, um den Brei herumzureden oder das Unvermeidliche hinauszuzögern. Er ist ein entschiedener Mensch und hat das Bedürfnis, Ihnen eine entschiedene Antwort zu geben. Selbst wenn er noch jung und unerfahren ist, sieht er den Realitäten des Lebens ins Auge.

Fühlt er sich im Recht, so kann der Hund hartnäckig und

unbeugsam sein. Der unvoreingenommene Hund läßt sich nur schwer beeinflussen, wenn er sich einmal entschieden hat. Die Argumente der Opposition reißt er mit makelloser Logik und beißendem Sarkasmus in Fetzen. Mit Übellaunigkeit und beißender Kritik kann er viel Schaden anrichten, nimmt zu solchen Methoden aber nur Zuflucht, wenn er mit Diplomatie und formellem Einspruch nichts ausrichten konnte. Der Hund mag zwar angriffslustig und zänkisch sein, kämpft aber offen und fair und läßt sich nur selten zu hinterhältigen Methoden herab. Er glänzt als Soldat, Rechtsanwalt, Pädagoge, Richter, Arzt, Industriekapitän oder Missionar. Nur dieser Mensch kann sich revolutionär betätigen und dabei Pazifist bleiben.

Die Hündin ist eine überlegte und tüchtige Person, die sich zu allen Anlässen schlicht kleidet und bequeme, haltbare Sachen bevorzugt. Sie wird sich für eine lose, fließende Frisur entscheiden, die ihr ausdrucksvolles Gesicht betont. Kommt man ihr in die Quere, kann sie barsch, impertinent und ungeduldig werden, aber im allgemeinen ist sie ungekünstelt und ihren Mitmenschen gerne zu Gefallen. Die Hobbys dieser hilfsbereiten, unvoreingenommenen und sportlichen Frau sind Tanzen, Schwimmen, Tennis oder andere Freiluftaktivitäten. Ihren Kindern und ihrem Mann ist sie ein echter Freund, läßt ihnen genug Freiheit und mischt sich nicht dauernd in ihre Angelegenheiten ein.

Obwohl sie eine recht gewinnende Natur und für jedermann ein Lächeln bereit hat, schließt diese Frau nur zögernd Freundschaft. Erst wird man zum Kaffee eingeladen (ein Hinweis, daß man akzeptiert wird), dann revanchiert man sich und bittet sie herüber, um selbstgebackenen Napfkuchen zu kosten. Es werden Vorlieben und Abneigungen verglichen, Treueide ausgetauscht. Wenn ihrem Sinn für Gleichgewicht Genüge getan ist, verpaßt sie Ihnen das Siegel ihrer Anerkennung, und von nun an prangt Ihr Name in goldenen Lettern in ihrem kleinen schwarzen Buch unter der Rubrik «Freunde» (die Feinde sind anderswo aufgeführt), denen sie zur Hilfe kommt, wo sie auch sein mag.

Wer unter dem Zeichen des Hundes zur Welt kam, wird nie um Mittel und Wege verlegen sein, und sollte es ihm an direktem Einfluß mangeln, so wird er wichtige oder entscheidungsbefugte Leute durch seinen vernünftigen Rat und seinen erstaunlichen Durchblick für sich gewinnen. Man leiht ihm ein Ohr, denn er tritt in allen Lebenslagen für Mäßigung ein. Dennoch sieht der Hund als erster die Gefahren einer Spitzenposition und muß oft Kritik hinnehmen, weil es ihn nicht sonderlich nach Ruhm und Autorität drängt. Seine Ambitionen behält er für sich und ist, sollte das seine Pflicht sein, bescheiden bereit, anderen zu dienen. Ansonsten ist er froh, wenn man ihn in Ruhe und tun läßt, was ihm beliebt. Für seine Geduld ist er nicht gerade bekannt; er schnappt gerne zu, wenn man ihn ärgert. Er verliebt sich nicht Hals über Kopf wie Tiger oder Pferd, ist aber zu tiefer Zuneigung und festen Bindungen fähig.

Dem Hund fällt es zwar schwer, jedermann so uneingeschränkt zu vertrauen wie der Eber, aber er tut sein Bestes, um das Gute in seinen Mitmenschen zu fördern. Wenn Sie erst einmal seine Anhänglichkeit gewonnen haben, verläßt er sich ganz auf Sie und unterstützt Sie vorbehaltlos. Wer einen guten Freund des Hundes kritisiert, kann sich auf eine strenge Zurechtweisung gefaßt machen.

Die meisten unter diesem Zeichen geborenen Menschen sind zäh, will sagen, sie können allerhand Streß vertragen, ohne darunter zusammenzubrechen. Dank seines stabilen Geistes eignet sich der Hund besonders gut zum Berater, Priester oder Psychologen. Zu Krisenzeiten kann er klaglos große Not und Entbehrungen ertragen. Er wünscht sich ernsthaft, daß die Welt besser wäre, und ist furchtlos bereit, aktiv auf dieses Ziel hinzuarbeiten.

Bei Nacht geborene Hunde stehen in dem Ruf, reizbarer und aggressiver zu sein als solche, die am Tag zur Welt kamen. Hunde aller Jahreszeiten sind anspruchslos und werden ihr Leben lang gut versorgt.

Am besten verträgt sich der Hund mit Pferd, Hase und Tiger. Mit Ratte, Schlange, Affe, Eber oder Hund hat er keine Konflikte, kann den Hahn aber nur schwer verstehen. Dem Drachen nimmt er seine allzugroße Selbstsicherheit nur widerstrebend ab. Auch das ständige Gejammer des Schafes findet er unangenehm. Desgleichen gerät der Drache in Zorn, wenn der Hund die Luft aus seinen großmächtigen Plänen läßt, und für das Schaf ist der Hund einfach gefühllos.

Der kleine Hund

Dieses Kind ist freundlich, glücklich und ausgeglichen; ein heiteres, harmonisches Wesen, das nur wenig von anderen erwartet und seine Eltern und Freunde so nimmt, wie sie sind. Mit Offenheit, Selbstvertrauen und Loyalität nimmt es die Ansichten anderer mit erstaunlicher Klarheit wahr, ohne aber seine eigenen Überzeugungen und seine Würde aufzugeben. Es wird sich niemals herumschubsen lassen und sich dem Tyrannen der Nachbarschaft nicht kampflos unterwerfen – eine Haltung, die ihm den Respekt seiner Altersgenossen einträgt.

Der kleine Hund, vernünftig und recht stetig, hat keine großen Schwierigkeiten in der Schule. Er ist anstellig, wenn er im Haushalt helfen soll, und seinen jüngeren Geschwistern ein Beschützer.

In seiner negativen Erscheinungsform ist der Hund streitlustig, ätzend, starrsinnig und führt Widerreden. Gerecht und aufgeschlossen bleibt er nur, wenn man ihn nicht zu weit treibt. Hat der Hund das Gefühl, daß man ihn ausnutzt, so schlägt er bitter und mitleidlos zurück. Wenn der Hund erst einmal zu kämpfen begonnen hat, ist er für Diskussionen und Vermittlungsvorschläge nicht mehr offen.

Dieses Kind, fühlt es sich zurückgesetzt oder ungeliebt, kann lethargisch, gefühllos, zynisch oder den Wünschen seiner Eltern gegenüber einfach gleichgültig werden. Auf Lob und Ermunterung dagegen reagiert es mit Begeisterung. Da es grundsätzlich hilfswillig ist, braucht man ihm weder zu drohen noch zu schmeicheln. Der effiziente und diplomatische Hund hat keine Vorurteile oder wird wenigstens bemüht sein, sie nicht zu zeigen. Szenen vermeidet er lieber, als daß er sie auslöst.

Man kann ihm mit gutem Gewissen schon in frühem Alter Verantwortung geben oder ihn ins Vertrauen ziehen. Der zuverlässige Hund läßt sich ungern der Geschwätzigkeit zeihen und hütet ein Geheimnis wie ein heiliges Pfand.

In einem Wort – der Hund wird immer verteidigen, was sein eigen ist. Er hat festgefügte Wertbegriffe und gibt Heim und Familie Priorität.

Die fünf Hundetypen

Metall-Hund – 1910, 1970, 2030
Dieser Hund kann unerschütterliche Überzeugungen haben und äußerst kritisch auf jeden Verstoß gegen das Gesetz, wie er es interpretiert, reagieren. Er ist jedoch prinzipientreu und im Grunde nobel und wohltätig. Findet er ein Objekt, das seiner Hingabe wert ist, so kann er ihm aufopfernd sein Leben widmen. Dennoch mag er, wenn erzürnt, grausam werden und seine Feinde verfolgen, bis sie vernichtet sind.

Das Element Metall, kombiniert mit seinem Mondzeichen, das ebenfalls vom Metall regiert wird, ergibt ein überaus kraftvolles Doppelmetall-Zeichen. Tibetaner nennen diese Kombination «Eisen-Hund» und sehen seinem Jahr mit großem Bangen entgegen.

Auch der strenge und prinzipienfeste Metall-Hund zeigt ähnliche Züge, wahrt eiserne Selbstdisziplin und nimmt die Dinge sehr ernst – besonders, was die Angelegenheiten seines Herzens oder seines Landes angeht.

Seine Loyalität ist über jeden Zweifel erhaben, seine politischen Ansichten sind festumrissen. Nie ist er unschlüssig, sondern wählt sich eine Seite, für die vorbehaltlos einsteht. In der Folge kann dieser Hund, obwohl er Ungerechtigkeit und unfaires Spiel haßt, zu extremen Maßnahmen greifen, wenn er verlangt, daß andere sich seine Ansichten zu eigen machen.

Wasser-Hund – 1922, 1982, 2042
Ein intuitiver Hund, der sich nur schwer irreleiten läßt. Eine Wasser-Hündin könnte attraktiv, wenn nicht strahlend schön sein.

Wasser macht ihn nachdenklich und für fremde Meinungen aufgeschlossener, doch geht er trotz seines angenehmen Charakters und seiner demokratischen Grundhaltung selten enge Bindungen ein und gibt sich zu großzügig, wo er eine festere Haltung einnehmen sollte.

Dieser gemächliche Hund ist sich selbst und anderen gegenüber etwas nachsichtig, läßt sich öfters hängen und geht einfach abenteuern. Da das Wasser sein hitziges Temperament dämpft, kann dieser Hund seine Emotionen im Zaum halten und ein gelassenes Äußeres präsentieren.

Der Wasser-Hund, ein guter Berater, unvoreingenommer Richter und streng rechtlich denkender Typ, drückt sich flüssig aus und wendet psychologische Methoden an, die sich nur schwer zurückweisen oder widerlegen lassen. Er hat einen großen Freundeskreis, und man wird seine Gesellschaft suchen.

Holz-Hund – 1874, 1934, 1994
Ein bezaubernder, warmherziger und ausgeglichener Typ, der zwar Fremden gegenüber zurückhaltend ist, doch mit ausgesuchten Menschen enge und dauerhafte Beziehungen eingeht. Dieser ehrliche, rücksichtsvolle und beliebte Hund sucht geistige Anregung und arbeitet hart an der Entwicklung seiner Fähigkeiten.

Vom Holz bekam er einen gefestigteren, großzügigeren Charakter mit, und in seiner Umwelt wird er nach Wachstum, Ausgleich und Schönheit trachten. Auch Geld und Erfolg findet er attraktiv, ohne zu sehr dem Materialismus zu verfallen.

Der Holz-Hund ist populär und gravitiert trotz einer geheimen Neigung zur Anmaßung zu einer kultivierten, taktvollen Haltung. Er ist tatkräftig und kooperativ und arbeitet gerne mit Partnern oder schließt sich mächtigen Organisationen an.

Im wesentlichen ist er gruppenorientiert und bemüht, es möglichst vielen Kollegen recht zu machen. Hieraus folgt, daß dieser Typ Hund gelegentlich steckenbleibt, wenn er sich strikt weigert, ohne die Zustimmung und Unterstützung anderer etwas zu unternehmen. Er muß lernen, selbständig zu handeln, auch wenn er dabei gelegentlich einmal aneckt.

X *Feuer-Hund – 1886, 1946, 20006*
Höchst theatralischer und attraktiver Hund, der aufgrund seiner schillernden, doch freundlichen Persönlichkeit immer im Rampenlicht steht. Er wird trotzig und aufmüpfig, wenn man ihn zwingt, etwas gegen seinen Willen zu tun, aber beim anderen Geschlecht ist er sehr beliebt. Obwohl man ihn eine Betriebsnudel nennen kann, praktiziert er mit Bedacht, was er predigt, und läßt sich von Glück und Erfolg nicht verderben. Wenn attackiert, reagiert er grimmig, wofür das Element Feuer verantwortlich ist; er stößt keine Drohung

aus, die er nicht wahrmachen kann; bellt nicht nur, sondern beißt auch.

Der schwungvolle, selbstsichere Feuer-Hund hat einen geradezu magnetischen Charme und kann andere davon überzeugen, daß er zum Führer der Meute geboren ist. Sein unabhängiger Geist und sein Mut sorgen dafür, daß er sich vor Verwicklungen mit anderen niemals fürchtet. Immer wieder lockt ihn der Nervenkitzel neuer Erfahrungen und Abenteuer, doch er braucht ein leuchtendes Beispiel, an dem er sich orientieren kann.

Das Feuer macht ihn oder sie kreativer und ausdrucksfähiger. Er ist mit gewaltiger Willenskraft geladen und einer natürlichen Aufrichtigkeit, die die Leute unwiderstehlich finden. Sein extrovertierter Charakter, kombiniert mit der Treue und dem Idealismus des Hundes, wird ihm helfen, ehrgeizige Vorhaben zu verwirklichen und gewaltige Hürden zu überwinden.

Erd-Hund – 1898, 1958, 2018

Dieser Hund spricht unparteiisch Recht und erteilt vernünftige Ratschläge. Als effizienter und konstruktiver Denker geht er behutsam und zielbewußt vor. Er bleibt seiner Überzeugung treu, kann sich aber einer Mehrheitsentscheidung beugen. Er ist wachsam und vorsichtig, weiß vernünftigen Umgang mit Geld und Macht zu schätzen und hat festgefügte Wertmaßstäbe, von denen er nur selten abweicht.

Dieser Hund, still, gutherzig, aber verschwiegen, weiß andere zu inspirieren und weise anzuleiten, tendiert aber wegen seiner hehren Moralbegriffe und seines unversiegbaren Idealismus zu übertriebenem Rotieren und kann von anderen exzessive Hingabe und Loyalität verlangen.

Dieser tapfere Krieger und Überlebenskünstler ist praktisch veranlagt und nicht so sentimental. Der realistische Erd-Hund legt Wert auf Individualismus und Selbstachtung und spricht ohne Umschweife frei von der Leber weg. Macht, die ihm anvertraut wurde, mißbraucht er nicht und kann Aufgaben mit feinem Gespür für das Potential anderer Menschen delegieren. Als Unterlegener ist er nie ganz geschlagen, als Sieger niemals vermessen.

Der Hund und seine Aszendenten

Geboren während der Stunden der Ratte – 23.00 bis 01.00 Uhr
Liebevoll, aber nicht sehr freigebig. Hat Geld im Sinn, selbst wenn er moralisiert. Geht überlegt und vorsichtig mit Geld um – vorwiegend seinem eigenen.

Geboren während der Stunden des Büffels – 01.00 bis 03.00 Uhr
Besitzt eine brüske, doch über jeden Zweifel erhabene Wahrheitsliebe. Mag einen makellosen Ruf haben, ist aber in mancher Hinsicht zu steifleinen und konservativ. Verficht eisern den rechten Glauben.

Geboren während der Stunden des Tigers – 03.00 bis 05.00 Uhr
Beide Zeichen sind unermüdlich aktiv und mutig, doch könnte der Tiger den Hund noch ungeduldiger und kritischer machen, als er ohnehin schon ist. Insgesamt aber müßte diese Kombination einen schwungvollen, leidenschaftlichen Hund ergeben.

Geboren während der Stunden des Hasen – 05.00 bis 07.00 Uhr
Hund, der ganz für Entspannung eintritt. Wägt sorgsam, ehe er Partei ergreift. Ist wahrscheinlich unbeschwert und fletscht ungern die Zähne.

Geboren während der Stunden des Drachen – 07.00 bis 09.00 Uhr
Sehr idealistischer Hund, Wundertäter oder Missionar. Wäre wahrhaftig zum Heiligen qualifiziert, brächte er es nur fertig, auch andere Glaubenssysteme zu akzeptieren. Höchst dogmatische Kombination.

Geboren während der Stunden der Schlange – 09.00 bis 11.00 Uhr
Schweigsamer Hund mit grüblerischem Wesen, das nur selten an die Oberfläche kommt. Kompetent und geistig überlegen. Die Schlange in ihm macht seinen Gerechtigkeitssinn ein wenig elastischer, so daß er nicht abgeneigt ist, gelegentlich einmal fünf gerade sein zu lassen.

Geboren während der Stunden des Pferdes – 11.00 bis 13.00 Uhr
Schlauer, heiterer Hund mit flinken Reaktionen. Ist immer auf Draht und jedermanns bester Freund – doch man sollte ihn nicht auf die Probe stellen. Kommt ihm jemand zu gewaltig daher, klinkt er sich fröhlich aus.

Geboren während der Stunden des Schafes – 13.00 bis 15.00 Uhr
Weichherziger, verschmuster Hund, der von Natur aus kunstbegabt, pessimistisch und mitfühlend ist. Hat zwar noch immer einen ausgeprägten Sinn für faires Spiel, drückt aber hin und wieder ein Auge zu und berücksichtigt Ihre Schwächen.

Geboren während der Stunden des Affen – 15.00 bis 17.00 Uhr
Hund mit dehnbarem Gewissen und unerschöpflichem Witz. Amüsant, vielseitig und flott. Angenehmes Geflecht aus Charakterfestigkeit und Einfallsreichtum.

Geboren während der Stunden des Hahns – 17.00 bis 19.00 Uhr
Ein Hund, der lieber predigt, als daß er praktiziert. Ist sehr analytisch und erfolgstüchtig, braucht aber eine Ewigkeit, bis er zur Sache kommt.

Geboren während der Stunden des Hundes – 19.00 bis 21.00 Uhr
Defensiver, immer alerter Hund. Hält unablässig Ausschau nach Kämpfen, die es auszufechten, Unrecht, das es wiedergutzumachen, Ungläubigen, die es zu bekehren gilt. Hat ein offenes, aufrichtiges Wesen, ist aber ein engagierter Revolutionär.

Geboren während der Stunden des Ebers – 21.00 bis 23.00 Uhr
Stämmiger, sinnenfroher und gefühlsgeladener Hund. Spielt sich bei anderen als Sittenrichter auf, wälzt sich aber selbst in einem hübsch üppigen Sündenpfuhl.

Wie es dem Hund in verschiedenen Jahren ergeht

Jahr der Ratte
Ein sehr glückliches Jahr. Der Hund hat geschäftlich Erfolg oder erhält ein Zusatzeinkommen aus Investitionen. Seine Gesundheit ist gut, aber im häuslichen Bereich oder mit Kleinkindern gibt es Probleme. Er sollte in diesem Jahr kein Geld verleihen.

Jahr des Büffels
Für den Hundgeborenen ein Jahr der Ungewißheit. Entweder rächen sich überhastete Entscheidungen, oder er muß schwierige Zugeständnisse machen. Freunde oder Kollegen mißverstehen ihn oder sind leicht gekränkt. Man interpretiert seine guten Absichten falsch; Konfrontationen muß er um jeden Preis meiden. Für dieses Jahr sind Machtverlust oder zusätzliche Ausgaben prophezeit.

Jahr des Tigers
Ein durchschnittliches Jahr. Kein ernsthafter Streit daheim oder am Arbeitsplatz. Im Liebesleben gibt es kleine Meinungsverschiedenheiten, die jedoch keinen bleibenden Schaden anrichten. Des Hundes Gewinn unterm Strich ist nur mäßig, und widersprüchliche Berichte stiften Verwirrung. Freunde und Familienmitglieder nehmen seine Zeit zu sehr in Anspruch.

Jahr des Hasen
Ein günstiges Jahr für die Ambitionen des Hundes. Heuer kann er seine eigene Firma gründen oder zu einer Personengesellschaft stoßen. Er wird seine Position verbessern und anderen durch Umorganisieren nützen können. Probleme lassen sich mit einem Minimum an Komplikationen lösen.

Jahr des Drachen
Nun steht ein schwieriges Jahr bevor. Der Hund muß sich sehr anstrengen , um seinen bisherigen Status beizubehalten, und mag zu unablässigen Abwehrkämpfen gegen seine Konkurrenten gezwungen werden. Andere nutzen seine geschwächte Position aus, und

obendrein ist er anfällig für ansteckende Krankheiten. Er sollte sich ducken und lieber mit anderen zusammentun, anstatt selbständig zu handeln. Zum Winter hin treffen gute Nachrichten ein.

Jahr der Schlange
Ein sehr gutes Jahr. Der Hund muß zwar nach wie vor schwer arbeiten, aber ihm wird die fällige Anerkennung für seine Mühen zuteil. Bei seinen geschäftlichen Investitionen hat er Glück und gewinnt die Unterstützung der richtigen Leute. Heuer sollte er langsam tun und sich mehr Zeit für seine Familie gönnen. Ratschläge und Hinweise, die er erhält, können ihm sehr nützlich sein.

Jahr des Pferdes
Dem Hund ein Jahr des Fortschritts und der Expansion. Es zeichnen sich Beförderungen und Realgewinne ab, kurz: Er hat den Gipfelpunkt seiner Macht und seines Glücks erreicht. In der Familie mag es einen traurigen Vorfall geben, oder er verliert einen kleinen Besitzgegenstand. Er wird viel reisen oder häufig Gäste haben. Der Hund muß seinen Verstand heftig anstrengen.

Jahr des Schafes
Ein mäßiges Jahr. Den Hund plagen Sorgen und Ängste. Verluste kann er verhindern und Meinungsverschiedenheiten regeln, wenn er seine Zunge hütet, die Geduld nicht verliert und konservativ bleibt.

Jahr des Affen
Ein annehmbares Jahr, hektisch und nicht so ertragreich, wie der Hund erwartet, aber zu Hause gibt es frohe Nachrichten oder eine Feier. Es lassen sich zusätzliche Kosten, mehr Reisen als gewöhnlich oder ein Wohnungswechsel absehen. Neue Freunde und wichtige Leute feiern ihn.

Jahr des Hahns
Sehr durchwachsenes Jahr, denn dem Hund sind Probleme in der Liebe und Gesundheit oder mit Regierung und Vorgesetzten prophezeit. Freunde sind weder hilfreich noch verständnisvoll, und es mag

ihm schwerfallen, Außenstände einzutreiben. Vorübergehend wird er Status- und Glaubwürdigkeitseinbußen hinnehmen müssen.

Jahr des Hundes
Hier ist der Hund geschützt. Probleme und Krankheiten treten nur selten auf, er kann sein Wissen erweitern, Zeit mit Studien oder Meditation verbringen oder Glaubwürdigkeit zurückgewinnen. In seiner Karriere kommt er voran, hat aber keine großen Gewinne oder Dividenden zu erwarten.

Jahr des Ebers
Ein ruhiges Jahr. Der Hund könnte Spekulationsgewinne oder unerwartete Zuwendungen einstreichen, doch ist das Gesamtergebnis wegen Verzögerungen und zusätzlichen Kosten nicht so gut wie erhofft. Ein Jahr, in dem er neue und einflußreiche Freunde und Kontakte kultivieren sollte.

Der Hund und die anderen Zeichen

Verträglichkeitsliste

Ratte:	Achten und bewundern sich. Keine ernsthaften Meinungsverschiedenheiten oder Zusammenstöße. Ziehen tüchtig an einem Strang.
Büffel:	Nur wenige gemeinsame Interessen. Kommunikationslücken, Abneigung. Kommen schlecht miteinander aus.
Tiger:	Großartige Union, keine Verständigungsschwierigkeiten. Erringen gemeinsam Erfolg und Wohlstand.
Hase:	Höchst verträgliche, lohnende Kombination. Tiefes Vertrauen, tiefe Zuneigung. Finden Glück und Wohlstand.
Drache:	Ernste Zusammenstöße, schwere Konflikte. Kein Verständnis, keine Vertrauensbasis. Unverträglich.
Schlange:	Beiderseitiger Respekt und einige Gemeinsamkeiten. Keine ernsten Konflikte. Arbeiten gut und freundlich zusammen.
Pferd:	Sehr günstige Kombination, erfolgreiche und glückliche Beziehung. Tiefe Zuneigung und Verbundenheit.
Schaf:	Tolerieren einander bestenfalls. Haben kaum etwas gemeinsam und brauchen einer den anderen nicht.
Affe:	Haben geheimen Respekt voreinander. Keine Willensproben. Gute, vernünftige Kombination. Arbeiten Hand in Hand.
Hahn:	Beziehung, die weder konkrete noch dauerhafte Ergebnisse bringt. Ressentiments, kaum Gedankenaustausch. Mäßig bis kühl.
Hund:	Keine Konflikte. Kongeniale, kooperative Bindungen. Recht verträglich, arbeiten kameradschaftlich zusammen.
Eber:	Kaum ernste Charakterkollisionen oder Machtkämpfe. Einigermaßen akzeptable Beziehung.

Bekannte Hunde

Metall

David Niven
Madame Mao

Wasser

Charles Bronson
Pierre Cardin
Ava Gardner
Norman Mailer
Gerhart Hauptmann

Holz

Voltaire
Winston Churchill
Herbert Hoover
Elvis Presley
Brigitte Bardot
Sophia Loren

Feuer

König Carl Gustav von Schweden
Ilie Nastase
Liza Minelli
Rainer W. Fassbinder

Erde

Golda Meir
Tschu En-lai
Bertolt Brecht

Der Eber

Von allen Kindern Gottes
Hab ich das reinste Herz.
In Unschuld und Glauben
Schreite ich im schützenden Licht der Liebe.
Indem ich mich bereitwillig gebe,
Bin ich reicher und zweifach gesegnet.
Ich bin aller Menschheit eng verbunden,
Mein guter Wille ist allumfassend
Und kennt keine Grenzen.

Ich bin der Eber.

Das zwölfte Mondzeichen

Chinesischer Name des Ebers: Ju
Vom Eber regierte Stunden: 21.00 – 23.00 Uhr
Himmelsrichtung: Nordnordwest
Jahreszeit und Hauptmonat: Herbst/November
Parallele im westlichen Tierkreis: Skorpion
Festes Element: Wasser
Stamm: Negativ

Die Mondjahre des Ebers im westlichen Kalender

Beginn	*Ende*	*Element*
30. Januar 1911	17. Februar 1912	Metall
16. Februar 1923	4. Februar 1924	Wasser
4. Februar 1935	23. Januar 1936	Holz
22. Januar 1947	9. Februar 1948	Feuer
8. Februar 1959	27. Januar 1960	Erde
27. Januar 1971	15. Januar 1972	Metall
13. Februar 1983	1. Februar 1984	Wasser
31. Januar 1995	18. Februar 1996	Holz

Fällt Ihr Geburtsdatum auf den Tag vor Beginn des Mondjahres des Ebers, z. B. auf den 29. Januar 1911, so ist Ihr Zeichen das vorhergehende – der Hund. Sollten Sie am Tag nach dem Ende des Jahres des Ebers geboren worden sein, dann ist Ihr Zeichen das darauffolgende – die Ratte.

Das Jahr des Ebers

Ein Jahr, in dem der gute Wille und im allgemeinen ein vorzügliches Klima für Geschäft und Industrie herrscht. Insgesamt gibt man sich freier und gelöster, und die entgegenkommende Haltung des Ebers erzeugt ein Gefühl des Überflusses. Dennoch werden wir trotz der günstigen Vorzeichen zögern, schwanken und unsere eigenen Fähigkeiten untergraben, wenn sich eine gute Gelegenheit bietet.

Im Jahr des Ebers wird aus dem vollen geschöpft. Der Eber hält viel vom süßen Leben und gibt sich ihm auch hin. Wer schon einmal am Leben ist, soll es auch in vollen Zügen genießen, lautet sein Wahlspruch. Mit seinen Geschenken ist der Eber ebenso verschwenderisch wie mit seiner Zuneigung. Er setzt seinen Stolz darein, galant und freigebig zu sein. In diesem Jahr wäre übel beraten, wer sich finanziell übernimmt oder nennenswerte Summen investiert, ohne zuvor gründliche Ermittlungen angestellt zu haben. Es mag auch sein, daß wir impulsive, großzügige Gesten machen, die wir nachher zu bereuen haben.

Der glückliche Eber bringt Zufriedenheit und Sicherheit mit. Nur in seinem Jahr kann man auch ohne viel Geld oder Erfolg zufrieden sein. Es sind viele Hürden zu überwinden, und der gemütliche Eber strahlt ein Gefühl des Wohlbehagens aus. Dennoch ist in Geldangelegenheiten große Vorsicht anzuraten, denn der Eber fällt immer leicht auf Schwindler herein.

In diesem Jahr haben wir sehr viel häufiger als gewöhnlich Gäste und helfen Fest- und Wohltätigkeitsveranstaltungen organisieren. In der toleranten, aufgeschlossenen Atmosphäre des Ebers finden wir viel leichter neue Freunde.

Man hüte sich aber vor Exzessen, denn der Eber neigt, ergibt sich die Gelegenheit, zu übermäßiger Genußsucht. Figurbewußte kommt dieses Jahr hart an, denn sie verlieren den Krieg der Kalorien und gewinnen Pfunde.

Die Persönlichkeit des Ebers

Dieses Zeichen symbolisiert Ehrlichkeit, Schlichtheit und große Seelenstärke. Der ritterliche, stämmige und mutige Ebergeborene packt eine ihm zugewiesene Aufgabe mit aller Kraft an, und man kann sich darauf verlassen, daß er sie auch zu Ende führt. Nach außen hin mag er ungehobelt und jovial sein, aber wenn man die Oberfläche ankratzt, stößt man auf pures Gold.

Der Eber ist zwangsläufig einer der natürlichsten Typen, die Ihnen über den Weg laufen können, das Urbild des anständigen Kerls, der niemals unter die Gürtellinie schlägt. Beliebt und gefragt ist der Eber, weil er wie Hase und Schaf nach allgemeiner Harmonie strebt. Zweifellos hat auch er Streit und Meinungsverschiedenheiten mit anderen, trägt aber Haß nur dann mit sich herum, wenn man ihm keine andere Wahl läßt. Er ist mit großer Ausdauer gesegnet, kann sich mit unglaublicher Geduld stetig einer einzigen Aufgabe widmen und gibt einen vorzüglichen und exakten Lehrer ab.

Ebenso bekannt ist er aber auch für seine Neigung zu Wollust und Ausschweifung, gar Perversität, wenn seine negativen Charakterzüge die Oberhand gewinnen.

Der treue und zuvorkommende Eber schließt dauerhafte und nützliche Freundschaften. Er genießt Treffen aller Art, gibt gerne Feste, tritt Vereinen und Gruppen bei. Als stiller Organisator, der Debatten und kleinliches Gezänk haßt, kann er Menschen aller Parteien zusammenbringen. Seine größten Vorzüge sind Echtheit und Glaubwürdigkeit, doch kann er gelegentlich ein bißchen zu leutselig und herablassend werden und außerdem erwarten, daß man über seine Schwächen einfach hinwegsieht.

Der Eber blendet nicht wie der Drache, behext nicht wie Tiger oder Affe, schlägt auch nicht in seinen Bann wie die hypnotische Schlange, sondern wächst Ihnen schlicht ans Herz, bis er sich unentbehrlich gemacht hat. Der eifrige Eber ist sinngleich mit Fleiß und altmodischen Kavalierstugenden. Er trägt klaglos fremde Bürde, begehrt nicht auf, wenn er im Hintergrund bleibt oder das ganze Ensemble mit seiner unglaublichen Kraft trägt. Er ist der Typ, den wir als selbstverständlich hinnehmen, bis er uns verläßt und allein weiterwursteln läßt – wie vor den Kopf geschlagen erkennen wir, wie abhängig wir von ihm sind.

Dem freundlichen Eber vertraut man gerne. Nur selten hat er Hintergedanken, sondern ist eher zu unschuldig und naiv, was ihn zum Lieblingsopfer für Betrüger macht. Dennoch hat der treuherzige Eber insofern Glück, als er immer Leute findet, die ihm helfen, obwohl er nicht herumzieht und um Gefälligkeiten bettelt. Viel lieber ist er selbst der Gebende, und wenn er Ihnen helfen kann, wird er Ihnen gewiß die Hand reichen. Das Glück ist ihm in mancherlei Hinsicht hold, weil er von Grund auf gut ist und auch an das Gute in seinen Mitmenschen glaubt. Der Eber ist fest davon überzeugt, daß es Wunder gibt, und deshalb erlebt er sie auch.

Der gelassene, verständnisvolle Eber ist ein herzensguter Bursche, der sich von seinen Freunden allerhand bieten läßt. Er gerät zwar leicht in Rage, doch da er Streit haßt, entscheidet er am Ende meist, daß seine Widersacher es wohl nicht so gemeint hatten. Man kann mit gutem Gewissen sagen, daß wir es hier mit einem der entgegenkommendsten Typen zu tun haben.

Wer in diesem Jahr geboren wurde, kann erfolgreich für gute Zwecke sammeln. Er hat einen Hang zur Sozialarbeit und Wohltätigkeit, weil solche Funktionen von Selbstlosigkeit bestimmt sind und der Eber gerne für die Interessen anderer eintritt.

Wenn das Leben grausam zu Ihnen ist und das Schicksal Ihnen einen harten Schlag versetzt hat, laufen Sie zu einem Eber. Der wird Sie als Erfinder der Politik der guten Nachbarschaft mit offenen Armen willkommen heißen. Er ist ein guter Zuhörer und wird es selbst, wenn Sie eindeutig im Unrecht sind, nicht übers Herz bringen, Ihnen das zu sagen. Lieber tut er, was er kann, ohne Salz in Ihre Wunden zu reiben. Er zieht sogar andere hinzu, vielleicht seine Logenbrüder, oder veranstaltet ein Essen, bei dem für die Begleichung Ihrer Schulden gesammelt wird. Der Eber scheut sich nicht vor Verpflichtungen; er ist geradezu für sie geschaffen. Sein Rücken ist breit und stark, sein Herz groß; keine geringen Tugenden also, und seltene dazu. Wer einen Eber bittet, dem wird reichlich gegeben.

Nun sollten wir uns aber der Fairneß zuliebe auch einmal die Kehrseite der Medaille ansehen. Der Eber mag zwar die Großzügigkeit selbst sein, verfährt aber ebenfalls nach der Maxime: «Was mein ist, ist dein, und was dein ist, ist mein.»

Kommt Ihr Eber-Freund zu Besuch, so ißt er Ihr letztes Steak, tut sich an Ihrem Wein gütlich, probiert Ihre Kleider an, dreht an Ihrer neuen Stereoanlage herum, borgt sich Ihre beste Kamera, nimmt sich Ihr Auto, dies alles mit einer Selbstverständlichkeit und kindlichen Einfalt, daß es einem schwerfällt, ihm die Leviten zu lesen. Er reagiert dann ganz verblüfft und tief verletzt, weil er Ihre kleinliche Haltung weder verstehen noch akzeptieren kann.

Eine Frau dieses Zeichens ist entweder peinlich sauber oder unglaublich schlampig. In diese beiden Kategorien fallen fast alle Eber, und nur selten findet man Exemplare, die dazwischenliegen. Dennoch ist die Eber-Frau sehr ansehnlich und sittsam. Jeden Funken Energie wendet sie für die Objekte ihrer Zuneigung auf und erwartet nur geringe Gegenleistungen. Leicht erkennt man sie an ihrem erstaunlich unschuldigen Gesichtsausdruck und ihrer Vertrauensseligkeit. Obwohl sie mit totaler Hingabe liebt, zeigt sie eine Vorliebe für Anonymität oder gar Heimlichkeit. Über Jahre hinweg kann sie jemanden aus der Ferne verehren oder ihm mit leidenschaftlicher Hingabe dienen, ohne daß er es merkt. Den Saufkumpanen ihres Mannes ist sie die perfekte Gastgeberin, ihre Kinder verzieht sie und geht auf jede ihrer Launen ein – ganz zu schweigen von der Tatsache, daß sie ewig hinter ihnen aufräumt. Alles das tut sie klaglos und erhebt höchstens einmal milde Einspruch. Zu gerne versorgt sie ihre Familie, die sie nicht als Bürde, sondern als ihr Stolz und Glück ansieht. Wo sie das Heft in der Hand hat, kommt man gerne zusammen und fühlt sich wohl.

Hinterhältigen Menschen ist der Eber wehrlos ausgeliefert. Er will jedem vertrauen und glaubt so gut wie alles, was ihm die Leute erzählen, auch wenn sie Fremde oder nur flüchtige Bekannte sind. Überflüssig zu sagen, daß man den Eber leicht um sein Geld bringen kann. Der harmlose Eber sollte nach Möglichkeit nicht mit Geld umgehen. «Wie gewonnen, so zerronnen», geht es bei ihm. Er ist zu weichherzig, um den Geldbeutel zu verwalten.

Der Eber ist von Natur aus Materialist, teilt aber zugleich bereitwillig seinen Besitz mit anderen. Je mehr er gibt, desto mehr scheint er zu haben. Dieser selbstlose und bescheidene Typ ist von einem ständig wachsenden Freundeskreis umgeben, von dem er sich ausbeuten läßt. Andererseits aber braucht er Gesellschaft, denn er will immer dazugehören und freut sich, wenn man zu ihm aufschaut und ihn die Rechnungen bezahlen läßt.

Er hat aber auch ein dickes Fell und tut Beleidigungen und Unangenehmes mit einem Achselzucken ab. Weiter als an das Morgen denkt er nur ungern. Vielleicht sind es gerade diese Charakterzüge, die ihm helfen, sich so rasch von Mißgeschicken zu erholen. Der gesellige Eber nimmt Kalamitäten einfach nicht ganz ernst.

Hinter der lieben und vernünftigen Fassade des Ebers verbirgt sich erstaunliche Entschlossenheit. Er kann sich jederzeit in den Chefsessel setzen, ist sich selbst aber der ärgste Feind. Immer wieder gewinnen seine Skrupel die Oberhand und hindern seinen Fortschritt mehr als alles andere. Wenn man ihn aber bis zum Äußersten treibt, kann er sich grausam rächen und in einen wütenden Feind verwandeln. Er bietet gewaltige Kräfte auf und ist zu herkulischen Taten fähig.

Der Eber mag einem zwar leichtgläubig vorkommen, ist aber schlauer, als man sich träumen läßt. In Wirklichkeit weiß er seine Interessen auf friedfertige Weise recht gut zu wahren, und indem er Ihnen erlaubt, mit ihm Schlitten zu fahren, wartet er vielleicht nur darauf, daß Sie in der nächsten Kurve einen Sturz bauen. Das chinesische Sprichwort «Was dein ist, findet immer einen Weg zurück zu dir» trifft die Politik des Ebers voll.

Wie auch immer, der gewissenhaft gewirkte Eber wird sich kaum als Schwindler oder Dieb bestätigen. Mit unrecht Gut fühlt er sich nicht wohl und wird schon bei der kleinsten Missetat von strengen Gewissensbissen geplagt.

Wird der Eber zu einem Rechtsstreit gezwungen, so gibt es am Ende nur Verlierer. Er mag mit einer Armee von Advokaten umgeben oder gar von jenen, die sein versöhnliche Natur kennen, in Isolierhaft genommen werden. In Wirklichkeit aber hat er nichts gegen seine Prozeßgegner und mag persönlich sogar bedauern, der Anlaß zu bitterem Streit zu sein; doch wenn seine Rechtsberater die Mühlen des Gesetzes erst einmal in Bewegung gesetzt haben, ist er zum Mitziehen gezwungen. Selbst wenn er Sieger bleibt, plagt den Eber sein Leben lang die Reue. Prozesse, in die er verwickelt wird, sind oftmals langwierig und verworren.

Als sinnliche Kreatur hat der Eber starke Leidenschaften. Er hat außerordentliche Vitalität und Spannkraft mitbekommen und wird bewundert, weil er sich seiner Arbeit mit Leib und Seele verschreibt. Andererseits aber könnte ihm diese Stärke zum Verhängnis werden, denn seine überdurchschnittliche Virilität und Potenz läßt den Eber die schönen Dinge im Leben hemmungslos auskosten. Wenn es ihm nicht gelingt, seine enormen Gelüste zu bezähmen und Selbstbeherrschung zu üben, kann der Eber von Menschen, die seine Schwächen auszunutzen verstehen, verdorben werden.

Der aufrichtige Eber liebt mit ganzem Herzen. In der Regel ist er sehr fürsorglich und kann seine Gefühle nicht verbergen. In einer unglücklichen Liebesaffäre ist er oder sie gewöhnlich der verletzte Teil und wird sich noch nach Jahren grämen.

Sein Hauptfehler ist seine Unfähigkeit, nein zu sagen, zu sich selbst, seiner Familie und seinen Freunden. In manchen Fällen ist er anderen zu Gefallen und macht unkluge Zugeständnisse, die ihm später einen Haufen Ärger eintragen. Wenn es jedoch Schwierigkeiten gibt, nimmt er die Schuld und Bürde klaglos auf sich. Zumindest einmal in seinem Leben macht er bankrott, schafft aber immer wieder ein glänzendes Comeback. Sein Erfolgsgeheimnis: Guter Wille, Großzügigkeit und Beweglichkeit.

Der Eber wird sich für ein arbeitsames Leben entscheiden, aber auch das Vergnügen nicht zu kurz kommen lassen, solange es seine reichliche Energieversorgung zuläßt. Dank seiner Tüchtigkeit und Gewissenhaftigkeit wird er triumphieren und seine Nächsten gut versorgen. Sein Schicksal will, daß er im Leben bekommt, was er braucht, und Geld, Macht oder Erfolg selbstlos mit allen und jedem teilt. Der robuste, freigebige Eber macht immer gerne ein Faß auf. Er ist der perfekte Freund, immer bereit, Ihnen einen Gefallen zu tun oder wieder mal Geld zu leihen. Hat er deshalb soviel Glück? Manchmal hat es den Anschein, als besäße er das Füllhorn.

Der Eber ist zwar intelligent und wohlinformiert (irgendwie verrät jeder ihm seine Geheimnisse), aber nicht tief. Er nimmt vieles für bare Münze und verbirgt um des lieben Friedens willen die bösen Ahnungen, die ihn bei manchen Menschen überkommen.

Doch sagt man auch, daß der Eber einen fatalistischen Zug hat und sich, wenn er glaubt, daß es nichts mehr zu verlieren gibt, in die negativste und ausschweifendste Kreatur verwandelt und in einen Abgrund der Genußsucht und schließlichen Vernichtung stürzt.

Die meisten Probleme erwachsen dem Eber aus seiner übertriebenen Großzügigkeit. Wenn es ihm gelingt, nicht zu viel für andere zu tun oder mehr zu versprechen, als er halten kann, sollte er nur wenige ernsthafte Umstürze erleben.

Glücklich verläuft das Leben des Ebers, wenn er es mit dem stillen und scharfsinnigen Hasen oder dem sanften Schaf teilt. Auch mit dem Tiger verträgt er sich gut. Ratte, Büffel, Drache, Pferd, Hahn und Hund stellen eine gute zweite Wahl dar. Die Gesellschaft anderer Eber mag er ein bißchen zu aufregend finden, kann aber mithalten. Ernsthafte Probleme ergeben sich mit Schlange und Affe, deren List und Witz er nicht gewachsen ist.

Der kleine Eber

Das Eberkind ist selbständig, umgänglich und unkompliziert. In der Schule tut es sich hervor und gewinnt durch Zuverlässigkeit und Ausdauer Ansehen. Dieses Kleine zeigt auch angesichts geringer Erfolgsaussichten Mut und klagt und jammert nicht. Es ist sehr kräftig gebaut und kann große Schmerzen ertragen, ohne zu weinen.

Wie die Ratte hat der Eber einen gesunden Appetit, und man braucht ihn nicht zu füttern oder zu verhätscheln wie das Schaf. Er geht fröhlich an die Arbeit und ist nicht so schnell niedergeschlagen oder entmutigt. Sein friedliches Äußeres täuscht über seine leidenschaftliche Natur hinweg. Diesem Frischling fällt es schwer, in seiner Zuneigung beiläufig oder distanziert zu bleiben. Wenn er seine Eltern liebt, betet er sie an; wenn nicht, macht er sich Selbstvorwürfe und peinigt sich mit Gewissensbissen, anstatt anderen die Schuld zu geben. Er braucht nicht soviel Zuwendung wie andere Kinder, muß sich aber Ihrer Unterstützung sicher sein, wenn er sie sucht.

Das Eberkind ist in gewisser Hinsicht ein Individualist. Es läßt Sie führen, solange Sie nicht verlangen, daß es sich sklavisch verhält. Seine entgegenkommende Haltung macht es in der Nachbarschaft beliebt. Bei Wettkämpfen hat es am Gewinnen mehr Spaß als am Preis. Oft legt es nicht viel Wert auf seine Sachen und schenkt sie unbesorgt weg.

Trotz seiner vorzüglichen Fähigkeiten, Gruppen zu organisieren, grobe Klötze glattzuschleifen und hitzige Naturen zu besänftigen, fällt es dem kleinen Eber schwer, Partei zu ergreifen, die Motive anderer in Frage zu stellen oder sich seine Vorliebe für Leckereien und heimliche Bequemlichkeit zu verkneifen.

Nur dieses Kind nimmt Tadel auf positive Weise hin. Rückschläge können ihm frische Energien einflößen. Wenn immer es Neuerungen anregt, gelingt es ihm, jedermann von ihrer Notwendigkeit zu überzeugen. Bei allem, was es unternimmt, setzt dieses Kleine seine ganze Kraft, Überzeugung und Hingabe ein.

Mit behutsamen Methoden und sanfter Überredungsgabe macht sich der Eber andere zu Willen. Wenn er nicht frühzeitig Disziplin lernt, bleiben seine Talente ungenutzt. Er mag sich bei der Planung von Veranstaltungen, Projekten und anderer Leute Tätigkeiten hervortun, läßt diese Regeln aber nur widerwillig für seinen eigenen Tagesablauf gelten.

Was man dem Eber auch tut, zahlt er doppelt zurück, im Guten wie im Bösen. Für die Fehler seiner Lieben ist er blind, seinen Freunden gegenüber verhält er sich bedingungslos loyal. Da er die Gefühle und Bedürfnisse anderer Menschen instinktiv erkennt, erscheint er oft über seine Jahre hinaus reif.

Was immer es auch tun mag, dieses Kind ist immer bemüht, überschüssige Energie loszuwerden. Wo immer es ist, herrscht eine kameradschaftliche Atmosphäre. In ihm findet man Selbstlosigkeit und eine ungeheure Lebensfreude.

Die fünf Ebertypen

Metall-Eber – 1911, 1971, 2031
Ein stolzer, leidenschaftlicher Eber mit überwältigend starken Gefühlen, der viel auf seinen guten Ruf hält. Er ist angespannter und herrschsüchtiger als andere, oftmals gefräßig und lüstern dazu und könnte unkultiviert oder taktlos sein.

Sein Privatleben hat er nur mangelhaft im Griff und ist sehr gesellig und extrovertiert. Aus seinen Gefühlen macht er keinen Hehl, unterschätzt reinen Herzens seine Feinde und überschätzt seine Freunde. Er neigt nicht zur Geheimniskrämerei und ist direkt und vertrauensvoll, wenn nicht gar vertrauensselig.

Der Metall-Eber, ehrgeizig und ungestüm, aber nicht immer objektiv, kann ein gefährlicher Gegner sein, weil er leicht gewalttätig wird.

Dieser Typ bringt es nicht fertig, sich würdevoll geschlagen zu geben. Er ist kein Feigling und kann standhaft Schweres erdulden. Der eiserne Metall-Eber ist ein aktiver Macher, der mit gewaltiger Kraft gesegnet wurde und genug Energie für zehn hat.

Wasser-Eber – 1863, 1923, 1983
Ein beharrlicher, diplomatischer Eber, der alle Voraussetzungen für den Posten eines Sonderbotschafters mitbringt. Geschickt nimmt er die geheimen Wünsche der Menschen wahr und verhandelt wendig mit der Gegenseite. Da ihn das Wasser jedoch nach dem Guten in anderen suchen läßt, weigert er sich oft bis zum letzten Augenblick, ihre üblen Absichten zu glauben. Dieser Typ Eber steht rührend fest zu seinen Überzeugungen und den Menschen, die er liebt. Da er an Wunder glaubt, kann er leicht von anderen ausgenutzt werden, wenn er nicht aufpaßt.

Der herzliche, friedfertige und ernste Wasser-Eber amüsiert sich gerne auf Festen. Er hält sich peinlich genau an die Regeln und kommt anderen weiter als erforderlich entgegen.

Trotzdem hat er, wie es seiner Eber-Natur entspricht, seine Liebesleidenschaften und -ergüsse. In seiner negativen Erscheinungsform mag er eine exzessive Vorliebe für Sex, fettes Essen, übermäßiges

Trinken und teure Genußmittel an den Tag legen und sie sich auch noch von anderen bezahlen lassen.

Holz-Eber – 1875, 1935, 1995
Der Holz-Eber kann andere mit fachmännischem Geschick manipulieren, doch obwohl er vorwiegend an persönlichem Gewinn interessiert ist, wird er auch geneigt sein, viel Zeit für wohltätige Organisationen abzuzweigen und sich mit Erfolg als Zeremonienmeister bei gesellschaftlichen Veranstaltungen und Vereinsaktivitäten zu betätigen. Bereitwillig hilft er allen, mit denen er in Kontakt kommt, und tut sein Bestes, um sich mit jedem zu vertragen. Er ist ein Verkaufstalent und hat daher auch keine Schwierigkeiten, seine geschäftlichen Vorhaben zu finanzieren.

Er ist äußerst gutherzig, läßt selbst Unwürdigen gegenüber Milde walten und ist oftmals nicht sehr heikel in der Wahl seines Umgangs. In der Folge könnten seine sogenannten Freunde ihn übertölpeln oder mit hinab in ihren Sumpf ziehen, wenn er sich zu oft in ihrer Gesellschaft sehen läßt.

Dennoch wird er für das Vertrauen, das er in die Menschen setzt, belohnt und kann hohe Positionen einnehmen, weil er die Gabe hat, Leute zusammenzubringen.

Sein Element Holz macht in expansiv, aber doch gewissenhaft genug, sich an allgemeingültige Methoden zu halten. Er wird Verbindung zu den richtigen Leuten suchen und ehrgeizige Aufgaben in Angriff nehmen.

Der Holz-Eber ist ein überzeugender Redner, der gerne Gäste hat und überall für eine gemütliche Atmosphäre sorgt. Seine positive und heitere Art bewegt die Leute, ihn trotz seiner Laster zu unterstützen.

Feuer-Eber – 1887, 1947, 2007
Das Feuer verleiht diesem mutigen Eber heftige Emotionen. Was er auch angreift, tut er wacker und heldenhaft und bringt es mit sturer Entschlossenheit zu Ende.

Ob er Großes erreicht oder in einen Abgrund der Erniedrigung stürzt, hängt von dem Pfad ab, den er wählt, und von seiner Fähigkeit, seine immense Energie und Sinnlichkeit zu zügeln.

Nie fürchtet der Feuer-Eber das Unbekannte, sondern versucht furchtlos, optimistisch und im Vertrauen auf seine angeborene Tüchtigkeit sein Glück an allem – oft erfolgreich, auch wenn die Chancen überwältigend schlecht stehen. Er wird von Liebe motiviert und ist bemüht, Reichtümer anzuhäufen, um seiner Familie, die ihm über alles geht, einen eleganten Lebensstil zu ermöglichen. Er tut jedem, auch Fremden, gerne einen Gefallen und ist für seine Großzügigkeit Freunden gegenüber berühmt.

Wenn er negativ ausfällt, kann dieser Eber mutwillig, tyrannisch und von Schuldgefühlen geplagt sein, doch charakterisieren ihn im allgemeinen Freigebigkeit und Vorurteilslosigkeit. Am liebsten betätigt er sich in der Industrie oder in personalintensiven Branchen, da er es genießt, eine Vielzahl von Menschen zu beschäftigen.

Erd-Eber – 1899, 1959, 2019

Ein friedfertiger, vernünftiger und fröhlicher Eber, der vielleicht klug genug ist, in erster Linie auf sein eigenes Wohl zu achten. Das Element Erde macht ihn produktiv, und er wird gerne finanzielle Verantwortung oder ähnliche Aufgaben übernehmen und seine eigene Zukunft planen.

Bekannt für seine Stetigkeit und Geduld, wird er sich gnadenlos auf ein Ziel konzentrieren, bis er es erreicht hat. Seine Willenskraft befähigt ihn, Streß und größere Lasten als andere zu ertragen.

Der Erd-Eber, seiner Arbeit und seiner Familie verschrieben, zeigt einen Eifer und Antrieb, der sich nur schwer übertreffen läßt. Dennoch ist er nicht autoritär; er treibt sich selbst an, nicht andere.

Obwohl diese Person wegen ihrer Vorliebe für Essen und Trinken zur Leibesfülle neigen mag, macht sie sich doch nicht allzu viele Sorgen. Da ihre Ambitionen innerhalb ihrer Reichweite liegen, wird sie die Sicherheit und den materiellen Erfolg finden, nach dem sie strebt.

Der Erd-Eber, ein netter, aufmerksamer Freund, zuverlässiger Geschäftspartner und hilfsbereiter Arbeitgeber, steuert um Krisenherde herum und sucht im Leben nach Frieden und häuslicher Harmonie.

Der Eber und seine Aszendenten

Geboren während der Stunden der Ratte – 23.00 bis 01.00 Uhr
Dieser Eber hat die Ratte hinter sich und kann daher geschickter investieren und bewerten. Unwahrscheinlich, daß er plötzlich auf dem trockenen sitzt. Beide Zeichen sind sehr gesellig und wissen das Beste aus sorgfältig gepflegten Freundschaften zu machen.

Geboren während der Stunden des Büffels – 01.00 bis 03.00 Uhr
Reizbarer Eber mit pedantischen Gewohnheiten und festgefügten Ansichten. Der Büffel sorgt dafür, daß er sich von seiner Sinnlichkeit nicht zu sehr hinreißen läßt. Man kann sich darauf verlassen, daß er auf seine Figur achtet.

Geboren während der Stunden des Tigers – 03.00 bis 05.00 Uhr
Kühner, weitherziger und sportlicher Eber, der vorzügliche Leistungen vollbringt und Organisationstalent hat. Da beide Zeichen emotionsgesteuert sind, läßt er sich leicht von anderen beeinflussen.

Geboren während der Stunden des Hasen – 05.00 bis 07.00 Uhr
Umgänglicher, aber scharfsinniger Eber, der sich nicht mehr als notwendig auflädt. Begeisterter Partygänger, sorgt aber immer dafür, daß etwas für ihn herausspringt. Ist längst nicht so entgegenkommend, wie er behauptet.

Geboren während der Stunden des Drachens – 07.00 bis 09.00 Uhr
Starker, pflichtbewußter Eber, der sich für seine Lieben aufopfert. Beide Zeichen sind stark, aber arglos. An seine Erfolge reichen nur seine Fehlschläge heran.

Geboren während der Stunden der Schlange – 09.00 bis 11.00 Uhr
Versonnener, etwas verstohlener Eber, der seine Ziele beharrlich verfolgt. Hier könnte die Schlange die Skrupel des Ebers dämpfen und ihn zum Zugreifen ermuntern. Läuft vielleicht nicht immer mit dem Gesetzbuch unterm Arm herum.

Geboren während der Stunden des Pferdes – 11.00 bis 13.00 Uhr
Ein Eber mit mehr Mumm. Ausnahmsweise muß man das Pferd einmal loben, weil es den Eber beim Kampf um Gewinn und Anerkennung egoistischer und rücksichtsloser macht.

Geboren während der Stunden des Schafes – 13.00 bis 15.00 Uhr
Mitfühlender, sentimentaler Eber, zu höflich und leicht übers Ohr zu hauen. Rackert sich für andere ab oder ist zu großzügig. Zieht nicht nur Schmarotzer, sondern auch einflußreiche Gönner an.

Geboren während der Stunden des Affen – 15.00 bis 17.00 Uhr
Läßt sich nicht nasführen. Ein Eber, hinter dessen Freundlichkeit sich nackte Gier verbirgt. Der Affe macht die Schwindler aus und schützt den Eber vor seiner eigenen Naivität.

Geboren während der Stunden des Hahns – 17.00 bis 19.00 Uhr
Unorthodoxer und unpraktischer Eber, der nur das Beste will. Leistet Großartiges gratis und verfolgt unprofitable Vorhaben mit absurder Zähigkeit. Der Hahn ist zu donquichottisch, und der Eber weiß nicht, was er an ihm hat.

Geboren während der Stunden des Hundes – 19.00 bis 21.00 Uhr
Direkter, logischer und weniger sinnenfroher Eber, der sich von dem gesunden Urteil des Hundes leiten läßt. Wenn Sie ihn aufs Kreuz legen, kommt er mit dem Knüppel hinter Ihnen her, und Sie können sicher sein, daß er ganze Rudel hartgesottener Freunde hat.

Geboren während der Stunden des Ebers – 21.00 bis 23.00 Uhr
Ein Rohdiamant, der nur auf die Meisterhände wartet, die ihn schleifen und polieren. Alle guten Eigenschaften sind da und warten nur auf Entdeckung. Sehen Sie mal genauer hin.

Wie es dem Eber in verschiedenen Jahren ergeht

Jahr der Ratte
Ein Jahr der Ungewißheit. Am Arbeitsplatz und in der Familie geraten die Dinge aus dem Gleichgewicht, und er mag Einkünfte verlieren, derer er sich schon sicher wähnte. Die Schwierigkeiten kann er überwinden, aber Sorgen bedrücken ihn und beeinträchtigen seinen Fortschritt und seine Erfolgschancen.

Jahr des Büffels
Ein gutes Jahr. Gute Aussichten eröffnen sich, der Eber kann verborgene Quellen anzapfen oder sich selbständig machen. Was er auf eine Eingebung hin oder spekulativ einsetzt, könnte sich hübsch bezahlt machen. Probleme sind weder groß noch lästig, aber in der Liebe oder im Familienleben könnte es Komplikationen geben.

Jahr des Tigers
Hartes, aufreibendes Jahr. Der Eber stößt auf Schwierigkeiten, denen er sich allein stellen muß. Es gibt viele Umstände, wenn er Geld leihen oder Außenstände eintreiben will. Vielleicht drohen ihm unerwartete Unkosten, vielleicht muß er Bußgeld, Gerichtskosten oder zusätzliche Steuern zahlen. Seinen Geschäftspartnern sollte er um diese Zeit nicht uneingeschränkt vertrauen und sich um wichtige Angelegenheiten lieber selbst kümmern.

Jahr des Hasen
Ein annehmbares Jahr mit mäßigen Ergebnissen. Noch immer türmen sich Hindernisse auf, aber große Umbrüche bleiben aus. Der Eber streicht finanzielle Gewinne ein und kann seine Position bis zu einem annehmbaren Grad verbessern. Das Familienleben ist ruhig und glücklich. Prophezeit ist viel Besuch und Geselligkeit.

Jahr des Drachens
Ein glattes Jahr. Der Eber gewinnt die Unterstützung mächtiger Leute und das Wohlwollen seiner Vorgesetzten. Auch die Anerkennung und den Respekt seiner Mitarbeiter kann er erringen. In der

Familie geht alles glatt, aber er muß mit körperlichen Beschwerden oder dem Verlust von Habseligkeiten rechnen.

Jahr der Schlange
Dem Eber steht eine hektische und ungemütliche Zeit bevor, obwohl er mäßigen Erfolg erwarten darf. Vorwiegend beschäftigt er sich mit Reisen, aggressiver Spekulation und Gemeinschaftsunternehmen. Er wird traurige Nachrichten erhalten und Schwierigkeiten mit dem anderen Geschlecht bekommen. Rückschläge sind überwiegend die Folge von Verschwendung und Überspanntheit.

Jahr des Pferdes
Ein gutes Jahr für den Eber, solange er Spekulationen unterläßt und sein Geld nicht neugefundenen Freunden anvertraut. Vergünstigungen, die ihm bisher vorenthalten wurden, fließen nun aus allen Richtungen, und Probleme der Vergangenheit entpuppen sich als Glück im Unglück. Glück- und wohlstandbringendes Jahr für Familie und Karriere.

Jahr des Schafes
Ein nur mäßiges Jahr, denn die Finanzen des Ebers stagnieren oder schrumpfen. Mit ernsten Gesundheitsproblemen oder großen Umwälzungen ist nicht zu rechnen. Er eignet sich neues Wissen an, bildet sich beruflich weiter oder kommt in der Karriere voran. Nun sollte er für die Zukunft planen und sich nach neuen Möglichkeiten umsehen.

Jahr des Affen
Ein einigermaßen zufriedenstellendes Jahr. Der Eber leidet unter Mangel an Geld oder Unterstützung, und eine Vielzahl häuslicher oder persönlicher Probleme beherrschen seine Gedanken. Das Gesamtergebnis ist nicht gerade günstig, aber er kann Geld aufnehmen, sich mit anderen zusammentun und seiner Schwierigkeiten Herr werden.

Jahr des Hahns
Ein geschäftiges, mittelmäßiges Jahr. In der Familie des Ebers herrscht Frieden, aber er wird am Vorwärtskommen gehindert. Die Überwindung von Hindernissen kostet viel Zeit und Mühe, und er muß mit viel Geduld an komplizierte und langwierige Verhandlungen herangehen.

Jahr des Hundes
Hier werden die Pläne des Ebers wahrscheinlich durchkreuzt. Wenn er zuviel erwartet, wird er enttäuscht. Überall ergeben sich Schwierigkeiten, die auf alte Versäumnisse, Fehlkalkulationen oder -urteile zurückzuführen sein könnten. Er sollte anderen nicht blindlings vertrauen und Kritik konstruktiv hinnehmen.

Jahr des Ebers
In diesem Jahr stabilisiert sich das Leben des Ebers wieder, denn ihm sind Gewinne und einiger Fortschritt prophezeit. Noch immer mag es in der Familie oder am Arbeitsplatz zu Reibungen kommen, aber ernsthafte Rückschläge bleiben aus. Er mag unter hartnäckigen Beschwerden oder einer Infektion leiden, um die er sich kümmern sollte. Neue Freunde und Gelegenheiten bestimmen die Wintermonate.

Der Eber und die anderen Zeichen

Verträglichkeitsliste

Ratte: Mäßig glückliche, zumindest friedliche Beziehung. Die beiden sind charakterlich vereinbar und haben gemeinsame Interessen.

Büffel: Keine ernsten Konflikte, einigermaßen verträglich. Annehmbares Verhältnis. Keine dauerhafte Bindung.

Tiger: Sind einfühlend, haben Gemeinsamkeiten, kommen recht gut miteinander aus und bilden ein gutes Team.

Hase: Einigermaßen erfolgreiche Verbindung. Jeder setzt sich für die Ziele des anderen ein. Kommunikation gut, Konflikte selten.

Drache: Vernünftige, tolerante Beziehung. Keine unüberbrückbaren Differenzen. Arbeiten für das gemeinsame Wohl.

Schlange: Tiefe Animositäten, Dauerkonflikte. Reden kaum miteinander, verstehen sich nicht. Unverträglich.

Pferd: Gemeinsame Interessen auf manchen Gebieten. Nur mäßig verträglich. Weder Willensproben noch besondere Anziehung.

Schaf: Verstehen einer den anderen gut, kommen vorzüglich miteinander aus. Glückliche Verbindung.

Affe: Recht zivile Union. Tolerieren einander problemlos. Haben ähnliche Interessen und kommen gut miteinander aus.

Hahn: Einigermaßen günstige Kombination. Arbeiten notfalls zusammen, haben aber Kommunikationsschwierigkeiten.

Hund: Gegenseitiger Respekt. Keine eingebauten Konflikte oder Machtkämpfe. Angenehme Beziehung in Liebe und Geschäft.

Eber: Unvermeidliche Charakterkollision und Machtkämpfe. Keiner bemüht sich um Konfliktbewältigung.

Bekannte Eber

Metall

Ronald Reagan
Rosalind Russell
Prinz Bernhard der Niederlande
Bruno Kreisky

Wasser

Rudolf Augstein
Fürst Rainier von Monaco
Maria Callas
Henry Kissinger
Rainer M. Rilke

Holz

Françoise Sagan
Julie Andrews
Woody Allen
C. G. Jung
Albert Schweitzer

Feuer

Feldmarschall Montgomery
Tschiang Kai-schek
Andrew Jackson

Erde

Ernest Hemingway
Humphrey Bogart
Alfred Hitchcock
John D. Rockefeller
Al Capone
Louis Armstrong
Duke Ellington
Graf Zeppelin

Die hundertvierundvierzig Ehekombinationen

Die Verträglichkeitslisten haben bereits in knapper Form dargestellt, wie sich Vertreter eines bestimmten Tierzeichens zu Angehörigen ihres eigenen Zeichens und aller elf anderen verhalten. Im folgenden werden die 144 möglichen Kombinationen von Partnern – nämlich zwölf mal zwölf Paarungen – nun ausführlicher dargestellt.

Ausgehend vom männlichen Vertreter eines jeden Zeichens, werden jeweils die Verbindungen mit den weiblichen Repräsentanten aller zwölf Tierzeichen kommentiert. Wer bestimmte Partnerkombinationen von der Frau ausgehend nachlesen möchte, findet rasch den entsprechenden Abschnitt unter dem Tierzeichen des Mannes und unter der Nummer bzw. Rangliste, die dem weiblichen Zeichen in der Reihenfolge des Tierkreises zukommt.

Ratte

1. Ratten-Mann und Ratten-Frau

Etwas zuviel Traulichkeit. Beide sind zu häuslich und gewissenhaft. Wenn sie sich zu ähnlich sind, könnten sie sich gegenseitig auf die Nerven gehen. Vielleicht ist hier der Mann umgänglicher als die Frau, die zur Kleinlichkeit und Herrschsucht neigt. Zwei weltliche, berechnende Zeichen, die einander genau im Auge behalten und vielleicht nicht mögen, was sie aus der Nähe sehen.

2. Ratten-Mann und Büffel-Frau
Eine glückliche Kombination. Die sicherheitsbewußte Frau findet ihren liebevollen Mann sehr attraktiv, denn er ist ein guter Brötchenverdiener, was bei ihr den Ausschlag gibt. Sie andererseits ist überaus pflichtbewußt, tüchtig und zuverlässig, bedient ihn freudig und hält sein Haus in Ordnung. Unter dieser Übereinkunft werden sie einander zweifellos bewundern und mehr als ihren Teil leisten. Der leidenschaftlich gefühlsbetonte Ratten-Mann könnte der Büffel-Frau etwas von ihrer Verschlossenheit und Halsstarrigkeit nehmen.

3. Ratten-Mann und Tiger-Frau
Er ist ein erfolgsorientierter, häuslicher Typ. Sie ist liebevoll und großzügig, aber sehr unkonventionell. Beide haben viel gemeinsam, denn sie sind gesellig, aktiv und vielseitig interessiert. Er strebt nach Macht und Reichtum; sie genießt das Prestige und die Anerkennung, die damit einhergehen. Andererseits könnte er sich an ihrer unberechenbaren Art stoßen und sie ihn gelegentlich einen Knauser heißen. Da beide jedoch Optimisten sind, werden sie sich bemühen, ihre Meinungsverschiedenheiten zu lösen, oder sich lieber trennen.

4. Ratten-Mann und Hasen-Frau
Diese Verbindung bringt nicht unbedingt die besten Seiten beider Parteien zum Vorschein. Beide sind charmant und angenehm, aber gewiß nicht selbstlos und hingebungsvoll. Sie mögen freundlich und aufrichtig zueinander sein, aber dauerndes Zusammenleben könnte zu einer Belastung für beide werden. Er erhebt Besitzanspruch und ist romantisch, aber sie reagiert zu passiv. Wenn am Schluß Bilanz gezogen wird, müssen beide ihre Erwartungen stark zurückschrauben.

5. Ratten-Mann und Drachen-Frau
Diesen beiden ist Mut und Entschlossenheit gemeinsam, und ihnen blüht eine helle und erfüllte Zukunft. Keiner wird versuchen, den anderen über Gebühr einzuschränken, und dem Ratten-Mann ist seine Frau eine großartige Partnerin, sofern sie nicht zu herrisch ist. Beide sind sehr tüchtig und selbstsicher genug, um einander ver-

trauen zu können. Sie sehen die Lichtseiten des Lebens und genießen eine sehr befriedigende Beziehung.

6. Ratten-Mann und Schlangen-Frau
Union zweier besitzerischer Partner, die realistisch genug sind, die nötigen Zugeständnisse zu machen, vorausgesetzt, sie finden genug Bewundernswertes aneinander. Der Ratten-Mann schätzt die Intelligenz und Zähigkeit der Schlange, die ihn hinwiederum ehrgeizig und schlau genug findet, um sich näher mit ihm einzulassen. Von diesen beiden materialistischen und leistungsbewußten Menschen könnte er der anpassungsfähigere und umgänglichere sein. Sie ist auf der Hut und schnüffelt Fallen aus, in die der Ratten-Mann sonst tappen würde. Die Schlange findet auch die innige Zuneigung ihres Mannes rührend und reagiert mit Leidenschaft darauf.

7. Ratten-Mann und Pferde-Frau
Beide sind unabhängige, aktive Geister, doch reizt ihn ihre Unruhe und Sprunghaftigkeit. Sie hingegen wird bei seinem Gemecker nervös und unglücklich. Keiner kann die Denkweise des anderen verstehen und gibt sich auch meist nicht sehr viel Mühe.

8. Ratten-Mann und Schaf-Frau
Mit der überempfindlichen und unpraktischen Schaf-Frau gründet Herr Ratte vermutlich nur ungern einen Hausstand. Sie spricht nur auf ihn an, wenn sie verwöhnt und verhätschelt wird. Der besonnene Ratterich mag zu dem Schluß kommen, daß ihm ihr Unterhalt zu kostspielig ist, während er für ihren Geschmack zu berechnend und geldgierig ist. Keiner von beiden sucht den offenen Streit, aber sie könnten tiefen Groll hegen und deshalb frustriert und unbefriedigt sein.

9. Ratten-Mann und Affen-Frau
Sehr verträglich, denn er fliegt auf ihren Charme und Einfallsreichtum, und sie bewundert seine Draufgängerhaltung sehr. Beide sind Aufsteigertypen und drängen sich gegenseitig die Erfolgsleiter hoch. Sie sind nicht überempfindlich und sehen jeder über die Fehler des

anderen mit Verständnis hinweg. Sie können zusammenarbeiten oder auch getrennte Karrieren wählen, ohne daß es Ärger gibt. Unebenheiten in ihrer Beziehung können sie leicht ausbügeln.

10. Ratten-Mann und Hahn-Frau
Kommen nicht besonders gut miteinander aus. Sie schätzt ihn kritisch ab, sieht Unzulänglichkeiten und fühlt sich in bester Absicht verpflichtet, ihn auf alle seine Fehler aufmerksam zu machen. Er findet ihre exzentrische und übertrieben analytische Art störend und reagiert verletzt. Er will ein treusorgendes Frauchen, keine Psychoanalytikerin. Sie ist über seine Verstimmung erstaunt und zeiht ihn der Undankbarkeit.

11. Ratten-Mann und Hunde-Frau
Beide sind friedliebend und unabhängig. Er schafft tüchtig und hat viel Energie, sie ist treu und taktvoll. Die Hunde-Frau ist warm und entgegenkommend, der Ratten-Mann charmant und voller Zuneigung. Die Gefahr bei dieser Verbindung ist, daß zu viele Kompromisse gemacht werden und die Beziehung so höflich und kühl gerät, daß beide das Interesse aneinander verlieren.

12. Ratten-Mann und Eber-Frau
Beide haben große Lust am Leben und finden einander nicht nur körperlich, sondern auch geistig attraktiv. Doch sind beide Zeichen zu optimistisch und unüberlegt und könnten sich zu sehr auf ihr Glück verlassen. Keiner bringt die Willenskraft auf, die Bremse zu ziehen und in der Union als Stabilisator zu fungieren. Beide brauchen etwas Konkretes, um die Verbindung zu festigen.

Büffel

1. Büffel-Mann und Ratten-Frau
Man kann sich immer darauf verlassen, daß er genug Geld mit nach Hause bringt, das seine treusorgende Frau so anlegt und verwaltet, wie er es wünscht. Sehr befriedigende und fruchtbringende Union.

Er ist still und stark und läßt sich gerne von seiner lebhaften Frau verwöhnen und bewundern, die ihrerseits zufrieden ist mit der Sicherheit und Stabilität, für die er sorgt. Beide haben nur selten Anlaß zu Klagen.

2. Büffel-Mann und Büffel-Frau

Beide Mitglieder dieses Teams sind bis zu einem unerträglichen Ausmaß ernst und emsig. Keiner bringt den Schwung auf, einmal für Abwechslung von der vielen Arbeit zu sorgen. Eine extrem reservierte und förmliche Verbindung zweier sicherheitsbesessener Typen, die ebenso pessimistisch wie starrsinnig sind. Am Ende könnten sie einander zu viele ihrer negativen Seiten zeigen.

3. Büffel-Mann und Tiger-Frau

Er ist an seinem persönlichen Erfolg und seinen Leistungen interessiert; sie kümmert sich zuallererst einmal um sich selbst. Er ist praktisch veranlagt, sehr ordentlich und verläßlich; sie findet ihn zu langweilig und spießig. Die Tiger-Frau kann sehr reizbar werden, wenn sie sich vernachlässigt fühlt, während der Büffel Launenhaftigkeit nicht ausstehen kann und ihr Getue um nichts kaum durchgehen läßt. Die beiden operieren einfach auf verschiedenen Wellenlängen. Den reservierten Büffel schockiert die Art und Weise, wie die Tigerin hemmungslos und leidenschaftlich ihre Gefühle zur Schau stellt. Sie hinwiederum fühlt sich von seiner Kälte frustriert und mag sich einen heißblütigeren, ansprechbareren Partner wünschen.

4. Büffel-Mann und Hasen-Frau

Die Häsin findet den Büffel stetig, realistisch und zuverlässig; sie ist in seinen Augen gesellig, gewinnend und feminin. Er kann jedoch sehr anspruchsvoll sein und sie wegen mangelnder Disziplin kritisieren, woraufhin sie sich von ihm zurückzieht und überempfindlich reagiert. Doch wenn beide sich die Mühe machten, einander besser kennenzulernen und sich ein wenig anzupassen, könnten sie eine befriedigende Beziehung aufrechterhalten.

5. Büffel-Mann und Drachen-Frau

Ein nicht ganz ungetrübtes Glück. Er ist langsam und bedächtig, zu methodisch für die feurige und erregbare Drachen-Frau mit ihrer Dynamik und ihrem Pioniergeist. Er könnte ihr zwar etwas mehr Ausdauer beibringen, doch sie wird trotzdem gelegentlich unklug und zu gewagt handeln. Entweder belebt sie ihn mit ihrem Optimismus, oder sie stößt ihn ab. Er kann ein kalter, gefühlsarmer Einzelgänger sein, während sie Vergnügen, Freunde und Abwechslung braucht. Beide sind starke Persönlichkeiten, die einander sehr respektieren und bewundern müssen, ehe sie sich einander anpassen.

6. Büffel-Mann und Schlangen-Frau

Eine sehr dauerhafte und glückliche Kombination. Der Büffel setzt sich hohe Leistungsstandards, und die Schlange ist ebenso ehrgeizig und materialistisch. Sie weiß den Luxus und die Bequemlichkeit zu schätzen, die er ihr bieten kann. Er findet sie wohlerzogen und präsentabel – und schlau im Umgang mit Geld dazu. In dieser Ehe werden beide freudig ihren Part spielen. Er ist für sie eine Kraftquelle, sie ist sein Stolz und seine Freude.

7. Büffel-Mann und Pferde-Frau

Hier gibt es nur wenige günstige Aspekte. Sie ist sorglos und ungehemmt, er aber fleißig und nüchtern. Er wünscht sich ein wohlgeordnetes, gemütliches Heim, doch sie ist zu ruhelos und beschäftigt, um sich festnageln zu lassen. Er kann einfach nicht verstehen, weshalb sie so unbeständig ist und nicht zu ihm aufschaut. Es fällt beiden schwer, komplette Harmonie zu finden.

8. Büffel-Mann und Schaf-Frau

Sie kann ihm ein geschmackvolles und bequemes Nest bauen, während er den Beschützer spielt. Er ist besonnen und ausdauernd, sie sentimental und kapriziös. Er spart, sie gibt gerne aus. Der Büffel ist stark und entschieden, sie schwach und unsicher. Sie läßt sich für ihr Leben gern beschirmen und beruhigen, doch wird ihr der Büffel da nicht sehr zu Gefallen sein, da er viel von anderen erwartet. Seine Schaf-Frau fühlt sich deprimiert, wenn er zuviel Disziplin und

Verzicht von ihr verlangt. Beiden ist das Leben miteinander gelegentlich ein Schlauch.

9. Büffel-Mann und Affen-Frau
Beide sind selbstsicher und wissen, was sie mögen – einander nicht unbedingt. Er ist schlicht, ernst und sachlich. Sie ist attraktiv, komplex und egozentrisch. Beide lieben Geld und Erfolg, haben aber grundverschiedene Vorstellungen, wie man letzteren erringt und ersteres ausgibt. Die Affen-Frau ist recht patent und unabhängig und hat ein geringeres Sicherheitsbedürfnis als er. Sie könnte finden, daß er sich wie ein Tyrann aufführt, wenn sie seine Anweisungen nicht so ernst nimmt, und er kann sie einfach nicht dazu bewegen, ihm den ersehnten Respekt zu bezeugen. Pocht er auf seine Autorität, lacht sie ihm ins Gesicht. Keiner läßt sich vom anderen unterkriegen.

10. Büffel-Mann und Hahn-Frau
Beide sind arbeitsam und fleißig. Er schätzt Selbstachtung und Pflichttreue, und seine tüchtige und gewissenhafte Frau kann sich seiner Bewunderung sicher sein. Beide analysieren und organisieren gern, keiner reagiert auf Kritik überempfindlich oder verletzt. Ob in Haushalt oder Büro, beide gehen objektiv und methodisch ans Werk. Sie mögen simple Vergnügungen, sind geistig interessiert und glänzen als Spezialisten. An seiner peinlich genauen Art stört sie sich nicht, da sie selbst sehr auf Details achtet; er hinwiederum nimmt ihre Kritik konstruktiv hin und fühlt sich nicht zurechtgewiesen. Ein glückliches, zufriedenes Paar.

11. Büffel-Mann und Hunde-Frau
Er strebt nach Geld und Prestige; Abhängigkeit ist ihm ein Greuel. Sie ist großzügig, aufgeschlossen und ein treuer Verbündeter. Doch könnte er für seine freundliche und mitteilsame Frau zu spartanisch und herrisch sein. Wenn er zu starken Druck auf sie ausübt, wird sie widerborstig, reizbar und nimmt kein Blatt vor den Mund. Für ihren Geschmack ist er zu steif und reserviert, er hinwiederum kann ihre kritische Art und ihre zynische Logik nur schwer verkraften. Abgesehen davon könnten sie gut miteinander auskommen.

12. Büffel-Mann und Eber-Frau
Jeder wird das Beste aus den herausragenden Qualitäten des anderen machen. Er ist ernst, sittsam und erfolgsorientiert, sie geduldig, aufopfernd und anhänglich. Er arbeitet hart, sie verläßt sich auf ihn, unterstützt und ermuntert ihn. Ihr Geschmack mag etwas üppiger sein als seiner, und sie ist sinnlicher und gefühlvoller, versteht aber seine Bedürfnisse und macht ihn weniger verschlossen und störrisch.

Tiger

1. Tiger-Mann und Ratten-Frau
In dieser Ehe herrscht nur wenig Eintracht. Er ist der zahmen, sentimentalen Ratte zu hitzköpfig und hochfahrend. Rücksichtsvoll und aufmerksam kann sie nur sein, wenn sie das Gefühl hat, daß man sie zu schätzen weiß; er aber ist viel zu ungeduldig und mit sich selbst beschäftigt. Er findet sie kleinlich und wirft ihr Besitzanspruch und übertriebene Forderungen vor. Keiner ist mit dem anderen zufrieden.

2. Tiger-Mann und Büffel-Frau
Hier prallen grundverschiedene Temperamente aufeinander. Er ist Nonkonformist, Aktivist und trotziger Rebell. Sie hat es mit der Tradition, respektiert die Obrigkeit und verhält sich konservativ. Diesen beiden Dickköpfen wird es bestimmt nicht leichtfallen, ihre Lebensauffassungen auf einen Nenner zu bringen.

3. Tiger-Mann und Tiger-Frau
Beide sind attraktiv, lebensprühend und charmant und könnten viel gemeinsam haben. Andererseits sind sie rebellisch und eigensinnig und schlagen gleich auf den Tisch, wenn ihnen etwas mißfällt, so daß angeknackste Egos Spannungen in diesen Haushalt bringen könnten. Beide brauchen viel persönliche Freiheit. Da sie viel Sinn für Humor haben, gelingt es ihnen immer wieder, ihre Beziehung zu kitten, doch im Familienbudget gähnt ein schwarzes Loch, weil alle zwei das Geld mit vollen Händen ausgeben.

4. Tiger-Mann und Hasen-Frau
Die sittsame Häsin mag den robusten, gutaussehenden Tiger zuerst anziehend finden, doch bei näherem Hinsehen macht ihr seine Impulsivität und Kühnheit Angst. Er hinwiederum kann nicht verstehen, weshalb sie so launenhaft ist und sich so viele Sorgen macht. Sie ist rational und opportunistisch, er läßt sich von seinen Gefühlen leiten und legt kaum Wert auf Takt oder Diplomatie. Sie ist höflich und sensibel. Er ist laut und spontan. Es kostet beide allerhand Überwindung, sich mit den Eigenschaften des Partners abzufinden.

5. Tiger-Mann und Drachen-Frau
Beide sind tatkräftig, ehrgeizig und tapfer, könnten einander aber zu sehr aufstacheln. Dieses Paar geht mit Feuereifer an kühne neue Projekte, läßt sie aber oft unfertig liegen, wenn die erste Begeisterung verflogen ist. Die Drachen-Frau hat die Führerrolle im Auge und wird sie dem Tiger streitig machen. Der läßt ihr einiges durchgehen, solange sie seinen Handlungsspielraum nicht einschränkt und keine Unterwerfung verlangt. Erfolgreich zusammenarbeiten können sie nur, wenn sie weitgehende Zugeständnisse machen.

6. Tiger-Mann und Schlangen-Frau
Jeder wird die Motive des anderen in Frage stellen und nur die negativen Seiten sehen. Die weise, praktische Schlange stellt fest, daß ihr Tiger-Mann grundsätzlich in direkter Opposition zu ihrer vernünftigen Handlungsweise steht. Er findet sie eifersüchtig, besitzerisch und zu gleichmütig. Sie kann nicht verstehen, weshalb er so gerne mit dem Feuer spielt. Während sie geschickt mit dem Geld umgeht, ist er zu großzügig und wirft es zum Fenster hinaus. Viel können die beiden nicht erreichen.

7. Tiger-Mann und Pferde-Frau
Ausgeglichenes und harmonisches Paar. Beide sind extrovertiert, feurig und temperamentvoll, doch während der Tiger für eine gute Sache kämpft, lenkt die praktische Pferde-Frau beider Aktivitäten in lohnendere Bahnen. Er hat Gefallen an ihrem flinken Verstand.

Keiner von beiden erhebt kleinlichen Besitzanspruch. Er ist zuvorkommend und liebevoll, solange man ihn bei Laune hält, und sie flexibel genug, seine Unberechenbarkeit hinzunehmen. Sie werden ein leidenschaftliches Verhältnis haben und sehr aneinander hängen.

8. Tiger-Mann und Schaf-Frau
Er ist extrovertiert, engagiert und lebhaft. Sie ist zahm, sensibel und anhänglich. Er ist ihr ein guter Gefährte, kann sich aber nicht ausschließlich nur um ihre Bedürfnisse kümmern und findet sie zu abhängig und unentschlossen. Sie ist zwar von Natur aus verständnisvoll, könnte sich aber in Selbstmitleid suhlen, wenn er ihr barsch, ungeduldig und an ihren trivialen Klagen uninteressiert vorkommt. Diese Ehe klappt nur, wenn sich einer auf die Charakterzüge des anderen einstellt.

9. Tiger-Mann und Affen-Frau
Beide leben in ihrer eigenen Welt. Obwohl sie gesellig, aufgeschlossen und voller Energie sind, mißfällt dem reizbaren Tiger die Affen-Frau, weil sie ihm Konkurrenz macht und zu intelligent und selbstsicher ist, um sich von seinem geräuschvollen Theater einschüchtern zu lassen. Produktiv und wirkungsvoll ist er nur, wenn man ihm die Bühnenmitte überläßt. Besteht die Affen-Frau auf einer vergleichbaren Starrolle, so fühlt sich der Tiger gehemmt und nimmt ihr das entsetzlich übel. Beide gehen nicht kleinlich mit dem Geld um, doch ist die Affen-Frau besonnener und klüger. Diese Mixtur aus zwei unbeständigen, ichbetonten Persönlichkeiten ist schlichtweg zu stark, um den beiden guttun zu können.

10. Tiger-Mann und Hahn-Frau
Sie ist zu klug, informiert und kritisch, um sich das Benehmen des dynamischen, aber zu übertriebenen Reaktionen neigenden Tigers gefallen zu lassen. Er regt sich auf, weil sie an ihm herummäkelt und sich in Kleinigkeiten verbeißt. Er ist großzügig und freimütig, sie aber tüchtig, sparsam und methodisch. Was er mit Idealismus angeht, löst sie lieber mit dem Verstand. Er ist unkonventionell und läßt sich lieber von seinem Herzen leiten, sie ist exzentrisch, aber

kopfgesteuert. Beide sind viel zu sehr mit sich selbst beschäftigt, und der andere macht sie unglücklich und reizbar.

11. Tiger-Mann und Hunde-Frau
Ideale Kombination zweier charmanter, attraktiver und menschenfreundlicher Typen. Er ist leidenschaftlich und lebhaft. Sie ist treu, verständnisvoll und hilfsbereit. Der Tiger benimmt sich impulsiv und ungeduldig; die Hunde-Frau kann ihm mit Logik und klarem Kopf Ratschläge geben, ohne gleich persönlich zu werden. Er bewundert und respektiert ihre Loyalität und ihren gesunden Menschenverstand, und sie erhebt keinen Ausschließlichkeitsanspruch. Beide haben Wärme und gehen auf die Bedürfnisse des anderen ein, ohne in seine Privatsphäre einzudringen. Ein für beide Seiten sehr befriedigendes Arrangement.

12. Tiger-Mann und Eber-Frau
Diese beiden hingebungs- und schwungvollen Menschen arbeiten energisch auch für Projekte, aus denen ihnen kein Vorteil erwächst. Gemeinsam bilden sie ein glückliches Team; die Eber-Frau verschreibt sich den idealistischen Zielen ihres Gatten, der ihre Courage und Zähigkeit nur bewundern kann. Sie ist zwar vertrauensvoll und angenehm, ruft aber durch ihre Neigung zum Luxus den Materialisten in ihm wach. In der Liebe sind sie beide sinnlich, leidenschaftlich und ungehemmt. Kleine Meinungsverschiedenheiten können sie übergehen und schreiten glücklich Hand in Hand durchs Leben.

Hase

1. Hasen-Mann und Ratten-Frau
Die Ratte ist gesellig, aktiv und gewitzt. Der Hase ist milder veranlagt als seine kontaktfreudige Frau und weniger geneigt, sich zu engagieren und zu strapazieren, doch lieben beide ein gemütliches Familienleben und setzen sich realistische Ziele. Wenn er verstimmt ist oder Trübsal bläst, tut sie zärtlich den ersten Schritt. Eine gute, vernünftige Verbindung.

2. Hasen-Mann und Büffel-Frau

Der Hase ist sanft, scharfsinnig und für die Ideen und Gefühle seiner Mitmenschen aufgeschlossen. Die Büffel-Frau mag nicht sensibel genug sein, um seinen subtilen Charakter zu verstehen. Er kann hab- und genußsüchtig und egoistisch sein, sie pragmatisch, aber tugendhaft und diszipliniert. Wenn sie sich aufrichtig um ein gutes Zusammenleben bemühen, kann einer dem anderen die fehlenden Attribute vermitteln.

3. Hasen-Mann und Tiger-Frau

Der Hase ist einfallsreich und zahm und beschäftigt sich gerne geistig und kreativ. Die Tiger-Frau ist theatralisch, sinnenfroh und sprüht nur so vor Energie. Vielleicht ist sie zu stark und feurig für den stillen und peniblen Hasen. Sie hinwiederum findet ihn unpersönlich und gefühlsarm. Er könnte ihr bei der Lösung ihrer Probleme helfen, aber sie hört meist überhaupt nicht hin. Sie könnte ihn zu mehr Selbstvertrauen und einem sichereren Auftreten bewegen, aber er hat nicht allzuviel für ihre Lehrmethoden übrig. Diese beiden kommen nicht zu gut miteinander aus, weil sich am Ende herausstellt, daß der eine liebt, was der andere verabscheut.

4. Hasen-Mann und Hasen-Frau

Leben still und friedlich miteinander. Beide tun gelassen und klug nur das, was zweckmäßig und notwendig ist. Sie können einander jedoch nur bis zu einem gewissen Grad zufriedenstellen, da sie kaum mehr als das Allernotwendigste tun, denn der Hase ist weder selbstlos noch gefällig. Hier muß der Ehestand eine wohldurchdachte Angelegenheit sein, bei der die Pflichten gleichmäßig verteilt sind. Ungemütlich wird es jedoch, wenn einer glaubt, daß er ein schwereres Bündel zu tragen hat. Beide sind begabt und intuitiv, mögen es aber versäumen, einander anzuspornen.

5. Hasen-Mann und Drachen-Frau

Sie ist unabhängig, lebenslustig und heiter. Er ist fähig, aber introvertiert und berechnend. Sie könnte ihn in Schwung bringen und ihn ehrgeiziger machen, während er in der Lage wäre, ihr einiges über Diplomatie und gute Manieren beizubringen. Es stört ihn nicht, wenn sie die Führung übernimmt, denn er weiß genau, daß sie am Ende doch zu ihm kommt und sich guten Rat holt. Er ist tüchtig, und sie hat Rückgrat für zwei. Eine realistische und positive Kombination.

6. Hasen-Mann und Schlangen-Frau
Diese beiden vertragen sich gut miteinander, wenn sie ihre guten Seiten verstärken können. Er hat viel Potential, Weitblick und Takt. Sie ist immer auf Erfolg aus und heißt seine materialistische Zielsetzung gut. Obwohl beiden ein kultivierter Geschmack und eine angeborene Neigung zur Bequemlichkeit eigen ist, könnte die Schlange dem Hasen, der sich lieber nur halbherzig engagiert, zu eifrig und anspruchsvoll sein. Die Schattenseite: Beide neigen zum Philosophieren und Meditieren und könnten im Streitfall alle Kommunikation abbrechen.

7. Hasen-Mann und Pferde-Frau
Diesen beiden fällt es schwer, erst gründlich nachzudenken, ehe sie ein Urteil fällen. Sie läßt sich von ihren Gefühlen und Intuitionen leiten. Beide sind zu sachlich und mit sich selbst beschäftigt, um sich groß um Anpassung zu bemühen. Sie langweilt seine bedachte, sensible Art; er findet sie gedankenlos, unstet und feil. Der eine zieht Ruhe und Einsamkeit vor, der andere ist unablässig auf Achse. Bei solch unterschiedlichen Gangarten kann diese Ehe nicht klappen.

8. Hasen-Mann und Schaf-Frau
Jeder ist für die geheimen Gedanken des Partners empfänglich. Der Hase weiß ihre mitfühlende, empfindsame Art zu schätzen; sie findet ihn gütig, klug und scharfsinnig und überläßt ihm die Entscheidungen. Ihre Abhängigkeit könnte ihm ein Gefühl der Wichtigkeit geben und ihn zielstrebiger machen. Er ist ein guter Zuhörer; sie braucht mehr Sympathie und Rat als Aktion. Beide sind romantisch und zärtlich und werden ein glückliches Eheleben führen.

9. Hasen-Mann und Affen-Frau

Hier kann es zu Feindseligkeiten kommen. Sie ist fröhlich, selbstsicher und stolz auf ihre geistigen Fähigkeiten. Er mag sich von ihr erniedrigt fühlen, und sie kann seine Ängstlichkeit und sein vieles Brüten nicht ausstehen. Beide können andere Menschen durchschauen, doch wenn sie sich gegenseitig angucken, entdecken sie kaum etwas Faszinierendes. Diese beiden realistischen Personen ziehen nur an einem Strang, wenn nennenswerter Gewinn winkt.

10. Hasen-Mann und Hahn-Frau

Er läßt sich lieber versorgen und bedienen, als daß er etwas für andere tut. Sie ist zu gerade heraus, penibel und tüchtig, um auf seine verblasenen Ansprüche einzugehen. Beide sind gut beschlagen, aber exzentrisch. Während er in finsterem Schweigen vor sich hin brütet, listet sie seine Fehler auf und macht sie publik. Diese beiden könnten sich gegenseitig das Leben sehr ungemütlich machen.

11. Hasen-Mann und Hunde-Frau

Eine vorteilhafte, sehr angenehme Kombination. Da keiner übertriebene Ansprüche an den anderen stellt, leben beide erfüllt und befriedigt. Die Hunde-Frau bleibt dem Hasen treu und zärtlich geneigt, selbst wenn der gleichgültig und launenhaft ist. Sie bewundert seine verbindliche, diplomatische Art, und er kann sich auf ihre Unterstützung und ihr logisches Urteil verlassen. Als der positivere Typ der beiden wird sie ihn aufmuntern und in Schwung bringen, wenn er deprimiert ist. Er hinwiederum weiß dank seines Feingefühls und seiner Aufmerksamkeit immer, was ihr gerade Kummer macht.

12. Hasen-Mann und Eber-Frau

Diese beiden bringen Interesse und Verständnis füreinander auf. Er ist begabt und geschickt und kann sich aus heiklen Situationen herausreden. Sie bewundert seinen Aplomb und seine kultivierten Manieren und kommt ihm weit entgegen. Sie ist verläßlich, großzügig und folgsam; er findet ihre Anhänglichkeit rührend und ihre Selbstlosigkeit anziehend. Beide nörgeln nicht, sondern sind zufrieden mit dem, was sie haben: Eine lohnende Union.

Drache

1. Drachen-Mann und Ratten-Frau

Der Drache findet die Loyalität und den Optimismus seiner Frau gewinnend. Die Ratte folgt ihrem Helden bis ans Ende der Welt. Er ist großmütig, sie sparsam und einfallsreich. Er könnte viel Geld verdienen und es mit vollen Händen ausgeben, doch sie hat wahrscheinlich etwas auf die hohe Kante gelegt. Sie ist lebhaft und gesprächig, läßt ihn aber bereitwillig den Boß spielen. Eine fruchtbare, dauerhafte Verbindung.

2. Drachen-Mann und Büffel-Frau

Beide sind pflichtbewußt, aber störrisch, und davon könnte der Bestand der Ehe abhängen. Er arbeitet für Ruhm und Anerkennung, während sie will, daß auch materiell etwas herauskommt. Fällt bei seinen Vorhaben nicht genug Bares ab, könnte sie harsch und verständnislos reagieren. Er ist aufregend und nach außen gekehrt, sie zu angepaßt und konservativ. Er braucht Liebe und Bewunderung, sie kann gefühlskalt und abweisend sein. Hier ist allerhand Kompromißbereitschaft vonnöten, doch wenn die Anstrengungen der Partner von Erfolg gekrönt werden, sind sie immens stolz aufeinander und lieben sich innig.

3. Drachen-Mann und Tiger-Frau

Alles andere als eine stille, konventionelle und ereignisarme Ehe. Beide Partner sind aktiv, progressiv und vom Pioniergeist besessen. Sie könnten einander anregende Gesellschaft bieten, wenn ihnen nur klar ist, daß sie ein grundlegendes Bedürfnis nach Freiheit und Selbstverwirklichung haben. Die Tiger-Frau mag ihren Drachen-Gatten respektieren und anbeten, wird jedoch niemals ihre Individualität aufgeben. Wenn er versucht, ihr Gehorsam beizubringen, bekommt er Ärger. Beide sind reizbar und lassen sich nicht dominieren. Eine tolle Ehe, sofern es den beiden gelingt, ein annehmbares Gleichgewicht zu wahren.

4. Drachen-Mann und Hasen-Frau

Sie braucht seine Kraft und Verwegenheit, er verläßt sich auf ihre Tüchtigkeit und Kameradschaft. Er ist ungestüm und freimütig, sie genußsüchtig, aber taktvoll. Sie wird ihm ein geschmackvolles und friedliches Nest bauen. Sie ist anpassungsfähig, aber launisch und wehrlos; er muß ihr Krieger und Beschützer sein. Eine gute Ehe, vorausgesetzt, daß sie beider Wohl im Auge behalten und nicht zulassen, daß kleinliches oder berechnendes Verhalten sich störend auswirkt.

5. Drachen-Mann und Drachen-Frau

Frieden herrscht bei diesem feurigen Gespann nur, wenn es sich erst einmal über ein Ziel einigt. Beide sind individualistisch, eigenwillig und aggressiv. Die Drachen-Frau läßt sich nicht in den Schatten stellen und mag sogar bestimmter auftreten als er. Der Drache ist meisterlich und rechnet mit der Führerrolle, wird aber in diesem Fall einige Rechte aufgeben müssen. Beide Partner sollten klugerweise ihre eigenen Karrieren beibehalten, damit nicht der eine den anderen unterdrückt.

6. Drachen-Mann und Schlangen-Frau

Eine erfüllende und anregende Beziehung, wenn es diesen zwei grundverschiedenen Persönlichkeiten gelingt, sich einander anzupassen. Er ist aktiv, impulsiv und herrschsüchtig. Sie ist sinnlich, gemächlich und liebt die Bequemlichkeit. Auf ihn, der nichts als Arbeit und Erfolg im Kopf hat, kann vielleicht ihre Zähigkeit und ihr gesunder Menschenverstand abfärben. Es kann gut sein, daß ihr Geschäftssinn besser entwickelt ist oder daß sie zumindest die Familienfinanzen gut verwaltet. Beide bauen gemeinsam ein festes Fundament für ihr Heim.

7. Drachen-Mann und Pferde-Frau

Die Pferde-Frau ist schlau und einfallsreich genug, um mit dem Gehalt, das der Drache heimbringt, auszukommen. Für den ernsten Drachen jedoch mag sie zu unruhig sein und zu wenig Geschmack an regelmäßiger Hausarbeit finden. Das Leben kann für beide fruchtbringender und angenehmer sein, wenn sie in der Großstadt wohnen und die Frau einen Beruf ausübt. Im Grunde funktionieren beide Parteien besser, wenn sie Freiheit und Abwechslung haben. Der ewig ambitionierte Drache findet die praktische Art seiner Frau profitabel, und sie weiß seine Kraft und Zuverlässigkeit zu schätzen.

8. Drachen-Mann und Schaf-Frau

Diese beiden könnten kein sehr ansprechendes Paar abgeben. Harmonisch leben sie nur nach schweren Anstrengungen zusammen. Er ist abenteuerlustig und unabhängig, sie hingegen läßt sich von ihren Gefühlen und Stimmungen leiten. Sie liebt Heim und Familie, aber er hat einen Horror vorm Pantoffelheldentum. Die Schaf-Frau hat am Wasser gebaut, doch ihrem Mann fällt es schwer, sie so zärtlich und mitfühlend zu trösten, wie sie es erwartet. Er ist ehrgeizig und entschlossen, sie kunstsinnig und intuitiv. Er ist ein edler Ritter, der zu gerne einer bedrängten Dame zu Hilfe eilt – aber nur, wenn sie es nicht zur Gewohnheit werden läßt.

9. Drachen-Mann und Affen-Frau

Diese beiden passen geistig und seelisch vorzüglich zusammen. Er fühlt sich von ihrem Magnetismus angezogen, sie schaut zu ihm auf. Beide sind ehrgeizig und leisten Überdurchschnittliches. Gemeinsam suchen sie nach neuen Welten, die sie erobern und erforschen können. Da beide gesellig sind, werden sie vermutlich ein schönes Heim und viele Gäste haben.

10. Drachen-Mann und Hahn-Frau

Könnten ein schönes Zusammengehörigkeitsgefühl entwickeln, müssen aber erst einige Unebenheiten abschleifen. Ihre scharfen, manchmal gefühllosen Bemerkungen lassen zuzeiten die Luft aus seinem prallen Ego. Er ist dynamisch und voller Energie, sie effizient, haushälterisch und kritisch. Glücklicher könnten sie zusammenleben, wenn sie sich über die jeweiligen Zuständigkeitsbereiche einigten. Geistig sind sie einander ebenbürtig, doch sollte keiner versuchen, den anderen mit seinen Leistungen zu übertrumpfen.

11. Drachen-Mann und Hunde-Frau

Hier gibt es viel Streit, weil die Temperamente so grundverschieden sind. Beide sind aggressiv und ungestüm, doch jeder auf andere Art. Er liebt seine Freiheit und handelt unabhängig, während sie Zusammenarbeit und unerschütterliche Treue verlangt. Unbewußt mögen beide versuchen, Charakterzüge des anderen anzunehmen, aber keiner weiß, wie das zu bewerkstelligen ist. Drache und Hund reagieren auf Herausforderungen mit Stolz und Eigensinn. Keiner will nachgeben oder an Gesicht verlieren. Wenn diese Ehe funktionieren soll, muß es viele Änderungen geben; vielleicht zu viele.

12. Drachen-Mann und Eber-Frau

Eine erfolgreiche, stabile Union. Die Eber-Frau wird ihren ehrgeizigen Drachen immer ermutigen und unterstützen. Er ist impulsiv, sie langmütig und duldsam. Er ist ein Kämpfer, sie gefällt sich in der Rolle der Friedensstifterin. Beide können ohne Schwierigkeiten auf ein gemeinsames Ziel hinarbeiten. Allen seinen Vorhaben wird sie ihre ganze Energie widmen. Sie überläßt ihm das Rampenlicht, solange sie spürt, daß sie gebraucht wird. Er ist ein tollkühner Draufgänger, und sie hilft ihm klaglos auf, wenn er auf die Nase gefallen ist. Das Liebesleben der beiden ist intensiv.

Schlange

1. Schlangen-Mann und Ratten-Frau

Ein strebsames, habgieriges Paar, unablässig im Aufsteigen begriffen, dessen Ehe sehr gewinnbringend sein kann, wenn es die richtige Einstellung hat und sich über feste Ziele einig ist. Die Ratten-Frau ist gesellig, sehr charmant und in ihren ehrgeizigen, wenngleich introvertierten Gatten vernarrt, obwohl sie sich nach mehr Traulichkeit sehnt, als er zu geben bereit ist. Beide sind einfallsreich und schlau genug, um ihre Ehe zu einem großen Erfolg zu machen – vorausgesetzt, es kommen keine kleinlichen Eifersüchteleien dazwischen. Sie sollten voreinander keine Geheimnisse haben.

2. Schlangen-Mann und Büffel-Frau

Hier sind beide Parteien vorsichtig und wählerisch und werden feststellen, daß sie eine gute Entscheidung getroffen haben. Beide sind nüchtern, würdevoll, haben die gleichen Ansichten und den gleichen bohrenden Ehrgeiz. Er ist ein zäher Ränkeschmied; sie ist diszipliniert, ordentlich und wacht über Heim und Familie. In einer Krise können sie sich fest aufeinander verlassen. In einer solchen Ehe lernt der Schlangen-Mann, sich der verschwiegenen Büffel-Frau anzuvertrauen, die ihm in allen Widrigkeiten zur Seite steht. Die beiden können sich auf ein glückliches Zusammenleben freuen.

3. Schlangen-Mann und Tiger-Frau

Eine Verbindung voller Wirren und Schwierigkeiten. Keiner hat Verständnis für die Schwächen des anderen oder sieht über sie hinweg. Beide sind leidenschaftlich und höchst argwöhnisch. Keiner kann dem anderen so recht trauen. Der Schlangen-Mann ist kultiviert, intellektuell und stetig. Die Tiger-Frau ist altruistisch, lebhaft und Idealistin. Der reservierte Schlangen-Mann findet sie zu unkonventionell, aufregend und freimütig. Sie hinwiederum stößt sich an seiner Heimlichtuerei, seinem distanzierten Verhalten und seinem heftigen Ehrgeiz. Sie sprechen völlig verschiedene Sprachen und können sich deshalb nicht verständigen.

4. Schlangen-Mann und Hasen-Frau

Der Schlangen-Mann ist tatkräftig und dominierend, die wohlerzogene Häsin für seine Denkweise aufgeschlossen. Beide haben die gleichen exklusiven und kultivierten Vorlieben und finden geistige und seelische Harmonie. Andererseits aber ist keiner besonders entgegenkommend. Sie könnten einander über ihrer Suche nach Selbstverwirklichung und Wunscherfüllung vernachlässigen. Die Häsin erhebt jedoch nicht so hohen Besitzanspruch wie der Schlangen-Mann und grämt sich nicht zu sehr, wenn er sich in seine Arbeit vertieft und nur wenig um sie kümmert. Solange er ihr ein schönes Heim bietet und alle Rechnungen bezahlt, ist sie zufrieden. Eine relativ friedliche Kombination.

5. Schlangen-Mann und Drachen-Frau
Er ist liebevoll, aber eifersüchtig und kompliziert. Sie ist großzügig, offen und erregbar. Er geht behutsam und überlegt vor. Sie wird kämpfen müssen, um ihm ihre Ansichten klarzumachen. In dieser Ehe wird es zwangsläufig zu Reibungen kommen, aber insgeheim sehnt sich die Drachen-Frau nach jemandem, der weiser und dominierender ist als sie. Der Schlangen-Mann sorgt in dieser Union nicht nur für Stabilität, sondern bewundert auch den Ehrgeiz und Enthusiasmus seiner Frau. Beide könnten mit großmächtiger Entschlossenheit voranstürmen. Eine nützliche und konstruktive Allianz.

6. Schlangen-Mann und Schlangen-Frau
Beide senden und empfangen auf derselben Frequenz und können sich daher vorzüglich verständigen, besonders, wenn sie am gleichen Projekt arbeiten. Sie kleben nicht zu sehr aneinander. Bei ihrem Streben nach Macht und Erfolg können sie unerbittlich und ausdauernd sein. Was die beiden zusammenhält, sind gewöhnlich ihre Ambitionen. Wenn Eifersucht keinen Strich durch die Rechnung macht, erreichen sie viel.

7. Schlangen-Mann und Pferde-Frau
Jeder hat eine andere Lebensauffassung. Er ist vorsichtig, zäh und willensstark – er plant langfristig. Sie ist abenteuerlustig, quecksilbrig und ungeduldig und lebt lieber für den Augenblick. Er arbeitet beharrlich an seinem Vorhaben; sie ist impulsiv und wendig, aber unstet und flüchtig. Er findet sie unverantwortlich und hält nur mit Mühe Schritt, während sie seine ernsten, kalten und gemächlichen Rückschlüsse nicht mag. Diese Verbindung fällt für beide unbefriedigend aus.

8. Schlangen-Mann und Schaf-Frau
Vertragen sich nur bis zu einem gewissen Grad. Zwar ringelt sich der wollüstige Schlangen-Mann nur zu gerne um das Objekt seiner Zuneigung, aber es mißfällt ihm, wenn die Schaf-Frau ewig an ihm hängt – er hat das Gefühl, daß er in der Falle sitzt. Der realistische und effiziente Schlangen-Mann ist im wesentlichen ein Leistungstyp.

Die Schaf-Frau ist sensibel, sentimental und lammfromm. Er wird große Opfer bringen, um seine Ambitionen zu verwirklichen, aber sie läßt sich gehen und leicht entmutigen, wenn es einmal nicht so klappt. Er ist hochintelligent, sie höchst emotional. In schwierigen Zeiten werden sie Mühe haben, die Klüfte zu überbrücken.

9. Schlangen-Mann und Affen-Frau
Hier ist der Ehestand ein Wehestand, eine Schlacht um Wille und Witz. Beide sind ränkevoll und vom Konkurrenzdenken geprägt. Die Äffin reizt den Schlangen-Mann leicht zum Zorn; er hinwiederum läßt sich nicht lumpen und schlägt flugs erbarmungslos zurück. Sie ist opportunistisch, unklug und kompetent genug, ihn herauszufordern, er ist ebenso ambitioniert, hinterlistig und fest entschlossen, seinen Kopf durchzusetzen. Das Resultat ist ein Tauziehen: Wer ist schlauer? Da beide anscheinend die schlechtesten Seiten des anderen zutage bringen, zieht am Ende niemand aus dieser Allianz einen Vorteil.

10. Schlangen-Mann und Hahn-Frau
Zwei intelligente, berechnende und sehr leistungsorientierte Menschen, die Macht und ein fettes Bankkonto romantischem Händchenhalten im Lumpen-Look vorziehen. Sie ist effizient und die perfekte Hausfrau. Er ist der Kopf hinter jeder geschäftlichen Transaktion. Beide träumen von Prestige und materieller Sicherheit. Der Schlangen-Mann ist gleichmütig genug, sich mit der weitschweifigen, exzentrischen Art seiner Frau abzufinden. Am Ende läßt er sich bei seinen Entscheidungen doch von seiner angeborenen Weisheit leiten. Sie ihrerseits ist glücklich, weil er sie versteht und ihr gestattet, hin und wieder Dampf abzulassen und bis zu einem gewissen Grad über sein Leben zu bestimmen. In dieser Kombination kann jeder seine Energie nutzbringend abreagieren. Zwischen den beiden besteht eine geistige und seelische Verwandtschaft.

11. Schlangen-Mann und Hunde-Frau
Der machthungrige Schlangen-Mann handelt kühl und bedacht. Die Hündin ist anschmiegsam, treu und fair. Die beiden mögen einander

bewundern, aber sie unterstützt ihn nur so weit, wie ihre Prinzipien es gestatten. Er erwartet totales Engagement und hält sich an die Maxime, daß der Zweck die Mittel heiligt. Beide haben festgefügte Ansichten und könnten aneinandergeraten, wenn sie feststellt, daß er vom Pfad der Tugend abweicht. Er muß das Eisen schmieden, solange es heiß ist, und hat wenig Verständnis für ihre Gewissensbisse. Sie ist nicht materialistisch und kann kaum begreifen, was ihn an Reichtum und Geld so fasziniert. Da der eine die Eigenschaften des anderen scharf mißbilligt, mag es nicht zu einer engen Bindung kommen.

12. Schlangen-Mann und Eber-Frau

Der Schlangen-Mann hat unerschöpfliche Willenskraft und Entschlossenheit. Die Eber-Frau ist unbeschwert und hat Gemeinsinn. Er spürt, daß sie nicht fähig ist, ihn zu verstehen oder seine Karriere zu fördern, weil sie anderen gegenüber zu nachsichtig und kompromißbereit ist. Er ist mystisch, weltklug und tief. Sie ist schlicht, vertrauensselig und naiv. Ihre Skrupel finden bei ihm keinen Anklang, und auch mit ihrem guten Willen kann er nicht viel anfangen, es sei denn, es steckte ein besonderes Motiv dahinter. Sie kommt mit seinem vielschichtigen, zweifelnden Geist nicht klar. Der Schlangen-Mann ist distanziert und hat für die liebe, aufrichtige Art der Eber-Frau nichts übrig, was diese natürlich verletzt. Wegen ihrer diametral entgegengesetzten Persönlichkeiten werden diese beiden kaum miteinander glücklich sein.

Pferd

1. Pferde-Mann und Ratten-Frau

Er fordert nicht nur geistige, sondern auch körperliche Freiheit. Sie ist besonnen, fleißig und anschmiegsam und gibt sich mit dem gemütlichen Leben in der Kleinfamilie zufrieden, er aber muß unablässig Neuland erkunden. Er ist abenteuerlustig, wechselhaft und flirtet gerne. Sie ist findig und sparsam. Wegen ihrer unterschiedlichen Temperamente werden sie sich nur selten einig sein. Die

Ratte sieht im Hengst einen rücksichtslosen Egoisten. Der hinwiederum findet sie herrsch- und eifersüchtig. Nach sorgfältiger Taxierung könnten beide zu dem Schluß kommen, daß ein permanenter Pakt nicht angezeigt ist.

2. Pferde-Mann und Büffel-Frau

Hier stehen die Aussichten für friedliche Koexistenz schlecht. Er ist der ordentlichen, properen und hingebungsvollen Büffel-Frau viel zu unbeständig, nervös und extrovertiert. Er flattert immer vor Aufregung, aber sie ist zu nüchtern, um sich von seinem Schwung mitreißen zu lassen. Er findet sie sehr respektabel, doch zu zurückhaltend und steif. Sie will sich nicht auf ihn verlassen, weil er ihr zu leichtsinnig und unberechenbar vorkommt. Er stößt sich an ihrer Humorlosigkeit und kommt weder bei der Arbeit noch bei einem Spielchen an sie heran. Ihr Mann muß disziplinierter und verantwortungsbewußter sein. Diese beiden haben nur wenig gemeinsam.

3. Pferde-Mann und Tiger-Frau

Bei diesen beiden herrscht viel Eintracht, denn gemeinsam ist ihnen die gleiche lebendige, schwungvolle und leidenschaftliche Art zu leben. Er ist gefangen von ihrer feurigen Persönlichkeit; sie findet ihn überaus attraktiv, weil er so interessant, lebensprühend und selbstsicher auftritt. Beide sind aktiv, umgänglich und anziehend. Der Pferde-Mann sorgt für ein regelmäßiges Einkommen, und die Tigerin spielt am liebsten die strahlende, charmante Gastgeberin. Da beide die gleiche Lebensphilosophie haben, werden sie auch zu den gleichen Zielen gravitieren. Diese Ehe wird sehr innig sein.

4. Pferde-Mann und Hasen-Frau

Diese beiden Parteien finden wahrscheinlich keinen Einklang, weil sie zu verschieden veranlagt sind. Er ärgert sich über ihre unvoreingenommene, behutsame und penible Art. Anschmiegsam, angeregt und zugänglich kann sie nur sein, wenn er ihr glaubhaft versichern kann, daß er ein fähiger Brötchenverdiener und treusorgender Familienvater ist. Da er es jedoch nicht vertragen kann, daß sie oder sonst jemand alle Hoffnungen auf ihn setzt, verzieht und vergnügt er sich anderswo. Im Beruf ist er zweifellos tüchtig, aber die zarte Häsin kann Ungewißheit und Unsicherheit nicht vertragen. Das Resultat: Beide sind unzufrieden und unglücklich.

5. Pferde-Mann und Drachen-Frau
Mäßig lohnende Partnerschaft. Er ist vielseitig und erfinderisch, sie geht immer mit Begeisterung an neue, aufregende Projekte. Wenn sie keinen eigenen Beruf hat, in dem sie aufgeht, könnte die Drachen-Frau ihre idealistischen Ideen und Ziele auf ihren feurigen, abenteuerlustigen und gleichfalls extrovertierten Gatten übertragen. Er ist scharfsichtig genug, um die Erfolgschancen ihres gemeinsamen Unterfangens abzuschätzen, und sie hat die Kraft und Überredungsgabe, mit seiner Sprunghaftigkeit fertig zu werden. Beide werden ein flottes Vagabundenleben führen, denn keiner ist häuslich genug, um brav hinterm Ofen zu hocken.

6. Pferde-Mann und Schlangen-Frau
Ziemlich unmögliche Verbindung. Beide sind geistig bewegliche Realisten, doch während er quecksilbrig ist und Freiheit und Abwechslung braucht, kann sie sich gegen Veränderungen sperren und ihm seine überstürzte, selbstsüchtige Art übelnehmen. Vermutlich ist sie für seinen ausgeprägten Geschmack zu entschieden, in sich zurückgezogen und feinsinnig, und der Schlange mag der Hengst, der nur gelegentlich springt, wenn es ihn überkommt, nicht die Mühe wert sein. Beide müssen sehr selbstlos sein, wenn diese Ehe klappen soll.

7. Pferde-Mann und Pferde-Frau
Hier ist Zusammenarbeit möglich, weil die beiden ein ähnliches Tempo vorlegen können. Günstig, wenn sie zu verschiedenen Jahreszeiten geboren wären, denn das würde ihre Beziehung abwechslungsreicher gestalten. Beide sind leidenschaftlich, aber unabhängig und ruhelos. Ihre geistreichen, lebhaften, materialistischen und abenteuerlustigen Persönlichkeiten machen das Leben sehr hektisch, doch ist damit nicht garantiert, daß sie es auch zu etwas bringen, es sei denn, einer wäre geschickt genug, den anderen zu führen. Es mag

ihnen nicht gelingen, ein solides Fundament für ein Heim zu bauen, da Routine und Einschränkungen sie anöden.

8. Pferde-Mann und Schaf-Frau
Sie ist empfindlich, sensibel und gutherzig. Er ist heiter und praktisch genug, um Humor und einen Zweck in ihr Leben zu bringen. Er geht unbeschwert mit der sanften Schaf-Frau um, die verständnisvoll über seinen Egoismus hinwegsieht, solange er sie aufheitert und ihr beibringt, ihre aufgebauschten Probleme rasch und einfach zu lösen. Sie schafft ihm ein angenehmes, gemütliches Heim und paßt ihren Lebensstil seinen Bedürfnissen an. Einer ergänzt den anderen, und das Ergebnis ist eine sehr glückliche Ehe.

9. Pferde-Mann und Affen-Frau
Beide besitzen die Anpassungsfähigkeit und Intelligenz, um über Hindernisse einfach hinwegzusetzen, doch mögen gerade ihre Gemeinsamkeiten zu gegenseitiger Mißachtung führen. Der Pferde-Mann ist nämlich sachlich und opportunistisch, und sie kann ebenso skrupellos sein. Sie ist wendig und geschickt, und er mag ihr mit seinen quecksilbrigen, geriebenen Schachzügen auf die Nerven gehen. Die Affen-Frau ist schlau und trügerisch, der Pferde-Mann ein geistreicher Überredungskünstler. Am Ende könnte jeder versuchen, den anderen mit unlauteren Mitteln zur Unterwerfung zu zwingen.

10. Pferde-Mann und Hahn-Frau
Inkongruentes, aber gelegentlich gangbares Arrangement. Er ist geistreich und geschickt, sie mag unverblümt, gescheit und eifrig sein. Er fängt etwas Großartiges an und macht sich dann dünne, wenn es ihm langweilig wird. Die effiziente Hahn-Frau wird murren und seine Unstetigkeit kritisieren, sich aber doch um die Details kümmern und die Arbeit zu Ende bringen. Er ist zu stolz und gleichgültig, um sich ernsthaft über ihre Krittelei aufzuregen, und hört sich oftmals ihre Gardinenpredigten überhaupt nicht bis zum Ende an. Er ist ein farbiger, energischer Leistungstyp, sie eine fähige Verwalterin. Keiner ist überempfindlich und regt sich zu sehr über

die Fehler des anderen auf, solange die Ehegemeinschaft produktiv genug ist.

11. Pferde-Mann und Hunde-Frau

Eine dauerhafte, von Zusammenarbeit geprägte Verbindung. Beide sind lebhafte und gefühlvolle Menschen, die viel Freude aneinander haben können. Die Hunde-Frau ist treu und aufrichtig und läßt sich von dem feinen Instinkt des Pferde-Mannes leiten. Beeindruckt ist sie von seiner intelligenten, feurigen und feinfühligen Art; er hinwiederum liebt ihren Sinn für Humor, ihre Vernunft und ihre Logik. Die Hündin ist realistisch genug, die Fehler ihres Hengstes zu verstehen und hinzunehmen. Er seinerseits stößt sich nicht an ihrer schroffen und direkten Art.

12. Pferde-Mann und Eber-Frau

Er ist zwingend und anziehend und erreicht durch Überredungskunst, daß die kompromißbereite und gutmütige Eber-Frau sich seinen Wünschen fügt. Sie ist zwar großherzig und gesellig genug, um mit dem flotten Pferd-Mann Spaß auf Festen zu haben, sehnt sich aber als anhänglicher Typ nach mehr Zweisamkeit und Gekuschel, als ihr egoistischer Mann zu geben bereit ist. Ihn hinwiederum stört es, wenn sie zu angepaßt und dazu nicht nur ihm, sondern aller Welt zu Gefallen ist. Es mag beiden schwerfallen, die Schwächen des anderen zu akzeptieren.

Schaf

1. Schaf-Mann und Ratten-Frau

Beide sind charmant und zu großer Wärme und Zärtlichkeit fähig, aber da hören die Gemeinsamkeiten auch schon auf. Die Ratte ist einfallsreich, neugierig und arbeitsam. Der Schaf-Mann jedoch macht es sich für den Geschmack seiner emsigen besseren Hälfte zu bequem. Sie spart und hortet Geld, während er es vermutlich bei Impulskäufen oder für seine Hobbys vergeudet. Sie ist aufgeweckt, praktisch veranlagt und nüchtern. Er ist kreativ, aber emotional und gelegentlich träge. Wenn gereizt, neigt sie zu kleinlichem Gemecker. Er kommuniziert nicht gerne mit ihr, weil sie ihm zu gerieben und hinterlistig ist. In dieser Ehe gibt es nicht viel Entgegenkommen, weil es den Partnern schwerfällt, einander zu verstehen.

2. Schaf-Mann und Büffel-Frau

Der Schaf-Mann ist kunstsinnig und gemächlich und will das Leben nach seiner Fasson genießen. Die Büffel-Frau hält zwar pflichtbewußt das Haus in Ordnung und sorgt gut für ihre Familie, erfüllt aber nur mit Widerwillen seine verstiegenen und maßlosen Ansprüche. Er muß geliebt und geschätzt werden, wenn er sein Bestes geben soll. Sie erwartet Ordnung und Disziplin, und der Schaf-Mann stößt sich oft an ihrem Kasernenhofton. Die resolute, unnachgiebige Büffel-Frau will ihre Zeit und Energie optimal nutzen. Er aber ist ein Künstlertyp, der wartet, bis ihn die Muse küßt. Sie hat für seine weiche Art kein Verständnis und schimpft ihn verächtlich einen Leidhammel, er kann es nicht vertragen, wenn man ihm Vorschriften macht und ihn herumkommandiert. Wenn dieses Paar friedlich zusammenleben will, muß es auf beiden Seiten drastische Änderungen geben.

3. Schaf-Mann und Tiger-Frau

Der Schaf-Mann ist ein häuslicher Typ, der Zuneigung und Verständnis braucht. Die Tigerin aber ist leicht erregbar und unkonventionell. Er ist leicht verletzt, wenn sie ihre Wutausbrüche hat und dramatische Szenen macht. Er ist feinsinnig und braucht ein stilles, gemütliches Heim, während sie ganz fürs schnelle Leben ist und seine gemächliche, sorgenvolle Art nicht hinnimmt. Sie ist stärker, als ihm lieb ist; er ist zu schwach, um mit ihr fertig zu werden. Am Ende könnten beide verdrossen auseinandergehen.

4. Schaf-Mann und Hasen-Frau

Diese beiden Persönlichkeiten könnten höchst kompatibel sein. Wenn die kluge, höfliche, aber unergründliche Häsin die Führung übernimmt, kann sie dem Schaf-Mann helfen, seine Talente zu nutzen und Großes zu vollbringen. Die Hasen-Frau ist sanft genug für ihren sentimentalen, zuzeiten auch passiven Mann, doch wo er sich zu großzügig und mitleidig verhält, bleibt sie entschieden und pfiffig. Sie kann ihm die rechte Umgebung für seine Arbeit schaffen, und er ist dankbar, weil sie ihn geschickt in die rechte Richtung steuert. Jeder ist empfänglich für die Stimmungen des anderen und geht auf sie ein. Bei dieser Ehe kann mehr herauskommen als nur Liebe und Glück.

5. Schaf-Mann und Drachen-Frau
Nur mäßig praktikables Arrangement. Den Schaf-Mann könnte die Brillanz und dominierende Art der Drachen-Frau faszinieren. Sie hinwiederum mag seine Güte, Anhänglichkeit und Aufrichtigkeit anziehend finden. Andererseits ist denkbar, daß der Schaf-Mann zu zaghaft ist, sich an den superehrgeizigen Plänen seiner Frau zu versuchen, und daß sie ihn für ihre Begriffe zu reserviert und nicht unternehmungslustig genug findet. Er kann sich darauf verlassen, daß sie ihm die nötige Aufmunterung gibt, aber sie könnte ihn an die Grenze seiner Kräfte treiben. In dieser Union machen beide Partner einander das Leben schwer.

6. Schaf-Mann und Schlangen-Frau
Von ungetrübter Idylle kann hier nicht die Rede sein, doch könnten die beiden zusammenfinden, wenn sie sich ernsthaft anstrengen. Beide sind materialistisch und für Schönheit und Kultur aufgeschlossen; diese Aspekte könnten die Ehe kitten. Dem Schaf-Mann jedoch fehlt die Beharrlichkeit seiner ränkevollen Frau. Sie hinwiederum könnte ihrem empfindsamen Mann zu verschwiegen und argwöhnisch sein. Sie ist berechnend und läßt sich von ihrem Verstand leiten, der emotionale Schaf-Mann aber sieht alles mit dem Auge des Künstlers. Auf manchen Gebieten finden sie zusammen, auf anderen wieder nicht. Die unerschütterliche Zielstrebigkeit der Schlangen-Frau könnte ihm von großem Nutzen sein.

7. Schaf-Mann und Pferde-Frau
Er ist häuslich und kann der ruhelosen Pferde-Frau eine sichere Basis bieten. Sie schafft freundlich und heiter einen Ausgleich für seine Depressionen. Er mag eifersüchtig sein und einen Ausschließlich-

keitsanspruch erheben, sie aber ist unabhängig und impulsiv, doch auch nicht sensibel genug, um das Selbstmitleid ihres Mannes zu ernst zu nehmen. Sie ist fähig, entzückend und schnappt rasch feine kleine Signale auf. Er könnte ihren Freiheitsdrang dämpfen, indem er ihr genug Abwechslung und attraktive Anreize bietet, damit sie daheim bleibt und seinem Leben etwas Würze gibt. Eine starke, möglicherweise dauerhafte Ehe.

8. Schaf-Mann und Schaf-Frau

Der Schaf-Mann kümmert sich sehr um das Wohlergehen seiner Familie, aber in dieser Kombination könnte die Frau der stärkere Partner sein. Beide lieben Luxus und Abhängigkeit zu sehr, könnten aber als Team Erfolg haben, wenn sie gemeinsam an einem Strang ziehen. Er wird die Verantwortung übernehmen, wenn sonst niemand greifbar ist, und sie zieht zu gerne hinter den Kulissen die Fäden. Im Haushalt arbeiten beide und sind auch mitfühlend genug, um über die Fehler des Partners hinwegzusehen. Sie sollten sich hüten, ihre Kinder zu verziehen oder überfürsorglich zu sein.

9. Schaf-Mann und Affen-Frau

Hier ist keine tiefe oder dauerhafte Anziehung gegeben, da die Affen-Frau dem Schaf-Mann zu verworren und egozentrisch ist. In Geschmack und Taten ist er gedämpfter, und ihre Sachkenntnis und Raffiniertheit werden ihn nur aus der Fassung bringen. Ihre unüberlegten Ansprüche kann er trotz seiner Gutmütigkeit und seines Entgegenkommens nicht befriedigen. Sie ist schlau und reizvoll und führt ihn an der Nase herum, wenn sie erst einmal seine schwachen Stellen entdeckt hat. Er ist kreativ, mitfühlend und hat ein reines Herz, doch bleiben diese Qualitäten ungewürdigt, weil die Affen-Frau einen Mann vorzieht, der geriebener und pfiffiger ist.

10. Schaf-Mann und Hahn-Frau

Er ist gutherzig und rücksichtsvoll und gibt sich bei allem ehrlich Mühe. Sie analysiert, erforscht und verwaltet für ihr Leben gern andere Menschen. Er ist pessimistisch und subjektiv, sie optimistisch und objektiv. Ihre energische, unerschrockene Haltung könnte dem zurückhaltenden Schaf-Mann Angst einjagen, denn er findet, daß sie für seinen Geschmack zu pedantisch, zänkisch und scharf ist. Sie hinwiederum wird einwenden, daß es schwer ist, mit einem so sentimentalen und genußsüchtigen Mann auszukommen. Das Ausmaß ihrer Verschiedenartigkeit könnte beide hindern, die Besonderheiten des Partners leichtzunehmen.

11. Schaf-Mann und Hunde-Frau
Diese Beziehung klappt vermutlich nicht, weil die Hündin zu realistisch ist, selbstverständlich die Genußsucht des Schaf-Mannes kritisiert und ihm seine Schwächen vorhält, was ihn nur noch pessimistischer macht. Sie ist zwar einsichtig und anschmiegsam genug, aber nicht immer bereit, zu Notlügen Zuflucht zu nehmen, nur damit seine heiklen Gefühle nicht verletzt werden. Er braucht eine Menge Mitgefühl und Unterstützung, wenn er sich von seiner besten Seite zeigen soll. Sie ist mitleidlos, hart und über sein Gejammer und seine Nachgiebigkeit sich selbst gegenüber erbost. Hier gibt es nur wenig Geistesverwandtschaft, weil der eine die schlechten Eigenschaften des anderen zum Vorschein bringt.

12. Schaf-Mann und Eber-Frau
Eine grundvernünftige Ehe, weil der Mangel an Reibungsflächen auf der Hand liegt. Beide machen bereitwillig Zugeständnisse und sehen gerne das Heim als Zentrum ihrer Aktivitäten. Die Eber-Frau ist gesellig und nicht so empfindlich wie der Schaf-Mann, der sich wegen seiner zurückhaltenden Natur leicht kränken läßt. Sie neigt nicht so sehr zu Überspanntheiten wie er, ist gerne in Gesellschaft und geht aus, was dem Mann über seine Schüchternheit hinweghelfen könnte. Andererseits kann er ihren Mangel an Finesse ausgleichen und geht gerne auf ihr starkes Wärme- und Zusammengehörigkeitsbedürfnis ein.

1. Affen-Mann und Ratten-Frau
Diese beiden arbeiten äußerst konstruktiv zusammen. Sie ist eine glückliche und tüchtige Hausfrau, er der große Stratege, auf den sie immens stolz ist. Die Ratten-Frau könnte den Affen dazu bringen, daß er zur Ruhe kommt und es sich gemütlich macht, und er findet ihren Fleiß und ihre Sparsamkeit anbetungswürdig. Immer wieder entdecken sie angenehme Eigenschaften aneinander, und ihre Ehe wird lohnend und erfüllt sein und unter einem guten Stern stehen.

2. Affen-Mann und Büffel-Frau
Beide sind zu egoistisch und ungestüm, um friedlich koexistieren zu können. Er ist extrovertiert, der geborene Schauspieler. Sie ist introvertiert und schweigsam. Zweifellos haben beide Partner ihre positiven Seiten, mögen aber keine Gelegenheit bekommen, sie auch zu zeigen. Er hat einen angeborenen Superioritätskomplex und findet sie dumpf und phantasielos. Sie kann gut barsch und selbstbewußt sein und kein Blatt vor den Mund nehmen, wenn es darum geht, ihm seine Fehler vorzuhalten. Beide müssen strenge Kontrolle über ihre Grundtriebe ausüben, wenn sie einigermaßen miteinander harmonieren wollen.

3. Affen-Mann und Tiger-Frau
Keine sehr glückliche Kombination. Beide sind gegen Einschränkungen aller Art allergisch und wollen grundsätzlich die erste Geige spielen – ausgesprochene Ich-Menschen, vorangetrieben von starkem Ehrgeiz und hoher Selbsteinschätzung. Die Tigerin wird arrogant, wenn sie ihren Willen nicht durchsetzen kann, und der Affe ist von Natur aus gerissen und verbindlich. Wer den anderen kontrollieren will, muß besser sein, so daß diese beiden gut in einem dauernden Wettstreit stehen mögen.

4. Affen-Mann und Hasen-Frau
Er ist ein positiver, innovativer Denker und eine fesselnde Persönlichkeit. Sie ist sehr umgänglich und wohlerzogen, wenngleich etwas

oberflächlich. Beide können mit Diplomatie und Unergründlichkeit an der Verwirklichung ihrer Ziele arbeiten. Der Affe braucht viel Aufmerksamkeit und Komplimente, wenn er charmant und ein guter Gesellschafter bleiben soll. Die Häsin fühlt sich weniger zu aktiven Unterfangen als zu einer stillen Umgebung hingezogen. Er bricht mit Vergnügen Kontroversen vom Zaun, ihr ist Zwist ein Greuel. Beide haben grundverschiedene Lebensauffassungen. Am Ende werden sie ihre Situation realistisch einschätzen und sich entweder entsprechend anpassen oder nach einer besseren Alternative umsehen.

5. Affen-Mann und Drachen-Frau

Eines der besten Gespanne, da beide fähig sind, sich ihre positiven Kräfte nutzbar zu machen und gemeinsam dauerhafte Eintracht und Erfolg zu erreichen. Beide sind wach, aggressiv und sehr ambitioniert. Der Affe ist praktisch veranlagt und sehr verschlagen, die Drachen-Frau hat Energie und Willenskraft für zwei. Er schmiedet Pläne, derweil sie von Mal zu Mal die Ziele höher steckt. Er liebt Herausforderungen, sie macht ihm Mut und geht mit ihm durch dick und dünn. Beide werden einander verwöhnen, Gedanken austauschen und in Harmonie zusammenarbeiten.

6. Affen-Mann und Schlangen-Frau

Beide neigen dazu, die Schwächen des Partners übertrieben darzustellen. Er ist lebhaft, aktiv und unternehmungslustig, sie hingegen beharrlich, ehrgeizig und anspruchsvoll. Man kann sie zwar zweifellos in einen großen Topf werfen, aber wegen ihrer angeborenen Eifersucht und Neigung zum Argwohn fordern sie einander gelegentlich wider Willen heraus oder bekommen gar Streit. Beide müssen aufrichtiger und unumwundener werden, wenn sie sich miteinander wohl fühlen wollen.

7. Affen-Mann und Pferde-Frau

Hier sind beide Partner vielseitig, flexibel und extrovertiert. Ob sie in einer Atmosphäre des guten Willens koexistieren können, hängt weitgehend von ihrer Bereitschaft ab, ihre egozentrischen Persönlichkeiten zu beherrschen. Viel Geduld hat keiner und wird sich auch nicht beharrlich um die Lösung ihrer Probleme bemühen, wenn der andere nachhinkt. Beide sind unabhängige und praktische Individuen, die gut zusammenarbeiten können, wenn sie nur wollen, denn sie haben beide einen flinken Verstand und scharfe Sinne.

8. Affen-Mann und Schaf-Frau

Die Frau führt ihren Haushalt wie eine Puppenstube, mag aber zu viele Ansprüche an den listigen Affen stellen. Vielleicht schmeichelt ihm ihre Aufmerksamkeit, aber er findet trotzdem, daß ihre Fehler ihre Tugenden überwiegen. Sie hinwiederum ist dem berechnenden und aalglatten Affen-Mann, der sie nicht immer so ganz ernst nimmt, kaum gewachsen. Bei diesem Handel muß die Schaf-Frau den kürzeren ziehen, denn der Affe nutzt ihre freundliche, großzügige Natur aus. In dieser Union ist jeder auf einer anderen Wellenlänge.

9. Affen-Mann und Affen-Frau

Eine Kombination, die haltbar sein könnte, sofern Neid sie nicht verdirbt. Wenn es beiden gelingt, mehr in «Wir»- anstatt nur in «Ich»-Kategorien zu denken, können sie gemeinsam viel erreichen. Kein Problem ist ihnen zu groß, solange sie es im Geist echter Zusammenarbeit angreifen. Affen können Kleinlichkeit und Eifersucht überwinden, wenn sie lernen, das Gute mit dem Bösen zu nehmen. Diese beiden mögen glücklich zusammenleben, wenn sie bereit sind, zusammenzuhalten und einander angesichts von Widrigkeiten keine Vorwürfe zu machen.

10. Affen-Mann und Hahn-Frau

Beide sind ehrgeizig und sehnen sich nach Beifall und Anerkennung. Diese beiden materialistischen und ähnlich kraftvollen Persönlichkeiten müssen öfter zusammenprallen als zusammenarbeiten, wenn sie auf ihren Eigenheiten beharren. Der Affen-Mann erledigt seine Arbeit mit einem Minimum an Aufhebens und Überwachung und ist stolz auf seinen Einfallsreichtum und seine Fähigkeiten. Die Hahn-Frau ist effizient und peinlich genau. Zu gerne schaut sie ihm über die Schulter und pickt seine kleinen Fehler heraus. Was Wunder, wenn jeder die Geduld des anderen auf eine harte Probe stellt? Er kann ihre

Haarspalterei und Debattierlust nicht vertragen. Sie findet, daß er viel zu selbstsicher und eingebildet ist, um auf sie zu hören, geschweige denn die guten Ratschläge zu befolgen, die sie ungefragt erteilt. Beide wird das Zusammenleben recht hart ankommen, solange sie nicht bereit sind, ihre angeborenen Schwächen einzugestehen und einander auf halbem Weg entgegenzukommen.

11. Affen-Mann und Hunde-Frau

Eine gute Ehe, in der die Partner einander gewöhnlich wohlgeneigt sind. Der Affe ist produktiv genug und im allgemeinen patent und gesellig. Die Hunde-Frau gibt sich willig und kameradschaftlich, wenn er seinen ernsthaften Wunsch nach Zusammenarbeit ausdrückt. Er neigt mehr zu Materialismus und Ehrgeiz als sie und findet angenehm, daß sie nicht versucht, ihn zu überflügeln oder auszustechen. Sie andererseits ist von seiner vielschichtigen Persönlichkeit gebannt. Er sieht in ihr eine starke und erfrischend unverbildete Verbündete und Beraterin. Sie schätzt seine Talente, hat aber für seine neidischen und hinterlistigen Charakterzüge wenig übrig; er mag sich zuzeiten von ihren angeregten Aktionen im Kampf für die Gerechtigkeit eingeengt fühlen. Abgesehen davon sind beide ausgeglichen und intelligent genug, um die erforderlichen Zugeständnisse zu machen.

12. Affen-Mann und Eber-Frau

Am Anfang mag eine starke Anziehungskraft bestehen, die sich aber unter den Strapazen des Ehetrotts zunehmend abschwächt. Die Eber-Frau ist zwar anspornend und energisch und kümmert sich hingebungsvoll um ihre Lieben und ihre Ziele, handelt aber in blindem Vertrauen, und in diesem Fall kann der Affe dem Drang, ihre arglose Natur auszunutzen, nicht widerstehen. Sie ihrerseits profitiert von seinem Geschäftssinn und seiner Arglist, ist aber von seinen skurpellosen und opportunistischen Methoden alles andere als beeindruckt. Er findet, daß sie übertrieben gewissenhaft Hinz und Kunz zu Gefallen ist, und könnte sich auch an ihrer Großzügigkeit, die auf seine Kosten geht, stoßen. Beide müssen sich besondere Mühe geben, wenn sie mit den Fehlern des anderen leben wollen.

Hahn

1. Hahn-Mann und Ratten-Frau
Er ist ein Analytiker und Perfektionist; sie ist anregend, praktisch und auf ihre Art recht gescheit. Er ist herrisch und dogmatisch und hält gerne Vorträge. Sie reagiert störrisch, wenn man sie kritisiert, und kann bissig und kleinlich werden, sobald sie sich gekränkt fühlt. Ihm fehlt die Sensibilität und Wärme, die sie bei einem Partner sucht. Da sie selbst findig und tüchtig ist, zeigt sie wenig Bereitschaft, seine Befehle blind zu befolgen. Keine vielversprechende Verbindung.

2. Hahn-Mann und Büffel-Frau
Eine vorzügliche, dauerhafte Kombination. Er ist offen, freimütig und mutig und gleicht ihre Reserviert- und Gehemmtheit aus. Zudem arbeitet er hart und ernsthaft genug, um das Prestigebedürfnis seiner Frau zu befriedigen. Sein Sicherheitsbewußtsein wird die standhafte, resolute Büffel-Frau gewiß angenehm finden. Auch mag die heitere, optimistische Art des Hahns sie anspornen, mehr aus sich herauszugehen und sich mehr zuzutrauen. Vermutlich ist sie der besonnenere, nüchternere Teil, und der Hahn wird sich trotz seiner geräuschvollen, fachmännischen Diskurse nur zu gern an die starke, noble Büffel-Frau anlehnen. Jeder findet den anderen verantwortungsbewußt und hingebungsvoll.

3. Hahn-Mann und Tiger-Frau
Eine turbulente, gepfefferte Ehe. Beide sind aktiv und progressiv, haben aber ganz unterschiedliche Persönlichkeiten. Er ist der auffallenden Tigerin zu egoistisch und exzentrisch, die auch viel zuviel Kampfgeist hat, um sich angesichts seiner pedantischen Kritik geschlagen zu geben. Unter anderen Umständen können beide tatkräftig und fleißig sein, aber in dieser Kombination zeigen sie sich nur starrsinnig und kleinlich.

4. Hahn-Mann und Hasen-Frau
Diese beiden werden wohl kaum die ideale Liebe finden. Ihre Persönlichkeiten prallen vermutlich heftig aufeinander, weil jedem

die negativen Züge des anderen ein Rätsel sind. Er nimmt kein Blatt vor den Mund und ist mit seiner beißenden Kritik zu rasch bei der Hand. Sie ist ein kunstsinniger, zurückhaltender, eher intellektueller Typ, vielleicht ein bißchen mild und nicht übermäßig arbeitsam. Wenn der emsige und rücksichtslos effiziente Hahn mit ihr fertig ist, mag sie sich wie ein Opfer der Inquisition vorkommen. Überflüssig zu sagen, daß die Häsin trotzig reagiert und die Kommunikation abbricht. Der Hahn ist nicht mit Absicht so taktlos und derb, aber er tut unwillentlich der Hasen-Frau weh, die Sympathie und Rücksichtnahme braucht.

5. Hahn-Mann und Drachen-Frau

Eine hervorragende, produktive Ehekombination. Der Hahn ist analytisch und gescheit und fühlt sich zu der kühnen, hellen Drachen-Frau hingezogen, die hinwiederum sofort seine inneren Werte und seine überragende Intelligenz erkennt. Mit vereinter Kraft können sie erreichen, was sie sich vornehmen. Sie ist zielbewußt und läßt sich nicht so leicht von anmaßender Aggressivität überrumpeln oder einschüchtern. Die Geschwätzigkeit des Hahns kann und wird sie mit einem Achselzucken übergehen, denn auch sie hat ein paar Eigenheiten, die er ertragen muß. Er findet ihre Begeisterung und Energie grenzenlos und anregend. Es stört sie nicht, wenn er sich mit um ihre Angelegenheiten kümmert, solange er sie als gleichberechtigt ansieht und ihre Ansichten respektiert.

6. Hahn-Mann und Schlangen-Frau

Der ausgelassene, furchtlose Hahn könnte die ernste Lebensauffassung der Schlange ein wenig aufheitern und ihr obendrein Mut machen. Von dieser Union können beide profitieren. Beide sind intellektuelle Typen, aber auf verschiedenen Ebenen. Sie ist gelassen, nachdenklich und überlegt; er ist überladen mit explosivem Eifer und unerschrockenem Optimismus. In dieser Ehe bekommen beide Gelegenheit, die Dinge in die Waage zu bringen und die Exzesse des anderen auszugleichen.

7. Hahn-Mann und Pferde-Frau

Mit einem ungetrübten Zusammenleben ist nicht zu rechnen, da diese beiden eigensinnigen Individuen einander leicht reizen. Er kann provozierend und undiplomatisch sein und sie wegen ihres hohen Lebensstandards und ihrer Flüchtigkeit geißeln. Sie aber ist viel zu weltgewandt, geistreich und flammend, um sich mit dem schlichten, arbeitsamen Leben abzufinden, das er im Sinn hat. Der Hahn mag grandiose Ideen haben, aber seine Methoden sind zuverlässig und präzise. Die Pferde-Frau in der anderen Ecke des Rings setzt sich zwar praktischere und realistischere Ziele, ist aber bei der Ausführung unberechenbar und inkonsequent. Er kann ihre wankelmütige Art nicht begreifen, sie sich seiner strikten Routine und Besessenheit für Zahlen und Fakten nicht fügen.

8. Hahn-Mann und Schaf-Frau

Der zähe Hahn hat das zu seiner Arbeits- und Perfektionswut passende Stehvermögen. Die Schaf-Frau ist gutherzig, emotional und abhängig. Ihr Anlehnungsbedürfnis mag er noch gönnerhaft hinnehmen, nicht aber ihre Genußsucht und ihr Selbstmitleid, denn mit harten Fakten kommt er besser zurecht als mit ihren zarten Gefühlen. Sie kann seinen optimistischen Elan und seine Ambitionen zwar verstehen, dürfte ihn aber zu kalt, berechnend und wählerisch finden. Sie ist affektiert, leicht gekränkt und packt ihre Koffer und fährt heim zu Muttern, falls er sie zu scharf oder zu oft tadelt. In dieser Kombination ist der Toleranzfaktor sehr niedrig.

9. Hahn-Mann und Affen-Frau

Hier ist das Resultat höchstwahrscheinlich eine kühle, abwehrende Beziehung, es sei denn, beide Partner können ihr Verhalten entsprechend ändern. Die Äffin hat die lästige Angewohnheit, sich einfach zu schnappen, was ihr ins Auge sticht, und es nicht wieder herauszugeben, ganz gleich, was andere davon halten. Er aber ist zu rigoros und streng, um ihr das durchgehen zu lassen. Sie findet weder seine gewitzte, knauserige Art amüsant, noch ist sie von seiner Rednergabe und Debattierlust beeindruckt, denn sie ist nicht minder wortgewaltig und wird ihn zum Zorn reizen. Diese beiden gehen sich gegenseitig unweigerlich wider den Strich. Zusammenarbeiten können sie nur, wenn der Anreiz unwiderstehlich ist.

10. Hahn-Mann und Hahn-Frau

Beide sind tugendhafte Menschen, doch könnte diese Verbindung ein ungesundes Pharisäertum provozieren. Der eine wie der andere ist verdrießlich, oftmals von seinen eigenen Ansichten besessen und läßt die Meinung des Partners kaum gelten. Andererseits sind beide pflichtbewußt, gewissenhaft und verantwortlich. Womöglich können sie ihre hohen Ansprüche etwas herunterschrauben, um ein gemeinsames Ziel zu erreichen. Da beide aber streitlustig und von sich selbst eingenommen sind, mag es endlose Diskussionen geben, ehe sie endlich einen Friedensvertrag oder wenigstens einen Waffenstillstand schließen.

11. Hahn-Mann und Hunde-Frau

Zweifellos haben hier beide Seiten einen scharfen Verstand, legen Wert auf persönliche Integrität und sind stolz auf sich selbst. Freilich sind sie trotz ihrer Selbstsicherheit und ihres imponierenden Auftretens auch sehr freimütig. Beginnt der Hahn über die Schwächen der Hündin zu nörgeln und zu grummeln, mag diese die Harmonie zum Fenster hinausfliegen lassen und ihm ihrerseits eine gesalzene Predigt halten. Beide haben scharfe Zungen und könnten einander tief kränken. Klappen kann diese Beziehung nur, wenn ein Teil die Selbstlosigkeit und Vernunft aufbringt, den anderen zur Waffenruhe zu verleiten.

12. Hahn-Mann und Eber-Frau

Die Eber-Frau ist zutraulich und unbeschwert. Sie nimmt die Erklärungen ihrer Mitmenschen für bare Münze und hält sich lieber höflich an der Oberfläche, anstatt anderen zu nahe zu treten. Der Hahn aber erhebt scharfe Anschuldigungen; er ist der unnachgiebige Detektiv, der zur Wurzel eines Problems vordringen muß, selbst wenn er dabei jedem in seiner Umgebung auf die Zehen tritt. Die Eber-Frau kann selbständig denken, ist aber immer für Vorschläge aufgeschlossen, während er aufmerksam auf jede kleine Einzelheit achtet. Seinen Rat würde sie zu gerne annehmen, wenn er ihn nur ein bißchen versüßen könnte. Sie neigt zu Naivität und läßt sich leicht von anderen überfahren, hätte also gute Verwendung für seine scharfen Sinne und Methoden. Dieser Faktor könnte der einzige gemeinsame Nenner ihrer Ehe sein.

Hund

1. Hunde-Mann und Ratten-Frau

Eine Verbindung, die sich sehr günstig entwickeln mag, wenn beide gemeinsame Interessen haben. Beide sind vernünftig und beweglich und leben zufrieden miteinander, weil sich nur wenige Reibungspunkte bieten. Die Ratte mag anschmiegsamer und sparsamer sein, aber der Hund ist einigermaßen gemächlich und taktvoll genug, um keinen Streit um Nebensächlichkeiten anzufangen. Beide werden versuchen, einander genug Spielraum zu geben, damit sichergestellt ist, daß im Haus Meinungs- und Bewegungsfreiheit herrscht.

2. Hunde-Mann und Büffel-Frau

Beide sind gewissenhaft und treu und nehmen ihre ehelichen Pflichten (im weitesten Sinne) ernst. Zu Spannungen führen könnte die herrische, starrsinnige Art der Büffel-Frau. Der Hund steht für Meinungsfreiheit und Gleichheit ein und mag sich der engstirnigen Büffel-Frau nicht zu lange anpassen. Dieser hinwiederum könnte die unverblümte, direkte Art des Hundes mißfallen; einen Groll hegt sie lange. Kleinlichkeit und Ungerechtigkeit verabscheuen beide, machen sich dieser Fehler aber selbst oft schuldig. In dieser Beziehung ist Verständnis und Kompromißbereitschaft erforderlich.

3. Hunde-Mann und Tiger-Frau

Beide sind von Natur aus idealistisch und menschenfreundlich. Der Hund ist objektiver und logischer als die lebhafte, aber hitzköpfige Tigerin und kann sie daher warnen, wenn sie zu emotional und impulsiv wird. Er ist diplomatisch und unvoreingenommen und redet ihr Vernunft ein, ohne an ihre neuralgischen Punkte zu rühren. Die Tiger-Frau ist zärtlich und macht aus ihren Gefühlen keinen Hehl, was dem Hund gefällt, und ihre heißblütige Veranlagung bringt Leben in jede Beziehung. Diese beiden gehen völlig ungezwungen miteinander um, und jeder betont die unverbildete, großzügige Art des anderen noch. Eine Kombination, in der sich beide von ihrer besten Seite zeigen.

4. Hunde-Mann und Hasen-Frau
Eine gute, haltbare Verbindung. Die Häsin ist einfallsreich, charmant und diplomatisch. Der Hund ist freimütig, aber angenehm im Umgang. Beide mögen eine echte Gaudi und gehen gerne aus, ziehen aber nutzbringende Beschäftigungen vor. Von Natur aus haben sie Gemeinschaftsgeist, gestehen einander aber ein annehmbares Maß an Unabhängigkeit und selbstbewußtem Handeln zu. Sie braucht viel Bequemlichkeit und Luxus, er ist weniger materialistisch und verständnisvoller. Beiden fällt es nicht schwer, sich mit den Eigenheiten des anderen abzufinden. Insgesamt eine Union, in der die besten Seiten der Partner zutage treten müßten.

5. Hunde-Mann und Drachen-Frau
Keiner ist für den anderen geschaffen. Ihre Grundveranlagungen ergänzen sich nicht, und beide mögen ihre Energien lieber auf ganz entgegengesetzten Gebieten abreagieren wollen. Führerqualitäten haben beide, aber von völlig verschiedener Art. Der Hund liebt Zusammenarbeit und mag der Drachen-Frau ihre unverfrorenen, willkürlichen Überrumpelungstaktiken übelnehmen. Sie findet ihn schweigsam und launenhaft, wenn sie ihn zu sehr unter Druck setzt; der Hund steht in dem Ruf, kampflustig und ätzend scharf zu werden, wenn man ihn kränkt. Da es beiden schwerfällt, sich dem andern anzupassen, kann man hier bestenfalls von Haßliebe reden.

6. Hunde-Mann und Schlangen-Frau
Er ist aufgeschlossen und nüchtern, wird aber trotzdem ihr rätselhaftes Wesen nicht recht verstehen. Sie hat ehrlichen Respekt vor seiner Intelligenz, neigt aber mehr zu Verfeinerung und Luxus, als der

unmaterialistische Hund ertragen kann. Beiden fehlt das rechte Verständnis, um ganz ineinander aufzugehen. Sie könnten aber mit Realismus als Freunde zusammenleben, wenn jeder den anderen so nimmt, wie er ist.

7. Hunde-Mann und Pferde-Frau

Dies muß eine glückliche, fruchtbringende Ehe sein, da diese beiden Menschen weitreichendes Verständnis für ihre Bedürfnisse und Unzulänglichkeiten haben. Der Hund ist ehrbar und intelligent genug, um gut mit der fähigen Pferde-Frau zusammenzuarbeiten. Er bewundert auch ihr feines Gefühl für Strategie und die Wahl des rechten Zeitpunkts, während sie sich ob seiner praktischen, vernünftigen Art gern auf ihn verläßt. Jeder wird genug Unterstützung vom anderen bekommen und dabei die Unabhängigkeit genießen können, die er braucht.

8. Hunde-Mann und Schaf-Frau

Hier mag es starke oder schwache Interessenkonflikte geben, doch wird diese Union beide Partner weniger umgänglich machen, als sie normalerweise sind. Die Schaf-Frau ist zu sentimental, und ihre Wehleidigkeit kann den logischen Hund nur reizen, der eher barsch und ungeduldig als mitfühlend reagiert. Wenn man sie richtig behandelt, ist sie tolerant und selbstlos; in diesem Fall aber muß die harte, direkte Art des Hundes sie isolieren und deprimieren. Letzten Endes könnten beide feststellen, daß sie zu wenig gemeinsam haben, um die entstehenden Spannungen ertragen zu können.

9. Hunde-Mann und Affen-Frau

Eine recht positive Ehe, sofern beide großzügig und versöhnlich genug sind, um die Fehler des anderen unberücksichtigt zu lassen. Die Äffin wird den Hund bewundern, weil er vernünftige Methoden und eine logische Einstellung hat. Er hinwiederum sieht in ihr eine fähige Draufgängerin und würdigt ihre geistreiche, charmante Art. In dieser Paarung ist sie die Materialistin, er der Idealist. Sie schätzt greifbare Vermögenswerte, er stellt seine Prinzipien vornan. Gemeinsam könnten sie zufrieden den Mittelweg wählen.

10. Hunde-Mann und Hahn-Frau

Dieses Paar muß mit einer kühlen bis mäßigen Koexistenz rechnen. Beide sind anspruchsvolle, direkte Wesen, die rasch über die Fehler des anderen ungehalten sind. Gewöhnlich sind sie zwar mehr um die Liebenswürdigkeit bemüht, doch diese Verbindung bringt ihre unangenehmsten Züge zutage und macht sie eigensinnig und unnachgiebig. Schon auf die kleinste Herausforderung hin schlagen sie zu heftig zurück und können grimmige Kämpfer sein. Der Hund ist nett und unbeschwert, solange man ihm nicht aufs Dach steigt. Die Hahn-Frau ist rechtschaffen und gibt sich ehrliche Mühe, doch will ihre starre Einstellung dem Hund nicht passen. Sie mag ihm das Gefühl geben, daß sie auf dem besten Weg ist, ihn umzukrempeln, und das läßt er sich niemals bieten.

11. Hunde-Mann und Hunde-Frau

Diese beiden vertragen sich einigermaßen gut miteinander. Beiden ist ein warmer, stabiler Charakter gemeinsam, doch kann die Hündin kritischer und unverblümter sein als ihr Mann. Hier haben wir ein idealistisches und gewissenhaftes Paar, das die Meinung des Partners anhört und schätzt. Hunde neigen in der Ehe zur Anpassung und kommen sehr gut miteinander aus, weil sie sich nach Harmonie sehnen. In dieser Union gibt es keine ernsthaften Probleme, wenn jeder den anderen um Rat fragt und respektiert. Entscheidungen sollten sie immer gemeinsam treffen, da der keiner es vertragen kann, wenn man ihn übergeht.

12. Hunde-Mann und Eber-Frau

Dieses Paar mag ganz verschieden veranlagt sein, aber trotzdem eine recht annehmbare Beziehung aufbauen können. Er ist verläßlich und gewitzt, so daß sie auf ihn bauen kann; sie ist lieb, anschmiegsam, murrt nicht und gibt ihm ein behagliches Zusammengehörigkeitsgefühl. Gegen Zugeständnisse haben beide nichts einzuwenden und teilen alles, was sie besitzen. Eine glückliche Ehe, weil keiner auf den Schwächen des anderen herumzureiten braucht.

Eber

1. Eber-Mann und Ratten-Frau

Zwischen diesen beiden besteht ein gerüttelt Maß Anziehung, und sie werden sich um eine kameradschaftliche, friedliche Beziehung bemühen. Beide sind umgänglich, gesellig und tatkräftig, und ihr Leben wird vermutlich um das Heim, ihre Freunde und gemeinsamen Interessen kreisen, zu denen Festlichkeiten gehören. Dieses Paar fühlt sich zu aktiven Beschäftigungen hingezogen und weiß genau, was es will. Sie könnte der vernünftigere, besonnenere Teil sein, während er gelegentlich zu nachgiebig ist. Er sollte auf ihren Rat hören.

2. Eber-Mann und Büffel-Frau

Eine annehmbare, doch höchstwahrscheinlich nicht sehr feste Union. Ihre unterschiedlichen Ansichten und Verhaltensmuster bringen latente Reibungspunkte zum Vorschein. Der Eber ist in der Regel warm, großzügig und verständnisvoll, die Büffel-Frau könnte aber nur Notiz von seiner Sinnlichkeit und seinem aufwendigen Geschmack nehmen und ihn für ihre Bedürfnisse zu unmäßig finden. Andererseits kann die Vorliebe der Büffel-Frau für harte Arbeit, konstante Sicherheit und Selbstdisziplin den Eber entnerven. Er ist nämlich jovial, gesellig und offen und arbeitet nur, um sich sein Vergnügen leisten zu können. Sie jedoch ist ernst, systematisch und rigide und findet Zufriedenheit bei ihrer Plackerei.

3. Eber-Mann und Tiger-Frau

Eine warme, befriedigende Partnerschaft, denn jeder von ihnen hat das Bedürfnis, dem anderen zu Gefallen zu sein. In ihrer Grundhaltung sind beide liebevoll, dynamisch und progressiv und ergänzen einander vorzüglich. Er ist freundlich und verständnisvoll genug, den unberechenbaren und aufregenden Launen der Tigerin gewachsen zu sein, während sie ihn anhänglich, mutig und selbstlos findet. Die Tigerin reagiert nach einem Wutausbruch meist zerknirscht, wenn ihr kein Widerstand geboten wurde, und die gutgelaunte, mitfühlende Art des Ebers wird bewirken, daß sie sich seinen Wünschen bereitwilliger fügt.

4. Eber-Mann und Hasen-Frau

Der Eber ist der stillen, wohlerzogenen Häsin mutig und hingebungsvoll genug. Sie ist scharfsinnig, flexibel und subtil und kann ihm ein wenig von ihrer Klugheit übermitteln, ohne daß er es merkt. Er findet sie freundlich und behutsam und wird sie mit dem überschütten, was sie mag: Liebe und Luxus. Dank seiner Selbstlosigkeit verlangt der Eber nicht mehr, als die Häsin geben kann, und sie ist glücklich, das Objekt seiner Zuneigung und Großzügigkeit zu sein. Diese Ehe müßte beide bereichern.

5. Eber-Mann und Drachen-Frau

Eine recht erfolgreiche Beziehung, in der die Gewinne wahrscheinlich die Verluste überwiegen. Beide sind eifrig und ungestüm, doch auf verschiedene Art. Die kraftvolle Drachen-Frau könnte jeden Gespons zur Aktion antreiben oder ihn dabei zerbrechen. Der Eber fügt sich nicht ungern den Wünschen seiner Geliebten und wird sich unermüdlich anstrengen, zum Erfolg zu kommen und ihre Anerkennung zu gewinnen. Beide haben gleich viel Energie und betätigen sich gerne körperlich. Ihr gemeinsamer Fehler ist, daß sie zu rasch auf Anreize reagieren und sich zu leicht von ihrem Enthusiasmus zu Exzessen hinreißen lassen.

6. Eber-Mann und Schlangen-Frau

Die ästhetische Schlange kann die aufrichtige, aber profane und schlichte Art des Ebers nicht vertragen. Er hinwiederum findet sie zu komplex und verschlossen. Die Schlange ist für den genußsüchtigen, vertrauensseligen Eber viel zu hochentwickelt, ehrgeizig und tiefgründig. Da sie seine offenen, unbeschwerten Manieren nicht billigt, tritt sie ihm distanziert und teilnahmslos gegenüber. Den Eber bringt ihre verschlossene, kalt berechnende Haltung sehr aus der Fassung. Beide werden leiden, weil ihre Erwartungen nicht erfüllt und ihre positiven Seiten nicht gewürdigt werden.

7. Eber-Mann und Pferde-Frau

Beide leben nach dem Lustprinzip, sind sehr umgänglich und könnten einander bis zu einem gewissen Grad fördern. Sie ist einfallsreich und wendig, er verläßlich und gutmütig. Der Eber bewundert die lebhafte, heitere Art seiner Frau, der hinwiederum seine Hingabe und ehrliche Seelenstärke sehr sympathisch sind. Beide wissen, was Kompromißbereitschaft wert ist, und führen eine aktive Ehe, ohne einander auf die Zehen zu treten. Beide wollen ihr Leben in vollen Zügen genießen. Die Schattenseite: Keiner sorgt sich sehr um das Morgen.

8. Eber-Mann und Schaf-Frau
Dieses Paar genießt eine warme, intime Ehe. Beide geben ihr Bestes und empfinden innige Liebe und echte Teilnahme füreinander. Der stämmige, ritterliche und aufmerksame Eber gefällt der sanften, mitfühlenden Schaf-Frau, die ihn bemuttert und anbetet. Er ist sinnlich und geistig anspruchslos und wird ihren Alleinanspruch auf seine Zuneigung als wahre Liebe deuten. Der Eber ist ein großzügiger Beschützer, und die Schaf-Frau gibt ihr Bestes, weil sie sich geliebt und geschätzt fühlt.

9. Eber-Mann und Affen-Frau
Eine Ehe, in der es recht zivil zugeht, doch findet keiner die wirkliche Persönlichkeit des Partners besonders faszinierend. Der Eber ist der komplizierten Äffin viel zu direkt und gewissenhaft. Ihr steht der Geschmack nach pikanteren Dingen, und der Eber ist eindeutig zu fad. Ihm könnte die schlitzohrig charmante Affen-Frau mit ihrer angeborenen Kniffeligkeit und hochgestochenen Art über den Kopf wachsen. Jeder muß sich zwangsläufig an den Unzulänglichkeiten des Partners stoßen. Dennoch könnten sie ihre Beziehung in Gang halten, wenn es ihnen gelingt, einander zu verstehen und sich auf ihre positiven Eigenschaften zu konzentrieren.

10. Eber-Mann und Hahn-Frau
Könnte am Ende gangbar sein, wenn beide Parteien die entsprechenden Konzessionen machen. Auf manchen Gebieten wird es Meinungsverschiedenheiten geben, doch haben beide die Fähigkeit, ihre Differenzen zu regeln, solange sie einander nur genug bewundern. Vielleicht ist der Eber der analytischen und intellektuell orientierten

Hahn-Frau zu leidenschaftlich und lüstern, während sie zu viel Widerspruchsgeist und Wissen hat, um ihm zu folgen oder ihn blind zu lieben. Auf der positiven Seite jedoch hat keiner eine zu dünne Haut; Kritik prallt einfach an ihnen ab. Er ist ehrlich und zuvorkommend und kann ihren regen, kritischen Geist gut gebrauchen. Sie ist zwar fähig und selbstsicher, hat aber doch ein starkes Bedürfnis für die Diplomatie und Zuverlässigkeit des umgänglichen Ebers.

11. Eber-Mann und Hunde-Frau

Trotz unterschiedlicher Lebensauffassungen eine freundliche, angenehme Ehe. Beide sind robust, offen und ehrlich und geben sich nach Möglichkeit die beste Mühe. Die Hündin könnte jedoch aggressiv werden und aus ihrem Herzen keine Mördergrube machen, wenn der Eber sich zu genußsüchtig verhält oder seine Pflichten vernachlässigt. Sie ist längst nicht so leidenschaftlich wie er und könnte wenig Verständnis für seinen gewaltigen erotischen Appetit aufbringen. Dennoch könnten sie viele Gemeinsamkeiten entdecken, denn die Hündin hat einen schärferen Blick als der Eber und bleibt ihm treu. Der Eber hinwiederum besitzt die Toleranz und Großzügigkeit, um seiner Frau ihre Eigentümlichkeiten zu verzeihen und in ihr eine vertrauenswürdige, noble Verbündete zu sehen.

12. Eber-Mann und Eber-Frau

Eine Kombination, die vorzüglich funktioniert, wenn beide das Fette mit dem Mageren nehmen können. Da sie unter demselben Zeichen geboren wurden, sind beide stark, mutig und bescheiden, aber es mag ihnen an Antrieb und Zähigkeit mangeln, und keiner ist in der Lage, die Schwächen des anderen auszugleichen. Aufrichtigkeit und guter Wille ohne resolute, systematische Organisation könnten zwei so wohlmeinende Menschen in eine Katastrophe schlittern lassen. Einer der beiden muß leidenschaftslos und diszipliniert genug sein, um sich mit Realitäten und Widrigkeiten auseinandersetzen zu können, denn Liebe und Treue allein sind kein ausreichender Schutz.

Wenn Sonne und Mond sich begegnen

Im folgenden werden die zwölf «Sonnenzeichen» des westlichen Zodiakus den zwölf Tierzeichen des chinesischen Mondzyklus gegenübergestellt. Diese 144 Kombinationen beziehen sich jedoch nicht auf partnerschaftliche Verbindungen, sondern darauf, wie sich das Zusammentreffen der zu jedem Zeichen gehörenden Elemente auf den Charakter des Individuums auswirkt. Dabei sind den Mondzeichen die bekannten fünf chinesischen Elemente beigeordnet, den Sonnenzeichen die vier antiken und mittelalterlichen: Feuer, Wasser, Luft und Erde (System des Empedokles).

Widder

Widder-Ratte: Feuer und positives Wasser
Eine Person mit der typischen Wahrheitsliebe des Widders, gemildert von der List und dem immensen Charme der Ratte. Eine unglaublich eigensinnige, aber progressive Persönlichkeit, die sich selbstsicher und im Vollbesitz ihrer Kräfte in ein geschäftiges und engagiertes Leben stürzt, aber hin und wieder zu Hast und Reizbarkeit neigt. Die Widder-Ratte, belesen und wißbegierig, bewegt sich dank ihres sprühenden Geselligkeitstriebs frei und unbefangen in allen Kreisen der Gesellschaft.

Widder-Büffel: Feuer und negatives Wasser

Ein leicht erregbarer, unnachgiebiger Mensch. Der Büffel ist langsam und stetig, der Widder von sich selbst eingenommen und arrogant. Beide Zeichen geben sich nicht sehr taktvoll, was zuviel Aktion und Willensstärke, aber nicht genug Toleranz zur Folge haben könnte. Dennoch wägt dieser Typ, ehe er wagt, denn beide Tiere sind sicher auf den Beinen und hüten ihr Territorium eifersüchtig. Der Widder-Büffel kommt aus eigener Kraft weit voran und bittet selten um Hilfe oder bürdet anderen seine Sorgen auf. Wenn er sich jedoch entschließt, die Staatsgewalt herauszufordern, kann er unerträglich kohlhaasisch werden.

Widder-Tiger: Feuer und positives Holz

Ein tobendes Ungewitter, das weder nachläßt noch sich verzieht. Keines der Zeichen, aus denen sich diese Kombination zusammensetzt, ist für Geduld oder Nachsicht bekannt. Der überaus erregbare Widder-Tiger (oder die Tigerin) führt ein Leben voller Höhepunkte, weil er (oder sie) mit den Ausrufezeichen nicht kleinlich ist. Im Ruhezustand kann man sich diesen Menschen nur schwer vorstellen. Dieses Energiebündel hetzt unablässig hin und her oder bekommt ganz plötzlich wilde Wutanfälle. Dem Widder-Tiger, ruhelos, für alles Neue aufgeschlossen und von notorischer Tapferkeit, fehlen nie die Freunde – oder Feinde. Diesem sinnenfrohen, unverschämt attraktiven Typ steht ein ereignisreiches Leben bevor, weil er keine Mühe scheut, im Mittelpunkt aller Aufmerksamkeit zu stehen.

Widder-Hase: Feuer und negatives Holz

Ein zahmer Widder, vornehm und täuschend gelassen. Diese Kombination erzeugt einen Menschen mit Nerven wie Drahtseile; in der Theorie immer biegsam, in der Praxis knallhart. Der Hase wählt seine Worte sorgfältig und tarnt so des Widders Freimütigkeit. Ein ungewöhnlich netter, freundlicher, bedächtiger Widder. Man kann erwarten, daß er besorgt ist, aber fest; viel Begeisterung aufbringt, aber nichts überhastet. Dem friedfertigen, aber wachsamen Widder-Hasen sei versichert, daß er seinen Willen bekommt – am Ende.

Widder-Drache: Feuer und positives Holz
Strahlen ist sein Geburtsrecht, und er wird ewig optimistisch sein, auf die Massen wirken und eine ansteckende Begeisterung haben, doch könnte diese selbstgerechte Seele auch zerstörerisch herrschsüchtig oder von anmaßendem Selbstvertrauen und leichtsinnigem Wagemut gekennzeichnet sein: Ihr geht es um alles oder nichts, und sie marschiert mit fliegenden Fahnen in die Schlacht. Wenn jemand versucht, ihm seine königlichen Privilegien streitig zu machen, verwandelt sich der Widder-Drache in ein greuliches Untier.

Widder-Schlange: Feuer und negatives Feuer
Diese Person ist tiefgründiger und bedächtiger, kritisiert scharf und spitzfindig und könnte sich unbedeutendere Geschöpfe barsch zu Untertanen machen. Die Schlange ist weise und zurückhaltend, der Widder mitteilsam und liberal. Bei allem, was sie unternimmt, läßt sich die Widder-Schlange von ihrem Verstand leiten. Diese scharfsinnige Kombination könnte einen produktiven Leistungstyp hervorbringen, einen Ränkeschmied und Macher zugleich.

Widder-Pferd: Feuer und positives Feuer
Offensichtlich ist, daß dieses Zeichen zuviel aktives Feuer hat. Das Widder-Pferd könnte permanent elektrisch aufgeladen sein, doch lehrt das Pferd den Widder eine agile, anmutige Gangart und läßt ihn seine Hörner nicht so oft benutzen. Diese geistreiche, flotte und feurige Person neigt zur Überarbeitung. Sie drückt sich geschliffen, wenngleich oftmals unbedacht aus. Furchtlos und ungeduldig geht sie hastig an neue Vorhaben, bringt sie aber mangels Ausdauer nicht zu Ende.

Widder-Schaf: Feuer und negatives Feuer
Ein unterwürfigerer Widder, aber der äußere Schein trügt. Er behält seine Absichten für sich und mag zwar unglaublich fromm und milde aussehen, in Wirklichkeit aber unglaublich stur sein. Seine Aggressionen sind gedämpft und tief vergraben – kommen aber an die Oberfläche, wenn er sich bedroht fühlt. Somit ergibt sich eine beherrschte und geduldige Person, frei von List und Tücke.

Widder-Affe: Feuer und positives Metall
Tönt laut und klar wie ein Gong. Da er mit einem einnehmenden Wesen gesegnet ist, verkauft er sich gut und wirbt für seine Ideen. Der Widder-Affe hat eine gute innere Haltung und Ausgeglichenheit. Er schwingt sich von einem Baum zum anderen und macht im wahrsten Sinn des Wortes bei allem einmal mit. Beschränkungen beeindrucken ihn nicht, nichts bringt ihn von seinem festgelegten Kurs ab. Der Widder macht den Affen unerschrocken aufrichtig; er schaut einem fest und offen in die Augen, doch was in seinem Kopf vorgeht, ist eine andere Geschichte. Nachdem er Ihnen seinen festen Händedruck verpaßt hat, können Sie sich auf alles gefaßt machen.

Widder-Hahn: Feuer und negatives Metall
Kaum zu übersehen, unmöglich abzutun und schwer einzuholen – drei Phrasen, die den Widder-Hahn charakterisieren. In seiner positiven Erscheinungsform ist er schlichtweg unentbehrlich. Wenn er sich negativ gibt, bekommen Sie es mit einem ausgewachsenen Größenwahnsinnigen zu tun. Dieser Mensch, steif wie ein Ladestock und voller ehrenhafter Absichten, hinterläßt überall einen unauslöschlichen Eindruck. Er sagt seine Meinung frei heraus und bleibt am Ende seinen Überzeugungen treu. Sein Gewissen ist blütenweiß.

Widder-Hund: Feuer und positives Metall
Eine ausgeglichene, hingebungsvolle Person, selbstsicher und warmherzig, die für ihre erfrischende Freimütigkeit bekannt ist, aber nicht verletzend, sondern nur aufrichtig wirkt. Der Widder-Hund, feuriger Verfechter von Realismus und Ehrlichkeit, schlägt sich wie ein Held, wenn Opfer verlangt werden. Emotionale und geistige Erfüllung ist ihm wichtiger als materielle Vorteile. Da der Widder vor Antrieb und Initiative nur so strotzt, kann sich der zynische Hund nach einer Enttäuschung rasch wieder erholen.

Widder-Eber: Feuer und negatives Wasser
Sonniger Optimismus und Leidenschaft lauten die Schlüsselwörter für diese energiegeladene Kombination. Die unbeschwerte Natur des Ebers könnte hier die berühmte Reizbarkeit und Direktheit des

Widders dämpfen. Dieser Mensch hat viel nackten Sex-Appeal und überschüssige Energie. Beide Zeichen sind robust, rüpelhaft und stellen ihre Zuneigung gerne ungehemmt und großzügig zur Schau. Der Widder-Eber, stämmig und großherzig, steht fest wie eine Säule.

Stier

Stier-Ratte: Erde und positives Wasser
Unternehmungsgeist und Aktivität mischen sich mit Sicherheitsbedürfnis. Die Stier-Ratte ist praktisch und kameradschaftlich, hält mit der Zeit Schritt und hat starke literarische Neigungen. Geld bedeutet diesem Menschen viel, und er lernt schon früh im Leben, sich auf niemanden zu verlassen. Die Ratte ist zugänglich und schließt geschickt Kompromisse, während der Stier nicht zur Neugier neigt und nur selten Mißgeschicke erleidet, finanzielle eingeschlossen. Wer unter dieser Kombination geboren wurde, kann sich aus jeder Klemme herausreden oder -schreiben, vergeudet aber nur ungern Geld für Anwalts- und Gerichtskosten.

Stier-Büffel: Erde und negatives Wasser
Ein langsamer, aber äußerst beharrlicher Aufsteiger. Wer mit einem Stier-Büffel zu tun hat, sollte nicht vergessen, daß dieser über vier Hörner und acht Hufe verfügt – eine solche Bewehrung sollte jeden abschrecken. Die Venus-Persönlichkeit des Stiers ist zwar sinnlich, doch wissen beide Zeichen genau, was sie wollen. Der Stier-Büffel, ordentlich, praktisch und entschlossen, kann auch diktatorisch und disziplinbesessen auftreten. Er drückt sich schlicht und sachlich aus und verabscheut Schmeichelei und blumiges Gerede. Wenn zum Zorn gereizt, greift er mit ungestümer Kraft an, und hat er sich erst einmal etwas in den Kopf gesetzt, ist er so diskussionsbereit und flexibel wie die Sphinx.

Stier-Tiger: Erde und positives Holz
Das sonst unerschütterlich praktische, effiziente Wesen des Stiers heitert der lebhafte, humorvolle Tiger auf königliche Weise auf. Hier

haben wir es mit einem gewinnenden, umgänglichen Stier oder einem ungewöhnlich beständigen, intellektuellen Tiger zu tun. Er oder sie tendiert mehr zu einer traditionellen, konservativen Haltung, doch mag die Reserviertheit des Stiers von der Unverbildetheit und Freundlichkeit des Tigers ersetzt werden. Diese Person geht zwar fest und methodisch an ihre Lebensaufgabe heran, ist aber trotzdem warm und ansprechend und mit ihrer Zeit und Energie nicht kleinlich.

Stier-Hase: Erde und negatives Holz

Ein taktvoller Stier, feinfühlig und beschaulich. Beide Zeichen sind körperlich und seelisch ausgeglichen, doch ist der Hase eindeutig der schärfere Beobachter und friedlichere Charakter. Der Stier-Hase sucht anderen nicht seinen Willen aufzuzwingen, sondern bemüht sich lieber, sie durch seine gewinnende Art zu überzeugen. Wenn Diplomatie versagt, wird er störrisch und verdrossen. Da der Stier ein breites Kreuz hat, weicht der Hase der Last schwerer Verantwortung nicht aus.

Stier-Drache: Erde und positives Holz

Dieser erdverbundene Drache, stetig wie das Signalfeuer eines Leuchtturms, wurde mit göttlicher Kraft und praktischen Zielen ausgestattet. Die normale Berechenbarkeit des Stiers gerät gelegentlich in den Schlagschatten des Drachen-Feuers, und mit seiner Schlauheit und Tücke ist es nicht weit her. Der Stier-Drache ist ausgesprochen attraktiv, aber oft distanziert und bedächtig. Er bleibt immer sauber, fair und leistungsbewußt; eine verläßliche Seele, die ihre Zeit und Kraft weise und am rechten Platz einsetzt.

Stier-Schlange: Erde und negatives Feuer

Könnte uns allen, was Zähigkeit und Ausdauer betrifft, als Beispiel dienen. Die Stier-Schlange steht fest auf dem Boden der Tatsachen. Beide Zeichen schwören auf die alte Weisheit, daß der Spatz in der Hand besser ist als die Taube auf dem Dach, und so werden Menschen, die unter dieser Sonne-Mond-Mixtur zur Welt kamen, sorgfältig mit ihrem Geld umgehen und keine Spielernaturen sein.

Nie werden sie von Zweifeln oder Ängsten geplagt, sondern vertrauen auf ihre Fähigkeiten und steuern emsig ihr Schicksal. Besonders empfänglich sind sie für Musik, andere Kunstformen und was allgemein die Sinne stimuliert. Nur selten bereuen sie den Weg, den sie eingeschlagen haben, und da beide Zeichen ein Sicherheitsbedürfnis haben, wird die Stier-Schlange das Eisen zu schmieden wissen, solange es heiß ist.

Stier-Pferd: Erde und positives Feuer

Hier könnten die kunterbunten Launen des auffallenden Pferdes auf den normalerweise stetigen, ordnungsliebenden Stier abfärben. Dennoch behalten beide gewissenhaft ihre Bedürfnisse im Auge und lassen sich nie von übertriebenen Skrupeln oder tiefschürfender Selbstanalyse hindern. Wer unter dieser Kombination geboren wurde, achtet sehr auf materielle Sicherheit und ist von stiller Entschlossenheit. Er wird entweder ein leichtfüßiger Stier oder ein bedächtiges Pferd sein, unvermeidlich aber eine lebhafte Persönlichkeit, die immer für Logik und vernünftige Argumente aufgeschlossen ist.

Stier-Schaf: Erde und negatives Feuer

Ein willensstarkes Schaf, das hin und wieder zu sehr an der Vergangenheit hängt. Der Stier ist zielbewußt und weiß genau, was er will, stellt somit das ideale Gegengewicht zur Unentschlossenheit des Schafes dar. Das gefügige Schaf hat jedoch, anders als der Stier, immer ein offenes Ohr für Vorschläge. Diese Kombination ergibt eine Person mit gesundem Menschenverstand, ruhiger Überredungskunst und einem unfehlbaren Schönheitssinn. Das Stier-Schaf mag die Bequemlichkeit lieben, setzt sich aber fleißig ein, um seinen Lebensstandard und Komfort zu sichern.

Stier-Affe: Erde und positives Metall

Der Stier-Affe könnte an der Oberfläche gesetzt und geschäftsmäßig sein, darunter aber vor schöpferischen Ideen nur so brodeln. Vielleicht schleift der Affen-Einfluß die rauhen Kanten des Stiers ein wenig ab und macht ihn attraktiver. Der Stier hat einen beeindrukkend soliden Charakter, der Affe dagegen ist für seinen wendigen Geist berühmt. Gemeinsam ergeben sie eine ehrgeizige, mitteilsame Person, die in ihrer Umwelt die Oberhand gewinnt. Der Stier, Kind der Venus, ist erdverbunden und zuverlässig, der Affe zwar sehr mit seinen Eigeninteressen befaßt, aber trotzdem hilfsbereit. In der Folge ist die Kombination Stier-Affe pfiffig, aber ehrlich; anpassungsfähig, aber stetig.

Stier-Hahn: Erde und negatives Metall
Die Kombination zweier so arbeitsamer Zeichen ergibt einen Menschen, der viel von spartanischem Verzicht und ähnlichen Härtetests hält. Selbstverständlich gewinnt er spielend, wenn andere todmüde umfallen; das Wort Erschöpfung kennt er nicht. Beide Zeichen haben zwar eine ernste Lebensauffassung, doch kann der Stier seine Zunge besser hüten als der Hahn. Das Endprodukt mag ein wenig trocken ausfallen, denn sowohl Stier als auch Hahn haben den gleichen lakonischen Humor gemeinsam.

Stier-Hund: Erde und positives Metall
Der Stier-Hund ist vorsichtig und charakterfest. Mit ihm ist gut sein, weil er sich nach Kräften bemüht, seinem Gesprächspartner die Hemmungen zu nehmen. Der Stier ist eher materiell veranlagt, der Hund kann anderen gegenüber aufopfernd und großzügig sein. Gemeinsam erzeugen sie einen Menschen, der mit großer Standhaftigkeit und einem warmen, liebevollen Wesen gesegnet ist; unumwunden aufrichtig tritt er uns entgegen und prescht mit seinen Gedanken nie so weit vor, daß ihm keine Zeit bleibt, sich auch andere Meinungen anzuhören. Er ist positiv, aktiv, schaut heiter ins Leben und ist jedem gerne zu Gefallen, vergißt dabei aber vernünftigerweise seine Eigeninteressen nicht.

Stier-Eber: Erde und negatives Wasser
Der Stier-Eber, solide und zuverlässig gebaut, kann, wenn er will, so unbezwinglich sein wie eine Festung, ist ansonsten aber ein leutseliger Bursche mit heftigen Gelüsten. Wo er sich auch betätigt, langt er kräftig zu, denn sowohl das Sonnen- als auch das Mondzeichen ist

hier bemerkenswert sinnenfroh und strotzt nur so vor Gesundheit. Der geduldige und gewissenhafte Stier-Eber ist ein echter Freund und Vertrauter. Diese Kombination erzeugt einen hilfsbereiteren Stier und einen Eber, der Fleiß und Ausdauer mitbekam.

Zwillinge

Zwillings-Ratte: Luft und positives Wasser
Eine unglaublich energiegeladene Kombination. Da beide Zeichen unüberhörbar sprachbegabt sind, könnte hier ein unermüdlicher Redner oder Schreiber herauskommen. Die Ratte ist vorsichtig, die Zwillinge sind sorglos. Diese Person nimmt wahllos zu viele Projekte zugleich in Angriff und erreicht daher am Ende nicht allzuviel. Zweifellos ist die Zwillings-Ratte für Neues aufgeschlossen und nett im Umgang, aber auch unzuverlässig, weil ihre Treue nicht lange währt.

Zwillings-Büffel: Luft und negatives Wasser
Die virtuosen Zwillinge erweitern den Horizont des Büffels und geben ihm mehr Humor und Vitalität. Dennoch könnte die Trägheit des Büffels hier ein Segen sein, denn sie versetzt diesen Menschen in die Lage, ihm gestellte Aufgaben zu Ende zu führen und auch Routinearbeit nicht zu scheuen. Insgesamt ein verantwortungsbewußter Typ, der ein gutes Auge für zukünftige Entwicklungen hat.

Zwillings-Tiger: Luft und positives Holz
Ein spontaner Tiger. Fast kann man hören, wie sein Gelächter bei einer steifen Versammlung das Eis bricht. Er ist flink und redselig und kann ein wertvoller Partner oder Mitarbeiter sein, solange er sich nicht zu reizbar und unverblümt gibt. Wer unter dieser Kombination geboren wurde, ist unablässig auf Achse, hat es aber die meiste Zeit zu eilig. Fast unbesiegbar wäre er, wenn er sich erst einmal hinsetzen und ordentlich planen könnte, ehe er seine Geschwindigkeit und seinen angeborenen Tatendrang ins Spiel bringt.

Zwillings-Hase: Luft und negatives Holz
Eine auf stille Weise beredte und ungeheuer zwingende Persönlichkeit. Dem Improvisationsdrang der Zwillinge gesellen sich hier die subtile Art des Hasen und seine Diskretion zu. Ein solcher Mensch ist schlau und geistig beweglich, aber niemals auffällig oder vulgär. Beide Zeichen haben die glückliche Gabe, Zukunftstrends abschätzen zu können, und der Zwillings-Hase wird seinen Weitblick gut zu nutzen verstehen. Die Zwillinge in ihm machen lohnende Vorhaben aus, während der Hase ausheckt, wie sie möglichst gewinnbringend und arbeitssparend durchzuführen sind.

Zwillings-Drache: Luft und positives Holz
Der Zwillings-Drache ist ein wahrer Wirbelsturm – schnell, agil und furchtlos packt er am liebsten selbst an und bringt immer etwas zustande. Das Kind des Merkurs hat einen scharfen, klaren Verstand, während dem Drachen niemals der Mut und die Entschlossenheit fehlt, seine Ideen in die Tat umzusetzen. Menschen dieser Kombination können großen Erfolg haben, wenn sie sich mehr um Details kümmern, die beide Zeichen hier zu leicht abtun. Der Drache führt, die Zwillinge kommen gut mit Menschen aus – diese Person wird eine weite Einflußsphäre haben und viel Respekt genießen.

Zwillings-Schlange: Luft und positives Feuer
Die Zwillings-Schlange, ausgeprägt elastisch und gelassen, schlägt ohne Zögern und treffsicher zu. Sie tritt sehr charmant und ein wenig rätselhaft auf und gibt nie ihre wahren Motive preis. Besonders anziehend wirken Zwillings-Schlangen auf das andere Geschlecht, und sie finden mehr als genug Menschen, die ihnen zu Willen sind. Ein Mensch dieses Zeichens läßt sich nie so weit aufregen, daß er die Selbstbeherrschung verliert, treibt aber gelegentlich die Dinge auf die Spitze, wie um sein Urteil und seine Reflexe zu testen. Dies braucht jedoch noch lange kein Anlaß zur Sorge zu sein, denn gewöhnlich gleicht die Schlange mit Vernunft die flüchtigen Impulse der Zwillinge wieder aus.

Zwillings-Pferd: Luft und negatives Feuer
Explosive, höchst unstete Kombination aus der Eigenart der Zwillinge, wie ein Chamäleon die Farbe zu wechseln, und der Vorliebe des Pferdes für andauernde Bewegung. Das Zwillings-Pferd ist fähig und hat blitzschnelle Reflexe. Wo es seinen Witz funkeln läßt, kommt keine Langeweile auf. Es jagt mit halsbrecherischer Geschwindigkeit dahin, legt weite Strecken zurück, kratzt aber nur die Oberfläche an. Diese Sonne-Mond-Verbindung, die sich im Handumdrehen heftig verliebt, aber auch ebenso rasch wieder das Interesse verliert, personifiziert den quecksilbrigen Merkur.

Zwillings-Schaf: Luft und positives Feuer
Eine widersprüchliche Kombination, in der die Zwillinge dem sanften, versonnenen Schaf Beine machen und es von der Meditation zur Aktion treiben, die aber nicht unbedingt ein festumrissenes Ziel haben muß. Das Schaf, von der bekannten Zerrissenheit der Zwillinge derart aufs Eis geführt, wird bestenfalls seine Intuition vor dem Fall bewahren. Dieser kreative, aber etwas planlose Mensch ist der Typ des dünnhäutigen, idealistischen Reformers, der sich unter die Polit-Wölfe wagt und an den Sachzwängen zerbricht.

Zwillings-Affe: Luft und positives Metall
Obwohl diese Kombination niemals eine tiefe, seelenerforschende Persönlichkeit hervorbringt, könnten wir hier ein Genie vor uns haben. Der Zwillings-Affe ist das Urbild der Vielseitigkeit, denn beide Zeichen können scheinbar Unmögliches vollbringen und Ideen am Fließband produzieren. Merkurs Zwillinge sind gewandt und verführerisch, der Affe ist der unerschrockene Magier. Wer unter dieser Kombination geboren wurde, ist erfinderisch, selbstsicher und kennt vermutlich jeden Kniff.

Zwillings-Hahn: Luft und negatives Metall
Hier schafft die Tüchtigkeit und Präzisionsliebe des Hahns einen Ausgleich für die Sprunghaftigkeit der Zwillinge. Dieser sportliche Bursche sagt klipp und klar und sachlich seine Meinung und kommt ohne Umschweife oder Furcht vor Repressalien zur Sache. Dennoch

ist der Zwillings-Hahn gegen Kritik empfindlich und weicht bei der kleinsten Verletzung seines Egos oder Opposition gegen seine Ansichten von der Bahn ab. Der Hahn muß sich in dieser Kombination zwangsläufig noch auffälliger geben: Er steht dauernd unter Hochdruck – voller Leben, guter Absichten, Organisationstalent und praktischer Ambitionen.

Zwillings-Hund: Luft und positives Metall
Ein geschwinder, vielseitig begabter Hund, ein richtiger Star, der das Zeug zum Unterhaltungskünstler hat, weil er der Öffentlichkeit ein sympathisches, natürliches Image zu präsentieren versteht. Der quecksilbrige Geist der Zwillinge paßt sich Veränderungen rasch an und läßt sich leicht von Enthusiasmus und Erregung befeuern. Die bescheidene, rücksichtsvolle Art des Hundes ist überaus anziehend. Doch mag diese Person insgeheim leiden, weil sie sich zu sehr bemüht, fremden Erwartungen gerecht zu werden. Sie sollte versuchen, nicht zu viel für andere zu tun und ihre Privatsphäre zu wahren.

Zwillings-Eber: Luft und negatives Wasser
Bei den Wirbelwind-Aktivitäten der Zwillinge wird es dem armen Eber manchmal schwindlig. Der Eber bringt guten Willen und Aufrichtigkeit in diese Kombination ein, Merkur steuert Initiative, Anregungen und flinke Logik zu. Der Zwillings-Eber ist ein geselliger, sehr beliebter Problemknacker. Er hat zwar mit empirischer Klarheit das Gesamtbild im Auge, läßt aber bei der Schlußanalyse nie die menschlichen Aspekte außer acht. Er braucht ein Leben voller Würze und funktioniert am besten, wenn er öfters einmal die Szene wechseln kann.

Krebs

Krebs-Ratte: Wasser und positives Wasser
Eine äußerst intuitive und verschlossene Person, ein tiefes Wasser voller Emotionen. Die extrovertierte Ratte könnte das schüchterne

Mondkind Krebs beleben und ihm seine starken Hemmungen nehmen. In dieser Kombination finden wir eine Person, die sich nicht so leicht zu verstiegenen Ambitionen verleiten läßt. Ein Ding muß erst geprüft und für gut befunden werden, ehe die Krebs-Ratte sich darauf verläßt. Wirklich entspannt fühlt sie sich nur in vertrauter Umgebung. Da hier sowohl Sonnen- als auch Mondzeichen häuslich orientiert sind, wird diese Person nicht nur nach Geld und Besitztümern, sondern vor allem auch nach einem trauten Familienleben trachten.

Krebs-Büffel: Wasser und negatives Wasser
Wer unter dieser Kombination zur Welt kam, ist längst nicht so liebenswürdig, wie er aussieht, doch rücksichtsvoll und zuvorkommend, auch wenn er sich manchmal wie ein wohlwollender Diktator benimmt. Der Krebs-Büffel ist bestimmt kein Opferlamm und macht ein Riesenaufsehen, wenn man auf seinen Rechten herumtrampelt. Der Büffel läßt nicht zu, daß der Krebs sich zu sehr von seinen Gefühlen in Mitleidenschaft ziehen läßt, während der Krebs-Einfluß die Kasernenhofmanieren des Büffels ein wenig mildert. Hier haben wir einen guten Zuhörer, der fest und verständnisvoll zugleich sein kann.

Krebs-Tiger: Wasser und positives Holz
Ein ausgefallener Krebs, voller raubkatziger Überraschungen, funkensprühend und inbrünstig. An der Oberfläche ganz Eifersucht und Besitzanspruch, darunter aber butterweich. Der Krebs-Tiger ist ein sinnenfroher, unverbesserlicher Romantiker und Partylöwe. Schon beim geringsten Anlaß bricht er in Gelächter oder Tränen aus. Im großen und ganzen ist ein Mensch dieser Kombination überaus hilfreich und rücksichtsvoll, was auf die Gutherzigkeit des Krebses und das lebhafte, optimistische Temperament des Tigers zurückzuführen ist.

Krebs-Hase: Wasser und negatives Holz
Der Krebs-Hase könnte ein zögernder, in sich zurückgezogener Mensch sein, dem jeder Wandel oder Verlust ein Trauma ist. Im

ganzen Leben knüpft er nur wenige dauerhafte Beziehungen an und offenbart sich nur wenigen Auserwählten. Die Lage schätzt er am liebsten von einem günstigen Aussichtspunkt aus ein, weit von aller Gefahr entfernt. Obwohl er übersinnliche Fähigkeiten hat und mit außerordentlichem Weitblick gesegnet ist, kümmert er sich vorwiegend um seine eigenen Probleme und bleibt anderen gegenüber gleichgültig. Er kann zwar verläßlich und mitfühlend sein, gibt sich aber romantischen Illusionen und idyllischen Träumen hin und sollte sich vor tiefem Brüten und Selbstmitleid hüten, wenn es einmal nicht so geht, wie er es sich vorgestellt hat.

Krebs-Drache: Wasser und positives Holz
Hier verbinden sich sensibler Charme und würdevolles Auftreten. Der Krebs-Drache ist zwar nicht so militant wie andere Drachen, hat aber die ruhige, königliche Haltung eines Menschen, der Autorität genießt. Der Drache ist Idealist, der Krebs ein tiefsinniger Forscher. Dieser Typ läßt sich nur langsam beeindrucken, hält aber an einer einmal gefaßten Meinung fest. Die kühle Disposition des Mondkindes Krebs bewirkt, daß dieser Drache ein nicht ganz so aufgedrehter Macher ist. Seine Kraft wird auch zur Entwicklung der Erwerbsinstinkte des Krebses beitragen. Das Leben mit ihm oder ihr könnte sehr angenehm sein, denn der Krebs-Drache ist entgegenkommend und tolerant.

Krebs-Schlange: Wasser und negatives Feuer
Dieser Mensch hat ein rätselhaftes, höchst berückendes Wesen, vergleichbar dem Schimmern des Mondlichts auf einem stillen See. Er sucht zwar nach Beständigkeit, Ruhm und materieller Sicherheit, doch binden ihn der Trug der Schlange und die Hemmungen des Krebses. Zu gerne hat er seine Familie und viele Leute um sich, selbst wenn sie schmarotzerhaft und aufdringlich sind. Das Mondkind Krebs ist fürsorglich und liebebedürftig, die Schlangen-Seite seiner Persönlichkeit aber defensiv, mißtrauisch und von einem Horror vor Fehlschlägen besessen. Es könnte wohl großen Erfolg haben, aber wird es lernen, mit seinem komplizierten Wesen glücklich zu leben?

Krebs-Pferd: Wasser und positives Feuer
Ein aktiver, aber ruhig gefaßter Mensch. Obgleich kultiviert und auf seine Umgebung eingestimmt, ist das Krebs-Pferd dennoch einer Unzahl von Stimmungen und Launen unterworfen. Es neigt nicht so sehr zur Aufopferung wie der Krebs in Verbindung mit anderen Mondzeichen, hat aber geschmackvolle Neigungen und eine liebevolle Natur. Hier stellt die Gegenwart des Pferdes sicher, daß diese Person mehr aus sich herausgeht und das Leben nicht zu ernst nimmt. Der Krebs ist auch nicht so anhänglich, weil das Pferd weiß, wann es etwas fahrenlassen muß. Das Ergebnis ist ein Mensch, der in Manieren und Ausdrucksweise geschliffen ist und ein Sicherheitsventil hat, das ihn vor Überengagement schützt.

Krebs-Schaf: Wasser und negatives Feuer
Hier finden wir einen frommen, anhänglichen und kinderlieben Charakter. Das Krebs-Schaf ist eine weibliche Kombination und daher leicht verletzt, rasch zum Rückzug bereit und passiv in der Grundhaltung. Dieser Typ, schüchtern und gegen Schmerz und Entbehrungen empfindlich, gedeiht am besten in einer opulenten, harmonischen Ehe. Das Krebs-Schaf wird zwar von größtenteils eingebildeten Hemmungen geplagt, ist aber im großen und ganzen selbstlos und kümmert sich rührend um sein Heim und seine häuslichen Pflichten. Es ist auch, sofern es seine Mittel erlauben, ein Kunstmäzen. Eindeutig kein Eremit, wird es viele Freunde und Familienmitglieder brauchen und auch bekommen, die es bei Laune halten.

Krebs-Affe: Wasser und positives Metall
Ein häuslicher, bescheidener Affe mit Sinn für die Finanzen und einem guten Auge für gewinnbringende Investitionen. Er mag einen recht üppigen Geschmack haben und sich nur in einer aufwendigen, eleganten Umgebung so recht wohl fühlen; zu gerne stellt er seine teuren antiken Besitztümer zur Schau und damit seinen Erfolg unter Beweis. Dies ist auch der Typ, der sein Haus computerisiert, damit er keinen lästigen Lichtschalter mehr zu betätigen braucht. Und doch – hinter seiner zimperlichen Krebs-Haltung behauptet sich die unbe-

streitbare Geisteskraft des Affen, der es genießt, sich mit den fähigsten Köpfen zu messen.

Krebs-Hahn: Wasser und negatives Metall
Eine sorgfältige, mütterliche und tüchtige Person mit einem warmen, entgegenkommenden Wesen. Obwohl der Krebs-Hahn immer echte Hilfsbereitschaft zeigt, schimmert die Aggressivität des Hahns durch. Zur Abwechslung einmal werden die guten Absichten des ordnungsliebenden Hahns mit der Freundlichkeit und dem Stilgefühl des Krebses zum Ausdruck und zur Ausführung gebracht, was ihm allenthalben Unterstützung und Billigung einträgt. In dieser Kombination verbindet sich des Krebses passive Zähigkeit mit der aktiven Ausdauer des Hahns. Dieser Mensch ist nur schwer zu schlagen, weil er sich durch nichts am Erreichen seiner Ziele hindern läßt.

Krebs-Hund: Wasser und positives Metall
Die ausgeprägte Sensitivität des Krebses ist hier mit der inneren Ausgeglichenheit des Hundes verwoben. Dieser Mensch ist nicht zu voreilig und gefühlsselig und wird daher gerecht und im Gleichgewicht bleiben. Zwar hat der Hund eine scharfe Zunge, aber eine Person dieses Zeichens weiß Schönheit und Reinheit überaus zu schätzen. Der Krebs-Hund mag einen anspruchsvollen Geschmack haben, ist aber nicht sehr materialistisch. Ein solcher Mensch legt eine unverstellte Zuneigung zu anderen an den Tag, setzt sich noble Maßstäbe und genießt einen kultivierten, aber bescheidenen Lebensstil.

Krebs-Eber: Wasser und negatives Metall
Die beiden Zeichen, aus denen sich diese Kombination zusammensetzt, sind emotional, sinnenfroh und luxusliebend. Der Eber ist ausgesprochen aufgesext und läßt sich von seiner Genußsucht leicht ablenken; der Krebs, wenngleich ästhetischer in seiner Einstellung, kann konstruktiv nur sein, wenn er es fertigbringt, nicht mehr unbedingt Erforderliches fahren zu lassen. Sowohl Krebs als auch Eber haben liebevolle, großzügige Naturen und lassen sich leicht beeindrucken. Wo jedoch das Mondkind Krebs für Qualität und

Stabilität eintritt, zieht der Eber Quantität und ungezügeltes Wachstum vor. Wenn sich die positiven Eigenschaften der beiden Zeichen in diesem Menschen vereinigen, wird er ohne Zweifel Liebe, Wohlstand und Zufriedenheit finden.

Löwe

Löwen-Ratte: Feuer und positives Wasser
Die Ratte ist scharfsichtig und will einen guten Gegenwert für ihr Geld geboten bekommen. Der Löwe beschränkt die Raffgier der Ratte und macht sie weniger berechnend. Die Löwen-Ratte ist aristokratisch, ungestüm und hat überall ihre Finger im Spiel. Sie ist freiheitsliebend, kühn und stolz und regiert demokratisch, wenn sie an die Spitze berufen wird. Diese vertrauenswürdige Person vernachlässigt weder die Details noch die finanziellen Aspekte einer Angelegenheit. Löwenhafte Integrität, gekoppelt mit der Geistesgegenwart und dem Scharfsinn der Ratte, macht einen Menschen dieser Kombination magnetisch anziehend und beredt.

Löwen-Büffel: Feuer und negatives Wasser
Eine warme, wenngleich etwas unpersönliche Person mit würdevollem Auftreten. Der Löwen-Büffel kann zuzeiten theatralisch und aufgeblasen sein, da das Ego des Löwen allerhand Platz braucht. Hier kann die Strenge und Unnachgiebigkeit des Büffels den unbezwingbaren Willen des Sonnenzeichens nur verstärken. Der Löwe überträgt seine Großzügigkeit und persönliche Ausstrahlung auf den sonst so asketisch dreinschauenden Büffel, und das Resultat ist alles andere als öde. Die Anweisungen des respektablen und starken Büffels wird man ohne Widerspruch befolgen.

Löwen-Tiger: Feuer und positives Holz
Eine feurige Persönlichkeit, die respektlose Gaffer oder andere, die ihr nicht den nötigen Respekt erweisen, glatt ansengt; ein brüllender Ball aus Fell und Klauen: der Löwen-Tiger ist immer publikumswirksam. Dieser Mensch, zu tiefen und vielfältigen Emotionen fähig,

kann in einem Atemzug brennend heiß, mürrisch und großherzig sein. Er gibt sich gerne überlegen, ganz besonders, wenn er sich seiner Sache nicht so sicher ist. Geistig und seelisch erholt er sich erstaunlich schnell, und lieben kann er nur uneingeschränkt.

Löwen-Hase: Feuer und negatives Holz

Ein majestätischer Hase mit ausgeprägten Führerqualitäten, der etwas egozentrisch mit der Realität umgeht. Er hat das Charisma, die Massen mitzureißen, und genug Glück, die Prüfungen des Lebens zu bestehen. In dieser Kombination verbinden sich Aggressivität und kühle Besonnenheit, und wer unter diesem Zeichen geboren wurde, wird sich kaum offen für Krieg aussprechen. Er versteht sich unglaublich beliebt zu machen und beherrscht den Kniff, das rechte Ding zur rechten Zeit zu tun. Sowohl Sonnen- als auch Mondzeichen nehmen hier ihre Freizeitaktivitäten sehr ernst, und diese Person mag insgeheim illegale oder kostspielige Hobbys pflegen.

Löwen-Drache: Feuer und positives Holz

Eine prachtvolle, atemberaubende Persönlichkeit, die überlebensgroß vor uns aufragt und von ihrem angestammten Recht zu herrschen fest überzeugt ist. Der Löwen-Drache ist ein zwingender Leistungstyp, dessen Kanonen immer geladen sind. Der Löwe liefert dem ohnehin schon bombastischen Drachen mehr Dynamit, als er einsetzen kann, so daß dieser Mensch sehr eigenwillig und schwierig wird, wenn man ihm die Vorfahrt nimmt. Er ist jedoch nicht nachtragend und gibt explosive Erklärungen nur ab, um reine Luft zu schaffen. Die unter dieser doppelt fürstlichen Kombination geborenen Menschen haben viel Glück, sind bemüht, ihre Versprechungen einzuhalten, und behandeln Pechvögel nobel und ritterlich.

Löwen-Schlange: Feuer und negatives Feuer

Das Leben der Löwen-Schlange ist von Erfolgen und Tragödien durchzogen, weil sie sehr unter Spannung steht und sich grundsätzlich weigert, anderen die Spitzenposition zu überlassen. Günstigstenfalls ist diese Person ein strahlendes Vorbild der Anmut, Intelligenz und Eleganz. Sie braucht viel Liebe und Verständnis, wenn ihre

Tugenden zum Vorschein kommen sollen, und leistet Erstaunliches, solange sie Bewunderung genießt. Andererseits ist sie auch oft verwöhnt, selbstsüchtig und eingebildet, weil sie zu sehr im Mittelpunkt aller Aufmerksamkeit steht und zu oft ihren Willen bekommt. Ihre Wärme und Aufrichtigkeit kommen nur zum Tragen, wenn sie ein ruhiges Leben führen und sich selbst über der Sorge um andere vergessen kann.

Löwen-Pferd: Feuer und positives Feuer
Wer so sonnig veranlagt ist, braucht kaum jemals den Schatten eines Zweifels zu hegen. Das idealistische, ehrgeizige, leidenschaftliche und wahrhaftige Löwen-Pferd stürmt auf optimistische, wenngleich unstete Weise vorwärts. Es ist impulsiv, neigt zu großartigen Gesten und braucht emotionale Ventile, um sich seiner aufgestauten Energie zu entledigen. Dieser sportliche, freigebige Mensch ist sehr ausdrucksvoll und trimmt sich gerne.

Löwen-Schaf: Feuer und negatives Feuer
Der sicher auftretende Löwe nimmt dem Schaf seine Schüchternheit und macht es kühn und lebhaft. Das respektable Löwen-Schaf wird sich nobel und nach Kräften bemühen, dem Vertrauen, das man in es setzt, gerecht zu werden. Diese Person, weniger pessimistisch und nicht so leicht von Kritik aus der Fassung gebracht, steht auf eigenen Füßen und verdient sich die erwünschte Anerkennung. Ein selbständiges Schaf, gestützt vom Willen des Löwen und seinem starken Charakter, das menschliche Wärme niemals vermissen läßt.

Löwen-Affe: Feuer und positives Metall
Hier verschmelzen zwei Zeichen mit hochstrebenden Ambitionen und nüchterner Intelligenz. Der Löwe ist gebieterisch, aber niemals hinterlistig oder gemein. Dies sollte den Ränkespielen des Affen einen Riegel vorschieben, obwohl der Affe dem imposanten Löwen ein glänzendes anderes Ich sein und ihm bei seinen Geschäften den Goldfinger-Touch geben könnte. Der Löwen-Affe hat Klasse und ist selbstbewußt. Wenn er vorwitzig seine Nase in anderer Leute Angelegenheiten steckt, tut er das aus Neugier, nicht aus Böswilligkeit.

Löwen-Hahn: Feuer und negatives Metall
Hoffentlich unterdrückt hier die Großzügigkeit des Löwen die Vorliebe des Hahns für Haarspalterei. Beide Zeichen sind stark und herrisch und ganz auf Erfolg versessen. Der Hahn kann sich hingebungsvoll und stetig profanen Aufgaben widmen, dem Löwen steht der Sinn nach Ruhm. Wer unter dieser Kombination geboren wurde, hat alles Zeug zum schwindelfreien Pyramidenkletterer.

Löwen-Hund: Feuer und positives Metall
Das erhabene Auftreten des Löwen könnte die freundliche, aber zu tiefsinnige Art des Hundes ein wenig aufhellen. Die Kombination der beiden Zeichen verleiht diesem Menschen Charakterfestigkeit und große Selbstsicherheit. Er ist vernünftiger und urteilsfähiger als seine Zeitgenossen und kann Entscheidungen treffen, die gewöhnlich über jeden Zweifel erhaben sind. Ungerechtigkeit haßt er und wird Vertrauen niemals mißbrauchen. Der Löwe ist fesselnd, der Hund realistisch. Diese Person wird den Mittelweg wählen und sich über den Preis des Erfolgs keine Illusionen machen.

Löwen-Eber: Feuer und negatives Wasser
Ein geselliger Eber mit erfrischend natürlichem Humor und einer Neigung zu Exzessen obendrein. Der mit unbezähmbarer Vitalität ausgestattete Löwen-Eber greift alles mit Schwung an und genießt harte Arbeit, unterbrochen von nicht minder intensivem Vergnügen. Weil er seinen Gefühlen gewöhnlich in hitzigen Tönen Ausdruck gibt, müßte er sich auf der Bühne wohl fühlen. Dieser Mensch ist ausgesprochen selbstlos, nie pharisäerhaft und so kindlich zutraulich, daß er in allen Leuten, mit denen er zu tun hat, die besten Seiten zum Vorschein bringt.

Jungfrau

Jungfrau-Ratte: Erde und positives Wasser
Diese beiden aktiven Zeichen ergeben eine superfleißige Seele, die sich von Natur aus zum Forscher oder Ermittler eignet. Die reinher-

zige Jungfrau wird dank des Ratten-Einflusses vergnügter und reizender. Diese Person ist zwangsläufig extrem wißbegierig und erforscht jede Alternative, ehe sie einen Schritt unternimmt. Die Jungfrau-Ratte ist eine findige Person mit unbegrenzten Fähigkeiten, wenn es ihr nur gelingt, ihre Zunge im Zaum zu halten.

Jungfrau-Büffel: Erde und negatives Wasser
Der Jungfrau-Büffel ist gerieben, phlegmatisch und seiner starren Auffassung nach recht unfehlbar. Unabhängig von dem Bildungsweg, den diese Person einschlug, wird sie sich ihr Leben lang Wissen aneignen und an sich arbeiten. Laute, überfüllte Orte haßt sie, weil sie eine Einsiedlerseele ist und sich am liebsten in aller Stille konzentriert. Wird jemand gebraucht, der das Gesetz bis auf den letzten Buchstaben auslegt? Niemand ist besser qualifiziert als der Jungfrau-Büffel. Dieser Mensch, ebenso stark wie systematisch, legt Wert auf strikte Disziplin und zögert nie, Missetäter ins Gebet zu nehmen.

Jungfrau-Tiger: Erde und positives Holz
Weil die Jungfrau reserviert und analytisch ist, wo der Tiger seine Gefühle nicht verbergen kann, muß der Jungfrau-Tiger weniger spontan, aber dennoch sprühend ausfallen – auf gefällige, ordentliche Weise. Aus diesen beiden Zeichen könnte eine anspruchsvolle, aber menschliche Person entstehen, die ihre Worte mit Bedacht wählt. Dieser Mensch, kühn und bunt wie der Tiger, aber auch beherrscht wie die Jungfrau, vereinigt die besten Eigenschaften in sich.

Jungfrau-Hase: Erde und negatives Holz
Eine tugendhafte, aber einsame Seele, die ihre Arbeit ohne viel Aufhebens tut. Sowohl Jungfrau als auch Hase sind systematisch und umsichtig. Dieser Mensch wird niemals andere mit Absicht kränken, denn er hält viel zu viel von der Etikette. Ehe er jemanden beschuldigt, prüft er erst gründlich alle Fakten. Der Jungfrau-Hase hält auch gerne Vorträge, aber auf ruhige, sachliche Weise. Zur Abwechslung läßt sich hier der Hase einmal bereitwillig Verantwortung aufladen, wenn ihm finanzieller Gewinn winkt.

Jungfrau-Drache: Erde und positives Holz
Hier haben beide Zeichen totales Selbstvertrauen und sind gut beschlagen, obgleich die Jungfrau realistischer und schwerfälliger ist. Dieser Mensch ist wissensdurstig und strebt nach Perfektion. Er muß einfach glänzen und kann sehr ungehalten werden, wenn man ihm Widerstand leistet. Beide Zeichen haben hervorragende Eigenschaften, und den Jungfrau-Drachen bewundert man ob seiner sicheren Kraft und Charakterfestigkeit. Dennoch macht er sich des Übereifers und unüberlegter Handlungen schuldig, wenn er aufbricht, ein Unrecht zu rächen.

Jungfrau-Schlange: Erde und negatives Feuer
Die Jungfrau mit ihrem Auge fürs Detail und ihrem Sinn für Systematik, dazu die Fähigkeit der Schlange, ihre Gefühle zu verbergen und im geheimen zu manövrieren: Das Ergebnis muß ein verschlossener, aber extrem wahrnehmungsfähiger Mensch sein. Wer unter diesem Zeichen geboren wurde, ist gelehrtenhaft, hingebungsvoll und arbeitsam und kann sich einem festen Ziel verschreiben, bis er Erfolg hat. Der Rest der Menschheit ist von den Härten und Kämpfen des Alltagslebens gezeichnet und fährt sich fest; die Jungfrau-Schlange aber scheint gegen normale Abnutzungserscheinungen immun zu sein, denn sie blockt störende Einflüsse einfach ab, wenn sie sich konzentrieren will. Laster? Entfallen, es sei denn, Sie wollten autokratisches, gefühlloses und rücksichtslos effizientes Verhalten lasterhaft heißen.

Jungfrau-Pferd: Erde und positives Feuer
Die Jungfrau macht das Pferd berechenbarer und dämpft seine Leidenschaften. Daher sind seine Handlungen zwangsläufig besser kalkuliert und eingeprobt. Obwohl das Jungfrau-Pferd trägere Reflexe hat, ist es dennoch schlau und wach genug, wenngleich weniger turbulent. Das mit dem Element Erde verbundene Sonnenzeichen könnte einige Flammen des Pferdes löschen, doch ist das Endergebnis positiv: ein verantwortungsbewußter Mensch.

Jungfrau-Schaf: Erde und negatives Feuer
Das Schaf ist elegant und hat seine angenehmen Seiten, ist aber verschwenderisch. Die Jungfrau ist eher melancholisch und geht viel vorsichtiger mit ihrem Geld um. In dieser Kombination könnten wir feststellen, daß das Schaf die Tugenden Sparsamkeit, Verzicht und Entschlossenheit übt. Resoluter wird das sympathische Schaf noch, wenn die positiven Seiten beider Zeichen verstärkt auftreten. Andernfalls bekommen wir es mit einem Schlaumeier zu tun, der nur lehren will, aber selbst nichts leisten kann.

Jungfrau-Affe: Erde und positives Metall
Die Jungfrau arbeitet fleißig und kompetent, des Affen Arglist ist ein idealer Katalysator, der das Verwaltungstalent der Jungfrau zum Tragen bringt. Der Jungfrau-Affe ist der Typ des Wissenschaftlers und Erfinders. Mit Forschergeist und einem Computergedächtnis gesegnet, eignet er sich auch zum erfolgreichen Geschäftsmann, der geschickt wagt und gewinnt. Als kritische Person wird er endlos vergleichen und kategorisieren und praktische Lösungen aus eigener Kraft finden, wann immer er sie braucht.

Jungfrau-Hahn: Erde und negatives Metall
Ein unglaublich gelassener Vogel, der mit beiden Beinen fest auf dem Boden steht. Da sowohl Jungfrau- als auch Hahn-Menschen exzentrische Tugendbolde sind, mag der Jungfrau-Hahn uns mit seinen unmöglichen Vorlieben und seinem Perfektionismus verwirren. Er denkt klar und logisch und löst geistige Aufgaben glänzend. Nie hört er auf zu lernen, und wenn im Gespräch ein Gebiet berührt wird, auf dem er sich auskennt, können Sie das Lexikon unbesorgt im Regal lassen und ihm glauben. Er ist eine wandelnde Datenbank, irrt sich nur selten und hält jeden Informationsfetzen peinlich genau für die Nachwelt fest. Er liebt Tabellen und Diagramme und ist unheilbar leistungsorientiert. Was die negativen Seiten betrifft, sollte man nicht vergessen, daß beide Zeichen sich dem absonderlichen Zeitvertreib des Haarspaltens hingeben.

Jungfrau-Hund: Erde und positives Metall
Ein gelehrter, verantwortungsbewußter Typ. Zwei so ängstlich besorgte Zeichen könnten einen Menschen ergeben, der sich viel zu viele Gedanken über alles Weh der Menschheit macht. Was die Gesamtwirkung anbetrifft, könnten die bewundernswerten Vorzüge der beiden nur begrenzt durchschlagen, denn der Hund hat zwar ein ausgeglichenes Temperament, aber die emsige, zugeschnürte Jungfrau in ihm gibt ihm Hemmungen. Der vorurteilslose, religiöse Jungfrau-Hund ist stetig und weltabgewandt. Die Geisteskräfte der Jungfrau, kombiniert mit der Unparteilichkeit des Hundes, könnten diesen Menschen zum fähigen Juristen machen.

Jungfrau-Eber: Erde und negatives Wasser
Der sinnliche, großzügige Eber müßte die Jungfrau vor zu harter, monotoner Arbeit bewahren. Andererseits verhilft der scharfe Verstand der Jungfrau dem vertrauensseligen Eber zu vernünftigen Entscheidungen. Der Jungfrau-Eber läßt sich trotz seines schlichten, freundlichen Äußeren nicht so bereitwillig festlegen. Diese Kombination produziert einen verläßlichen Menschen, der sich mit der Gruppe identifiziert, aber doch seinen Überzeugungen treu bleibt. Dem Geschäftssinn der Jungfrau gesellt sich hier das Glück des Ebers zu.

Waage

Waage-Ratte: Luft und positives Wasser
Eine erregende Persönlichkeit, lebenslustig und schäumend wie Champagner. Waage und Ratte lieben Gesellschaft und harmonische Beziehungen und sind geborene Charmeure. Die Waage-Ratte ist bestimmt sehr flexibel und verständnisvoll, doch wird eine unter dieser Kombination geborene Person weder der Ratte Liebe zur Sparsamkeit noch der Waage Geschick bei gemeinsamen Vorhaben vermissen lassen. Dank dieser Eigenschaften besitzt sie einen ausgeprägten Schönheitssinn, verbunden mit einer feinen Nase für günstige Gelegenheiten.

Waage-Büffel: Luft und negatives Wasser
Der Waage-Büffel ist nicht übermäßig starrsinnig oder tyrannisch, denn das Kind der Venus optiert für Komfort und Kompromiß. Die Härte des Büffels tritt hier stark gemildert auf, doch kann man auch sicher sein, daß dieser Mensch längst nicht so schutzbedürftig ist wie die Waage. Dieser heitere, weniger strenge Büffel schließt leicht Freundschaft, stellt aber hohe Ansprüche an Menschen, die er sich zum Vorbild nimmt. Er liebt die guten Seiten des Lebens und nimmt sich nicht zu harte Arbeit ohne Verschnaufpausen vor. Man kann sich darauf verlassen, daß der Waage-Büffel die Früchte seiner Arbeit genießt.

Waage-Tiger: Luft und positives Holz
Ein kurioser, aber gutmütiger Tiger mit der verlockenden Art der venusregierten Waage. Beide Zeichen neigen zur Unschlüssigkeit, so daß der Beobachter seufzend mit ansehen muß, wie ein Mensch dieser Kombination häufig seine Meinung ändert oder überhaupt nicht weiß, was er will. Der mächtige Tiger geht jedoch tatkräftig ans Werk, wenn er sich etwas vorgenommen hat, und ist gutherzig und arbeitsam dazu. Mit der Grazie der Waage begabt, schleicht sich dieser Tiger mit faszinierender Kunstfertigkeit an seine Beute an.

Waage-Hase: Luft und negatives Holz
Der Waage-Hase, eine scheue, aber liebenswerte Seele, hat einen klaren Verstand und ein feines Gespür für den ästhetischen Wert von Kunst- und Gebrauchsgegenständen. Beide Zeichen wägen das Für und Wider geschickt ab. Da sich dieser Mensch nicht gerne permanent festlegen läßt, geht er zwar zahlreiche Beziehungen ein, scheut aber endgültige Bindungen. Zur Macht treibt es den vernünftigen, besonnenen Hasen nicht. Hier haben wir eine wohlerzogene Person, die in ihren Reden und Bewegungen niemals guten Geschmack und Diskretion vermissen läßt.

Waage-Drache: Luft und positives Holz
Ein aufrechter, munterer Drache, vor dem niemand Angst zu haben braucht, denn er ist friedfertig, gutmütig und hat einen ernsten,

unbelasteten Charakter. Hier neigt sich das Zünglein der Waage zur magnetischen Anziehungskraft des Drachens, der zwar viel Antrieb hat, aber nicht so zuverlässig ist wie seine anderen Artgenossen. Da beide Zeichen dieser Kombination aufrichtig und echt sind, kann man von diesem Menschen erwarten, daß er mit naiver Ehrlichkeit, unabsichtlicher Unverblümtheit und nur minimalen Hemmungen ausgestattet ist.

Waage-Schlange: Luft und negatives Feuer
Eine unwiderstehliche Kombination. Die verlockende Waage-Schlange ist zugänglich, geschmackvoll, höchst sympathisch. Sie mag zwar rätselhafte Gedanken hegen, drückt sich aber bewußt allgemeinverständlich aus. Die Geduld und Standhaftigkeit der Schlange bewirkt, daß diese Person weniger wankelmütig ist. Auf ihre feinsinnige, geistreiche Art müssen die Menschen einfach fliegen. Dieser kühle, begehrenswerte Typ mag nach dem Lustprinzip leben und sich zu sehr am allgemeinen Konsensus orientieren, um selbständig zu handeln.

Waage-Pferd: Luft und positives Feuer
Die Waage ist hier noch sonniger und freundlicher aufgelegt als gewöhnlich und präsentiert sich in Kombination mit dem behenden, ewig jungen Pferd höchst gewandt. Dieser Mensch ist weniger selbstsüchtig und hilfsbereiter. Wenn es sich um fremde Angelegenheiten kümmert, verfolgt das Pferd oft einen Zickzackkurs, setzt seine eigenen Interessen aber mit großem Verhandlungsgeschick durch. Und trotz seiner Unberechenbarkeit und scheinbaren Oberflächlichkeit ist es ein tüchtiger Verdiener, der seinen Vorteil erkennt.

Waage-Schaf: Luft und negatives Feuer
Das Waage-Schaf braucht Zuwendung und Sympathie. Freundschaft und Anerkennung sind ihm wichtiger als alles andere. Diese Person mag so zierlich und zerbrechlich aussehen wie feines Porzellan, hat aber eine gewisse Widerspenstigkeit und Spannkraft in sich. Sie gilt als Kunstexperte und besitzt einen vorzüglichen Farb- und Form-

sinn. Das Waage-Schaf ist meist kultiviert und gebildet und mag peinlich genau auf Kleidung und Körperpflege achten. Seine stark rezeptive Natur hat zur Folge, daß es zu häufige und zu lange Gedankenpausen macht, Stimmen zählt und unermüdlich Meinungsbefragungen veranstaltet. Wenn es keinen Partner findet, der ihm tatkräftig hilft, seine Talente zu nutzen, kommt es nie auf einen grünen Zweig.

Waage-Affe: Luft und positives Metall
Der engelhafte Waage-Affe, wortgewandt, höflich und aufmerksam, hat ein Lächeln, das das Paradies verspricht. Auch wenn das, was er letztendlich liefert, nicht unbedingt den Erwartungen gerecht werden muß, ist das Beiwerk doch prächtig, und niemand, der seine Sinne beisammen hat, kann dieses attraktive Paket links liegenlassen. Jawohl, er schätzt die Lage ein und nutzt sie zu seinem Vorteil aus, ist aber auch nicht abgeneigt, sich einen Sozius zu nehmen. Der unternehmungslustige Affe zeigt hier die Neigung der Waage zu demokratischer Zusammenarbeit und wird Anerkennung finden.

Waage-Hahn: Luft und negatives Metall
Die Waage gibt dem anspruchsvollen Charakter des Hahns ein schönes Gleichgewicht. Hier haben wir einen Gockel, der sich sein Nest mit duftenden Daunen fiedert, einen Intellektuellen, der die Bequemlichkeit liebt, seine Sprüche elegant an den Mann bringt und Widerspruch erst gar nicht aufkommen läßt. Obwohl auch er nach Hahnenart etwas eigen und sehr wachsam ist, verleiht ihm die Waage die Fähigkeit, den Standpunkt seiner Mitmenschen besser zu verstehen, was eine Person zum Ergebnis hat, die sich nicht so sehr über Bagatellen aufhält und lebhafter und glücklicher, auch beliebter ist als andere Hähne.

Waage-Hund: Luft und positives Metall
Der Hund ist nicht der Typ, der hinterlistige oder verwickelte Komplotte schmiedet, während das Venuskind ebenfalls kein Unruhestifter ist und es vorzieht, überall gut angeschrieben zu sein. Dieser Mensch heimst gute Kritiken ein, indem er sich einfach so gibt, wie er

ist. Seine Ehrlichkeit und sein Gleichmut befähigen ihn zum Schiedsmann, auch wenn er einem gelegentlich ein bißchen linksradikal vorkommt. Die friedliche Veranlagung der Venus und des Hundes Mildtätigkeit gegen die Armen machen diesen Menschen zu einer Art Fürsorger, der nicht nur echte Sympathie empfindet, sondern sich auch zu helfen verpflichtet fühlt.

Waage-Eber: Luft und negatives Wasser
Hier kommen zwei sympathische Zeichen zusammen und erzeugen eine sehr großherzige, selbstlose Person. Die sensible, kunstliebende Waage erhält die Standkraft und den noblen Charakter des Ebers. Zwar ist der Waage-Eber nicht besonders sanft und tolerant, wird aber hellwach, wenn es um Sex geht. Sein geduldiges, aufrichtiges Äußeres mag über schwer auslotbare innere Ambitionen und heimliche Hoffnungen hinwegtäuschen. Er ist wie ein guter Rotwein – schwer, aber vollmundig. Ein liebevoller, sentimentaler Mensch, der in der Liebe beständig ist.

Skorpion

Skorpion-Ratte: Wasser und positives Wasser
Eine ränkevolle, angespannte und ungeheuer potente Ratte. Sie ist von Natur aus schon dem Konkurrenzdenken verfallen, und der Skorpion kann ihre Willenskraft und Raffgier nur verstärken. Hier erreicht die Effizienz ihren Höhepunkt. Weißgestärkte Schürzen für weibliche Skorpion-Ratten, Blaumänner für die Herren dieser Kombination – beide Zeichen sind nämlich arbeitsam und produktiv, wenngleich unterm Skorpion-Einfluß nicht so redselig. Wenn dieser Mensch die Macht dazu hätte, würde er seinen Gegenspielern ohne Zögern mit einem Federstrich den Garaus machen. Ein guter Schriftsteller, aber noch besserer Politiker.

Skorpion-Büffel: Wasser und negatives Wasser
Diese Person hat das dicke Fell des Büffels und den giftigen Stachel des Skorpions. Sie tut nichts halb, schlägt geschwind zurück und

wagt sich in das tiefe Wasser, das ihr Zeichen repräsentiert. Dieser Mensch hat ein unlenksames und sehr anspruchsvolles Ego und könnte entweder ein überragender religiöser Führer oder schlicht ein Wüstling sein. Recht und Ordnung stützt er mit aller Kraft, oder er stürmt dagegen an.

Skorpion-Tiger: Wasser und positives Holz
Der gewitzte, kitzlige Skorpion-Tiger hat Sex-Appeal und Glanz für zehn gewöhnliche Sterbliche. Stolz und selbstsicher nimmt er mit der Standhaftigkeit des Skorpions und dem Optimismus des Tigers ehrgeizige Projekte in Angriff. Er gerät leicht in Rage, denn zur Heftigkeit des Skorpions gesellt sich der Kampfgeist des Tigers. Seine Rache läßt er sich nicht nehmen, und wenn es nur ein paar Kratzer sind, die er einem hin und wieder verpaßt, um daran zu erinnern, daß er ernst genommen werden will (als ob wir das nicht ohnehin schon täten).

Skorpion-Hase: Wasser und negatives Holz
Eine verschlossene, widerspenstige Persönlichkeit. Plutos Kind gründet tief, und die bescheidene, sanfte Erscheinung des Hasen stellt eine exzellente Tarnung für die starken Emotionen des Skorpions dar. Dieser Mensch hält bewundernswerte Selbstdisziplin, könnte aber mörderisch böse und nachtragend werden, wenn man ihm in die Quere kommt. Wenigstens weiß der Hase mit gespielter Einwilligung seine Würde zu wahren, wenn es sein muß. Der Skorpion-Hase hat einen erotischen, neugierigen Charakter, gedeckt von seinem makellosen Ruf. Manchmal fühlt er sich hilflos zwischen Plutos Leidenschaft und des Hasen gelassenem Intellekt und seiner Liebe für Harmonie hin- und hergerissen.

Skorpion-Drache: Wasser und positives Holz
Ein lüsterner Ränkeschmied, der ohne Umschweife sagt, was ihm paßt und was nicht. Hier gesellt sich die zwingende Heftigkeit des Skorpions der ehrfurchtgebietenden Kraft des Drachens zu. Diese Kombination könnte sich schädlich auf den Betroffenen auswirken, sofern er sich von ihr zu Exzessen verleiten läßt. Sowohl Sonnen- als

auch Mondzeichen strotzen nur so vor Kraft und imponierendem Magnetismus. Doch geben Sie sich keinen Illusionen hin: Unter seiner umwerfend charmanten Oberfläche ist er stahlhart. Und was die Frau betrifft: Wenn sie gut ist, ist sie entzückend, wenn böse, abscheulich.

Skorpion-Schlange: Wasser und negatives Feuer
Höchst skeptische Kombination. Die Skorpion-Schlange hat tiefe Gefühle und ist ein schlauer Taktiker. Vor ihre Empfindungen hängt sie einen Mantel aus Prüderie und kann ausgesprochen unergründlich sein. Dieser ehrgeizige und leistungsorientierte Mensch saugt Informationen auf wie ein Schwamm und weiß schon die kleinste Anspielung richtig zu interpretieren. Was seine Neugierde weckt, wird ohne Rücksicht auf Verluste untersucht. Dieser unabhängige Geheimniskrämer dient niemandem Erklärungen an. Um müßigen Klatsch schert er sich wenig, doch sollte man ihn nicht unterschätzen, denn nichts ist giftiger als eine gereizte Skorpion-Schlange.

Skorpion-Pferd: Wasser und positives Feuer
Der Skorpion hat eine Festigkeit, die das Pferd bewegen könnte, seine Kräfte strategisch einzusetzen. Hier haben wir ein Pferd, dem die Lässigkeit und heitere Spontaneität seiner anderen Artgenossen abgeht; es ist zwar ernst, aber nicht verbiestert. Monotone Arbeit läßt es sich nach wie vor nicht aufhalsen. Dieser Bursche ist alles andere als durchsichtig und mag auf finstere Weise attraktiv und eindringlich sein, was auf die mysteriöse Atmosphäre, die den Skorpion umgibt, zurückzuführen ist. Wenn er sich einmal etwas in den Kopf gesetzt hat, kann man nur schwer vernünftig mit ihm reden.

Skorpion-Schaf: Wasser und negatives Feuer
Das nüchterne Produkt dieser Mixtur aus Feuer und Wasser ist ein Mensch mit großen Körper- und Geisteskräften, über die seine empfindsame, kreative Art jedoch hinwegtäuscht. Er hört auf seine inneren Eingebungen, seine Lieben und schließlich auf die öffentliche Meinung – in dieser Reihenfolge. Und ganz gleich, welche

Intrigen der Skorpion auch planen mag, das Schaf will für den Erfolg nur einen beschränkten Preis zahlen. Es tut anderen nicht mit Absicht weh und feiert seine Siege nicht mit Schadenfreude. Der Skorpion ist dem Schaf hier ein gutes Nebenzeichen, da er verhindert, daß es sich in Selbstmitleid ergeht, und es zwingt, häufiger aus eigenem Antrieb zu handeln.

Skorpion-Affe: Wasser und positives Metall
Der verschlagene Kobold Affe, verbunden mit Plutos Eigenliebe und Heftigkeit, ergibt eine Person, die wirklich nur zu ihrem Vergnügen auf der Welt ist. Der Skorpion ist verstohlen und neigt zu kompromißlosem Denken. Ergebenheit und Rücksicht zählen nicht zu seinen Haupttugenden, aber der Skorpion-Affe kann trotzdem unentbehrlich, effizient, attraktiv, schlau und höchst strebsam sein. Er arbeitet hart, um sich seine Wünsche erfüllen zu können, und geht mit Schnorrern erbarmungslos um. Der Affe ist positiv und fesselnd, aber ein unverbesserlicher Ellbogentyp. Beide Zeichen sind Meister aller Klassen im Zurückschlagen; der Skorpion-Affe muß sich revanchieren – oder dabei untergehen.

Skorpion-Hahn: Wasser und negatives Wasser
Welche Seelenstärke und Ausdauer! Diese Kombination besteht aus zwei starken, individualistischen und hochherzigen Zeichen. Der Skorpion-Hahn, abrupt und immer gleich auf dem Punkt, verabscheut Kompromisse. Ein Zugeständnis gilt ihm als Niederlage, und er ist der letzte, der aufgibt. Da diese Person siegessicher ist, gewinnt sie auch meistens, schafft sich aber mit ihren Methoden nicht unbedingt scharenweise Freunde. Stören wird sie das nicht, denn sie bleibt lieber in stolzer Isolation, als auch nur einen Zentimeter an Boden aufzugeben. Der Skorpion bringt den Spürhund im Hahn zum Vorschein, und diesem imponierenden Überwacher entgeht kaum etwas.

Skorpion-Hund: Wasser und positives Metall
Dieser machtvolle, pflichttreue und energische Mensch entfaltet die Rechtschaffenheit des Hundes und Plutos tiefe Einsicht. Der Skor-

pion-Hund hält gerne, was er verspricht, doch könnte der Skorpion-Einfluß sich schädlich auf die liberale Haltung des Hundes auswirken. Dieser Typ, kampfeslustig wenn erregt und wortkarg dazu, verhält sich angesichts einer drohenden Niederlage eigensinnig und unbarmherzig. Weil er an uneingeschränktes Engagement glaubt, kann der Skorpion-Hund Gott ebenso inbrünstig dienen wie dem Teufel, ist aber nie zwei Herren zu Gebot.

Skorpion-Eber: Wasser und negatives Wasser
Geht verschwenderisch mit seiner Zuneigung um, denkt aber zuerst an die Befriedigung seiner eigenen Bedürfnisse – dieser stämmige Eber ist absolut unabhängig. Sinnenfroh und machtbewußt, jagt er unverfroren seinen Ambitionen hinterher. Als schlauer Eber weiß er Kompromisse zu schließen, doch oft auf Kosten anderer. Trotz seiner scheinbaren Großzügigkeit tritt er ganz entschieden für seine Rechte ein, was seine Bewunderer nicht hindert, für seine vergnügliche Gesellschaft Schlange zu stehen. Er hat jedoch einen rachsüchtigen Zug, auf den man achten sollte.

Schütze

Schützen-Ratte: Feuer und positives Wasser
Traumtänzerin: die Schützen-Ratte ist geschmeidig und behend, besitzt die Treffsicherheit des Schützen und den opportunistischen Durchblick der Ratte. Der Schütze ist Jupiters kühner, stolzer Sohn, die Ratte strahlt Charme und Brillanz aus. Dieser Mensch ist heiter und entgegenkommend und hat viel Lebenslust, verbunden mit einem gesunden Realitätssinn. Er hat viel Glück, weil er sich nach seinen vortrefflichen Eingebungen richtet. Situationen schätzt er korrekt ein, besitzt große Geistesgegenwart und kommt auch in einer Notsituation nicht ins Schwimmen.

Schützen-Büffel: Feuer und negatives Wasser
Der Schütze setzt die gottgegebene Autorität des Büffels mit mehr Finesse und gutem Willen ein. Der Schützen-Büffel langt zwar noch

immer plump hin, gleicht seine Halsstarrigkeit aber mit seinem exquisiten, doch funktionellen Geschmack aus. Er ist in seinem Perfektionismus zielbewußter und realistischer als andere Büffel und hat mehr Flair und Stil. Glück und Erfolg hat er, weil er nach dem Guten in seinen Mitmenschen Ausschau hält und sich immer bemüht, hoffnungslos verfahrene Karren aus dem Dreck zu ziehen. Der Büffel ist ein tüchtiger Steuermann, und der Schütze kann sich überdurchschnittlich gut in Szene setzen. Der Schützen-Büffel führt Rettungsaktionen durch, bei denen nichts schiefgeht, und eignet sich vermutlich vorzüglich zum Unternehmer. Dieser unumwundene Mensch läßt seinen Eifer gewöhnlich am rechten Fleck wirken.

Schützen-Tiger: Feuer und positives Holz

Dieser Mensch ist extrem alert, und wenn er die Ohren spitzt, hat er meist einen guten Grund. Der Schützen-Tiger, ein aufrechtes, tatkräftiges und ausdrucksvolles Wesen, hat nur wenige Hemmungen. Er verzichtet auf Formalitäten und kommt ungehindert zum Kern der Sache, sobald seine Neugier geweckt ist. Typisch für eine unter dieser Kombination geborene Person sind ein funkelnder Geist und auffallende Manieren. Sie könnte zwar oberlehrerhaft und moralinsauer sein, hat aber zuviel Intelligenz und Eleganz, um jemals ungehobelt zu werden.

Schützen-Hase: Feuer und negatives Holz

Ein putzmunterer, alles andere als schwermütiger Hase, der unbeschwert mit Menschen aus allen Lebensbereichen auskommt und die Fähigkeit hat, das Unbegreifliche zu verstehen – oder zumindest jeden Versuch unternimmt, auch den Standpunkt der Opposition zu sehen. Seine zukunftsorientierte Einstellung läßt sich auf den kristallklaren Weitblick der beiden hier vertretenen Zeichen zurückführen. Der Schützen-Hase, offen, sanft im Umgang und still perzeptorisch, regt sich nur selten so auf, daß er seine bewundernswerte Selbstbeherrschung verliert. Als geborener Diplomat kann er berechnend und kühn sein, ohne zu freimütig zu erscheinen. Der Hase braucht den Schwung des Schützen, und dem hinwiederum tut des Hasen Vorliebe für Harmonie und Diskretion gut.

Schützen-Drache: Feuer und positives Holz
Der Schützen-Drache, jovial, warm, geradeheraus und auch ein wenig dogmatisch, ist flink und aufrichtig und duldet keine Täuschung. Beide Zeichen sind immer aktionsbereit. Der meisterhafte, ungeduldige Schützen-Drache blüht auf, wenn er sich engagieren kann, und tut überall mit, wo etwas los ist. Seine Interessen sind bestimmt zahlreich und weitgestreut. Oftmals kränkt er andere, weil er kein Blatt vor den Mund nimmt, tut das aber ohne bösen Willen und merkt nicht, daß seine Pfeile dicht beim Ziel sitzen. Dieser noble und selbstlose Bursche zeigt seinen wahren Wert, wenn er seine Hilfe anbietet, wo sonst niemand für Sie eintreten will.

Schützen-Schlange: Feuer und negatives Feuer
Hier ist die Schlange unbeschwerter, freier und entspannter und gibt sich betont nonchalant. Der Freiheitsdrang des Schützen bewirkt, daß dieser modebewußte, informierte und flotte Bursche weniger Pflichtgefühl entwickelt. Nie findet man ihn an die Werkbank gekettet, denn er hat zuviel Klasse und außerdem – so wie die beiden Zeichen dieser Kombination – hochfliegende Ideale und ein Bedürfnis nach Erfolg und Beifall. Die Schlange ist zäh und vorsichtig und läßt sich Zeit. Der Schütze schießt los, wenn der Augenblick günstig ist, und zögert nie, sein Schicksal tatkräftig selbst in die Hand zu nehmen. Das Ergebnis dieser Union ist ein kluger, aber ungebundener Mensch.

Schützen-Pferd: Feuer und positives Feuer
Eine Person, die am liebsten in fieberhaftem Tempo lebt, unermüdlich, brillant und kühn und immerfort auf Achse ist. Der Einfluß des Schützen könnte sich hier ungünstig auf das Pferd auswirken: Geschwindigkeit, Elan und Witz im Übermaß, aber nicht genug Durchhaltevermögen. Ein Mensch mit dieser Kombination verläßt sich zu sehr auf seine Intuition und steigert sich in einen Zustand nervöser Erregung hinein, weil er entweder mehr übernimmt, als er bewältigen kann, oder sich von seiner fruchtbaren Phantasie übermannen läßt. Zum Glück jedoch ist er sehr sportlich und findet in körperlicher Betätigung das ideale Ventil für den aufgestauten

Druck. Das Schützen-Pferd sagt nicht nur offen seine Meinung, sondern handelt auch gemäß seinen Überzeugungen.

Schützen-Schaf: Feuer und negatives Feuer
Ein wohlmeinendes, gleichmütiges Schaf mit Weitwinkel-Blick für kommende Trends. Es ist direkt und ehrlich, scheut aber nach wie vor unangenehmen Kleinkram und Schmutzarbeiten. Zu gerne erforscht das Schützen-Schaf neue Horizonte und präsentiert verblüffend kühne Theorien. Dieser Typ ist eher Athlet als Gefühlsmensch. Seine Fehler tut er mit einem Lachen ab, konstruktive Kritik kann er vertragen. Da er Sinn für Mode und einen guten Geschmack hat, läßt er sich selbstbewußt neue Stilrichtungen einfallen. Zuversicht in seine Fähigkeiten macht ihn offener und direkter als andere Schafe.

Schützen-Affe: Feuer und positives Metall
Der Affe verleiht dem hochherzigen Schützen anhaltende Standfestigkeit und Organisationstalent. Obwohl sich diese Person nach außen hin täuschend sorglos gibt, besitzt sie Integrität und einen unbezwinglichen Verstand. Als schlauer Manipulator verrät sie nie, worauf sie eigentlich hinaus will, bis sie sicher ist, daß sie den Deal in der Tasche hat. Der Schützen-Affe ist ein vom Glück verwöhnter Taschenspieler, Produkt des aristokratischen Schützen und des findigen Affen.

Schützen-Hahn: Feuer und negatives Metall
Der Schützen-Hahn, redselig, ehrgeizig und aktiv, voller Entschlossenheit wie die beiden hier vertretenen Zeichen, will hoch hinaus. Ein Wortgefecht mit ihm sollte nur anfangen, wer endlose Geduld besitzt, denn er wird eine Debatte bis in alle Ewigkeit hinziehen, um zu beweisen, daß er recht hat. Da beide Zeichen aber gewissenhaft ehrlich sind, eignet sich dieser Mensch nicht zum Lügner. Fragen Sie ihn nur nach der Wahrheit, wenn Sie sicher sind, daß Sie die Antwort auch verkraften können. Trotz seiner unverblümten Offenheit kann er recht selbstlos sein und bietet ohne Zögern seine Hilfe an. Der Schütze macht den Affen würdevoller und zielbewußter.

Schützen-Hund: Feuer und positives Metall
Ein verspielter, abenteuerlicher, aber dennoch respektabler Hund. Er ist flink, offen und aufrichtig und wird wegen seiner rücksichtsvollen Art und vernünftigen Einstellung wohlgelitten sein. Seine Gefühle zeigt dieser ungezwungene, herzliche Mensch, ohne sich zu verstellen. Er ist nüchtern und realistisch, hat eine rasche Auffassungsgabe und ist in Umgangsformen und Ausdrucksweise präzise. Geheimnisse kann er bemerkenswert gut für sich behalten und gerät, wenn Druck auf ihn ausgeübt wird, nur selten ins Wanken. Diese Sonne-Mond-Kombination resultiert in einer zuvorkommenden, aufgeschlossenen Person.

Schützen-Eber: Feuer und negatives Wasser
Ein Kandidat fürs Verdienstkreuz. Diese Verbindung erzeugt einen Menschen mit beträchtlichem Humor und vielen Gelüsten. Beide Zeichen sind nobel, aber naiv, doch könnte hier der Schütze seine Wünsche sehr viel offener kundtun. Jupiters Fülle und des Ebers Glück überhäufen diese Person, weil sie vertrauensvoll und nicht berechnend ist. Man kann sich darauf verlassen, daß der Schützen-Eber noch den letzten Pfennig mit einem Freund teilt. Da sich keines der beiden Zeichen leicht von Verzweiflung übermannen läßt, ist diese Person aus hartem Holz geschnitzt, wenn nicht gar ein bißchen dickfellig, doch im Erfolgsfall hortet sie ihr Geld nicht, sondern verschenkt es großzügig, so daß alle an ihrem Glück teilhaben können.

Steinbock

Steinbock-Ratte: Erde und positives Wasser
Gesellig, stetig, einfallsreich; ein meisterhafter Hamsterer, der seine Güter unaufhörlich etikettiert, katalogisiert, inventarisiert. Lachen Sie ihn bloß nicht aus – wenn ein Gewitter aufzieht, mögen Sie feststellen, daß er alle Regenschirme aufgekauft hat. Die Steinbock-Ratte ist weise und achtsam, weniger mobil und abenteuerlustig als andere Ratten. Sie ist treu und taktvoll und geht gerne feste Bindun-

gen ein. Diese Ratte hat den vorsichtigen Steinbock hinter sich und ist daher weniger risikofreudig. Man kann sich darauf verlassen, daß sie sich hoch versichern läßt.

Steinbock-Büffel: Erde und negatives Wasser

Der ernsten Ehe zweier langsamer, aber sicherer Zeichen entspringt ein Mensch aus Granit, der die Prüfungen harter Zeiten und Widrigkeiten besteht. Seine vorgefaßten Ideen sind oftmals starr, seine Selbstgerechtigkeit überwältigend. Der harsche, auf niemanden angewiesene Steinbock-Büffel wendet sich von der Sonnenseite seiner Natur ab und treibt sich klaglos die steilsten Felswände hinan. Er sorgt zwar zärtlich und selbstlos für seine Lieben, ist aber sparsam mit Beweisen seiner Zuneigung. Dieser Spartaner ist schlicht und bedächtig und kann mehr Verantwortung tragen, als andere sich nur träumen lassen. Den Gipfel wird der Steinbock-Büffel bestimmt erklimmen – aberhmit geballten Fäusten.

Steinbock-Tiger: Erde und positives Holz

Das Ergebnis dieser Kombination ist ein fesselnder, aber weniger eigensinniger und impulsiver Tiger. Zwar ist er oder sie nach wie vor sehr temperamentvoll, doch sorgt der Steinbock-Einfluß dafür, daß diese Energie in die richtigen Bahnen geleitet wird. Der Tiger ist hier nicht so unstet, und seine Schwüre kann man ernst nehmen. Ein pflichttreuer Tiger, der über Härten und niedrige Arbeit nicht klagt, wenn er dabei seine Fähigkeiten weiterentwickeln kann. Der Steinbock-Tiger läßt sich nicht so uneingeschränkt von seinem Herzen leiten wie Tiger anderer, explosiverer Kombinationen.

Steinbock-Hase: Erde und negatives Holz

Dem Steinbock-Hasen, einem Sprößling der guten Gesellschaft und strikten Befürworter hierarchischer Grundsätze, ist gewöhnlich ein glückliches Leben bestimmt, aber der Steinbock in ihm nimmt nichts als Selbstverständlichkeit hin. Seine Zeit und sein Geld versteht er geschickt zu nutzen. Den fügsamen Hasen härtet die nervige Entschlossenheit des Steinbocks, und dieser Mensch wird eine Leidenschaft für vernünftige Strategie haben. Seine Meinungsbildung geht langsam vonstatten, und auch mit Meinungsänderungen tut er sich schwer. Beide Zeichen sind ähnlich ruhig veranlagt. Der Hase läßt sich immer auf Verhandlungen ein, der Bock ist sicher auf den Beinen wie eh und je.

Steinbock-Drache: Erde und positives Holz
Die untrügliche Sicherheit der Bergziege und die unstillbaren Ambitionen des himmlischen Drachens treffen aufeinander und ergeben einen Menschen mit reichlich Führerqualitäten, der realistisch, fleißig für zwei und ganz von sich überzeugt ist. Er ist außergewöhnlich stark und herrisch und kann mit seiner kolossalen Willenskraft Berge versetzen. Wenn es eine schwierige Aufgabe zu bewältigen gilt, schont er niemanden, am wenigsten sich selbst. Der Steinbock-Drache ist eher Muskel- als Kopfmensch und wahrt streng seine Privatsphäre. Wer ihn stört, wird mit einem Ramm- oder Feuerstoß empfangen.

Steinbock-Schlange: Erde und negatives Feuer
Gescheit und distanziert, gesetzt und fromm, gekonnt undurchsichtig in ihren Methoden – die Steinbock-Schlange ist ein unverrückbarer Fels. Da keines der beiden Zeichen zu extrovertiert ist, reichen die Leidenschaften dieser Person tief. Mit erstaunlicher Ausdauer wartet sie, bis ihre Feinde sich in Sicherheit wiegen, und stößt dann zu. Die lernbegierige Steinbock-Schlange verwirklicht ihre Träume mittels sorgfältiger Planung und strenger Zähigkeit und läßt sich nie bei retrospektiven weisen Sprüchen erwischen.

Steinbock-Pferd: Erde und positives Feuer
Das willkommenste Geschenk, das der Steinbock in diese Kombination einbringt, ist Beständigkeit, denn das Pferd wird in der Folge ausdauernder und verläßlicher. Beide Zeichen spornen diesen Menschen zu dauernder Aktivität an. Das Steinbock-Pferd ist für neue Informationen empfänglich, prüft aber sorgfältig die Quellen. Am liebsten kümmert es sich um seine eigenen Angelegenheiten, ohne Nuancen in den Äußerungen anderer außer acht zu lassen. Dieser weniger leichtfertige Geist fügt der soliden Entschlossenheit des

Steinbocks Geschwindigkeit und Anmut hinzu. Dieser Mensch weiß, wo seine Prioritäten liegen, und wird viel erreichen.

Steinbock-Schaf: Erde und negatives Feuer
Hier gerät das neutrale, nachgiebige Schaf unter die feste Führung des Steinbocks. Daher weiß dieser Mensch, was er will, und schreckt vor selbständigen Entscheidungen nicht zurück. Weil das achte Mondzeichen ihm Glück und Wohltaten bringt, wird das Steinbock-Schaf hübsch für die Härten und Entbehrungen, die es bewältigen muß, entschädigt werden. Dieses Schaf ist nicht mit einer Statistenrolle zufrieden, sondern will aktiv sein Schicksal gestalten – und wir bekommen weniger Gejammer zu hören.

Steinbock-Affe: Erde und positives Metall
Hier sind beide Zeichen koordiniert und kompetent, doch wo der Affe bezaubert, verhält sich der Steinbock eher gesetzt und rechtschaffen. Dem Steinbock wird die geistige Beweglichkeit und lebhafte Phantasie des Affen zuteil, der Affe ergötzt sich an der unerschütterlichen Kraft des Steinbocks. Das Resultat ist ein stiller Mensch, zwar gescheit, aber nicht so keck.

Steinbock-Hahn: Erde und negatives Metall
Ein unter dieser Kombination geborener Mensch glänzt durch Gründlichkeit und Effizienz und ist alles andere als eingebildet. Da keines der beiden Zeichen für seine Formbarkeit bekannt ist, widersetzt sich der Steinbock-Hahn allen Versuchen, ihn umzumodeln. Der Hahn tritt hier weniger auffällig und großmäulig auf, läßt aber trotzdem gerne ohne Vorwarnung seinen berühmten Phrasenschwall vom Stapel. Diese Person gerät nur selten außer Fassung, ist sauber und ordentlich und duldet weder Unfug noch Gesetzübertretungen.

Steinbock-Hund: Erde und positives Metall
Der Steinbock-Hund ist wahrscheinlich ein großzügiger Wohltäter, neigt aber auch zu bedachten und systematischen Ritualen. Dem Wohlergehen seiner Familie mißt er große Bedeutung bei. Nun ist der Hund zwar ein guter Nachbar und Menschenfreund, doch sollte

ihm der Steinbock helfen, auch auf seine Eigeninteressen zu achten, ohne selbst- oder habsüchtig zu erscheinen. Dank der Vernunft und Fairness des Hundes ist der Steinbock nicht so störrisch. Am wichtigsten aber ist, daß dieser Mensch sich selbst treu bleibt.

Steinbock-Eber: Erde und negatives Wasser
Ein sehniger, vorsichtiger Eber mit hochfliegenden Ambitionen. Beide Zeichen fürchten Hindernisse nicht, doch achtet dieser konservative Mensch fremde Wünsche sehr. Der pedantische, arbeitsame Steinbock-Eber hat die Gutgläubigkeit des Ebers und meint wie der Steinbock, daß Vorsicht die Mutter der Porzellankiste ist. Dieses gewissenhafte Arbeitstier baut keine Luftschlösser. Der Steinbock-Eber hält stolz auf Tradition und entzieht sich nicht der Verantwortung, wenn Vorschriften durchgesetzt werden müssen.

Wassermann

Wassermann-Ratte: Luft und positives Wasser
Erfrischend wie ein kühler Bergbach. Diese heitere, vielseitige Luft/Wasser-Persönlichkeit drückt sich kristallklar aus und braucht Freiheit und Abwechslung bei allem, was sie tut. Der Erwerbstrieb der Wassermann-Ratte ist weniger ausgeprägt, und persönliche Beziehungen schätzt sie mehr als geschäftliche. Sie ist ungeduldig und keck und kann recht aufmüpfig werden. Bewaffnet mit scharfem Wahrnehmungsvermögen und gesegnet mit bezauberndem Charme, läßt sie andere nach ihrer Pfeife tanzen. Ihre Stimmungsschwankungen gleicht sie aus, indem sie sich einer guten Sache verschreibt und anderen unentgeltlich dient.

Wassermann-Büffel: Luft und negatives Wasser
Die Streitlust des Büffels wird hier von der kühlen, unbekümmerten Art des Uranus-Zeichens Wassermann gedämpft. Der überschwengliche Aquarius ist auch antiautoritär und nonkonformistisch und kann dem steifen Büffel beibringen, daß man gelegentlich auch mit Nachgiebigkeit ans Ziel kommt. Der Wassermann ist zu intelligent,

um zu brutaler Gewalt Zuflucht zu nehmen wie die Büffel, wenn sie auf Rache aus sind. Ebenso hat dieser Mensch mehr Weitblick und elegante Umgangsformen. Er ist nicht so berechenbar wie andere Büffel und setzt sich ohne weiteres über die öffentliche Meinung hinweg, indem er sich die Regeln nach seinem Geschmack zurechttrimmt.

Wassermann-Tiger: Luft und positives Holz
Ein provokanter Tiger, der genug Mut und Takt hat, selbst seine kühnsten Träume wahrzumachen. Diesen durchsichtigen und treuherzigen Burschen kennt und liebt man gerne. Allerdings läßt er nur selten zu, daß Beziehungen allzu eingefahren werden, und hält auch nicht lange genug still, daß man ihn in Ruhe studieren kann. Er ist unablässig in Bewegung, gerät in die unmöglichsten Situationen, wurstelt sich wieder heraus und zeigt eine paradoxe Vorliebe für Verwirrspiele. Der Wassermann-Tiger steht zu gerne im Blickpunkt der Öffentlichkeit, ist mitteilsam und biegt sich die Vorschriften munter zu seinem Vorteil zurecht. Er ist unabhängig und instabil, läßt sich von seinen bunten Idealen und hochgespannten Erwartungen leiten. Jeder Versuch, diesen Freigeist zu bändigen, ist zum Scheitern verurteilt.

Wassermann-Hase: Luft und negatives Holz
Dieser optimistische Forschergeist ist weder überempfindlich noch reizbar. Er kann sich vorzüglich in andere hineinversetzen und fördert die Verständigung zwischen den Menschen, weil er auf instinktive, unerklärliche Weise Einblick in ihren Charakter nimmt. Beide hier vertretenen Zeichen empfangen Hirnwellen und die Vibrationen bevorstehender Ereignisse und entschlüsseln sie fachmännisch. Auf die Vorahnungen des Hasen kann man sich verlassen. Wo der Wassermann jedoch aufgeschlossen und etwas zu fortschrittsgläubig ist, mildert der Hase diese Impulsivität, denn er verläßt seine vertraute Umgebung nur zögernd und findet die ganze Idee Fortschritt überbewertet. Im großen und ganzen aber ist der Wassermann-Hase mehr mit seiner Umwelt als mit sich selbst beschäftigt.

Wassermann-Drache: Luft und positives Holz

Der katalytische Effekt dieser Kombination ist eine Person, die sich klar ausdrückt und einen Autoritätsanspruch hat, der nur schwer zu ignorieren oder anzufechten ist. Der Wassermann-Drache verändert und verbessert sich unablässig – ein Individualist, der konstant mit neuen Verhaltens- und Wahrnehmungsmustern experimentiert. Falschheit ist dem glänzenden Drachen ein Greuel, und der flotte Wassermann zeichnet sich aus durch seine Fähigkeit, geschickt mit Menschen und kniffligen Situationen fertig zu werden. Diese Person kann jäh und unorthodox sein, niemals aber grausam oder ränkevoll. Beide Zeichen können vergessen und vergeben, doch wird der Drache kriegerisch, wenn man ihm einen Strich durch die Rechnung macht, während der Wassermann tolerant und brüderlich bleibt.

Wassermann-Schlange: Luft und negatives Feuer

Mit dem offenen, luftigen Wassermann zum Gesellen ist die Schlange hier nicht sehr hintergründig. Diese Person ist lebhaft und heiter und brütet nur selten dumpf über Zustände, die sie nicht ändern kann. Ihre Richtung ändert sie je nach Lage und schaut mit Zuversicht in die Zukunft. Ihre Haltung ist ungezwungen und locker, ihre Gedankengänge gelegentlich erratisch. Sie könnte anfällig für nervöse Beschwerden sein, wenn sie keine Möglichkeit zur Spannungsentladung findet. Der Einfluß der Schlange bewirkt auch, daß sie zur Eifersucht neigt und sich, wenn verstimmt, in sich selbst zurückzieht. Abgesehen davon müßte dieser Mensch verbreitete Anerkennung finden, denn er hat die schon fast telepathische Gabe, seine Wünsche zu vermitteln, ohne absichtlich Einfluß auf andere auszuüben.

Wassermann-Pferd: Luft und positives Feuer

Eine enthusiastische Person, voller Wanderlust und Kapricen, die immer ihr Bündel fertig geschnürt hat, auch wenn die Reise vielleicht nur imaginär ist. Das Wassermann-Pferd lebt halb in der Gegenwart, halb in der bunten Zukunft am anderen Ende des magischen Regenbogens. Nie plagt es sich mit düsteren Gedanken über die zwielichtige Vergangenheit ab, die es angesichts seiner notorischen Neigung zu Überraschungen gut haben mag. Von diesem optimistischen, spritzigen Burschen läßt sich sagen, daß sein Kelch von Lebenslust und Engagement übervoll ist. Der von Pferd und Uranus regierte Wassermann eilt dahin, immerfort auf der Suche nach Wahrheit, umgeben von Menschenmengen und Verpflichtungen, die Geist und Körper beweglich halten.

Wassermann-Schaf: Luft und negatives Feuer
Hier herrscht Mäßigung im Übermaß. Beide Zeichen sind freundlich und duldsam, gesteuert von ihren Eingebungen und immer zu altruistischen Aktivitäten bereit. Da der freiheitsliebende Aquarius die Anpassung verweigern könnte, müßte diese scheinbar so sanfte Person neugierig und unkonventionell ausfallen. Das gutmütige Schaf ist sensibel und könnte nicht nur das tiefe Wissen des Wassermanns, sondern auch die Fähigkeit des Schafes besitzen, Kontroversen auf friedliche Weise zu lösen. Das Wassermann-Schaf schielt nicht zu besorgt auf seinen Beliebtheitsgrad. Verzicht ist ihm ein fremder Begriff; es hat seinen Spaß lieber sofort und zahlt später. Doch da das Schaf, wenn der Tag der Abrechnung gekommen ist, so viel Mitgefühl ernten kann, wird ihm die Schuld womöglich erlassen.

Wassermann-Affe: Luft und positives Metall
Ein gewiefter Charakter, nie um ein Wort verlegen. Im Wassermann-Affen verbinden sich der verblüffende Intellekt und die Agilität des Affen mit der Großmut des Wassermanns. Da beide Zeichen einen eigensinnigen, impertinenten Zug haben, sollte man von diesem Menschen nicht erwarten, daß er sich fügsam einordnet. Er ist intellektuell, aber verspielt; aufrichtig, aber verschlagen; tatkräftig, aber wuselig: die Summe aus Aquarius-Unruhe und Affen-Magie. Sehr wahrscheinlich ist der Wassermann-Affe auch ultramodern, flexibel und neugierig, was auf die ungeduldige Taktik des Affen und den Wissensdurst des Wassermanns zurückzuführen ist.

Wassermann-Hahn: Luft und negatives Metall
Durchaus kein Durchschnitts-Hahn. Er ist nicht so schwerfällig wie gewöhnlich, und sein Wecker mag sogar vorgehen; er ist seiner Zeit

voraus. Dennoch hat der Wassermann-Hahn die direkte Art des Hahns – oder echte Ehrlichkeit, wie er sich ausdrückt. Wenn er drauflosredet, ist er nicht zu stoppen und schert sich keinen Deut um den Aufruhr, den er verursachen mag. Mehr noch, er genießt es, anders oder manchmal sogar schockierend zu sein. Weil das Mondzeichen Hahn diesem Menschen zur Beharrlichkeit verhilft und der Wassermann zukunftsorientiert ist, wird der Wassermann-Hahn langfristig planen und voraussagen können, was die Bedürfnisse in der Zukunft sind. Er forscht mit der Unvoreingenommenheit eines Kindes und der Gründlichkeit eines Naturwissenschaftlers. Hier haben wir einen Hahn, der dauernd ein neues Anliegen herauskräht.

Wassermann-Hund: Luft und positives Metall
Ein höchst individualistischer Hund, den der Einfluß des Wassermanns beweglicher, anpassungsfähiger und verwegener macht. Er ist unglaublich witzig und hat immer eine hilfreiche Hand und ein freundliches Wort für andere übrig. Wenn finstere Wolken sich zusammenballen, wird dieser Mensch zum Kreuzritter im besten Sinn des Wortes. Es hält ihn aber nie sehr lange an einem Ort, und obwohl er nie intolerant ist, geht er nur wenige intime Beziehungen ein. Er mag geistesabwesend erscheinen, wenn er ganz in seine Ideen vertieft ist, und vernachlässigt seine alten Freunde zugunsten neuer. Dieser geschickte Reformer hat die Einstellung eines Universalisten und lehnt keine Methode ab, ohne sie geprüft zu haben.

Wassermann-Eber: Luft und negatives Wasser
Der Eber ist von Natur aus sinnlich und besitzt bemerkenswerte Charakterstärke. Da Wassermänner unverfroren, leichtsinnig und trotzig sein können, wird dieser Mensch unserer Phantasie allerhand zu tun geben. Seine pädagogischen Fähigkeiten verbirgt er geschickt hinter seinem turbulenten Äußeren. Dieser Trendsetter gibt sich nie mit einer festumrissenen Rolle zufrieden und zieht entweder hübsche Kreise oder wühlt wütende Wellen auf. Er ist glücklich, wohlhabend und trotz seiner Fehler beliebt, denn hier verbindet sich des Wassermanns Weitherzigkeit mit der Hilfsbereitschaft und Brüderlichkeit des Ebers.

Fisch-Ratte: Wasser und positives Wasser
Eine sehr angenehme Person, da die Fische auf Einklang bedacht und übersinnlich begabt sind und die Ratte sich versiert um ihre Familie und ihre Interessen kümmert. Ein Mensch, der unter diesen beiden Zeichen geboren wurde, kann immer seine Kreativität unter Beweis stellen, selbst wenn er schüchtern und publikumsscheu ist. Aus ihm könnte ein produktiver Autor werden, weil Fische tiefen Einblick in menschliche Emotionen haben. Der angeborene Aggressions- und Erwerbstrieb der stammesbewußten Ratte tritt hier einigermaßen gedämpft auf und hat eine weniger ambitionierte, friedfertige Person zur Folge. Diesem Menschen gehen Heim und Geborgenheit über alles. Die Fisch-Ratte, nachdenklich, einfallsreich, empfindsam aber produktiv, verdient die allerbesten Kopfnoten.

Fisch-Büffel: Wasser und negatives Wasser
Der steife, propere Fisch-Büffel hat eine rätselhafte, zurückhaltende Natur, gekennzeichnet von starken Hemmungen. Dennoch fühlen sich die Menschen trotz seiner Distanziertheit zu ihm hingezogen, weil er Zuverlässigkeit ausstrahlt und nach Büffelart in seiner Umgebung auf Ordnung hält. Seine reservierten Umgangsformen und leisen Manierismen können seine Kraft und Verläßlichkeit nur unterstreichen. Er ist zwar ernst und feierlich, aber ein Feinschmekker wie die Fische und bringt die Fähigkeit des Büffels mit, geordnete Finanzverhältnisse zu schaffen. Treu wie Gold und absolut aufrichtig ist der Fisch-Büffel, aber auch leicht gekränkt, teils, weil Fische sehr sensibel sind, teils, weil sich der Büffel Respektlosigkeit nicht bieten läßt.

Fisch-Tiger: Wasser und positives Holz
Der heiter-gelassene Fisch könnte bei dem theatralischen Tiger Wunder wirken. Der Tiger, artig, aber nicht fügsam, legt ein gelassenes Wesen an den Tag, und seine Lebhaftigkeit ist auf eine zwar noch spritzige, doch ausgeglichene Ebene reduziert. Der Fisch-Tiger zieht die Krallen ein und bedient sich lieber psychologischer

Methoden, um ans Ziel zu kommen. Der Fisch tritt hier aktiv und bestimmt auf, während sich der Tiger entspannt und seltener auf Konflikte stößt. Man kann jedoch nie mit Sicherheit sagen, ob die Raubkatze auch beim nächstenmal auf Kommando kuscht. Der Fisch-Tiger mag zwar öfter schnurren, als daß er brüllt, aber wenn er den Mund aufreißt, klirren die Scheiben.

Fisch-Hase: Wasser und negatives Holz

Der Fisch-Hase, phantasievoll und für Eindrücke empfänglich, ist die Verkörperung von Vornehmheit, liebenswürdigen Umgangsformen und gedämpfter Ausdrucksweise. Diese poetische, abhängige Seele ist künstlerisch begabt, klug und sehr penibel, doch fehlen ihr trotz ihrer bescheidenen, anspruchslosen Erscheinung weder Weitblick noch Zuversicht. Die Tatsache, daß der Hase sich hier duckt, könnte über seinen wachsamen und scharfen Verstand und seine selbstsüchtige Sorge um sein leibliches Wohl hinwegtäuschen. Er arbeitet hart für eine gesicherte Existenz und lenkt Probleme und Konflikte auf andere ab. Der Fisch-Hase, unverbindlich auf seine freundliche, sympathische Art, ist in mancher Beziehung ein Narziß.

Fisch-Drache: Wasser und positives Holz

Dieser liebenswürdig aussehende Sterbliche besitzt unbeugsame Willenskraft. Der Drache gibt dem sonst zaghaften Fisch Ehrgeiz und Abenteuerlust. Dieser Mensch geht eindrucksvoll vor, läßt aber die gebührende Beherrschung und Zurückhaltung walten. Hier wirken sich die Fische günstig auf den Drachen aus, und obwohl dieser oftmals nicht weiß, was er will, wenn er unglücklich ist, verliert er doch nicht ganz den Kopf wie Drachen feurigerer Kombinationen.

Fisch-Schlange: Wasser und negatives Feuer

Die Fisch-Schlange verbirgt hinter ihren anmutigen und geschliffenen Manieren geschickt Weisheit und übersinnliche Fähigkeiten. Sie mag zwar zuzeiten kraftlos und verträumt sein, macht aber in der Öffentlichkeit immer einen guten Eindruck. Die Schlange ist jäh, leidenschaftlich und licht, die Fische sind tiefgründig und still. Ein

Mensch mit diesen Charaktereigenschaften ist auf gefühllose Bemerkungen hin leicht gekränkt und hegt in Liebe und Freundschaft unergründliche Gefühle. Die Fische gleichen die rücksichtslose Entschlossenheit der Schlange durch Mitgefühl aus, und der Schlange wasserbedingte Reserviertheit bringt surrealistische Träume und geistreiche Bemerkungen hervor.

Fisch-Pferd: Wasser und positives Feuer
Dieser Mensch, ganz Galanterie und Finesse, ist subtiler und für die Stimmungen seiner Mitmenschen empfänglicher. Die Geduld des Fischs dämpft die Sprunghaftigkeit und die übertriebenen Manierismen des Pferdes. Diese auffällig konventionelle Kreatur hält eine stetige Gangart, wahrt Zurückhaltung und hat weder den heftigen Tatendrang des Pferdes noch den Fehler der Fische, sich zu sehr auf ihre Eingebungen zu verlassen. Eine verfeinerte Mixtur aus Tempo und Sensitivität, nicht zu schnell, nicht zu langsam.

Fisch-Schaf: Wasser und negatives Feuer
Das Fisch-Schaf, weitschweifig und umständlich, aber attraktiv, rücksichtsvoll und unterhaltsam, bekommt am Ende oftmals das größte Stück vom Kuchen, weil es so großzügig und gütig ist. Wenn es sich extrem verhält, kann es auch sentimental und weinerlich sein. Es liebt stille ländliche Szenen, Butzenscheiben, Orgelmusik und hochragende Kathedralen und fühlt sich im Hintergrund viel wohler und sicherer. Dort kann es meditieren, denn in der Einsamkeit bringt es sein Bestes.

Fisch-Affe: Wasser und positives Metall
Kühl wie eine Seehundsschnauze, lieblich wie Lavendelduft, intrikat wie ein Irrgarten – der berechnende, aber unschuldig aussehende Fisch-Affe ist der ideale Mittelsmann, der mit unvergleichlicher Mühelosigkeit an den Käufern und Verkäufern dieser Welt verdient. Der Affe ist von Natur aus charmant; Fische lassen sich nichts vormachen, wenn es ans Bezaubern geht. Das Metall des Affen hält die quecksilbrige Sentimentalität des Fischs in Grenzen und verleiht dessen Talenten mehr Form und Substanz.

Fisch-Hahn: Wasser und negatives Metall

Eine friedliebende Person, anspruchsvoll, aber hilfsbereit. Der reine Hahn ist hier zwar nun wirklich moralisch genug, aber es gelingt dem umgänglichen Fisch immer, ein hübscheres Bild zu präsentieren. Der Hahn, weniger verschlossen und dogmatisch, könnte hier von seiner Routine und methodischen Plackerei ablassen und vielleicht sogar ein bißchen Spaß am Leben haben. Es sollte dem konservativen, sanften Fisch-Hahn zwar nicht schwerfallen, sich an die Regeln zu halten, aber er wird auch dafür sorgen, daß sich in seinem Leben Arbeits- und Freizeit die Waage halten.

Fisch-Hund: Wasser und positives Metall

Der tapfere, aber unterwürfige Fisch-Hund ist nicht rauflustig. Der Einfluß des Fisches bewirkt, daß sich der Hund längst nicht so defensiv und wachsam verhält. Er lebt lieber in Ruhe, Sicherheit und Komfort, bleibt aber anderen gegenüber aufmerksam. Dieser reizende, auf seine zurückhaltende Art beunruhigend attraktive Hund fühlt sich mit dem Fisch und seiner tiefen Selbsterkenntnis recht wohl und läßt sich weniger bereitwillig in Konflikte ein.

Fisch-Eber: Wasser und negatives Wasser

Fische haben den entscheidenden Überlebensinstinkt und vertrauen still in ihre Gabe, den menschlichen Geist zu begreifen. Der Eber besitzt gewaltige Energiereserven und eine positive Geisteshaltung, die ihm nichts unmöglich erscheinen läßt. Eine Kombination dieser Zeichen könnte wirksame und harmonische Ergebnisse zeitigen. Beide, Eber und Fisch, finden irgendwie immer Unterstützung, wenn sie sie brauchen, und dieser Mensch wird in der Lage sein, sich mit unglaublichem Erfolg durchzuwursteln. Er hängt an seinen Lieben, überschüttet sie mit Zuneigung und hat echte Freunde und auch falsche, die seine Gutherzigkeit ausnutzen. Konfrontation liegt ihm aber nicht. Er schätzt seine persönlichen Beziehungen und einigt sich lieber gütlich.